"十三五"国家重点出版物出版规划项目

知识产权经典译丛（第5辑）

国家知识产权局专利局复审和无效审理部◎组织编译

创新人员的知识产权管理

——从"技术诞生"到"开放式创新的收益化"

［日］渡部俊也◎著

陈爱华　蔡万里◎译

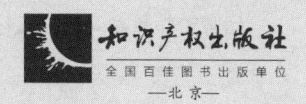

知识产权出版社
全国百佳图书出版单位
——北京——

INNOVATOR NO CHIZAI MANAGEMENT— "GIJUTSU NO UMARERU SHUNKAN" KARA "OPEN INNOVATION NO SHUEKIKA" by TOSHIYA WATANABE
Copyright © TOSHIYA WATANABE 2012
Originally published in Japan in 2012 by HAKUTO‐SHOBO publishing company.
All rights reserved.
No part of this book may be reproduced in any form without the written permission of the publisher.
Simplified Chinese translation rights arranged with HAKUTO‐SHOBO publishing company. , Tokyo through AMANN Co. , Ltd. , Taipei.

图书在版编目（CIP）数据

创新人员的知识产权管理：从"技术诞生"到"开放式创新的收益化"/（日）渡部俊也著；陈爱华，蔡万里译. —北京：知识产权出版社，2020.1

ISBN 978-7-5130-6626-6

Ⅰ.①创… Ⅱ.①渡… ②陈… ③蔡… Ⅲ.①企业—知识产权—管理—研究 Ⅳ.①D913

中国版本图书馆 CIP 数据核字（2019）第 269019 号

内容提要

本书通过实证分析与案例研究结合经营管理学的机制框架，以实用性为核心探讨企业如何管理其知识产权，阐述知识产权各个领域的领军型创新人员及企业家的大胆创新及其带来的管理模式，以期尝试探索面向创新且极具组织性和战略性的知识产权管理的应有姿态。本书适合企业的管理层人士阅读，也适合知识产权领域相关从业人员参考。

责任编辑：卢海鹰　王瑞璞	责任校对：潘凤越
装帧设计：卢海鹰　王瑞璞	责任印制：刘译文

知识产权经典译丛
国家知识产权局专利局复审和无效审理部组织编译

创新人员的知识产权管理
——从"技术诞生"到"开放式创新的收益化"

[日] 渡部俊也　著
陈爱华　蔡万里　译

出版发行：知识产权出版社有限责任公司	网　址：http://www.ipph.cn
社　址：北京市海淀区气象路50号院	邮　编：100081
责编电话：010-82000860 转 8116	责编邮箱：wangruipu@cnipr.com
发行电话：010-82000860 转 8101/8102	发行传真：010-82000893/82005070/82000270
印　刷：三河市国英印务有限公司	经　销：各大网上书店、新华书店及相关专业书店
开　本：720mm×1000mm　1/16	印　张：19
版　次：2020年1月第1版	印　次：2020年1月第1次印刷
字　数：362千字	定　价：110.00元
ISBN 978-7-5130-6626-6	
京权图字：01-2019-8112	

出版权专有　侵权必究

如有印装质量问题，本社负责调换。

《知识产权经典译丛》
编审委员会

主　任　申长雨

副主任　贺　化

编　审　葛　树　诸敏刚

编　委　（按姓名笔画为序）

　　　　　马　昊　王润贵　卢海鹰　朱仁秀

　　　　　任晓兰　刘　铭　汤腊冬　李　越

　　　　　李亚林　杨克非　高胜华　董　琤

　　　　　温丽萍　樊晓东

总　序

当今世界，经济全球化不断深入，知识经济方兴未艾，创新已然成为引领经济发展和推动社会进步的重要力量，发挥着越来越关键的作用。知识产权作为激励创新的基本保障，发展的重要资源和竞争力的核心要素，受到各方越来越多的重视。

现代知识产权制度发端于西方，迄今已有几百年的历史。在这几百年的发展历程中，西方不仅构筑了坚实的理论基础，也积累了丰富的实践经验。与国外相比，知识产权制度在我国则起步较晚，直到改革开放以后才得以正式建立。尽管过去三十多年，我国知识产权事业取得了举世公认的巨大成就，已成为一个名副其实的知识产权大国。但必须清醒地看到，无论是在知识产权理论构建上，还是在实践探索上，我们与发达国家相比都存在不小的差距，需要我们为之继续付出不懈的努力和探索。

长期以来，党中央、国务院高度重视知识产权工作，特别是十八大以来，更是将知识产权工作提到了前所未有的高度，作出了一系列重大部署，确立了全新的发展目标。强调要让知识产权制度成为激励创新的基本保障，要深入实施知识产权战略，加强知识产权运用和保护，加快建设知识产权强国。结合近年来的实践和探索，我们也凝练提出了"中国特色、世界水平"的知识产权强国建设目标定位，明确了"点线面结合、局省市联动、国内外统筹"的知识产权强国建设总体思路，奋力开启了知识产权强国建设的新征程。当然，我们也深刻地认识到，建设知识产权强国对我们而言不是一件简单的事情，它既是一个理论创新，也是一个实践创新，需要秉持开放态度，积极借鉴国外成功经验和做法，实现自身更好更快的发展。

自2011年起，国家知识产权局专利复审委员会[*]携手知识产权出版社，每年有计划地从国外遴选一批知识产权经典著作，组织翻译出版了《知识产权经典译丛》。这些译著中既有涉及知识产权工作者所关注和研究的法律和理论问题，也有各个国家知识产权方面的实践经验总结，包括知识产权案

---

[*] 编者说明：根据2018年11月国家知识产权局机构改革方案，专利复审委员会更名为专利局复审和无效审理部。

件的经典判例等，具有很高的参考价值。这项工作的开展，为我们学习借鉴各国知识产权的经验做法，了解知识产权的发展历程，提供了有力支撑，受到了业界的广泛好评。如今，我们进入了建设知识产权强国新的发展阶段，这一工作的现实意义更加凸显。衷心希望专利复审委员会和知识产权出版社强强合作，各展所长，继续把这项工作做下去，并争取做得越来越好，使知识产权经典著作的翻译更加全面、更加深入、更加系统，也更有针对性、时效性和可借鉴性，促进我国的知识产权理论研究与实践探索，为知识产权强国建设作出新的更大的贡献。

当然，在翻译介绍国外知识产权经典著作的同时，也希望能够将我们国家在知识产权领域的理论研究成果和实践探索经验及时翻译推介出去，促进双向交流，努力为世界知识产权制度的发展与进步作出我们的贡献，让世界知识产权领域有越来越多的中国声音，这也是我们建设知识产权强国一个题中应有之意。

2015 年 11 月

作者简介

渡部俊也 主要致力于创新管理、知识产权管理及产学研协同创新研究。现任东京大学副校长，日本知财学会会长（理事），东京大学先端科学技术中心教授，东京大学大学院工学系研究科学技术经营战略学专业教授。兼任东京大学产学连携本部本部长，东京大学安全保障输出管理室支援室室长，日本国会内阁知识产权战略本部·验证评价企划委员会座长，日本经济产业省产业构造审议会产业技术环境分科会研究开发·评价小委员会委员，日本经济产业省国立研究开发法人审议会委员（NEDO 部会长），日本文部科学省产业连携·地区支援部会临时委员，大学产学政危机管理研讨委员会座长等职务。

曾获得 Innovation in Real Material Awards、日经 BP 技术奖、DR. Ulrich Awards、产学政连携功劳者表彰内阁总理大臣奖、九州地方发明表彰、特许厅长官奖励奖、恩赐发明奖、山崎贞一奖、表面技术协会论文奖、日本陶瓷协会学术奖等一系列荣誉。

1984 年　东京工业大学无机材料工学专业　获硕士学位
1984 年　入职东陶机器株式会社
1994 年　东京工业大学无机材料工学专业　获博士学位
1996 年　东陶机器株式会社　光前沿事业推进中心　次长
2001 年　东京大学先端科学技术中心研究·战略社会系统大部门　教授
2006 年　东京大学大学院工学系研究科学技术经营战略学专业　教授
2008 年　东京大学先端科学技术中心　技术经营领域　教授
2010 年　东京大学产学连协本部　副本部长
2011 年　东京大学安全保障输出管理支援室　室长
2012 年　东京大学产学连携本部研究推进部　部长
　　　　东京大学研究管理员推进室　副室长
　　　　东京大学政策蓝图研究中心　教授
2015 年　日本知财学会　会长（理事）
2016 年　东京大学执行役，东京大学副校长，政策蓝图研究中心副中心长主要著作：

《光清洁革命》CMC 出版社，1997 年

《光触媒的结构》日本实业出版社，2000 年

《TLO 与交易合作》BKC 出版社，2002 年

《知识产权立国的 100 进言》日刊工业新闻社，2002 年

《理工科系的专利·技术转移入门》岩波书店，2003 年

《知识产权立国之道》（第三章，产学合作）Kyosei 出版社，2003 年

《知识产权管理入门》日经文库，2004 年

《商业模式创新》编著，白桃书房，2011 年

《全球商业战略》编著，白桃书房，2011 年

《作为创新系统的大学及人才》编著，白桃书房，2011 年

译者简介

  陈爱华 重庆大学经济与工商管理学院副教授，日本知财学会知识产权教育分科会干事，名古屋市立大学经济学研究科博士。2008~2010 年在中国社会科学院法学研究所博士后流动站从事博士后研究工作。2017 年 9~10 月日本三重大学访问学者，2013 年 7~10 月南洋理工大学商学院访问学者，2009 年 2~6 月北京大学光华管理学院访问学者。在博士就读期间，曾就职于企业知识产权部，在实务方面具有丰富的经验。目前主要的研究方向为企业知识产权管理、商业秘密管理及制度对比以及组织行为研究。为 MBA（工商管理硕士）、本科生等主讲《企业知识产权管理》《组织行为学》等课程。作为主要负责人主持过省部级国际合作项目，并作为主要召集人组织了"2013 知识产权人才培养国际研讨会——知识产权人才与企业管理"活动。

  在《国际商务研究学报》(Journal of International Business Studies)、《政治学》(Oikonomika)、《知识产权》等国内外重要学术期刊上发表过多篇论文，包括《日本关于侵犯商业秘密的认定》《日本商业秘密构成要件的认定》《知財教育における中日協力の方向性》《新知の創造サイクルによる特許戦略——株式会社キヤノンの事例》等。参加过一系列国际性学术会议和研讨会，并发表了《中国企业知识产权人才的胜任力与知识产权教育》《专利战略与产品开发战略同步化》《知识经济化时代中知识产权人才的确保》等演讲。在本书中主要负责第 6~9 章以及附录的翻译，联系方式：chenaihua@cqu.edu.cn。

  蔡万里 日本丰桥技术科学大学综合教育院副教授，日本早稻田大学知识产权法制研究所（RCLIP）特聘研究员，日本知财学会、日本工业所有权法学会会员。日本早稻田大学法学博士（2015 年）、清华大学法律硕士（2009 年）、北方工业大学工学学士（2003 年）。2013 年 7~8 月在美国华盛顿大学知识产权高等研究所（CASRIP）研修。

  目前主要研究方向为标准必要专利、专利侵权、著作权以及知识产权法学教育等问题，在《知财管理》、《专利》（Patent）、《法研論集》等日本专业学术期刊上发表多篇论文，2016年开始每年参与编写《年報知的財産法》（高林龍、三村量一、上野達弘主编，日本評論社出版）。为本科生和硕士研究生开设法学、民法、知识产权法、国际知识产权法、技术战略与知识产权法等课程，并在日本东三河地方中小企业家产业学术 MOT（技术经营）系列讲座中主讲《商品开发与知识产权》。在本书中主要负责第 1~5 章的翻译，联系方式：saibanri@ las. tut. ac. jp。

原著前言

本书以笔者在东京大学先端技术研究中心、工学系技术经营战略学专业、知识资产经营统筹赞助讲座中执教近 10 年的研究成果以及在企业和大学中积累的相关知识产权实务经验为基础编写而成。

企业作为知识产权制度利用者，为了发明创新，"如何利用制度，其管理有何特征，它是什么时候由谁如何发展过来的"，对这些问题的阐述是本书的主要写作目的。本书尝试通过实证分析、案例研究等来揭开其神秘面纱。为实现这一目的，本书在重要之处使用了经营管理学的机制框架。与知识、组织以及战略相关的现有机制框架，之前在知识产权管理领域并没有被充分利用。那是因为，与知识产权管理相关的创新战略过去曾是很简单的模式，即抢在其他企业之前研发出极具竞争力的独家技术，并借此垄断相关技术市场以带来创新收益，所以根本没有必要对各种机制框架理论进行生搬硬套。但是，应当凸显当今知识产权管理贡献的创新模式在最近 20 年发生了大幅变化，并具有多元化特征。知识产权管理的内容和形式也在不断发生变化以不断支持新型多样化创新。为了准确描述知识产权管理对创新的贡献，本书使用了与知识、组织以及战略相关的传统机制框架。

使用专利等对产业组织进行分析在欧美各国被广泛采用。但是，它们大多是把专利作为知识和技术的表象，视由组织进行的知识产权管理为配角。而本书从知识产权管理是如何贡献的这一视角对它们的研究进行重新思考。因此，本书的写作特点是，既采用了汇聚笔者多年研究成果的研究型体裁，又注重对在企业从事知识产权相关管理工作的管理人员的实用性。从事知识产权相关管理工作的管理人员，除了知识产权部门，他们也往往从事于研发、规划以及经营战略管理等部门。最近，不仅仅是在企业，在大学等非营利组织中也有从事知识产权管理的管理人员。他们虽然精通知识产权制度下的各种程序问题，但是对于所获取的知识产权是如何对组织作出贡献的往往并不是很清楚，或许可以说他们所获取的知识产权根本没有对组织的竞争力和收益作出明确贡献。

专利是本书的一大主题。日本的企业以及大学，已经向日本特许厅提交了共计近35万件的发明专利申请。这些巨大的专利申请，是否对企业收益以及国家的产业振兴作出了直接贡献，恐怕越来越难以进行肯定回答。专利制度本身，是诞生于500年前的古老制度。就像中世纪的剑和盔甲，如果用其来比喻的话，正如"在现代的战斗中，要使用剑和盔甲来制胜，须煞费一番苦心"一样，对专利的利用难度也可想而知。专利制度虽说在其后经历了诸多变迁，但即使是现在，对企业而言也很难说是一个便利的制度。虽说如此，以欧美为中心也涌现了很多先进的制度利用者，他们把这种看似老得生锈且落后于时代的制度跟企业创新结合从而获取收益。

比如，在20世纪80年代前后，很多组织致力于在技术尚未完成阶段就着手以知识产权制度来独占其成果的知识产权管理方式。也许可以说是从知识产权的角度对所谓技术的不确定性进行挑战。但是到了90年代以后，情况完全相反，以与其他组织协同合作为目的的知识产权管理方式逐渐被尝试。借助巧妙的契约及规则，将知识产权固有的排他性活用于强化合作，进而成功创立开发共同体。前者是由知识产权管理固有的独占式（Proprietary）管理发展而来的，与此相对，如果把后者称为开放式（Open）知识产权管理的话，看上去相向而行但都具挑战性的这两种知识产权管理，从20世纪末到21世纪初，几乎同时被推崇尝试。尝试这些挑战性知识产权管理的多数企业、组织，并没有采取预期的具体行动，也许没有为其带来创新。但是其中也有不少实现了划时代创新且从中获取收益，其理念逐渐被社会所接受的成功案例。这些先进的知识产权利用者，是肩负创新的创新人员（Innovator），可以称其为将创新与商业结合的企业家（Entrepreneur）。而且，他们的挑战成果对现在知识产权制度的改革产生了很大影响。这些先进的知识产权利用者的事例，对一线的企业知识产权管理实务也带来了不少启发。从这个意义上来说，本书的写作也凝聚了对广大知识产权管理实务人员阅读的期待。

如上所述，本书是汇聚了笔者近10年间的研究成果编写而成。其间，日本的产业先后遭遇了2008年的世界金融危机、2011年的东日本大地震、日元升值、电力供应不足、欧洲金融危机等诸多灾难。世界金融危机使全球创新竞争加剧，日本企业也逼不得已走向加速创新之路。之后2011年发生东日本大地震，由日元升值和电力供应不足带来的产业空洞化危机也迫使日本企业更有必要加速参与全球商业竞争。

在这个决定日本产业未来的重要时期，本书通过阐述知识产权各个领域的领军型创新人员及企业家的大胆创新以及他们所带来的管理模式，来尝试探索面向创新且极具组织性和战略性的知识产权管理的应有姿态。期待本书的这些小小尝试，能够为颇具封闭感的日本产业带来些许"正视未来"的复兴曙光。

渡部俊也
2012 年 8 月

中译本序言

在人类社会发展的进程中，创新和创新成果的运用，发挥着非常重要的作用。火种的保留，农业、渔业和养殖业的发明，从根本上改变了原始人类的生产和生活状态。结绳记事和文字的发明，则使得人类进入了"文明社会"。随后的青铜工具和铁器的发明、纺织技术的发明、造纸术和印刷术的发明、火药和指南针的发明，都深刻地改变了人类社会的发展进程。近代以来，各种机器设备的发明，有关力学、电学、光学、化学、声学、生物科学的发明，更丰富和改变了人类社会生产和生活的方方面面。20世纪中后期以来，有关计算机、软件和互联网络的发明，又使得人类社会进入了一个全新的发展时代。

纵观人类社会的创新历史就会发现，有关创新和创新成果的运用，在资本主义市场经济产生以后，有了集成式和突飞猛进的发展。追根溯源，有关创新和创新成果运用的这种全新的发展面貌，又与近代的知识产权制度，尤其是其中的专利制度密切相关。具体到技术发明，专利制度赋予了发明人以专有权利，使得他们在特定的期限内，可以排他性地使用相关的技术发明，收回发明的成本并且赚取必要的利润。如果他人未经许可使用了专利权所覆盖的技术，则要承担停止侵权和支付损害赔偿的责任。毫无疑问，专有权利的获得以及排他性地使用专利技术，鼓励了市场主体从事技术发明和获取丰厚利润的积极性，进而推动了技术创新的全面和飞速发展。

专利制度的产生，不仅以赋予专有权利的方式促进了创新和技术发明，而且适时保护了不同领域的技术发明，反映了人类社会创新领域的变迁。大体说来，早期的专利主要是有关机械物理的发明，例如各种机器、工具和车床等。到了19世纪中叶，随着化工产业的异军突起，有关化学产品和化学方法的发明，逐渐纳入了专利的保护范围。从20世纪30年代开始，有关生物工程技术发明的专利申请，大量涌入了世界各国的专利审查部门。而到了20世纪中后期，一直延续到现在，有关计算机、软件、网络的信息技术，则在各国专利保护的客体中占据了突出的地位。与上述人类的技术领域相对应，今天的专利申请大多可以划入机械、化学、生物和信息技术的分类之中。

关于技术创新与专利保护的关系，学术界和实务界从不同的角度，例如技术发展的角度、经济分析的角度、社会政策的角度，进行了深入而广泛的研究。显然，无论是从上述哪个角度研究技术创新与专利保护的关系，都能够揭示专利保护对于技术创新和技术运用的促进作用，以及专利保护的不足之处。然而在笔者看来，从企业管理的角度研究技术创新与专利保护的关系，或许具有更高的价值和更大的启发意义。毕竟，无论是从事技术创新和专利申请，还是运用专利技术，或者将相关的产品和方法推向市场的主体，都是一个又一个的企业。创新的主体、运用专利制度的主体、转让和许可专利技术的主体，以及制造和销售产品的主体，都是企业而非其他部门。与此相应，从企业管理的角度研究技术创新与专利保护的关系，就会让我们剖析企业的组织架构和技术创新、技术运用的流程，进而发现技术创新与专利保护的一些规律性的东西。

摆在我们面前的《创新人员的知识产权管理——从"技术诞生"到"开放式创新的收益化"》，就是一部从企业管理的角度研究技术创新与专利保护的优秀论著。在这部专著中，东京大学先端科学技术中心的渡部俊也教授，依据他10余年关于企业知识产权管理的研究成果，同时结合他在企业和大学技术转让实务中的经验，不仅描述了企业知识产权管理的方方面面，而且总结了其中的一些规律。在具体的论述中，渡部俊也教授使用大量的实证数据和典型案例，不仅为我们描述了企业知识产权管理模式的历史变迁，而且使我们更加直观地感受到了企业知识产权管理在技术创新、专利获取、专利许可、专利运用、专利维权等各个环节上所发挥的巨大作用。

或许，渡部俊也教授有关企业知识产权管理的精髓论断，已经反映在了这部专著的副标题上——从"技术诞生"到"开放式创新的收益化"。按照专利制度的宗旨，当技术创新人员作出发明之后，应当及时申请和获得专利，通过排他性的专有权利垄断相关的市场，进而获得必要的市场收益。按照这样一个流程，早期的企业知识产权管理，更多地聚焦于完成技术发明之后，适时申请和获得专利，进而获得相关产品的独占性地位。与这种传统的知识产权管理模式相对应，针对相关技术发明也就有三个选择：申请专利而获得独占性保护、作为技术秘密而予以保护，以及在必要的条件下公开技术发明。毫无疑问，无论是采取哪一种方式，目的都是追求企业利益的最大化。

然而，渡部俊也教授推崇的并非这种独占式的知识产权管理模式，而是新兴的开放式创新的知识产权管理模式。具体说来，伴随着企业生产方式、组织方式和营销方式的变迁，同时为了适应技术创新和技术运用的需求，企业不得不在知识产权的管理模式上有所创新，不再局限于传统的封闭式（独占式）管理模式，而更多地采纳了开放式创新的管理模式。依据开放式创新模式，企业的知识产权管理，不再局限于企业内部的研发和生产经营活动，而延伸到了其他企业的研发和生产经营活动。与之相应，企业的知识产权管理，不再是封闭式的管理，而是延伸到其他企业的协同管理；企业的技术创新，也不再是封闭式的企业内部研发人员的创新，而是与其他企业研发人员合作的协同创新。在这样一种协同创新和协同生产经营的过程中，不仅技术创新获得了企业外部的资源和驱动，而且专利技术也在相关的转让、许可和生产经营活动中获得了充分的运用。

依据开放式创新的知识产权管理，渡部俊也教授将企业划分成了创新型企业和运用型企业。前者主要是指从事技术创新的企业，例如大学和科研机构，后者主要是指运用技术创新成果的企业。当然在很多情况下，某些企业可能既是创新型企业，又是运用型企业。按照渡部俊也教授的研究，在开放式创新模式中，企业的知识产权管理具有崭新的面貌和举足轻重的作用。一方面，创新型企业的知识产权管理者，可以依据运用型企业的需求，规划自己的技术创新并且加以实施。另一方面，运用型企业又可以依据创新型企业的技术成果，规划自己的生产和销售活动，进而充分利用他人的技术成果。显然，在开放式创新的进程中，无论是创新型企业的知识产权管理，还是运用型企业的知识产权管理，都会通过相关的管理活动，创造性地将技术创新的要素、生产制造的要素和市场营销的要素结合起来，最大限度地创造新的社会财富。正是从这个意义上说，开放式创新的知识产权管理，在技术创新活动、生产经营活动和市场营销活动中，具有全然不同于传统管理模式的意义。我们可以说，管理就是创新，管理就是生产力。

依据渡部俊也教授的研究，开放式创新的知识产权管理模式，起源于美国和欧洲等发达国家或地区，目前正在世界各国推广开来。中国在 2008 年 6 月发布的《国家知识产权战略纲要》中，提出了知识产权方面的十六字方针，"激励创造、有效运用、依法保护、科学管理"。其中的管理，主要是指企业的知识产权管理，包括有关技术创新、专利申请、专利获得、专利许可、专利转让、创新成果的转化和运用等各个环节的管理。或许目前，很多中国企业在知识产权的管理方面，还处于传统的封闭式管理模式之中。然而在了解了"开放式创新的知识产权管理模式"以后，我们的企业应当奋起直追，尽快采纳和实践这种新兴的管理模式，将技术创新的要素、生产制造的要素和市场需求的要素科学地结合起来，既推动产业的长足发展，又实现国家社会经济的迅速发展。或许，这就是创新驱动发展战略的精髓所在。

本书的作者渡部俊也教授是我多年的朋友。他长期在东京大学先端科学技术中心任职，自 2015 年开始担任日本知财学会的理事长，自 2016 年开始担任东京大学的副校长。自 2004 年以后，我频繁造访日本的大学、研究机构、企业，以及政府部门和法院，就知识产权的问题进行交流。在此过程中，我与渡部俊也教授多次交流知识产权的保护和管理，获益良多。其间，他还在东京大学主持讲座，邀请我介绍了中国知识产权制度的最新发展。2014 年 11 月，当日本知财学会召开年度会议，选举他成为下一届理事长时，我恰好参加了那次的年度会议，并且与日本同行探讨了知识产权人才培养的问题。在此之后，我还参加了他主持的一个国际合作项目——"中日韩与东南亚国家经贸投资中的知识产权问题"，并就中国与东盟投资贸易中的知识产权问题进行调研，提交了相应的研究报告。

与渡部俊也教授交往多年，我深感他是一位严谨而睿智的学者。一方面，他治学严谨，总是深入企业调查研究，获取第一手的材料和数据，为企业知识产权管理的研究提供了坚实的基础。另一方面，他又充满睿智，总是敏锐而深刻地提出一系列有创建的意见和建议。在《创新人员的知识产权管理——从"技术诞生"到"开放式创新的收益化"》一书中，他明确指出日本企业应当摆脱传统的封闭式知识产权管理模式，尽快采纳起源于欧美的开放式创新管理模式，就显示了治学的睿智特点。

希望本书的出版发行，能够推动中国企业知识产权管理模式的转变。

李明德
2018 年 11 月于北京

目　　录

第一章　知识产权能否为企业带来竞争力 ………………………………… 1
　　近期的知识产权管理 ……………………………………………………… 1
　　日本电气制造企业的知识产权管理 ……………………………………… 3
　　知识产权管理的变化 ……………………………………………………… 4
　　知识产权管理的地域性 …………………………………………………… 6
　　知识产权对企业的影响 …………………………………………………… 7
　　开放式知识产权管理的可能性 …………………………………………… 9
　　本书的结构 ………………………………………………………………… 11

第二章　降低技术的不确定性与知识产权的三种管理：公开、
**　　　　保密和权利化** …………………………………………………………… 13
　　技术开发过程中遭遇的两个不确定性 …………………………………… 13
　　技术发展阶段的不确定性 ………………………………………………… 16
　　作为"经济财"的知识产权的地位 ……………………………………… 17
　　对应于技术的不确定性的三种知识产权管理：保密、公开、权利化 … 19
　　基于技术公开的管理方式的知识产权创造 ……………………………… 22
　　技术保密的知识产权管理 ………………………………………………… 25
　　在现有制度框架下对技术公开、保密和专利申请的协调 ……………… 30
　　共同研究开发中的技术公开、保密和专利申请组合 …………………… 36
　　使知识产权管理与技术开发模式相适应 ………………………………… 38
　　以公开为前提的大学知识产权管理 ……………………………………… 40
　　预先判断不确定性并获取必要的知识产权 ……………………………… 44

第三章　促进优秀的知识产权创作与知识产权运用的组织与制度 ………… 46
　　科学知识市场化 …………………………………………………………… 46
　　促进优秀的知识产权创作的知识管理 …………………………………… 50

激发优秀知识产权的创作热情（Motivation） ········· 57
　　对优秀知识产权创作的激励和职务发明制度 ········· 59
　　技术秘密创作的管理和研究笔记 ················· 63
　　与促进优秀知识产权创作的辩理士（知识产权代理人）合作 ··· 66
　　促进优秀知识产权创作的知识产权部门的业务和组织 ····· 67
　　未利用的技术，被埋没的技术，技术的再定位 ········· 70

第四章　知识资产和知识产权的管理 ················· 74
　一、多种知识产权、知识资产的结合 ················· 74
　　无形资产、知识资产、知识财产、知识产权 ········· 74
　　知识财产和相关资产结合的事例 ················· 75
　二、支持知识财产管理的知识财产数据 ··············· 77
　　对多样化知识财产数据的活用 ··················· 77
　　与专利价值有关的数据 ······················· 79
　　与专利质量有关的数据 ······················· 83

第五章　以技术垄断和参与壁垒为目的的独占式知识产权管理 ··· 88
　　专利制度起源（威尼斯的专利制度）中的技术垄断 ····· 88
　　来自专利效能的高利益率 ······················· 90
　　作为排他性权利的专利权的本质 ················· 92
　　为了构筑参与壁垒和转换事业层级的专利 ··········· 95
　　模仿品对策的管理 ··························· 98
　　中小企业"亮点技术"的知识产权保护 ············· 100
　　利用独特制度的医药品的知识产权管理 ············· 103
　　对生物知识产权保护的尝试 ····················· 105
　　以方法专利尝试对下游技术的独占 ················· 108
　　对商业模式的独占 ··························· 112
　　对知识产权诉讼的决策 ······················· 115
　　日本的知识产权审判制度和管理 ················· 118

第六章　知识产权许可中的独占性与开放性 ············· 122
　一、开放式创新与知识产权管理 ··················· 122
　　独占式知识产权管理与开放式知识产权管理 ········· 122
　　何为开放式创新 ····························· 123
　　开放式创新中知识产权管理的作用 ················· 126

二、知识产权许可：从独占到开放的桥梁 ……………………… 127
具有两面性的知识产权许可 ……………………………………… 127
知识产权许可协议的战略性 ……………………………………… 129
许可协议为公司业务带来的影响 ………………………………… 131
许可与共同研发的关联性 ………………………………………… 133
技术导入许可的优势与劣势 ……………………………………… 134
为了对抗竞争企业的许可网络 …………………………………… 137
促进优质知识产权运用的许可 …………………………………… 138
半导体行业的知识产权许可商务 ………………………………… 140
美国新创企业的许可战略 ………………………………………… 142
技术结构与许可 …………………………………………………… 144

三、构建国家创新体系的知识产权许可 ……………………… 147
受国费资助的研究成果的转移方式：对拜杜法案的理解与
知识产权管理 …………………………………………………… 147
受国费资助的专利的许可协议 …………………………………… 151
高校的技术转移转化 ……………………………………………… 153
通过许可降低技术的不确定性 …………………………………… 155

四、从知识产权市场化来看知识产权许可与转让 …………… 157
全球化的知识产权流通 …………………………………………… 157
知识产权流通与网络 ……………………………………………… 159
日本的知识产权流通 ……………………………………………… 160
中国的知识产权流通 ……………………………………………… 161
专利转让交易市场与其业务支撑组织 …………………………… 167

第七章 运用知识产权的开放式组织结构 ……………………… 173
一、运用知识产权的战略联盟 ………………………………… 173
战略性联盟与知识产权管理 ……………………………………… 173
中国市场中的战略性合作 ………………………………………… 177
从二元关系到网络关系的联盟 …………………………………… 179

二、运用知识产权的开放性组织间关系－Ⅰ研发联盟 ……… 183
研发联盟中的知识产权管理 ……………………………………… 184
研发联盟中的战略性关系与知识产权管理 ……………………… 187

三、运用知识产权的开放性组织间关系－Ⅱ专利池 ………… 189
技术标准与知识产权 ……………………………………………… 189

技术标准中的专利池管理 ························· 194
　　　DVD 的专利池 ····································· 196
　　　对 DVD 专利池中标准必要专利的管理 ············· 199
　　　标准化组织与知识产权管理 ························ 204
　　　数字移动电话系统中，高通的知识产权管理 ········ 206
　　　形成封闭知识产权领域的知识产权管理 ············· 210
　四、运用知识产权的开放性组织间关系 – Ⅲ 软件的知识产权管理 ······· 211
　　　软件的知识产权管理 ······························ 212
　　　免费软件运动与开源软件 ·························· 215
　　　利用开源软件的商业模式 ·························· 217
　五、运用知识产权的开放性组织间关系 – Ⅳ 知识产权共享空间 ········· 220
　　　反公地悲剧 ······································· 220
　　　Lawrence Lessig 的知识产权共享空间 ············· 221
　　　专利共享平台 ····································· 222

第八章　实现多元创新收益化的知识产权管理 ··············· 224
　　　开放式知识产权管理的实践 ························ 224
　　　开放式知识产权管理的本质 ························ 226
　　　知识产权管理对多种创新战略的适应 ··············· 231

第九章　创新性先进知识产权管理：从挑战的轨迹中学习 ····· 234
　　　高不确定性技术的知识产权管理 ···················· 234
　　　开放性创新战略的兴起 ···························· 235
　　　互联网的发展所带来的变化 ························ 235
　　　创新人员与创业者的知识产权管理 ·················· 237
　　　日本的知识产权管理课题 ·························· 237

附　录　主要的分析概要 ································· 240

结　语 ··· 264

索　引 ··· 266
　　　词汇索引 ··· 266
　　　人名・公司名索引 ································· 271
　　　图索引 ··· 277
　　　表索引 ··· 279

第一章
知识产权能否为企业带来竞争力

■ 近期的知识产权管理

2011年夏天，有关知识产权的话题在报纸上屡见不鲜。其中，广受瞩目的是美国谷歌为了获取专利，以125亿美元并购了业界大佬摩托罗拉移动通信（Motorola Mobility）的报道。报道称，此次并购是谷歌为了保护其手机终端基础软件Android OS而作出的决策。以9600亿日元购买摩托罗拉移动通信所拥有的17000件专利以及7000件正在申请的专利，是相当于平均1件专利52万美元（已注册专利为74万美元）的高额交易。

其实在这背后，Android OS和苹果围绕智能手机的商战，已发展成牵连多家企业的专利诉讼大战。苹果以侵犯专利权为由，对在中国台湾销售Android OS智能手机的设备制造商HTC[1]以及韩国的三星电子提起了侵权诉讼。同时，与芬兰手机终端制造商诺基亚之间也相互不断提起侵权诉讼。可以认为，Android OS本身属于开放式软件，因此不能成为直接对手，所以不管是苹果还是微软，都取而代之把上述制造商视为对手。在这种情况下，谷歌出马强化防卫Android OS的专利网。作为其中一环，由微软、苹果、欧美颇具人气的Blackberry智能手机制造商Research In Motion、索尼等6家公司组成的专利联盟，以45亿美元竞拍到已破产的加拿大北方电信公司持有的6000件与通信技术相关的专利。这笔交易中平均1件专利相当于约75万美元。在这场拍卖中败阵的谷歌，后来从IBM手中购买了1000件包括计算机设计在内的多种相关技术专利。在今后相当长的一段时间内，"Android对其他"的攻防估计还会愈演愈烈。在这些攻防中，无疑专利都发挥了极具重要的作用。

在另一个领域，医药业界的所谓"2010年问题"已成备受关注的话题。

---

[1] 1997年由Cher Wang等三人创立的HTC公司，当初在通信领域以及OEM硬件市场中迅速成长，2006年之后便开始了自主品牌手机的制造销售业务。

1990年前后，很多大型医药（Blockbuster）被开发出来，为其后的制药企业带来了利润。但是，它们的专利保护期间在2010年前后纷纷到期。在医药业界，不管曾占有多大市场份额，一旦专利到期，市场将瞬间被后发药品取代。因此，可以预测药品开发企业的收益将骤减。实际上，在2011年5月，日本国内4家大型药企的2011年3月期决算已出炉，武田制药和阿斯特拉斯（Astellas）制药都呈现收益下降。艾塞（Eisai）制药也由于主力药品销量下降，时隔12期再次出现收益下降。这再次使我们感受到了专利在排除竞争对手市场参与上的强大力量。日本在2004年制定知识产权基本法并以知识产权立国为目标，以强化知识产权保护为轴心逐步推进了一系列知识产权制度改革。可以说，日本对作为竞争力源泉的知识产权的期待，就像知识产权在医药界的存在感一样强大。

但是，像过去那样对很多化合物进行测试检验的传统型医药开发，越来越难开发出优秀的药品。其结果，医药界的知识产权战略正逐渐将战场移向技术之前的科学领域即生命科学领域。为此，必须向基础科学成果的专利保护提出挑战。但是，基础科学的发展能否为医药品的研发带来曙光还是非常不确定的，而且应该保护的对象，也随着研究的进展而不断发生变化，确实很难把握。2011年，以京都大学的山中伸弥博士为首的研发团队，在继日本、欧洲之后的医药品"主战场"——美国取得了领先世界的iPS细胞相关专利，其宽广的权利范围得到普遍认可。不能否认，京都大学在世界医疗中心——美国取得核心专利的重大意义。但是，这些专利的取得是否真的能够带来对未来某种医药品的技术垄断，现阶段还无从得知。像这样高不确定性技术的知识产权管理，不仅仅发生在医药开发领域，也广泛存在于其他技术领域。上述"高不确定性技术的知识产权管理"，是在大学等基础研究成果转化热的1980年以后发展起来的新式管理，也是本书的主题之一。

先进生命科学领域的专利申请，目的也是最终在医药品市场上取得技术垄断，以限制竞争对手。但是，最近以专利为代表的知识产权的活用，不仅仅表现在传统的垄断市场模式上，而且呈多样化趋势。伴随着知识产权活用的多样化，在欧美不断涌现出以知识产权或发明为主题的新的商业模式，如专门设立发明基金、组建专利池、专门帮助企业应对专利侵权诉讼、知识产权竞拍等。不仅是欧美，新兴国家也不断涌现值得关注的知识产权商机。现在，中国的国家技术交易市场已成为世界上最活跃的知识产权流通市场之一。中国也正不断出现各种与知识产权相关的新商业。

■ 日本电气制造企业的知识产权管理

2011年3月的东日本大地震，使东北地区很多企业受灾。这时人们才关注并意识到很多支撑汽车产业的重要制造企业在这个地区的存在。这个地区的GDP总额约20兆日元，占日本GDP的6%。从这个意义来看，比起阪神大地震时兵库大阪（1994年当时占日本全国）的GDP 12.1%的占有率，这个占有率并不算那么大。令人意想不到的是，这次受灾不仅影响到了日本，还对全世界的汽车生产都带来了灾难性影响。普遍认为汽车生产的供应链范围很广泛，连很多汽车制造企业都没有意识到，其实很多汽车生产的基础零部件都来自日本东北地区的几个少数企业。人们这才明白原来在国际竞争中起着重要作用的知识产权很多都曾立根于日本东北地区。谈到中小企业的知识产权，备受瞩目的是曾获得2011年度上半期直木奖的获奖作品《下町火箭》❶。这部作品通过对中小企业间知识产权纠纷的描述，使一般读者也能够理解专利对中小企业来说是一种怎样的存在、它的重要性和管理上的难点。

但是，现实中日本企业对知识产权的期待感逐渐褪色。例如，类似"日本企业的专利根本没有对企业收益带来贡献"这种意见备受关注。其理由是，日本电气制造企业虽在世界上申请专利最多，但维持着高额收益的却是专利申请并不是很多的欧美企业，日本电气制造企业的盈利在不断下滑❷。也有企业家深有同感，并表示"再也不申请专利了"。2010年向日本特许厅申请专利的申请量大幅减少，并被中国国家知识产权局专利局受理的申请量赶超，其原因可能在于日本市场重要性的减小和企业对专利申请的意识越来越淡薄。

也许是受上述意识影响，企业研发部门以及事业部门对知识产权部门的评价未必很好。在研究项目以及共同开发等场合，类似"它们越出现事情越难办，浪费大量时间，不如暂时由我们自己来做吧"这样的场景现在也屡见不鲜。在知识产权授权协议交涉的重要时候，甚至出现"知识产权部真碍事！"的评价❸。实际上，知识产权部对专利的处理，由于涉及法律问题的确认往往需要时间，而在技术革新很快的领域，像这样为达成协议所花费的时间被认为是竞争的障碍。很多商务的发展是完全交由市场的，包括知识产权在内的法律

---

❶ 池井戸潤（2011）「下町ロケット」小学館。

❷ 小川紘一（2010）「知財立国のディレンマ－日本型イノベーションシステムと企業制度（3）－」IAMワーキングペーパー。

❸ 丸島儀一（2011）「知的財産戦略－技術で事業を強くするために－」（ダイヤモンド社）在第220页中提到，在许可协议谈判时，知识产权部的负责人以及外部知识产权专家"虽然对专利无效以及非侵权抗辩有反驳意见，但他们的意见比较凌乱。即使跟他们进行交涉，恐怕也难以得出结论"。

框架往往不干涉企业之间的正常竞争，也很少有因知识产权保护水平的不同而导致商务形态发生大幅变化的场景。因此，可以看出，专利及其他知识产权对企业来说是怎样的存在，有很多截然不同的看法。原本虽说专利是经过申请而取得的权利，但它并不能直接和企业收益挂钩。在制药业界也是，比如研究开发了1万种化合物，结果往往只有其中1种才最终作为药品被许可生产。没有作为药品被许可的话，研发过程中所申请的专利都是徒劳的。这是风险问题，不论在什么商业活动中，对风险的管理都很重要。但是也有人认为，这不是风险问题，而是专利根本不会对事业有贡献。专利运作完全没有跟企业战略挂钩，这到底是为什么呢？或者说，要具备什么条件，才能让专利为企业带来竞争力呢？

不仅限于专利，关于知识产权战略的重要性，跟其他企业战略相比，往往被管理层评价过低，或者评价过高，意见分歧很大。毕竟知识产权是陌生的法律问题，不是本领域专家的话确实有不少很难理解的地方，但这并不是唯一原因。知识产权是如何影响企业竞争力的，对其内在机制的理解困难是主要原因。对把知识产权跟创新有效结合，激发企业竞争力管理的理解是很难的。在现有的知识产权制度框架下，组织必须创出优质的知识产权并实施充分利用的管理，但其流程很难把握。它们的注意力往往被并不是很重要的知识产权制度本身以及各个程序所吸引，而疏忽了为了提高企业竞争力获取收益如何活用现有的知识产权制度。重要的是"为了促进为提高企业竞争力并获取收益所必需的创新，让知识产权在创新收益战略中发挥积极作用，需要对知识产权的利用进行管理"。本书讨论的焦点就是对知识产权制度的利用管理，这种管理是以创新和由创新为企业带来收益为目的而进行的。

■ 知识产权管理的变化

让管理适用于与知识产权相关的诸多法律制度，可以说是知识产权部门管理的一大特征。除此之外，还有其他几个特征。比如，可以利用与知识产权相关的巨量统计数据进行战略性管理，可以通过与其他战略手段的联动，在促进对创新成果的占有以及跟其他企业的合作上发挥非常重要的作用。另外，知识产权管理的对象，不仅仅是作为权利的专利或著作权，也包括在知识产权制度下对有可能权利化的知识或者信息进行处理的决定方式。本书把这一系列的管理称为"知识产权管理"。知识产权管理会涉及品牌、网络信息等多种对象，而本书把焦点放在各产业领域中"与技术相关的知识产权管理"上。

过去10年间，日本企业的知识产权管理发生了巨大变化。20年之前日本企业知识产权部门的主要业务内容是对专利申请的权利化管理。很多产品出口至欧美的大型企业在20世纪90年代之前，主要在美国经历过印象深刻的专利诉讼。因此，日本大型企业的专利管理，几乎都把重点放在如何在美国能够自由实施专利以及如何安心地把产品出口至美国市场。在每年发生几千件专利诉讼案件的美国，企业为了顺利拓展事业而采取相应的缜密对策；而在制度安定不像美国那样容易频发专利诉讼的日本，企业则把精力集中在通过大量申请专利来实现对各种专利技术的自由平稳的过渡。这种状况一直持续到21世纪头十年的前半期。使现状发生改变的是2001年中国加入WTO以及2008年的世界金融危机。日本的企业在思考知识产权战略时，仅仅留意过去跟欧美企业的关系，当它们从欧美企业那里总结出知识产权的专守防卫经验时，拥有低成本和巨大市场潜力的中国已经开始参与世界经济进程。无论是日本还是外国，不仅需要彻底防守，而且知识产权保护水平还迫使企业必须及时应对如何抑制模仿品等问题。这与2004年日本制定知识产权基本法之后启动的国家知识产权战略以及其后的各种改革措施不无相关。2008年的世界金融危机，日本企业由于遭遇了以美国为中心的需求的一夜蒸发，业绩严重下滑。这同时使市场加速转向至以中国为代表的新兴国家，因此知识产权管理的拓展，必须把新兴国家考虑进来。

伴随着知识产权地域的扩大，从世界范围来看，最近的10年是专利申请量急剧增长的时期。图1-1是各主要国家专利局受理的专利申请量的变化图，可以看出，20世纪90年代以后，美国以及中国、韩国官方受理机构受理的专利申请量都呈急剧增加状态。中国国家知识产权局专利局受理的专利申请量在2010年超过日本居世界第二位。甚至，虽然数量还不是很多，但向印度申请的专利数量也呈增加趋势。而向日本的专利申请，虽然从20世纪80年代到90年代曾经呈增加状态，但是到了21世纪头十年出现增长停滞，2009年则出现骤减。这无疑说明由于新兴国家的市场越来越重要，包括日企在内的很多欧美企业纷纷强化了在新兴国家的专利申请。另外，前面所提到的日本企业对专利重要性的疑问也在一定程度上影响了上述专利申请。而在中国，创新政策初显成效，来自中国本土企业的专利申请也呈激增趋势。像这样专利的地域性扩散和爆发式增长，会给知识产权管理带来麻烦。

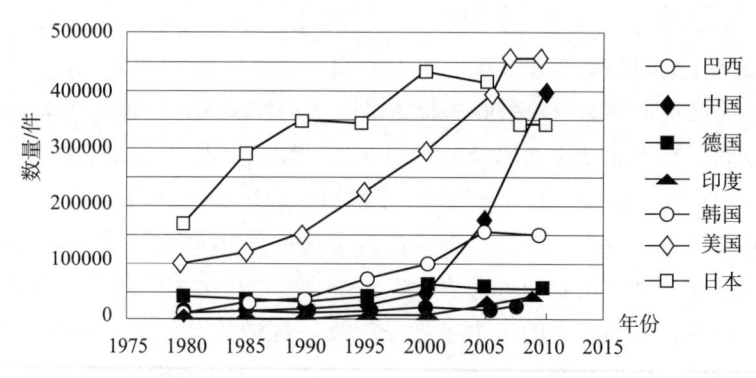

图1-1 主要国专利局专利申请数量的变化

参照：WIPO 统计数据。

■ 知识产权管理的地域性

各国的知识产权制度，受国际条约影响虽然有一定的共同之处，但它是在各个主权国家的主权范围内制定的。因此，同时具有国家产业政策意义的知识产权制度，当然会因国家不同而不同。差异最大的美国专利法上的先发明主义虽然已经迎来了修改的决定❶，但日美之间仍存在很多制度上的差异❷。在新兴国，除了制度本身的不同，在法律的实际适用过程中也存在很大的差异。在这种情况下，在新兴国家的专利申请量如何把握，或者说，与其申请专利，不如作为商业秘密来保护好，类似这样的判断越来越难。日本企业的知识产权管理，在面临向新兴国家拓展之时遭遇了这样的新课题。

随着专利数量的增加，其利用形态也呈多元化趋势。这种新的专利利用方法也是本书的主题之一，其中一个典型例子就是发明者自己不去实施发明专利，而是经转让让别的企业来实施利用，或者将其集中实施等。随着这种新活用方法的推广，从事新的与知识产权相关业务的企业也在不断增加。本身并不从事发明，专门通过购买别人的专利来制造侵权争端的所谓"专利流氓"也是其中之一，现在正逐渐出现的各种知识产权商务形态包罗万象，其数量也在

---

❶ 2011年9月16日，美国时任总统奥巴马签署了一系列专利法修正案，包括从先发明主义到先申请主义的制度变更以及对专利授权后异议申请制度的修正等。这对发达国家中唯一采用先发明主义制度的美国来说，是一次彻底的制度改革。

❷ 讨论有关世界统一专利的课题有很多（荒井寿光、カミール・イドリス（2006）「世界知財戦略－日本と世界の知財リーダーが描くロードマップ－」日刊工業新聞社）。在第一局（PCT 受理局）专利性被认可的情况下，根据专利申请人的请求，在第二局（PCT 指定局）可以享受早期审查的专利审查高速路制度（Patent Prosecution Highway）已在日本和其他16个批准国之间实施，但是从截止到2011年11月的状况来看，该制度却很少被利用。

激增。

在这样复杂的生态系统下,现在世界上每年有 190 万件的专利申请被提交,70 万件专利权被授予❶。这些大量的由多国语言写成的权利文件,检索本身都非常困难,因此诸如专利制度已经到达极限,原本就是高额的诉讼,加之专利流氓的存在,专利没有对创新作出贡献,知识产权的独占许可制度本身就是错误的等主张❷最近越来越强烈❸。在这其中,出现了知识产权的保护制度本身就没有给社会带来便利应该立即废止的意见,以及应该停止给予知识产权作为财产权的保护的讨论❹。欧洲专利局(EPO)在 2007 年 4 月提出了一份关于"未来情景"(Scenarios for the future)的报告,其列举的 4 个情景中有 1 个就指出到 2025 年几乎所有国家都将废止专利制度。如果站在上述意见的立场上来看,知识产权相关部门和专家都将迎来厄运,毫无用武之地。但是对组织来说,现在不能放弃在竞争取胜时所必需的知识产权。虽说那些讨论很激烈,但世界范围内的专利申请不但没有减少,反而持续暴增。对知识产权相关部门和专家来说,他们的任务是要为不断激化的竞争做好充分准备,深入现场解决课题以助组织一臂之力。但是上述任务仅靠简单策划已无法完成。在这种情况下,对能为日本企业的竞争力和收益作出贡献的知识产权管理提出了更深更远的战略要求。对于为什么要耗费成本进行专利的申请和管理这一问题,也被更严厉地责问起来。

■ 知识产权对企业的影响

图 1-2 是两家大型制造业公司单个研发项目的专利申请对相关业务影响程度的问卷调查结果❺。两家公司都拥有约 100 人规模的研发团队,我们收集了他们每个研发项目的专利数据,并就该数据和其研发项目成果之间的关系做了调查。竖轴显示的是专利申请量和每个调查项之间的关联程度(偏相关系数)。可以看出,A 公司的专利申请与其实施许可协议、共同开发以及新客户拓展的关联程度很高,并最终对收益作出了贡献。而 B 公司的专利申请虽然也

---

❶ 参照 WIPO statistics 的 2008 年数据。

❷ BESSEN JE, MEURER MJ. Patent failure: how judges, bureaucrats, and lawyer put innovators at risk [M], Princeton University Press, 2008.

❸ Michele Boldrin and David Levine (2008). *Against Intellectual Monopoly*, Cambridge University Press 等。

❹ 幡鎌博(2010)「発明のコモンズ-サービスイノベーションとオープンイノベーションを促進するための知的財産制度-」創成社。

❺ 渡部俊也,福嶋路,竹田陽子,米山茂美,妹尾大(2008)「不確実な技術の公開と管理」研究・技術計画学会第 23 回年次学術大会講演要旨集, pp. 853-858。

和其实施许可协议、共同开发以及新客户拓展等的关联程度很高，但与 A 公司不同，最终它和收益之间的关联没有得到认可。这看上去好像意味着 B 公司的专利并没有为其带来收益。

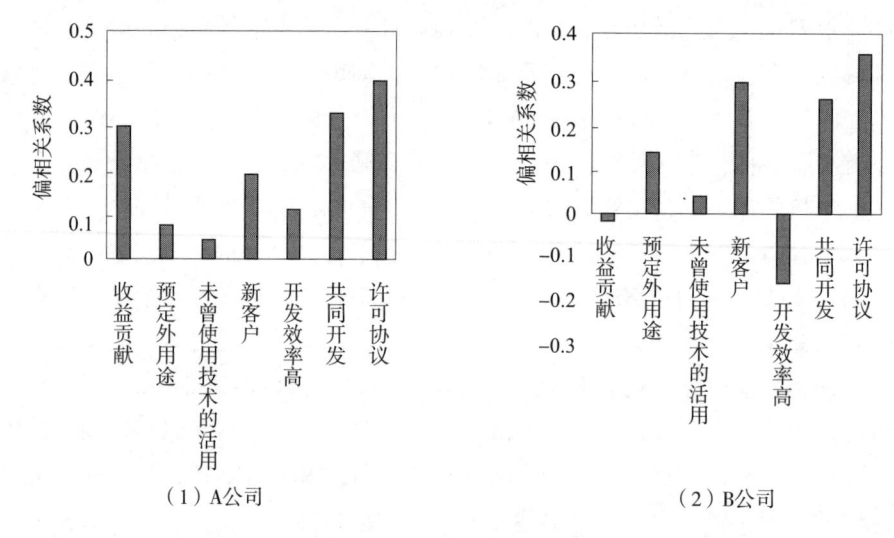

（1）A公司　　　　　　　　　　　　（2）B公司

图 1-2　A、B 两家大型制造业公司单个研发项目的专利申请对相关业务的影响程度

　　参照以往关于企业业绩和专利申请量之间关系的研究，不难发现其中有不少关于专利申请并没有为企业带来竞争力和收益的讨论❶❷。很多专利申请是在技术尚未成熟、尚不清楚能不能将其实用化的阶段进行的。结果，在经济泡沫破裂以后，呈现出很多卓越的发明并没有发挥其应有作用、没有为创新作贡献的倾向。作为其中一个原因，也许是在于技术本身的不确定性增大了吧。而且即使是专利为创新作出了贡献，最终其成果也很有可能无法为企业带来收益❸。虽说如此，像医药领域的企业一样，很多企业认为专利的独占排他权在很大程度上影响着企业的收益。其实在图 1-2 的事例中，A 是一家化学品领域的公司，B 是一家电气领域的公司。在化学品领域，相关有效化学成分受产品及方法发明专利的保护，没有专利许可，竞争对手很难进入该领域，因此大

---

❶　妹尾堅一郎（2009）「技術力で勝る日本が、なぜ事業で負けるのか－画期的な新製品が惨敗する理由－」ダイヤモンド社など。
❷　米山茂美，渡部俊也（2004）「知財マネジメント入門」日経文庫。
❸　参照 J. A. シュンペーター，清成忠男（訳）（1998）「企業家とは何か」東洋経済新報社，这里的创新是指对经济活动中的生产手段、资源以及劳动力等进行与传统方法不同的"新结合"。即，供需平衡会根据组织创新而不断发生变化，相反如果没有创新的话，市场经济则陷入平衡状态。这时，创新就不仅仅是先进技术的创造或者新的商业方法的发明，更重要的是如何让它们在现实中被社会所接受。

多情况下其专利能为企业带来收益。而 B 公司所在的电气领域的产品，由于其技术要素的量很大，要拥有与产品相关的所有专利在事实上很困难。结果，B 公司的研发成果虽然以一件一件专利的形式确定下来了，别人很难模仿，但它并不一定能直接为收益带来贡献。像这样由于技术领域的不同导致专利对收益的贡献度下降的话，对 B 公司来说，申请专利还有意义吗？

■ 开放式知识产权管理的可能性

与以往作为知识产权制度前提的产品创新和方法创新不同，随着组织间以知识产权的多样式转让、交换为前提的开放式创新战略❶的推进，专利不跟企业收益直接挂钩的状况最近越来越明显了。上述情况的案例中，实际上在专利的收益化上失败的企业虽然不少，但以战略眼光把本书所阐述的开放式专利活用付诸实践的企业中，就像图 1-2 那样，虽然在统计数据上看似专利没有直接为企业带来收益，但其专利在其他方面被充分活用，并诱发创新进而最终为企业收益作出贡献的案例也不少。也就是说在上述的场合中，专利对收益作出贡献的，不是在专利申请本身的研发项目中，而是在其他研发项目中。这种知识产权的活用方法，直到最近才逐渐被认识，作为知识产权管理的新的创新战略，它是先进的知识产权制度利用者在过去数十年间饱经风雨、历尽苦难才开发出来的。作为本书的一大主题，除了阐述贡献于产品创新和方法创新的既往的知识产权管理模式之外，还将具体讨论特别是开放式创新战略中的"开放式战略型知识产权活用方法"等各种创新战略。

最近的创新战略呈多样化姿态。以往的封闭式创新主要利用企业内部的知识而很少利用企业外部的资源，与其相对，开放式创新则是通过积极寻求企业外部资源来实现创新的一种战略性思维方式。在这种开放式创新模式下，技术跨越组织的界限以各种方式被活用和改良。它的两个代表性方法分别是：来自组织外部的技术的调节，以及组织外部对技术的活用。不管是哪个方法，开放式创新都有助于技术和知识跨越组织界限，有助于技术和知识的往来。它同时也必然会带来知识产权管理的问题。开放式创新的对象不是某个单一组织，往往是扩大到多个组织或者不特定的组织以及共同体。在这种情形下，如何进行知识产权管理是很多企业最近面临的难题。

在与知识产权管理的关系上需要作更深层次考察的创新战略还有其他多种形态。把创新任务交给用户，特别是交给被称为"Lead User"的先进用户的

---

❶ HESBROUGH H. Open innovation: the new imperative for creating and profiting from technology [M]. Harvard Business Press, 2003.

用户型创新❶，通过设计使技术被实际感受以提高其精神价值的设计主导型创新❷，先在新兴国家开发并打开市场然后再向发达国家普及产品的反向型创新❸，甚至还有在印度等国壮大起来的草根型创新❹等，它们都直接或间接地对知识产权管理的应有方式产生着巨大影响。这些创新战略出现在 2000 年前后，之后逐步被广泛采用，是比较新的战略形态。本书所述的"贡献于创新的知识产权管理"是指与那些新型、多样的创新战略（见图 1-3❺）相适应的知识产权管理。知识产权管理，在以知识为根基的创新战略中必将大有用武之地，只是其应有的管理方式还在摸索阶段，仍在不断变化之中。

```
                ┌─ 产品创新,方法创新
                │   Joseph Alois Schumpeter(1908)
                ├─ 战略合作
                │   Gary Hamel & Yves Dos(1998)
                ├─ 草根创新
                │   A.K.Gupta(2003)
创新战略 ───────┼─ 用户创新
                │   Eric Von Hippel(2005)
                ├─ 开放式创新
                │   Henry Chesbrough(2003)(2006)
                ├─ 设计主导创新
                │   James M.Utterback(2006)
                └─ 反向创新
                    Vijay Govindarajan and Chris Trimble(2009)
```

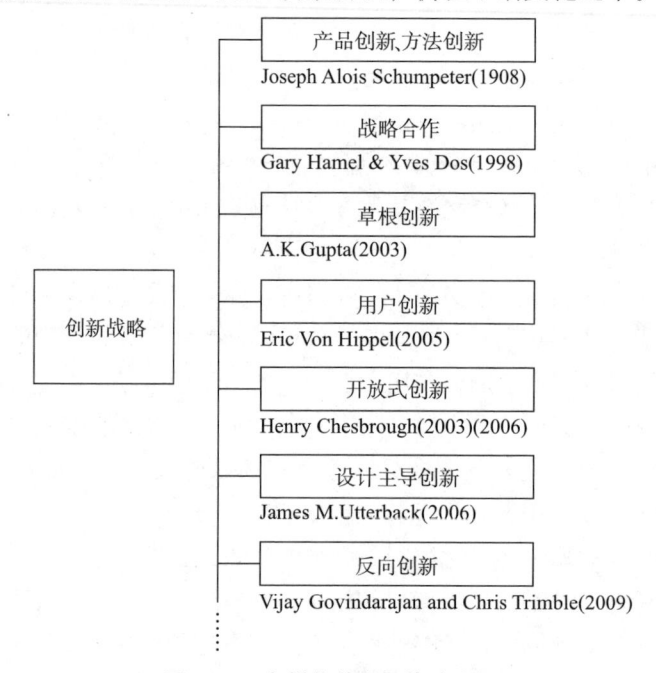

图 1-3　多样化的创新战略实例

---

❶ Eric Von Hippel，*Cicom International*（译）(2005)「民主化するイノベーションの時代」ファーストプレス。

❷ Utterback，James M. 等，*Cicom International*（译）(2008)「デザイン・インスパイアード・イノベーション－顧客に喜びを与え、簡素と品位を強調し、意味を創造する－」ファーストプレス。

❸ Vijay Govindarajan and Jeff Immelt (2009) *How GE is Disrupting Itself*. *Harvard Business Review* October.

❹ GUPTA AK，SINHAR，KORADIA D，et al. Mobilizing grassrovts' technological innovations and traditional Rnowledge，values and institutions：articulating social and ethical capital ［J］. Futures，2003，35（9）：975-987.

❺ Joseph Alois Schumpeter 所指出的创新未必仅包括产品创新和方法创新，这里将上述二者作为代表例记载。另外，与创新战略有关的论文和提案很多，这里仅仅列举了其中的一部分，并没有网罗全部。

第一章 知识产权能否为企业带来竞争力

■ **本书的结构**

为了阐明以高不确定性技术为对象的知识产权管理，以及贡献于创新战略的新型知识产权管理的应有姿态，本书采用实证数据和案例结合的方法，对在知识产权创造和活用的现实过程中，组织应该进行怎样的管理以及会产生怎样的结果进行分析说明。因此本书找到了以不确定技术为对象的知识产权的利用方法和开放式知识产权的利用方法，这些都来自于企业、组织同陈旧知识产权制度斗争的宝贵经验。从使用这些知识产权管理方法的欧美企业的事例来看，可以发现不少企业已经把现有的知识产权制度利用到了极限。从结论来讲，那些利用方式甚至具有影响现有知识产权制度的巨大冲击力，但是另一方面，日常知识产权管理的效果却变得模糊不清，因此知识产权部在向管理层汇报业绩时常常是一筹莫展。在日本企业的知识产权部，还经常可以看到"让知识产权活动看得见"的主题行动，这大概也是受上述背景的影响吧[1]。关于这样的管理，本书尝试通过解析数据和案例使其变得清晰明朗。

跟其他部门相比，知识产权部门在业务上有一些特征，其中一个特征就是刚才所说的，可以通过专利数据来获取自己公司和其他公司丰富的技术信息。随着数据服务机构分析能力的提高，对知识产权公开数据的战略性利用比以前多了，但其还是以数据分类收集水平的分析为主，从战略性知识产权管理的角度对知识产权数据进行更有效活用的空间还很大。本书也基于上述观点，尝试用实证数据来明确知识产权管理的应有方式。实证数据的取得方法有两个，一个是分析专利、外观设计公报等公开文件，另一个是分析企业问卷调查等。本书将对各种场景下与知识产权管理有关的上述数据进行分析，并指出知识产权管理的有效方法。

首先，第二、三、四章讲述现在很多组织正在实行的尤其是与高不确定性技术有关的知识产权管理。这部分主要论述的不是对成熟技术的保护，而是针对在研究开发过程中出现的不确定性技术，通过将其公开、保密、权利化三种选择，进而使在技术完成阶段的知识产权的战略选择更充实有效的管理方法。尚未实用化的不确定性技术的知识产权管理涉及很多与知识管理有关的内容，为了使其有效发挥作用，组织应该做什么，制度如何设计，各种管理方式如何衔接，甚至知识产权数据如何活用等都将在这部分进行阐述。

其次，第五章讲述以技术独占为目的的独占式知识产权管理，这种管理方

---

[1] 2007 年举行的日本知识产权协会第 6 次 JIPA 知识产权论坛的主题为"知识产权活动中事业贡献的可视化"，其暗示了知识产权活动在经营中具有隐蔽性。

式从世界首个专利制度在威尼斯诞生之日起一直延续至今。这部分通过列举分析从大企业到中小企业、从医药品到材料技术、从研究工具到对商业模式的专利化等各种案例，进而逐一揭示其特征。

再次，第六、七章，将视线从第五章的独占式知识产权管理转移至开放式知识产权管理，讲述开放式知识产权管理的机能和机制。这种管理方式涉及两个以上主体之间的关系，具体包括知识产权许可协议、知识产权市场、战略合作中的知识产权管理、多组织间研发联盟、专利池、以不特定多数共同体为对象的源代码公开软件许可协议（GPL）以及知识产权投资等。针对上述知识产权的管理机制是以何种方式呈现出来的这一问题，这部分将结合案例和实证分析予以明确。

最后，第八章和第九章讲述包括开放式创新战略在内的多样化创新战略中，如何运用知识产权管理这一问题。之前已经讨论过，先进的知识产权利用者分别对技术的不确定性和技术的开放式活用进行了新挑战，这些新挑战进而催生了新的知识产权管理，而这种新的知识产权管理又对本应作为前提条件存在的知识产权制度产生巨大的反作用力，这部分对这种反作用的发生轨迹也作了总结。本部分还指出上述过程所成就的两类先进的制度利用者，即通过知识产权管理来策划创新并将其付诸实践的创新人员，以及通过作为创新成果的知识产权管理来策划收益并将其付诸实践的企业家。

在本书最后的附录部分，对书中有关实证数据的分析进行了归纳和概括。

第二章
降低技术的不确定性与知识产权的三种管理：公开、保密和权利化

专利制度原本的出发点是保护那些在一定程度上课题已经被解决、已近乎完成的技术。从号称专利制度发祥地的威尼斯专利法时代到 19 世纪的美国，发明人为了获取专利，均须提交试验品或模型，以证明相关技术已经完成。但是随着时间的推移，如今即使是包含由技术本身或市场带来的不确定成分的技术，企业以及研究组织也会将其申请专利以寻求法律保护。与以往不同，由于在技术完成并被市场接受之前还需要大量的投资和时间，因此，在技术完成之前有必要认真应对知识产权方面的战略选择。这样就给以专利为核心的知识产权管理带来了各种影响。在这里，将首先明确什么是内在于专利技术中的不确定性、其有何特征，然后介绍公开、保密和申请专利进行权利化这三种对技术的不确定性的处理方法，并阐述很多组织正在实施的由三个要素构成的知识产权管理的基本模式。

■ 技术开发过程中遭遇的两个不确定性

关键词：碳纳米管开发 NEC、电动汽车开发 Prince 汽车

碳纳米管（Carbon Nanotube）是指由 NEC 研究所物理学家饭岛澄男博士所发现的，由六边圆环组成的呈管状结构的碳同位素分子[1]。如图 2-1 所示，它是一种非常精美且呈特殊构造的物质，它的特殊物理性质也有待被发现。碳纳米管主要被期待用于高强度材料、传导性树脂、超小型机械、CO 固定、逆浸透膜、燃料电池、二次电池、生物传感、药物输送（DDS）、显像、LSI 布线等领域[2]。期待碳纳米管具有上述用途的依据如下，例如药物输送（DDS）

---

[1] S. Iijima (1991). *Helical Microtubules of Graphitic Carbon*, Nature, 354 (6348), pp. 56–58.

[2] 参照 NEDO 技术开发机构对碳纳米管的技术解说（http://app2.infoc.nedo.go.jp/kaisetsu/nan/na05/index.html）。

中，有"由于纳米管具有中空结构，所以可以考虑开发把药剂装入中空管再将其移送到患部的胶囊"类似这样的推定。当然，能做成纳米胶囊的还有其他很多素材，所以要考虑的是，跟其他素材相比纳米管的性质是不是更优，或者成本上安全性上是不是都没有问题等，在这些问题尚不确定之时根本无法进行实用化。另外，在消费使用阶段，有必要让用户清楚产品所使用的是什么技术。因此，即使技术上的课题全部解决了，相关产品能不能被消费者接受也是问题。要解决这些问题，必须进行进一步的研发和营销工作，因此一定程度上还需要进一步的资金投入。不这样做的话，就无法弄清其各种用途有没有实际利用的可能。在拥有很多用途的情况下，对于从事研究开发的人员来说，理想再大，也很难同时对其多种用途分别进行投资，因此可以说这比单一用途情况下的不确定性要大得多。结果，碳纳米管的那些让人眼花缭乱的用途都有没有实际利用的可能，从碳纳米管被发现到经历了 20 年之后的 2011 年为止，都没有把它们弄清楚。虽然从原理上来说那无疑是很好的材料，但是对其各种用途的性能及成本在实际利用中能否得到保障，不是仅靠原理就能够判断的。实际上，关于碳纳米管，就曾被指出有类似石棉危及健康的可能性，这也是碳纳米管走向实用化之路的一道屏障❶。就像碳纳米管一样，有很多虽然是潜伏着巨大可能性的卓越技术，但是实际当中，在通向实用化和商品化之路上还有很多难题。在这个意义上，很多技术从实用化的观点来看具有很高的不确定性。

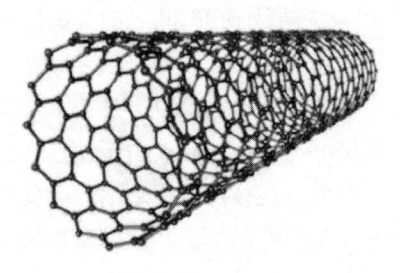

图 2-1 碳纳米管的晶体结构

制药领域的研究开发，被认为是技术层面上不确定性最高的技术领域。新药的研发期间一般长达 10~15 年，从确定药物标的、发现及优化先导化学物质、非临床试验、临床试验，到最终获得申请许可，其成功概率极其微小，大概是一万个候补化学物质中只有一个能最终成功❷。另外，一旦药品中化学物质的药效被明确了，大多情况下这种药品很容易被仿制❸。如果以被仿制为前提的话，这种花费巨额资金且成功率极低的研发投资将无法进行。鉴于此，在

---

❶ POKTER AE, GASSM, MULLERK, et al. Direct imaging of single-walled carbon nanotubes in cells [J]. Nature Nanotechnology, 2007, 2 (11): 713.

❷ 桑嶋健一（2006）『不確実性のマネジメント—新薬創出のR&Dの「解」—』日経BP社。

❸ 低分子药品的情况下，生产同样的药品很容易，但是在生物后继品的情况下，由于从科学上的观点来看很难相同，因此从这个意义上来说很难模仿。即使在专利权期满后，由于跟一般的后发药品不同，它们被称为 biosimilar，一般认为不可以轻易模仿。

第二章　降低技术的不确定性与知识产权的
三种管理：公开、保密和权利化

制药领域，为了使不确定的研发投资变得可行，往往用知识产权来极力保护其研发成果，并采取必要措施将所获得的知识产权活用到极限。即，为了降低技术本身的不确定性，而策划知识产权管理。

另外，技术的不确定性不在于技术课题本身，而是受制于技术市场的情景也不少见。其中一个典型的例子就是现在很多汽车制造公司正在推进商品化的电动汽车。电动汽车商品化的背后，虽然也有耐久性能好的锂离子二次电池等技术的进步为背景，但更多的是需要减少导致地球变暖的二氧化碳的排放以及减少对供应不足的原油的依赖等来自社会的需求。除了二次电池，电动汽车的基本技术很早就已经成熟了，电动汽车的时速甚至早于燃油汽车在1899年就突破了100公里。日本在战后燃油被规制的时期，立川飞机公司（即后来的Prince汽车公司）在1947年就制造了被命名为"Tama"的电动汽车（E4S-47）（见图2-2）。当时这款双门轿车的最高时速虽然只有35公里，但一次充电可行驶200公里❶。但是，后来随着燃油价格下跌，加上没有完善充电基础设施，电动汽车曾逐渐失去其优越性甚至一度从市场消失。从电力供给一侧来看，核电的普及产生了很多夜间剩余电力，作为对这些夜间剩余电力的活用，也是如今电动汽车商品化的一个原因。

图2-2　电动汽车Tama

换句话说，曾阻碍电动汽车普及的，不是电动汽车本身的技术进步的不确定性，而是接受电动汽车的社会的合意没有顺利达成。像这样，技术能不能得到普及，技术本身的进步之外的外部原因会产生很大影响的事例并不少见。电动汽车的场合，关于其技术的价值，从防止地球变暖的角度来看具有一定的社会进步性，结果社会最终达成了接受这项技术的合意，因此，曾经一度被埋没的技术实用化终于成为现实。

---

❶　日产汽车横滨展中有关电动汽车"Tama"的展示说明（2011年笔者采访并拍照，见图2-2）。

■ 技术发展阶段的不确定性

与技术有关的信息的性质，基于技术开发的过程会经历两个阶段。如果达到了完成商品化的阶段的话，技术就是"可以生产同样东西"的信息。这个阶段的技术信息，作为装置或者程序是否在产品制造过程被使用，由于理论上已经在产品中使用，所以在制造过程或实现功能的时候，技术人员没有必要去刻意意识相关技术的存在。但是，在达到商品化阶段之前的技术，是还没有跟具体产品直接衔接的信息，技术人员对其认识和理解也常常发生变化。这个阶段的技术还没有形成完整理论，被认为是仍处于不断变化之中的技术性知识[1]。在这种技术性知识的阶段，就像前面提到的碳纳米管和药品开发一样，技术开发要达成的指标参数无法明确，因此常伴随着目标产品或方法根本无法实现的不确定风险。一般所说"技术是不确定的"，这句话的含义大多就是指类似这种由技术的未完成所带来的不确定性。但是就像已经讨论过的，技术的不确定性，不只是技术上的成熟度不足，即使技术已经达到预期理想指标，就像电动汽车一样，市场对该技术产品的需求的有无也是不确定的。导入了新技术具备新功能的商品，也有必要努力创造市场，能否成功挺进市场对技术实用化来说十分关键。

另外，基础研究层面的技术也具有很多可能性。一个技术可以有多种解释，因此可以进行多用途的各种开发。在前面讲到的碳纳米管的例子中，可以对其进行"基于其高强度构造的高强度材料开发""基于其优越传导性的布线材料开发"等多种利用形式的技术开发。特别是在功能性素材等领域，经常会有将一个发明或者一个材料应用于多个技术领域的不同产品的现象。在这种极具多义性技术的场合，有多种技术展开的可能，如果每一种技术开发都实现并且获得相应的市场，其商业规模将变得异常庞大。其实为了技术的实用化，理论上有必要克服技术的不确定性，对每种可能都——进行投资。但是，对所有技术展开——投资是不现实的，必须对作为投资对象的用途进行取舍。从企业经营战略的观点来看，有必要对研究开发战略进行评价，但是在基础研究阶段，由于能作为评价依据的信息不足，所以进行客观正确的评价很难。在技术开发进行的过程中，市场需求也是不断变化的。为此，根据市场需求的变化，需要对当初制订的技术开发方案作反复修正。对技术开发控制不当，技术开发的着陆点就会跟市场需求不一致，有可能导致其实用化困难。这一点也可以从客户需求的多元化角度来理解。不管从哪个角度，可以肯定的是技术开发以及

---

[1] 伊丹敬之（2003）『経営戦略の理論（第三版）』日本経済新聞社，p. 199。

产品开发的高效化越来越难。追求多种可能性的技术开发也好，客户需求尚无定论的产品开发也好，需要能让相关开发人员就"从什么角度出发来激发其可能性"这一问题达成共识的平台。为此，若不对多义性进行一定程度的取舍，就无法实现高效的研究开发。

为了推进技术的实用化，除了降低技术层面的和市场层面的两种不确定性之外，还有必要应对上述多义性，为此需要获取各种各样的信息❶。对技术开发进行实际投资之后，信息收集不是很难，但是在决定对多义性技术的哪一面进行投资时，需要在投资之前获取相关信息。实际上，在开发之前对其可能性进行判断的信息收集绝非易事。

最近，不少企业采用后面将要提到的"技术公开"的方法，用自己公司所持有的高不确定性技术进行市场活动❷。比如，在展览会上展示尚处技术开发中的商品或者模型。以往，展览会也是商品洽谈会，所展示的都是已经开发完成并且已经为上市销售做好了准备的产品。但是最近的展览会，出现了很多尚未完成或者仍处于技术开发阶段的东西。这些展览的目的被认为是，通过技术公开，来收集其相关技术课题等能否被社会接受的信息。通过公开高不确定性技术、收集稀缺的市场信息，来降低技术的不确定性和多义性，进而修正技术开发的方向，这可以说是技术公开的主要目的。通过技术公开，还有可能发现没有预想到的其他用途。对公开的技术信息感兴趣的人，独自进行试验，其结果也有可能反馈到技术开发中。像电动汽车一样在以社会的接受为必要条件的产品或服务的情况下，公开所带来的社会认知变得更加重要。另一个角度，通过技术公开获取市场信息，也促使技术本身发生变化。若这种变化持续进行，技术开发就总能被市场导向所修正。这是技术管理中最重要的要素之一，通过营造并保持"面向市场的技术开发（知识创造）的状态"，可以降低技术的不确定性。

■ 作为"经济财"的知识产权的地位

像空气一样，虽然对人类很重要，但是无限存在的东西没有价值，也不能

---

❶ 管理人员所从事的调整活动包含"不确定性（Uncertainty）的去除"和"多义性（Equivocality）的去除"两个侧面。其中，不确定性的问题源于信息量不足，因此通过广泛获取相关信息可以去除该问题。而多义性问题则呈多样性，并且时而存在相互矛盾的解释。对于多义性，可以通过共享当事人的解释来对其进行削减。参照：桑田耕太郎（1995）「情報技術と組織デザイン」『組織科学』第29卷第1号，pp. 66-79。

❷ 渡部俊也，福嶋路，竹田陽子，米山茂美，妹尾大（2008）「不確実な技術の公開と管理」研究・技術計画学会第23回年次学術大会公演要旨集，pp. 853-858。

成为交易的对象。与某种"财"的需求相比，只有当供给不是无限存在的时候，这种"财"才被称为"经济财"并成为交易等经济活动的对象。技术也具有稀有性，因此也有财的性质。但是跟家电产品等消费财相比，技术有一些独有的特征。消费财的情况下，如果充分提供其功能等商品信息，其价格能大概估计出来，就是说它具有购买者在购买之前对其进行评价的所谓"探索财"[1]的特征。因此，只要能充分提供商品信息，在网上或者远距离也可以进行交易。但如果是技术，仅仅详细提供技术信息，很难确定其价值。原因在于之前所讨论的技术的不确定性，技术不确定性导致其价值实现也不确定，因此也很难决定其价格。

生产财属于有这种特征的财。所谓生产财是像半导体芯片、电动机以及传感元件之类，它本身不是消费者消费的对象，是生产者将其购买并作为消费财使用。生产财的价值也同样，对一般消费者来说是很难对其进行评价的，而对具有一定专业知识并打算使用它的特定生产者来说，对其价值进行评价是可行的。从这个意义上也可以说生产财的价值因顾客而异。这种状态可以从价值的相对性来理解。技术的价值也有相对性，比如半导体技术对半导体制造商来说有价值，而对其他企业来说就没有价值。在这一点上，技术的交易跟生产财的所谓"合目的性"交易，即符合企业或组织的生产或商业目的而进行的交易有类似的特征[2]。另外，从只有财本身而言，其价值还不能实现这个意义上来看，生产财也好，技术也好，可以说它们的价值实现的程度都很低。再者，半导体芯片或者传感元件都是摸得着看得见的东西，与其相比，技术是摸不着看不见的知识，因而在性质上有不同之处。

在看不见的财这个意义上，交通、饮食、诊疗、按摩等也是以无形且看不见的服务为交易对象，所以技术也有类似这些"服务财"的特征。由于服务是看不见的，所以通过预先向消费者提供商品信息让消费者判断其价值的做法很难。比如餐饮服务，只有去餐厅体验一次才能对其价值进行判断。这样的财称为"经验财"。就技术而言，如果经历过以该技术为对象的产品开发也可以对其价值进行判断，从这一点来看，技术有近似经验财的特征。同时，它又不同于反复向消费者提供的服务财，因为特定的技术提供只有一次，它不是以经验为依据进行价值判断。就经验财而言，即使是免费体验，先让客户体验是使其得到认可和普及的关键，而技术特别是保密技术在这一点上则完全不同。还有一些财，即使体验过也判断不了其价值，比如医生、律师、教育、咨询等，

---

[1] 具备通过事前调查对其进行比较和评价的性质的财。
[2] 高橋克義，南知惠子（2006）『生産財マーケティング』有斐閣。

第二章　降低技术的不确定性与知识产权的
三种管理：公开、保密和权利化

由于其专业程度高，即使体验过也很难判断是好是坏。技术在性质上，有与这些"信赖财"相似的地方❶。

总结上述内容，技术就像图 2-3❷所示的一样，无论在可视性方面，还是在价值实现的程度方面，可以说它是一种近似于服务财和生产财的"无形、不可视，且拥有多种价值实现可能性的财"。知识产权的价值实现的程度，就像后面要提到的很多形态，如果其已经被实施并产生了资金流，它有更近似于服务财的特征，如果是高不确定性技术作为知识产权受保护，即使得到了知识产权的保护，它仍然和不确定性技术的财没有太大区别。

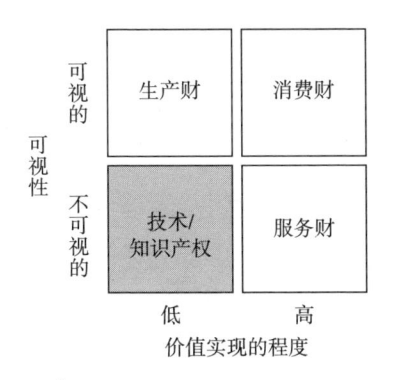

图 2-3　技术/知识产权作为经济财的特征

认识和普及这种高不确定性财的时候，有必要对其价值实现的具体构想（事业化战略或者商业模式）进行说明，并进一步展示其相关试验品，这时，"业绩"和"信赖""口碑"或者"品牌"等信赖财普及的重要因素会对其产生很大影响。这样的活动，其实是把图 2-3 中处于左下象限的财向右上方向极力推移的过程。对于这种技术，即使进行知识产权保护，作为知识产权其经济财的性质也不会发生大的改变❸。

■ 对应于技术的不确定性的三种知识产权管理：保密、公开、权利化

碳纳米管相关专利：Hyperion Catalysis International

这里所讨论的不确定性高并带有与信赖财相似特征的技术，过去曾经被认

---

❶ T. Watanabe, S. Yoneyama, D. Senoo, and M. Fukushima (2004). *Visualizing the Invisible: A Marketing Approach of the Technology Licensing Process*, International Association for Management of Technology (IAMOT), CD Proceedings, Washington, D. C., USA.

❷ 该图经笔者编辑，原载于：米山茂美，渡部俊也（2004）『知財マネジメント入門』日経文庫，p. 35。

❸ 米山茂美，渡部俊也（2004）『知財マネジメント入門』日経文庫。

— 19 —

为不是专利等知识产权所保护的对象。专利申请时其发明必须满足产业上利用可能性这一要件❶，但是现实的专利审查过程中，由于无法依据书面来判断其完成度，所以不能立刻得出相关技术有没有产业利用可能性的结论。因此即使还没有完全解决商品化的所有技术课题，即使产品投入市场的条件还没有完全具备，专利也是有可能被授予的。多义性技术的场合，如果技术的各种利用可能性分别都有，一般所有利用可能的解释（用途）都要予以记载。像这样专利的性质的变化，导致实际上不能实用的技术或者距实用阶段尚且遥远的技术也大量被专利覆盖，专利管理变得愈加复杂。

原本，尚未完成的技术即使被授予专利，由于无法进行商业利用，申请专利也被认为没有实际意义。以企业或者商业利用为目的的研发人员，如果发现技术的完成度低，一般会对相关技术进行保密；而大学等的科研人员，即使技术的完成度低，如果其中蕴含科学发现，也会在学会等将其公开发表，一直是这样。但是如今，不用说碳纳米管等尖端素材，哪怕是与遗传基因相关的学术见知，或者连如何使用还尚不清楚的要素技术等都被申请专利。这些虽说在实用新型等其他知识产权领域也应该或多或少有同样的倾向，但是在发明专利领域尤为明显。其结果是，在高不确定性的技术性见知领域的知识产权管理的选项中，除了保密和公开，又增加了尝试专利申请这一重要选择。高不确定性技术是什么时候开始成为知识产权管理的对象的呢？

根据日本特许厅昭和43年（1968年）7月编纂的《开创未来的专利》❷一书中所记载的问卷调查，可以得知一件产品大约包含5件发明专利和实用新型。从这个数字来看，至少在20世纪70年代以前，大概只有构成产品的、已经完成的技术才作为专利等被申请。而如今，在电子产品等领域，其数量已经增加到超过数千件；其中，很多与研究开发阶段的高不确定性技术有关的发明也被申请了专利。在这40年间，对高不确定性技术进行专利保护的尝试是从什么时候开始的呢？

与不确定性最高的大学研究成果以及生物科技有关的专利申请在20世纪80年代变得火热，从这段时期美国的专利申请动向来看，这段时期与"对高不确定性技术进行专利保护"的鼎盛期是吻合的。试图将影响力波及下游发明的方法发明也在这一时期开始增加❸。这些用专利来保护高不确定性技术的

---

❶ 日本专利法第29条。欧美也有同样的规定。
❷ 日本特许厅图书馆收藏书籍。日文名：『明日をひらく特許』。
❸ 田坂一朗，渡部俊也，隅藏康一（2005）「情報成果物としての方法特許の米国における起源」日本知財学会第3回年次学術大会要旨集，pp. 390-393。

第二章 降低技术的不确定性与知识产权的
三种管理：公开、保密和权利化

意识，转化为企业研发部门强化专利申请的各项举措，诱发了大量专利申请。这也与截至 20 世纪 90 年代的日美欧的专利申请暴增有关系。因为以往曾应公开或者保密的发明也逐渐被申请专利，所以导致专利的申请量增加。

比如前面举过的事例中，关于技术的不确定性的碳纳米管，美国的 Hyperion Catalysis International 公司就曾在 1984 年对其进行产品专利的申请，并在 1987 年获得专利权。美国第 4663230 号专利 Carbon fibrils, method for producing same and compositions containing same 以直径为 3.5～75 纳米的真空管为权利要求范围，它几乎覆盖了所有碳原子呈六角网眼状分布、石墨管嵌入式的多层型纳米管技术。但是就像前面所提到的，碳纳米管的详细结构到 1991 年才被明确，在上述专利申请的时候，Hyperion 公司是不是真的能制造出直径在 10 纳米以下的真空管还是个疑问。专利申请时，上述碳纳米管的制造如果真的还未能实现，则是考虑到将来的技术可能性而对其权利要求进行了扩大申请。类似这样的事例，在 20 世纪 80 年代以后，对仍处于高不确定性阶段的技术进行专利申请已经出现，虽然其数量还不多。Hyperion 的专利在 2004 年到期，当时碳纳米管的实用化还没有实现。从这个意义上来看，对仍处于高不确定性阶段的技术进行专利申请，很难说一定能为企业带来直接利益或提高企业的竞争力。一般来说先对其进行保密很可能是不错的选择，但对其进行专利申请的做法，有防止其他企业在 1991 年其构造之谜被揭开时对其进行权利化的效果。在降低技术的不确定性的什么时候对其进行专利申请、什么时候进行保密或者什么时候将其公开以期待跟其他公司建立联盟等的选择，都是不确定性技术的知识产权管理的重要课题。

原本，无论技术的不确定性程度如何，技术的知识产权管理的基础由"公开""保密""权利化"这三要素构成（见图 2-4）。即使到了技术开发已经完成可以对其进行商品化的阶段，它们的共同之处是，都要作出对相关技术是采取专利保护还是以商业秘密的方式进行保护的判断。

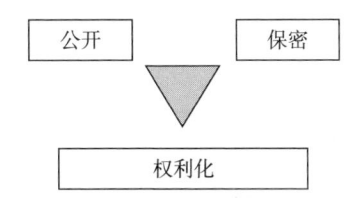

图 2-4　知识产权管理的三要素

一般认为，如果涉及产品的独特构造技术，相关技术容易通过反向工程被破解，产品被模仿的可能性就比较高，这时选择采用申请专利的保护方法；如果是类似制造技术等外部人员很难破解的技术，而且对该技术的模仿行为很难被发现，就对其以商业秘密的方式进行保护❶。但是这样的判断也不能千篇一律。即使是与制造方法有关的方法发明，针对研发人员的发明成果，优秀的知识产权管理人员往往会详细研究以相关方法制造的产品的特征，并从各种角度对其特征进行分析评价，以考虑进一步申请产品发明的专利。而且，为了使产品发明专利的申请成为可能，他们还会指示研发部门进行相关实验。跟已具备成熟理论的实用阶段技术的知识产权管理相比，以不确定性或者多义性技术为对象的知识产权管理，其复杂程度相对更大。而且除了对象技术的变化，加之以各种方式进行的技术公开，都使对知识产权的管理变得愈加复杂❷。这里所讲的技术公开的方法也有多种形式，包括以论文或者展览会的形式进行公开发表的方法，仅对特定组织或特定团体公开的方法，甚至以签署保密协议的方式进行披露的方法等各种形态。以签署保密协议的方式披露时，由于相关技术同时作为商业秘密而接受反不正当竞争法的保护，此时的知识产权管理在公开和保密的重叠领域进行。另外，当在技术公开之前有必要先进行专利申请时，要进行兼具技术公开和专利申请的管理。先进行专利等知识产权保护的申请时，有必要意识到技术说明书等申请文件是要被公开的。这意味着如果把跟设计图纸或者制造方法完全相同的内容进行专利申请，实际采用的制造方法等就会被竞争对手知晓。因此有时有必要在专利申请时对权利要求的范围进行调整，以免让实际使用的方法败露给竞争对手。

像这样，知识产权公开、知识产权保密和知识产权权利化的相关管理并不是彼此独立，而是相互联系的，对应于技术发展的不同阶段要使其发挥最大效果，有时还需要采用一系列的复合管理措施。下面将分别考察这三种管理的要素。

■ 基于技术公开的管理方式的知识产权创造

磁垂直记录方式研究：东芝、硬膜开发、SEMITEC

降低不确定性，除了反复实验和设计等技术上的应对方法之外还有一些其他手段。如果自己所在的研究团队没有相关知识，可以尝试获取外部的知识资

---

❶ 有人认为技术秘密是指那些因不具备专利要件而被隐秘的技术思想，而这里所讲的技术秘密，还包含虽具备专利要件，但权利人故意将其保密的技术信息。

❷ 关于如何对变化技术进行专利化的问题，很多企业都视其为一个课题。比如，沈东炫（三星电子股份公司）对在这种状态下所进行的专利申请描述为"试图对 moving target 进行专利化"。参照：日本知财学会・機械産業記念事業財団共催，第 2 回 TEPIA 知的財産学術国際交流会議（2010 年 2 月 24 日開催）「アジア各国の最新知財事情とグローバル化戦略—具体事例を通じて見る各国特許制度への取り組みの現状と展望—」。

源。如前面所提到的，在最近的展览会上，有些企业会将还没有投放市场的试验样品作为展品进行展示。这样做也许是为了寻求课题的解决方案或者探索社会的需求，但大多数场合，其直接目的是让更多潜在客户来认识相关技术，并且拓展新的用途。我们曾在某一展览会上做过一份调查，其结果是展品的15%都是正在开发的试验样品，展商的目的是通过对这些样品的展示来开拓相关技术的用途。同样，企业为了获取高不确定性技术能否被市场接受的信息，而将其在学会以及新闻发布会上公开的事例也不少。

对磁性体进行垂直磁化记录的磁垂直记录方式，早在20世纪70年代就被发现它比传统的磁水平记录方式拥有更大的存储容量，但在实际的磁盘技术中长期使用的还是磁水平记录方式。在这种情况下，2005年东芝在世界上首次将采用磁垂直记录技术的磁盘装置商品化，引起了社会的广泛关注。东芝在20世纪80年代，曾频繁在学会对磁垂直记录技术的研究进行发表，但进入21世纪以后相关研究的发表开始逐渐减少，特别是在2005年新商品的发售前夕发表很少。那段时期，东芝已经作出开发销售磁垂直记录方式的磁盘产品的决定，别说公开发表，即使在公司内部"磁垂直记录"这个术语好像都被禁止使用了。这个事例说明，在技术的不确定性高的阶段，为了获取外部的知识资源，需要对相关技术公开披露，到了技术充分成熟足以进行商业化的时候，便无须依靠外部资源，也就无须对相关技术进行公开了。

像这样，要获取来自团队之外或者企业外部的知识资源，重要的是要首先对自己掌握的技术进行解释，提出并公开自己的理论观点，并对其反馈信息进行分析。理论观点越能被社会接受，其商品化的可能性就越高。要说相关技术课题的研究将来能不能取得商业上的成功，在技术公开时，看起来好像是其不确定性越低越有利。实际上，由于通过技术公开可以获得大量有助于拓展新用途的有益信息，所以不确定性越高的技术反而越有可能取得成功。图2-5是某企业研发部门针对技术公开的时机和其对专利申请的促进效果之间的关系所做出的分析结果。从中不难看出，技术公开越早，越有利于获取有益信息，越有利于促进专利申请。但早期公开虽有这样的促进效果，如果在还没有充分做好公开准备的情况下就匆匆公开，当然也不会产生上述促进效果。过早公开，往往是在对需要搜集什么信息以及如何搜集还没有明确认识的情况下进行的。技术公开之前，有必要先明确符合公开目的的公开方法，有必要事先选择并确定对所获信息的分析体制❶。

---

❶ 渡部俊也，福嶋路，竹田陽子，米山茂美，妹尾大（2008）「不確実な技術の公開と管理」研究・技術計画学会第23回年次学術大会公演要旨集，pp. 853–858。

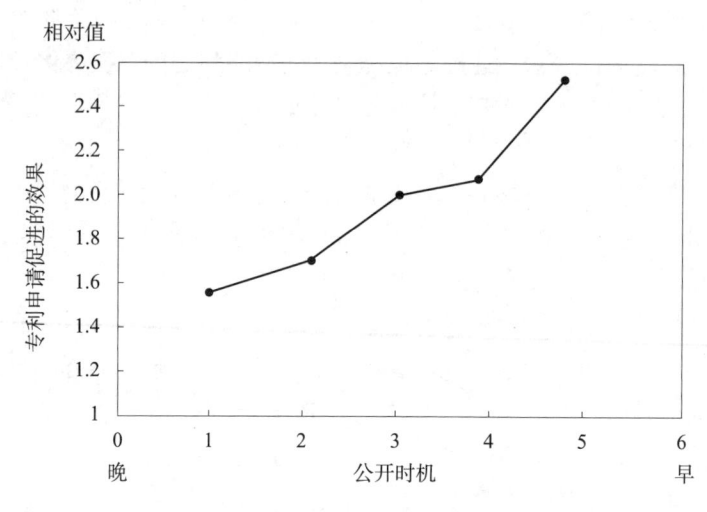

图 2-5　技术公开对专利申请的促进效果

某耐磨性硬膜开发企业的研发负责人，为了探索技术的用途已经决定在展览会展出其试验样品，但是他仍然在犹豫应该制作一个什么样的硬膜试验样品来展示。比如如果在塑料镜上镀膜，看到镀膜塑料镜的人就会局限地理解为这是一种应用于镜子的硬膜技术，而很难产生对其他领域应用的联想。鉴于此，那位研发负责人最终制作了一个"甲壳虫"的塑料成型样品，并将其镀膜展示。当问他为什么用"甲壳虫"时，他回答道："用什么都可以，只是想避免让它引起对某一特定用途的误解。"这句话的意思是说，为了让硬膜技术的多义性得到充分活用，获取多样的更广泛的用途信息，而故意不提供某一特定用途的试验样品。

像这样借助展览会来寻求拓展技术用途的企业不在少数。2011 年在东京证券交易所上市的 SEMITEC 公司，是一家生产用于激光打印机的温度传感器的企业，他们认为"用途看得见的东西，很多大公司都在做。那样的话我们在资本竞争中无法取胜"，因而故意制作了看不出具体用途的传感器样品并在展会上展出，目的在于从客户的意见中寻找更广泛的用途❶。这个事例也说明技术公开时要缜密筹划什么信息是要向对方传达的，什么是不能传达的。

在技术公开或披露之际，有必要建立对所获信息进行有效分析的机制。有数据显示，在只有技术人员参与的情况下，所获信息的价值并不能得到充分评价，其公开或披露的效果也并不理想。因此，在技术公开或披露之际，从商业

---

❶ 参照 2011 年 10 月 18 日「日本経済新聞」中登载的对石塚会长的采访。

第二章 降低技术的不确定性与知识产权的三种管理：公开、保密和权利化

的视角对信息进行统筹性解析很重要。

什么时候进行公开或披露，对时机的把握是个难题。如果从公开或披露带来了多大反响，或者从中获取了多少有用信息这样的效果角度来看，就像之前提到的一样，可以说越是早期公开，其效果越明显。但是，从知识产权管理的角度来看，早期公开会带来泄露重要技术信息的风险。如果技术保密协议只跟可信赖的企业签署，或者不像专利申请文件那样把详细信息全盘披露的话，即使获取了反馈信息，其效果也不稳定。这是一个权衡取舍的问题，既要考虑公开或披露，又要考虑如何处理技术秘密或者何时进行专利申请等问题，因此需要一种统筹兼顾的管理方式。这时，需要分别讨论在什么时机进行怎样的公开或披露，如何对技术进行解释，公开或披露之后要对哪些信息进行收集分析等问题。在我们所做的调查中，由企业的知识产权部门亲自积极参与的技术公开或披露大有所在，想必那都是一些由知识产权部门正式参与的大型技术开发项目[1]。

■ 技术保密的知识产权管理

原液配方保密：可口可乐
为保护商业秘密进行内部生产：日亚化学工业

与受存续期间限制的专利等知识产权不同，企业独有的优秀技术如果将其作为商业秘密进行保护的话，企业将有可能实现对该技术的永久独占。其中一个经常被参考的成功案例就是可口可乐的原液配方（The Coca-Cola Formula），据称其配方只有企业创始人中的少数几人知道，到现在仍作为秘密被严密保护[2]。可口可乐公司创立于19世纪80年代，其对原液秘密的保护已经持续了100年以上，这也成为其品牌价值的源泉。可见对商业秘密的长期有效保护，跟以公开为代价的专利20年的保护相比，简直是天壤之别。

除了上述事例，最近随着新兴国家市场的扩大，由于受知识产权保护水平的差异以及知识产权多国申请的高成本等因素的影响，以采用商业秘密保护来取代专利申请的企业在增加。这种倾向，过去常见于经费不足以支撑专利申请

---

[1] 竹田阳子，渡部俊也（2008）「技術の応用開拓活動に対する知財部門の関与」日本知財学会第6回年次学術研究発表会予稿集，pp. 520-525。

[2] 实际上，最近曾发生过有关可口可乐公司原液配方的商业秘密泄露事件。据2007年5月23日的CNN报道，两名可口可乐原职工因将与新商品有关的商业秘密提供给竞争对手百事可乐公司，因而被起诉到亚特兰大地方法院。2006年5月，百事公司将一封来自自称可口可乐干部的"非常详细的机密情报"的信件转交给了可口可乐公司，可口可乐公司随即向FBI通报，随后FBI展开调查，两名涉事员工因而被捕。

的中小企业。图2-6是关于大型企业和中小企业分别在知识产权管理过程中是更重视专利申请,还是更重视保密保护的问卷调查结果,从中可以发现,更重视积极进行专利申请的大型企业约占到50%,而中小企业则减少到20%,甚至也存在不少采纳"最小限度申请专利,积极利用商业秘密"政策的中小企业❶。

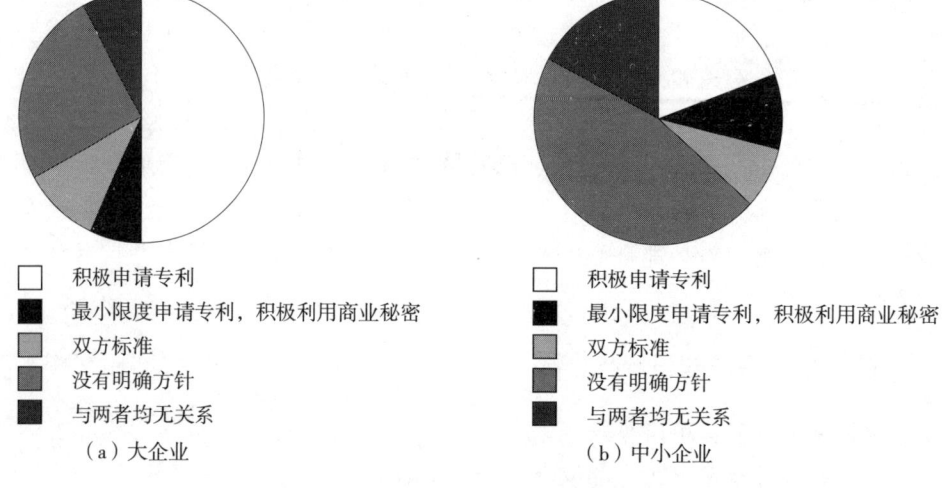

□ 积极申请专利
■ 最小限度申请专利,积极利用商业秘密
▨ 双方标准
▨ 没有明确方针
■ 与两者均无关系
(a) 大企业

□ 积极申请专利
■ 最小限度申请专利,积极利用商业秘密
▨ 双方标准
▨ 没有明确方针
■ 与两者均无关系
(b) 中小企业

图2-6 专利和商业秘密,更重视哪一个

与技术相关的商业秘密(Know how)被企业重视的原因除了在于防止技术流失之外,还有为了防止在共同开发、技术合作、业务委托等过程中自身企业原本保有的技术跟对方所披露的技术混淆的目的,即为了防止技术混淆(Contamination)而采取技术秘密管理。同时,自己企业的技术秘密,有可能被其他企业独自开发出来并申请专利,在这种情况下,为了应对其他企业基于专利权的停止使用请求,必须在进行秘密管理的同时采取措施以确保可以继续实施该技术。这时,为了获取可以继续实施的先使用权❷,要求对该技术具有一定的管理水准。在这种情况下,必须满足正在实施相关技术的条件。具体来

---

❶ 笔者根据「2008年版中小企业白书」作图。
❷ 日本专利法第79条"先使用による通常実施権"中的通常实施权被称为"先使用权"。第79条原文:"特許出願に係る発明の内容を知らないで自らその発明をし、又は特許出願に係る発明の実施である事業をしている者又はその事業の準備をしている者は、その実施又は準備をしている発明及び事業の目的の範囲内において、その特許出願に係る特許権について通常実施権を有する。"日本实用新案法第26条规定实用新案权也类推适用专利法第79条,同时,外观设计法第29条也对"先使用权"作出了类推适用专利法第79条的规定,因此针对先使用权、专利权、实用新案权和外观设计权三者的理念是相同的。

第二章 降低技术的不确定性与知识产权的三种管理：公开、保密和权利化

说，即使还没有进行商业实施但要求有立即实施的意图，且该意图已经客观地表达出来。这时所获取的先使用权，仅仅相当于法定普通实施权，即在实施相关技术的时候无须向其专利权人支付对价。

若上述必要管理措施顺利实行，技术保密会成为一种更有效的知识产权管理方式。但必须注意的是，不管对技术采取怎样严密的保密措施，技术秘密泄露的风险是不可能完全消失的。图2-7是对企业做出的关于技术秘密泄露的经历以及泄露了何种技术的问卷调查结果。值得注意的是，大约10%的国内外企业都明显有过技术秘密泄露的经历。从泄露的技术种类来看，约5%为重要前沿技术，5%~10%为重要基础技术，这说明对企业来说不可泄露的重要商业秘密的流失现象还是相当严重的❶。

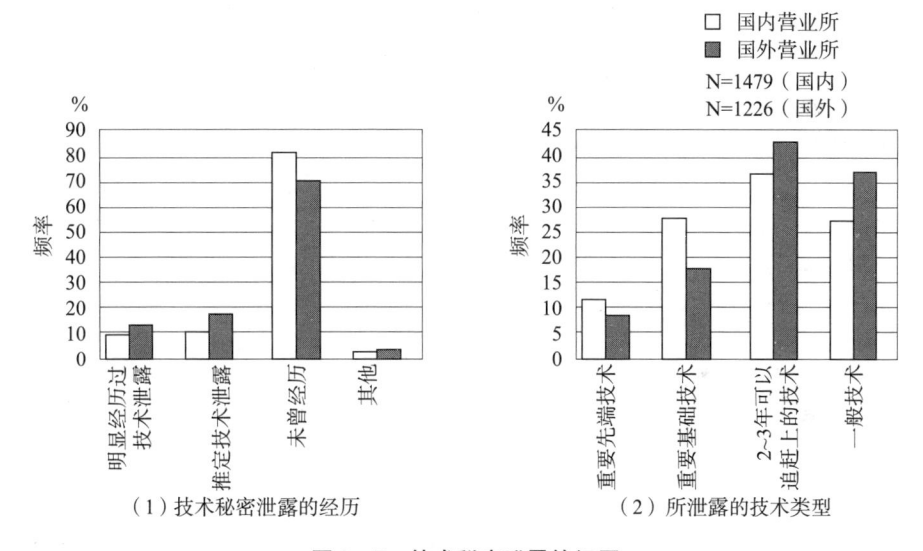

（1）技术秘密泄露的经历　　（2）所泄露的技术类型

图2-7　技术秘密泄露的经历

下面介绍几个实际发生的技术秘密泄露的案例，它们都来自政府调查报告❷。有一个案例是，"跟一家企业签署了保密协议并向对方披露了相关图纸和技术秘密之后，不久发现该图纸也被另外一家企业获取了。很明显我们的技术秘密泄露了，签署保密协议的那家企业也承认是他们泄露了我们的保密内容，我们也曾考虑过向对方提起侵权诉讼，但凭我们企业的实力没能对损害做出充分举证"。这种案例在中小企业和其大企业客户之间并不少见。据称，为了廉价制作金工模具，模具企业将作为重要知识产权的模具图纸泄露给外国企

---

❶ 「我が国における技術流出及び管理の実態について」平成19年6月，経済産業省。
❷ 源于「中小企業白書」等政府资料。

业的事例有很多。还有一个案例是，"公司察觉某外国人技术员下载了13万件设计情报。该技术员有时把公司电脑带回家，于是到其家中做调查并要求其提交公司电脑和个人电脑。结果发现公司电脑的数据已经被删除，其个人电脑硬盘也已经被损毁。该外国人技术员没有接受警察的问讯调查就回国了。在其再次回到日本时，虽然对其进行了问讯调查，但其声称是其下载目的是学习。警方之后虽以对电脑的侵占为由将其逮捕，但最终作出了不起诉的决定。"这个案件虽然是公司的外国员工所为，但是日本员工瞒着公司周末私自去给外国企业作技术指导的案例也很多。意料之外的技术秘密泄露，不仅源于在职员工，源于已退休或辞职员工的技术流失问题也越来越深刻。

对于这样的商业秘密泄露，虽然可以依据后述的反不正当竞争法对其进行规制，但是秘密一旦被泄露公开其价值也就消失了。针对这种法律救济效果有限的技术秘密，为了防止泄露对其采取严密的管理措施十分重要。为此，还要梳理秘密泄露的可能形态的途径，并分别采取相应对策。技术秘密泄露的途径具体包括，来自职员、离退休人员、客户、国外、当地法人等的泄露，来自技术破解的泄露，来自合并、转让等的泄露。泄露的具体形态包括，有形财产（资料、图纸、物品等），电子信息（电子媒介），无形的技术方案等（见图2-8❶）。对这些可能的泄露途径和方式，要逐一分析评价，对于重要信息，有必要采取各种应对方法。包括设置密码等物理上、系统上的方法，禁止将含数据信息的电子媒介带出公司的制度上的方法，以及辞职时签署保密协议以确认保密义务的人事管理方法等。

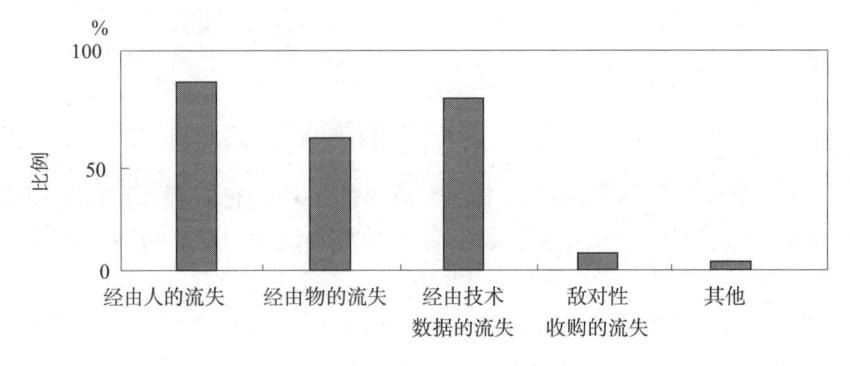

图2-8 企业所感受到的技术流失风险（可多项选择）

基于此，对包括技术秘密在内的商业秘密进行充分管理并且制定了相关管理战略的制造业企业也非常多。比如日亚化学工业公司，为了保护技术秘密，采

---

❶ 参照：「中小企業白書」。

第二章 降低技术的不确定性与知识产权的
三种管理：公开、保密和权利化

取设备、部件等在企业内部生产的政策。公司中从事对这种设备、部件开发和改良工作的技术人员约占全体技术人员的一半。公司通过为这些技术秘密的创造者们提供自由的科研环境和充足的科研经费，来努力防止技术秘密的流失。在"重要设备自己开发，把握自己生命线"这样的经营方针下，在日亚化学将制造作为白色 LED 主要材料的 GaN 系列化合物的单结晶膜所必需的 MOCVD 装备的生产全部放在企业内部进行。由于绝不把制造工程委托给外部企业，所有都在企业内部进行，生产工程成为不为外界所知的神秘"黑箱子"❶。要实现上述经营方针，缜密细致的管理以及管理得以顺利实施的环境条件十分必要，因此需花费相当的成本。从这个意义上来看，所谓"专利申请需要花费成本，而技术保密则无须成本"是不正确的。要想进行有效的商业秘密管理，有必要慎重考虑成本问题。

TRIPS 谈判时，缔约方围绕各自应该明确规定对商业秘密非法使用的停止侵权请求权这一事项进行了讨论，日本以此为契机，完善了与商业秘密保护有关的国内法。其结果是，日本在平成 2 年（1990 年）修订了反不正当竞争法，在明确商业秘密法律地位的同时，规定对于非法取得等"不正当竞争"行为，可以采取停止侵权请求以及损害赔偿请求等民事救济措施。但是法律修改之后，除了商业秘密流失到国外的案件依旧大量发生，受人才流动加剧的影响，已退职人员（原职工、原高层管理人员）的商业秘密侵权问题越来越严重。在这种背景下，要求强化商业秘密保护的意见越来越多。因此，日本在平成 17 年（2005 年）再次修改法律，增加了对国外犯、对满足一定条件的退职人员以及法人的刑事责任，以及提高处罚法定刑的规定等❷。

遗憾的是，根据修改后强化了对商业秘密保护的反不正当竞争法实际立案的案件却寥寥无几，原因是，2005 年新法的处罚对象是"以不正当竞争为目的"对商业秘密"进行使用或披露"的行为，因此针对向无业务竞争关系的第三方披露商业秘密的行为或者仅以加害为目的向公众披露他人商业秘密的行为都不能依法处罚。另外，由于商业秘密的"使用或披露"行为是发生在加害者或者竞争对手的企业内部或国外，所以对其进行举证十分困难。因此新法被认为没有有效抑制对商业秘密的侵害。之后，又进行了包括变更主观要件、把非法获取商业秘密的行为原则上视为刑事处罚的对象等内容的有关侵害商业

---

❶ 米山茂美（2009）「日本弁理士会—東京大学，ビジネスコンサル弁理士育成のための共同研究事業—知財専門職向けマネジメントケーススタディー開発—」ケース③「特許戦略と事業戦略，日亜化学白色 LED のケース」東京大学．

❷ 奈須野太（2005）『不正競争防止法による知財防衛戦略』日本経済新聞社．

秘密罪的法律修改❶。

现行反不正当竞争法将满足作为秘密对其实施了管理行为（秘密管理性）、为有用的商业信息（有用性）、其内容没有被公众所知晓（非公知性）这三个要件的商业秘密，以获取非法利益或者对商业秘密持有者造成损害为目的（盈利加害目的），违背秘密保守义务将其获取的行为纳入了刑事处罚的对象。

要成为法律救济的对象，须实施满足上述要件的商业秘密管理行为。比如，"在带锁的柜子里保管客户信息"，或者"在科长办公室的抽屉里保管"，或者"以文件形式保管"，可以认为其有秘密管理性，而如果是"放入没有锁的文件柜里主要供行政人员使用"，或者是"没有任何限制措施员工谁都可以看到的客户名单"，或者是"虽然放进了书库加了锁，但是没有任何秘密标示或没有限制阅览"，就不能认为其具有秘密管理性。

但是如果把注意力仅仅放在秘密管理性上，有时反而会增加丢失的风险。2011年东日本大地震的时候，有些企业把所有客户信息都集中放在一个加锁的柜子里管理，结果地震中办公室被海啸冲毁，客户信息一下子全都丢失了，这给之后的复兴带来了很大的障碍❷。这些事说明，商业秘密是企业的重要信息，也有必要考虑到各种风险以分别采取应对管理。

这就要求除了满足法定最低限度的商业秘密管理要件之外，还要根据企业的具体情况采取与风险管理相适应的物理上、制度上以及人事上的各种必要的管理措施。

■ **在现有制度框架下对技术公开、保密和专利申请的协调**

iPS 细胞研究中的知识产权争夺战：京都大学山中博士、Bayer 制药公司

在降低技术的不确定性的过程中，有必要对技术公开、保密和专利申请进行适当管理。它们相互影响相互作用，公开或披露也会有助于专利申请，但是盲目放任的公开或披露则导致重要知识产权的流失。保密也有可能因隔绝了外部信息而导致不利于降低技术的不确定性。因此，从降低技术的不确定性和知识产权管理的角度来看，有必要对公开或披露的范围和保密的范围进行合理控制。技术信息控制涉及采用什么方法公开、对什么信息进行公开、对谁公开等内容。在很多场合下，通过调节公开或披露的程度来取得平衡，比如对核心的

---

❶ 平成21年法律第30号「不正競争防止法の一部を改正する法律」。
❷ 「震災復興に向けた新しい動き」日本ベンチャー学会セミナー（2011年9月9日在东京学士会館举行的演讲会上所介绍的事例）。

第二章　降低技术的不确定性与知识产权的三种管理：公开、保密和权利化

技术信息进行保密或申请专利等。对竞争激烈的先端发明来说，这更是一个重要的课题。

技术信息控制的目的是，通过调节跟外界的接触，一边尽量使技术不被流失，一边尽量扩大从外部获取信息资源。具体来说有很多形式的管理方法，包括技术信息公开由知识产权部门亲自负责、制定在技术开发部门公开技术信息之前须对公开的技术内容进行事前审议的规章制度等方法。但重要的是不能阻碍面向市场的技术开发。比如，在技术开发部门的公开要求被知识产权部门拒绝的场合，信息流失的风险是没有了，但很可能会因此导致技术开发落后于市场需求。这种平衡很难把握，需要知识产权部门和技术开发部门的高度合作。关键是，技术信息流失的防止是知识产权管理的一大目的，但伴随着技术信息公开不可能完全杜绝信息的流失。对技术信息公开来说，比起对信息流失的零容忍，更要比较分析因公开导致难免流失的信息的数量和因公开而从外部获取的信息的数量，一般来说应该以后者超越前者为目标。

图2-9显示的是不同种类的发现或发明和公开、保密、权利化之间的大致关系。原理现象的发现本身，如果没有一定实用性就不满足专利申请的条件，所以即使企业的研究以科学的观点发现了某种有趣的新现象，在这种新现象的实用性被证实之前通常要采用对其保密的管理方法。但是在自己企业内部对这种新现象的用途难以发现的时候，就有可能要把这种现象公开以借助外部资源来寻找其用途。这样基于借助来自外部的信息，还有实现专利申请的可能。

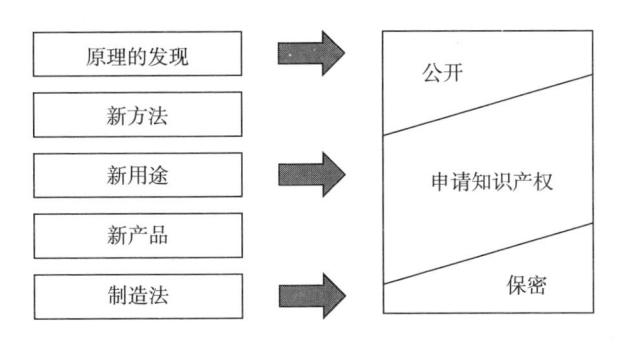

图2-9　研究成果和3种保护的组合

还有一种处理技术信息的方法，即不进行专利申请，而仅考虑是不是进行公开，这种方法常见于某种发明被自家企业客户使用的情况。比如，某一涂料制造企业发明了一种使用其涂料产品进行染布的新技术方法，如果该企业将这种技术方法申请专利，该专利的实施主体将成为购买该企业涂料产品的客户。

通常来说，即使申请专利获得了专利权，也不会对自家企业的客户或潜在客户行使专利权❶。在这种情况下，企业与其将该技术方法申请专利，不如将该技术方法广泛公开，以促使企业产品被更广泛利用。但实际中，很多涂料制造企业还是将其涂料产品的新使用方法申请了专利。他们大多不会对自己的客户或潜在客户行使专利权，而是给购买自己产品的客户免费专利实施许可，以促使企业跟客户之间的关系更趋稳定❷。

就产品本身的技术而言，一旦产品进入市场相关技术就容易被分析破解，很难将其保密，这时往往考虑用发明专利或外观设计等对产品技术进行保护。而就制造方法的发明，就像前面所说的，由于制造方法通常很难被外界破解，所以与申请专利将自家企业的制造方法公布于众相比，更多是选择对其进行保密。但是这种情况下，也要注意该制造方法是有可能被其他企业申请专利的。如果确信其他企业要对其申请专利，那还是得考虑先将其权利化，或者考虑利用可以免费获得普通实施权的先使用权制度，即要将技术方法实际进行商业利用或者做好对该技术方法进行商业利用的准备。这时，为了确保能获取先使用权，须要注意保存相关在先使用的证据，比如设计图纸、业务订单资料等，必要时为了提高证据力还可以考虑对相关证据进行公正。

制造方法发明的场合，如果使用该制造方法的结果跟使用传统的制造方法的结果相比，致使相关产品的特性发生了改变，那么可以将方法发明的专利申请转换为相关"产品发明"的专利申请。优秀的知识产权管理人员往往从这样的视角出发，提醒研发部门取得证明产品性质发生改变的相关数据，以尽最大可能进行"产品发明"的专利申请。另外，即使是尚未完成的发明，基于各种因素有时也会想尽办法将其权利化。但是在技术尚未完成还处于不确定阶段的时候如果对其申请专利，则会遇到各种难题。比如，如果发现了具有优越性能的某种素材，即使明确了该素材的制造方法，如果还没有明确这种素材作为"产品"跟传统的产品相比在哪些方面有所不同，就不能将该素材作为"产品的发明"进行专利申请。在这种情况下，考虑到方法发明专利很难进行有效权利行使，加之如果其他企业也正在进行同样的研究，有必要尽早将其申请专利，可以把该素材已经明确的优越性能以功能性权利要求❸的形式进行无限接近"产品发明"的专利申请。另外，在化学以及材料等专业领域，经常

---

❶ 在日本企业中很少见到诉诸法院的案例，但 2011 年三星公司对存储芯片等领域的重要客户苹果公司提起了诉讼。

❷ 后述的通过客户对可利用专利的持有，是构筑跟客户之间良好关系「戦略のアライアンスを目的とする知財マネジメント」的一个事例。

❸ 是指使用抽象的功能性描述的权利要求。

第二章　降低技术的不确定性与知识产权的三种管理：公开、保密和权利化

用数值限定❶的方法来描述发明的技术特征，这时即使没有充分的实施例，有时也会迫不得已用不充分的实施例进行专利申请。这样的专利申请，由于不满足专利法所要求的支持要件❷，实际很难取得有效的专利权❸，但是通过之后主张优先权并适当修正申请文件，还是有助于实现早期权利化的目标的。

图2-10是上述场合的专利申请从申请日开始到申请文件公开为止的申请时间流程。专利制度中有国内优先权制度和国际优先权制度。国内优先权制度❹是从基础专利申请的申请日起算，申请人可以在一年之内主张优先权，在满足同一申请人等条件下可以对原申请内容进行追加申请。国际优先权❺是从日本国内的专利申请的申请日起算，同样是在一年之内申请人可以通过主张优先权，就相同主题的发明向外国申请专利。所以在可以行使优先权的一年期间内，要尽量把在先基础专利申请的技术课题完善。同时，在优先权到期之后专利申请文件被公开之前，还有6个月处于非公知状态的期间，在这期间如果有改良发明，兼顾其创造性等，还可以在这6个月内完成专利申请。还有一种可能的做法，就是优先权期间只在自家企业内部进行研发，优先权到期之后把技术信息的一部分进行公开，依据从中获取的信息在这6个月之内再完成应用发明的申请。在专利申请之后，进一步协调专利制度和研发管理以及信息公开管理，以追求更加完善的知识产权管理机制。

有时，在上述时间流程的初始阶段也会利用日本国之外的专利制度。即使是日本的研发成果，也没有必要首先向日本特许厅进行申请（第一国申请）。比如，在来不及进行公开，或者还在犹豫有没有申请价值等情况下，可以利用既承认日语申请，又可以暂时不写权利要求、暂不提交信息公开以及承诺书等材料的美国"临时申请"制度，这时，从临时申请的申请日起算12个月以内，还可以依据基于临时申请的国际优先权主张，在日本进行"正常的专利申请"。

京都大学的山中博士根据白鼠细胞进行的iPS细胞研究，相关领域的专利也同时被美国的威斯康星大学以及Bayer制药公司申请，一场激烈的专利争夺

---

❶　是指使用数值范围、公式等记载来限定权利请求的范围。

❷　关于日本专利法第36条6项1号，要求权利请求范围的记载必须得到说明书的支持，这一点已被判例所明确。

❸　廣田浩一（2005）「広い特許クレームの解釈について－特に化学・バイオ関連発明の場合－」『パテント』第58卷第7号，pp. 21-33。

❹　日本专利法第41条，实用新案法第8条。

❺　《与工业产权有关的巴黎条约》（巴黎优先权），以及《专利合作条约》（*Patent Cooperation Treaty*, PCT）所规定的优先权。

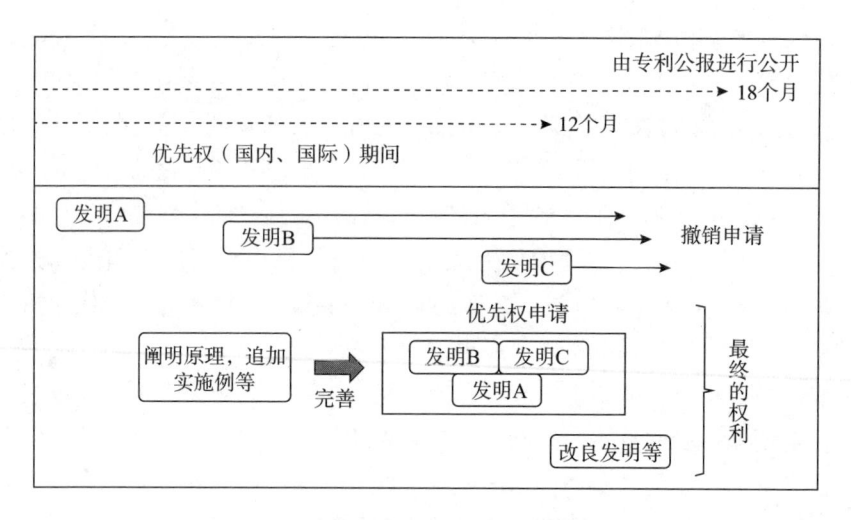

图 2-10　研究开发计划和专利制度的协调

战已经打响。根据日本特许厅的调查报告，上述三者都在交叉进行着相关研究成果专利申请和学术发表，关键是谁能对这些公开和申请的系列管理进行有效协调❶。其中，京都大学递交了 PCT 国际专利申请，而威斯康星大学也完成了 3 件临时申请和 1 件 PCT 申请，Bayer 公司则完成了 3 件 PCT 申请，它们都在争取最早以及更牢固的权利化（见图 2-11）。其中有趣的是，Bayer 公司在申请文件中所附加的实施例并不是实际进行过的实施例，而是 4 件假想的实施例。这三者的权利谁的更优越现在还难以下定论，但这是一个充分利用优先权制度和临时申请制度，对处于激烈竞争中的高不确定性基础研究成果一边公开一边进行权利化的很好事例。

　　后面还会讲到，专利权给权利人所带来的，不是对所请求的技术范围进行全部独占的权利，而不过是禁止他人实施相关技术的排他权利。因此，即使是属于权利人的技术范围，如果之后诞生了新的改良发明，改良的部分就会成为他人的权利。如果这种状况会给企业带来不利影响，企业就要力争包括改良发明的专利权。这在现实中是不是可行，虽然因具体技术领域不同结论会有差异，但是在高不确定性技术领域，有必要最大限度地利用优先权制度以及申请公开前的改良发明专利申请制度。

---

❶　参照：平成 21 年日本特许厅调查报告「ips 細胞関連技術及びヒト ES 細胞関連技術に関する特許出願・論文発表の状況について」。图 2-11 也是在参照此调查的基础上做成的。

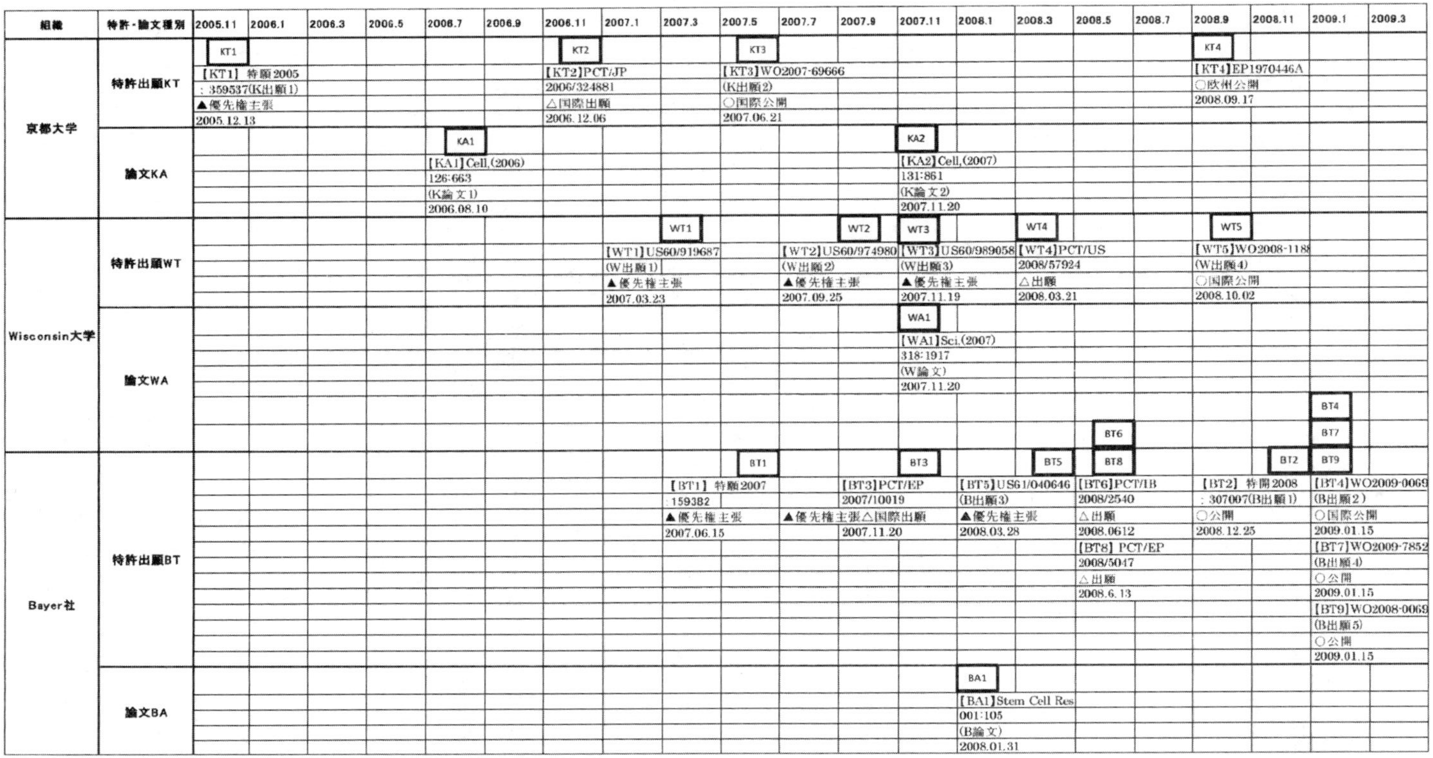

图 2-11 iPS 细胞的专利申请和学术论文

■ 共同研究开发中的技术公开、保密和专利申请组合

在各种研发活动中，为了降低技术的不确定性，有时需要在实行保密管理的基础上，兼顾披露技术信息和推进共同研究活动。比如，将 A 公司持有的技术和 B 公司持有的技术进行组合，以获取新的有用技术。需要特别注意的是，技术信息的共有会带来技术秘密的转移。这时，还要预测由于组织间业务领域不同和资本实力等的差异所带来的影响。例如，在持有独特技术秘密并且依靠其活用来制造核心产品的中小企业和使用该中小企业产品的大型企业之间的共同研发的情况下，由于共同研究中技术信息的交换，有可能致使该中小企业的独特技术秘密转移到该大型企业手中。所以，特别是对中小企业进行的共同研究来说，有必要对所披露的技术信息进行合理管控，比如"为共同研究提供技术信息时，要将核心技术秘密剔除"，或者"不提供企业的核心技术秘密"等。在自家企业的重要技术秘密被要求披露时，要在共同研发活动开始之前将技术秘密的内容进行公证，以确保在共同研发结束之后能够对研发成果主张相应权利。另外，还有一种可以预想到的情况，比如某企业将来有专利申请的计划，但由于现在正进行改良研究，相关技术信息还处于保密状态，如果在共同研究过程中该技术被共享、改良，那么在共同研究结束之后对该技术进行专利申请时，就变成了共同专利申请，该企业便不能单独对该技术实行活用管理。因此，要想扩大自己企业可以单独实施的专利技术范围，就有必要在共同研究开始之前单独进行专利申请，根据情况在技术公开之后再进行共同研究。

共同研究会带来什么技术成果，这些技术成果在共同研究之后，有多少须由自家企业来掌控，对这些问题要事先做好分析，必要的时候还要事先做好决策和相关准备。比如，通过共同研究进行商品开发时，如果在共同研发过程中一件专利也没有获得，这时对业务范围宽广的大型企业来说，还可以将共同研发的成果应用稍微偏离共同开发领域的其他技术领域，而对于业务范围狭窄的中小企业来说，共同研发的成果仅仅局限于特定商品，因此在共同研发结束之后很难继续对其展开应用。所以在进行共同研发时，不仅要对共同研发的对象，还要对技术成果的合理利用机制进行事先讨论。即使共同研发的协议是公平合理的，还要注意由于双方企业规模的差异，导致最终结果并不平衡的现象。

将在共同研究中所取得的发明进行共同专利申请时，根据专利法第73条❶，它的专利权由双方共有，双方都有权对专利技术实施，但是没有另一方的同意，一方共有人不得对专利设置专用实施许可或者一般实施许可。这一点，往往成为问题。例如，假设某中小企业A和某大型电机制造企业B就某共同研究成果拥有共同专利a。几年之后，A跟B的潜在竞争对手C公司共同出资设立了合营公司D，并准备利用专利a开始新业务。这时，如果a专利的共同所有人B反对的话，D公司就无法获得专利a的实施权因而也难以展开业务❷。不仅限于专利，关于共有权，受后继企业形态变化等影响有可能产生各种矛盾，所以对其处理要引起格外注意。专利法第73条第3款关于共有人同意的规定为任意规定，当事人可以预先通过合意对其变更。而且，关于共有专利不同国家有不同规定，在中国和美国，没有共有人的许可也可以设定专有实施许可以及一般实施许可，这一点跟日本不同。因此，在共同研究开发契约签订之前，先要认真讨论将来是和谁、在哪里、以什么样的商业模式对共有专利进行利用。

大学等非实施机构跟企业之间在签署共同研究契约的过程中，由于双方性质上的差异，有时会产生契约上的对立。根据前面提到的日本专利法第73条，共有人双方对共同专利都有实施权，但是由于大学等机构不进行专利实施，也就不会从实施中获取收益。因此对大学等非实施机构来说，倾向通过给其他企业设定实施许可来获取收益。但是没有共有人的同意，大学等就不能设定专用实施许可或一般实施许可。对于企业方来说，如果企业需要独占实施权，可以以独占实施补偿的名义向大学一方支付一定数额的补偿费，但是相反，大学一方如果仅因为自己不实施相关专利，就要求企业方给予一定数额的不实施补偿，往往会得到企业方的消极回应。因此，契约交涉往往陷入僵局。共同申请契约一般在专利申请之后进行交涉，很多情况下由于细节条件上的争执致使契约不能顺利签署，无契约的状态下对专利共有的话，根据专利法第73条，大

---

❶ 日本专利法第73条原文：「特許権が共有に係るときは、各共有者は、他の共有者の同意を得なければ、その持分を譲渡し、又はその持分を目的として質権を設定することができない。2，特許権が共有に係るときは、各共有者は、契約で別段の定をした場合を除き、他の共有者の同意を得ないでその特許発明の実施をすることができる。3，特許権が共有に係るときは、各共有者は、他の共有者の同意を得なければ、その特許権について専用実施権を設定し、又は他人に通常実施権を許諾することができない」。

❷ 2000年前后的商社和中坚素材制造商之间联合出资设立合营公司的事例。合营公司最终破产清算，其业务由中坚素材制造商继承。

学一方将无法从共同专利中获取收益❶。

这些问题在日本尤为突出,其理由不仅在于日本的法律制度,还在于日本的大学专利申请有70%是和企业的共同申请。美国的大学专利申请据推测只有5%是和企业共同进行的,与其相比,日本的大学和企业的共同申请多得多❷。这大概主要是因为,受职务发明报酬影响,发明者主义在企业被彻底贯彻,以及与外国企业相比,日本企业的研发机构更充实,其研发能力更高,因而其加入发明人队伍的情况增多❸。共同研发中与知识产权有关的交涉,在与以实行防卫型知识产权管理的大型企业之间进行时,更容易产生负面影响。根据笔者的研究,大学知识产权管理的充实,使其与大企业之间的共同研究趋于减少,在这种情况下,之前有对价关系的共同研究很容易转变为基于企业赞助金的合作❹(分析1)(参照本书附录,以下至"分析10"相同)。为了避免这种问题,最近,将大学共有份额的一部分进行转让以获取对价的做法备受关注,但是这样的话,当企业一方因专利实施获取了较大收益时,大学的发明人却很难因此获得相应的报酬。为此,大学有必要在进行共同研究之前做好相关管理准备,比如对可能跟共同研究成果的专利形成利用关系的基础专利事先进行专利申请等❺。

■ 使知识产权管理与技术开发模式相适应

血糖值感应器开发:Abbott、Therasence、EHC

技术开发过程需要时间,它是降低技术的不确定性的过程,有时还需要伴随技术的公开或者向其他组织进行技术披露,有各种各样的模式。图2–12显示了技术实用化过程的三种模式。其中最单纯的模式是从基础研究到产品开发呈直线连续状态的线型模式(图2–12上端)。这种模式常见于制药企业的药品研发,对来自技术不确定的风险只能在这种线性过程中处理。图中央显示的

---

❶ 渡部俊也(2009)「大学の知財力— 技術の不確実性を削減する組織の能力として–」『日本知財学会誌』第6卷第1号,pp. 37–48。

❷ 韩国也和日本一样,大学的专利中有不少是和企业的共有专利。

❸ T. Watanabe (2010). *Intellectual Property Based on Publicly Funded Research*:*Japanese Experience*, *les Nouvelles*, Vol. XLVI, No. 4, pp. 201–220.

❹ T. Watanabe and J. Peng (2009). *The Influence of University's IP management on Industry–funded Collaborative Research after Privatization of Japanese National University*:*FY 2005–2007*, The *Fourth European Conference on Management of Technology*, Sep. 7–8, Glasgow, Scotland.

❺ 有意见认为企业一方追溯到大学研究的原点跟大学进行共同研究是上策。这样一来,就有可能跟大学的研究成果应该由大学来自由支配这一立场相冲突。这种案例作为组织利益冲突问题(Institutional Conflict of Interest)来处理。

第二章 降低技术的不确定性与知识产权的
三种管理：公开、保密和权利化

是常见于汽车、电子产品、信息系统以及半导体等领域，需要集成多种技术要素来构成一件产品或系统的集成型模式。这种模式的研发，由于需要同时协调多种技术要素的开发，常常要进行统筹规划。考虑到要把技术要素的开发委托给不同组织，从知识产权管理的角度来看，需要提前安排对知识产权的处理。

图 2-12 的下方是被称为发散型开发模式❶。其特点是一种技术要素可应用于多种产品，这种模式常见于功能性化学品等领域。如前面讲到的碳纳米管，分别基于其传导性、机械强度或者吸附性等特质可以期待开发多种类型产品，如果这些多种类型的产品被同时开发，这种开发模式就是发散型开发模式。同样，采用发散型开发模式的技术是多义性技术。降低多义性技术的不确定性，有很多选择，比如从多义性技术的哪种性质开始着手开发，是不是对多种用途进行同时开发，是不是所有用途都由自家企业来开发，要不要将一部分利用外部资源来开发等。与这些研究开发战略相适应的知识产权管理不可或缺。

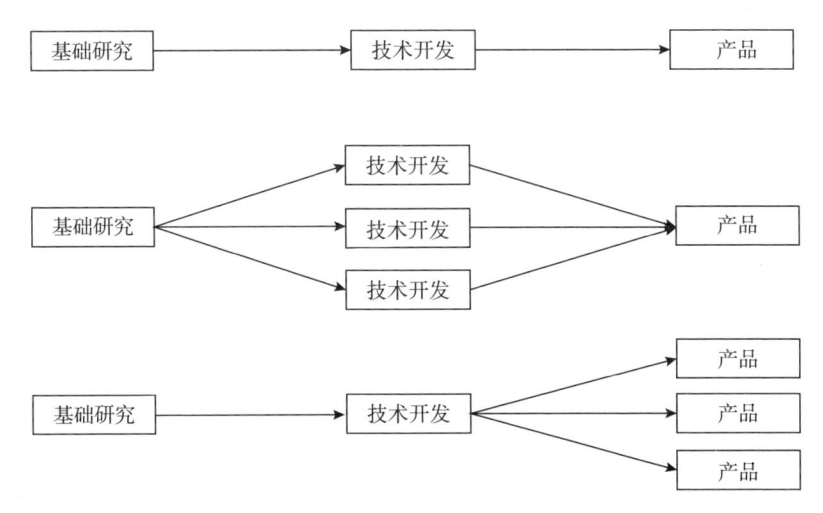

图 2-12　各种技术开发和产品化的模式

现在被 Abbott 公司收购的无痛血糖值感应器开发企业 Therasence 公司，原本是由创业者 Ephraim Heller 从其父亲得克萨斯大学 Adam Heller 教授那里接受技术转移而创立的公司❷。创业之初分别设立了生产空气净化器、环境净化

---

❶ 渡部俊也，中島章，山本貴史，田卷一彦，原田努（2000）「スポークモデルをとる技術移転計画——事例と考察—」研究・技術計画学会第 15 回年次学術大会講演要旨集，pp. 263-267。
❷ 渡部俊也，隅蔵康一（2002）『TLO とライセンス・アソシエイト - 新産業創生のキーマンたち -』BKC。

材料和血糖值监控器这三种关联技术产品的三家分公司，由 EHC（Ephraim Heller and Company）控股持有这三家分公司的股份，公司的专利也按用途分为三份，分别转移给了这三家分公司。公司的重点是开发血糖值监控器的分公司。另外两家分公司主要是跟其他企业合作以及技术许可等，从中获得的收益投入开发血糖值监控仪的重点分公司，用于这两家分公司的资金主要是从风险资本中获取的投资。Therasence 公司对相同技术的不同用途分别策划不同的知识产权管理，并将其划分到不同的分公司，这一点非常值得关注。以技术许可为目的的知识产权管理和以产品开发为目的的知识产权管理不同。以技术许可为目的的场合，重要的是确保最小限度的基础专利，而以自己实施为目的的场合，则往往为了实现对技术的独占要进行全面覆盖式专利申请。进行发散型技术开发时，要对每一个发散分支采取相应的独特专利管理。

■ 以公开为前提的大学知识产权管理

美国、日本、欧洲、韩国的学术研究和专利制度

如图 2-4 所示，企业对技术有保密、通过专利等申请进行权利化（以广泛公开为代价）和公开三个选项。而大学等学术研究成果通常是以论文等形式公开发表，这与专利制度中通过授予一定期限的权利来换取技术公开的所谓"以公开为代价"机制有很大不同。先端领域的大学科技工作者也在进行激烈的竞争，即使得到了优越的科技成果，但如果没有学术论文发表，相应的学术成果就得不到承认。对于大学科技工作者来说，在著名学术期刊《自然》（*Nature*）或《科学》（*Science*）或者其所在领域的一流学术期刊尽早发表论文非常重要。

在发表论文之后，如果得知先申请专利的新颖性、创造性和实用性被认可由此获得专利权，可能会得到一定的尊重，但这并不意味着就抹去了专利申请之前在学术期刊上发表论文的研究人员的业绩。了解这种情况的大学科研人员，往往比起专利，更优先进行学会发表或论文发表。

学术期刊是从学术角度来对投稿论文进行审查。从不同角度进行的专利审查结果对学术期刊的论文审查不会产生影响。所以对大学研究人员来说，专利申请的优先程度会下降。因此，大学的知识产权管理部门有必要启发研究人员加深对专利申请重要性的理解，促使他们作出更多的专利申请。很多情况下，由于距离发表的时间很有限，大学来不及审查要不要继承相关发明成果或者没有足够的时间来制作专利申请文件。因此为了顺利推进大学的知识产权管理，大学的科研人员有必要加深理解获取科研成果的流程。

在大学研究室，教授副教授等研究室负责人在不断与雇员和学生交流的同

第二章 降低技术的不确定性与知识产权的三种管理：公开、保密和权利化

时推进实验研究。研究室的构成状况也呈多样化，包括来自外国的留学生和来自企业的派遣研修生等。有名的研究室还会有一些来自国内外的访问研究员。在这种多样的科研环境下，大量国内外的学术论文以及学会发表，使知识产权管理愈加复杂。

比如自然科学领域常见的 30 人规模的研究室，每年 20 篇以上的论文和同等数量的纪实报道等，再加上 100 件左右的演讲等公开发表并不罕见。每年 100 件发表就意味着平均每 3 天就有一次（但学会发表一般集中在春季和秋季）。发表的是包括学生在内的 30 人的当时最新成果。虽然在每周的例行会议（一般是研究室讨论课的形式）上通常会把研究内容事先向教员汇报，但有时还会进行临时或者补充指导，之后实验结果出来了就立即发表的事例也不罕见。像在这种环境下尽早将研究成果发表，是处于激烈竞争中的研究室的日常活动。

在这样的环境下，很难对彻夜进行发表准备的研究人员提这样的要求："等专利申请完之后再发表吧，专利代理人还需要准备申请材料，再等 1 个月。"因此大学的知识产权管理部门，即使打算花时间来精心准备专利申请材料，也很难要求研究室对发表时间进行限制。从这个意义上说，大学知识产权管理部门和大学研究人员之间存在潜在的利害冲突❶。

解决这样的问题，要寻找无须延迟公开研究成果的专利申请方法。除了提前在形式上备齐申请材料尽早申请之外，还可以利用专利法第 30 条关于新颖性丧失的例外规定，即"在特定的条件下，发明人自己将发明内容公开的，如果在公开之后特定时间内进行专利申请，那么申请之前对发明内容的公开不导致新颖性的丧失。"利用这个规定，先进行论文等发表，在发表之后的 6 个月以内再进行专利申请。但是，在向国外进行专利申请时，由于各国法律不同，申请国有可能不认可发明人对发明内容的公开，即不能完全恢复对已公开发明申请专利的可能。

还有一个方法是考虑利用外国的临时申请制度，即只要论文原封不动或者仅对其作最小限度的修改再加上一些必要事项的记载即可进行专利申请。美国 1995 年的修正专利法规定，临时申请后的一年之内进行正式申请的话，正式申请的申请日以临时申请的申请日来计算。临时申请虽然也对说明书的记载有

---

❶ 对于研究者来说，有时需要对"申请专利之前不要进行公开"的要求进行慎重考虑。在跟企业进行共同研究的情况下，往往约定对研究成果的发表需要双方事先进行协商，为了遵守这种约定，大学有时会考虑将课题进行分散研究。

一定要求❶，但可以不提交权利要求书❷。因此可以把论文当作说明书提交。而且临时申请并不局限于英语，比如日语论文也可以临时申请提交材料。除此之外，临时申请还有以下优点：①以临时申请的申请日为基准最长可以有21年的存续期间；②除了不要权利要求书，还无需提交宣誓宣言等材料；③申请费低；④可以获得美国专利法第102条（e）的在先申请地位等。据称美国大学的新申请专利大约70%都利用了临时申请制度❸。美国由于曾一直是先发明主义，所以很自然采用这样的专利制度。另外，美国曾保留一项被称为"Hilmer Doctrine"❹的判例原则（已废止），根据该原则在其他国家进行专利申请之后再就同一技术向美国申请专利时，对现有判断的优先权日不能以在其他国家进行的在先申请的申请日为基准。作为其对策，临时申请也是一个不错的选择。

日本的大学，特别是在生命科学领域，利用美国的临时申请制度进行专利申请的事例也不少❺。背后的其中一个原因是，美国是生命科学以及制药等领域的主要市场。这种申请，由于时间上比较宽裕，一般都用英语做成包括权利要求在内的详细申请文件，而很少只拿原封不动的论文草稿来进行申请。

另外，当受研究环境影响学会等发表迫在眉睫，来不及制作申请文件时，作为应急措施也往往会利用美国的临时申请制度。这种情况下，临时申请手续需要在发表之前进行。

还有在2005年4月生效的《专利法条约》（PLT）❻中，为了确保有利的申请日，也规定了近似以论文形式进行的专利申请，然而日本没有加入该条约。PLT是为了统一和简化各国的国内申请手续，以减轻申请人的负担，对于申请日的认定，该条约也不要求提交权利要求书，而且可以用任何语言进行申请。而且，如果申请之时说明书尚有欠缺或者图纸尚有不备，都可以进行事后

---

❶ 美国专利法第112条。

❷ 美国专利法第111条（b）（2）。

❸ 参照：*AUTM US Licensing Survey FY 2005*（2006），p. 27.

❹ Hilmer doctrine是一个有关优先权主张的判例原则，该原则认为，以在美国之外的专利申请为基础而主张优先权的，作为排除竞争申请的现有技术，其效力始于在美国进行专利申请的申请日。参照：Kate H. Murashige（1993）. *The Harmonization of International Law：The Hilmer Doctrine，Self－Collision，Novelty and the Definition of Prior Art*，John Marshall Law Review，Spring. 随着2011年9月16日时任奥巴马总统签署新发明法案，该原则被废止。

❺ 特許庁産業財産権制度問題調査（2010）「イノベーションの創出に資する知的財産権制度の在り方に関する調査研究」。

❻ *Patent Law Treaty*（http：//www.wipo.int/treaties/en/ip/plt/trtdocs_wo038.html）。

第二章 降低技术的不确定性与知识产权的三种管理：公开、保密和权利化

补充❶。

在欧洲，由于 2007 年 12 月 13 日修正欧洲专利条约（EPC 2000）❷ 的生效，申请日的认定标准也放宽了。EPC 修改主要是为了简化申请人的申请手续，放宽申请日认定和申请语言标准，减轻主张优先权的程序负担等。关于申请手续的简化，其内容主要是整合 2005 年生效的 PLT 而作的修改。

根据该条约，申请时不需要权利要求书，申请语言也不受申请人国籍限制可使用任意语言。甚至在有先前申请的情况下，可以以先前申请作参照来取代提交说明书。只是如果先前申请不是以官方语言申请，需要在申请提出后 2 个月之内，提交先前申请的官方语言翻译件。在欧洲，虽然学会、期刊等发表不被视为新颖性丧失的例外，但这种简易的临时申请对学会等发表来说是一种救济措施。

韩国从 2007 年 7 月 1 日起也实行了对权利要求的延缓制度。该制度允许在专利申请时暂不提交权利要求书，在申请后的 18 个月内提交并请求审查即可。该制度通过给专利申请人足够的时间撰写权利要求书，进而为提高专利申请文件的质量提供制度上的保障。在导入该制度 3 年后的 2009 年，利用该制度进行的专利申请达到 1000 件以上❸。如表 2 – 1 显示了这几个国家和地区在专利申请方面的比较❹。

表 2 – 1 各国有关学术论文申请的现状

	美国	欧洲	韩国	日本
无须权利要求项	○	○	○	×
说明书没有语言条件	○	○	×	×
可以事后补充图纸或数据	○	○	×	×

注："○" 表示 "是"，"×" 表示 "否"。

日本的发明，没有必须首先在日本申请专利的限制，因而可以考虑利用这

---

❶ 参照 PLT 第 5 条，日语版 PLT 条约（http：//www.jpo.go.jp/torikumi/kokusai/kokusai2/pdf/yaku_jou_17.pdf）。

❷ 小西恵（2008）「改正欧州特許条約（EPC2000）及び欧州特許取得制度の動向について」『パテント』第 61 巻第 4 号，pp. 59 – 67。

❸ 参考韩国技术转移中心（KIAT）的 Technology Transfer & Commercialization Magazine 解说（韩语）（http：//zine.ck21.or.kr/home/contents.asp? mu = 97&mcate = &scate = 322&bcate = 29）。

❹ 渡部俊也（2010）「特許仮出願制度導入是非の論点」『UNITTジャーナル』大学移転協議会，第 5 号，pp. 31 – 41。

些国家的申请制度直接在该国进行专利申请❶❷。

以公开为前提的大学知识产权管理有其特有的问题，需要对其采取与企业不同的管理方式。而且如果有学生参与，职务发明制度会无法适用等让情况变得更加复杂。以不确定且以公开为前提的技术为对象的大学知识产权管理，在美国从20世纪80年代开始发展起来，而在日本还没有很多经验可以借鉴，还要不断摸索。

■ 预先判断不确定性并获取必要的知识产权

知识产权管理中的先见性：Canon、Xerox

企业的技术会发展到什么程度，将来会怎样利用相关技术进行商品化，即使在对这些问题还没有明确答案的阶段，有时也有必要对将来可能需要的技术事前进行权利化。众所周知，Canon通过详细分析Xerox的专利，并与研发部门合作，针对Xerox的专利尚未覆盖的电子照片领域进行了新开发并取得了商品化的成功。虽然Canon的成功使其成为Xerox的专利进攻对象，但Canon成功抵挡住了来自Xerox的基于巧妙知识产权战略的专利进攻，并接受了Xerox的专利交叉许可申请，最终通过签署契约为两企业之间的专利战争成功画上了句号。在上述过程中，Canon被认为已经确立了同时兼顾研发战略和经营战略的知识产权战略的坚固基石❸。

Canon在被迫与以潜水艇专利（Submarine Patent）著称的Lemelson进行专利交涉时，接受并签署了包括今后的新业务有可能涉及的专利在内的对方所有专利的实施许可协议❹。这一点上，Canon与同样被迫接受专利交涉的其他公司有很大不同，其他公司仅仅签署了被视为侵权部分的专利许可协议。Canon许多与许可协议有关的知识产权管理的特点是着眼于对企业的未来技术发展的

---

❶ 由于来自大学的意见，日本也曾讨论过设立临时专利申请制度的问题。在东京大学和京都大学共同举办的国际研讨会"National Innovation System, Competition and Cooperation: The Patent System in Next Generation"（2009）上，京都大学宗定勇发表了题为"Industry – Academia – Government Collaboration and Innovation, University, Competition and Patent System"的演讲，其中论述了应该使"Application without claims and addition of data after application under certain conditions pertaining only to application from universities"成为可能的观点。但是对于这种观点，日本知识产权协会理事长萩原恒明在「新たな『知的財産推進計画』の策定に向けての意見（2010）」中以将导致专利质量下降为由表达了强烈的反对意见，有关临时申请制度的讨论无果而终。

❷ 关于临时申请制度，也有意见认为如果能对有关发明进行简便、低价的专利申请，则有助于确保技术标准（后述）的必要专利份额（对电子制造商知识产权管理人员的采访，2011年）。

❸ 丸岛儀一（2002）『キヤノン特許部隊』光文社。

❹ 丸岛儀一（2011）『知的財産戦略-技術で事業を強くするために- 』ダイヤモンド社，pp. 143 – 145。

预测。像上述事例所说明的一样，Canon 是一家通过实施统筹兼顾事业战略的交叉许可战略来强化事业的企业，不仅如此，在对交叉许可的具体应对方面，更是着眼于企业未来的研发方向与可能性，使其为获取所有必要的知识产权作出最大贡献。

这种管理活动，要求企业的知识产权部门必须和研发部门以及事业战略部门紧密合作才能完成。

实际上，Canon 很重视对"事业""研发"和"知识产权"三位一体的战略管理。这种三位一体的管理方法也成为现在很多企业的目标。但它并不是轻易能够实现的。就未来的技术发展方向跟研发部门讨论、并就未来对技术采用的可能性跟事业部门协商，以对技术的未来作出综合判断，并非轻而易举。这要求知识产权部门必须具备比其他部门更胜一筹的判断能力。

第三章
促进优秀的知识产权创作与知识产权运用的组织与制度

前文曾反复提到，不确定技术不同于制造过程中作为装置或程序利用的成熟技术，不确定技术的知识产权管理，是以常常处于变化之中的知识为对象进行的管理。为了对时而获取时而又失去的知识进行管理，有必要加强与研发人员的互动交流，在研发现场采取有组织的支援活动，比如分享并支持研发人员的设计思想、提升研发人员的热情和积极性等。不确定性技术的知识产权管理被重视以后，知识产权部门或多或少地开始逐渐参与研发现场的知识管理，即知识产权管理，不仅仅负责对成熟技术的专利申请，还逐渐担负起创造优秀知识财富、促进知识活用的重任。本章将介绍这种知识产权管理：知识创造与活用。

■ 科学知识市场化

关键词：超亲水性技术开发、TOTO

科学工作者的研究活动是优秀知识财富创作的源泉。卓越的科学知识是如何被创造出来的，实际上对于践行知识创造的科学工作者来说也是一个难题。在研究的开始阶段，并不清楚要发现的东西是什么，更无法知道怎样才能发现以及何时才能发现。这时，会产生科学工作者是怎样开始并推进研究的疑问。以提出"隐性知识"的概念而著称的迈克尔·波兰尼（Michael Polanyi）曾引用柏拉图的格言"如果知道了，问题就会消失，若不知道，就认识不到想知道这件事，也就无法期待去发现它"，从而揭示了科学工作者认识研究流程的原理上的矛盾。

波兰尼作为物理化学家留下了不菲的研究成果，虽然在晚年时期把研究方向转向社会心理学并提出了"隐形知识"的概念，但他的主要兴趣还在于对自己所亲身经历的科学知识的创造过程的研究。波兰尼对科学知识创造过程的解读是，凭借"对客观存在的已知与未知之间的融合的认知直觉"，"虽然不清楚所追求的是什么，但是可以解明科学发现"。其理由是，"这种逐渐深化的融合，告诉我们从哪儿开始，朝什么方向前进，并且最终指引我们到达一个可以称为科学发现的停留点"。从这些表述可以看出，科学发现的获取，离不开科学工作者的直觉，科学工作者凭此直觉在某一研究方向推进科学实验，并凭借"科学工作者的能力"，来判断实验结果与"该方向是否一致"。这里借用空间术语"方向"这个词，来说明科学研究应该如何推进❶。

将科学知识作为技术面向特定用途来降低其不确定性的过程，跟之前讨论过的"技术开发常常被按照市场的方向修正。这是技术管理中最重要的因素，通过'持续进行面向市场的技术开发（知识创造）'可以降低技术的不确定性"这一概念很相似，即可以用空间的方向性这一概念来描述。

但需要注意的是，波兰尼所论述的科学发现的主体是研究者个人，而将科学知识作为技术面向特定用途来降低其不确定性的过程，是由多数人员参与的组织性活动。将像这样通过组织活动进行的技术市场化过程，接下来尝试用模拟物理向量的方法来对技术（思想）进行分析。这时，把技术的多义性定义为，单纯化之后技术用途展开的多样性，从当初的科学发现开始，到实用化为止，如果发明者在相关领域内意识到了 n 种技术展开的可能，就把科学发现时的该知识表示为以 n 维空间坐标为始点的向量。这时的科学发现，即使是在某种特定技术思想的意识下开始的，从结果来看，可以认为该科学发现具有包含与特定技术思想不同的其他领域展开应用可能的多义性。这时，技术和科学发现分别是不同的东西。

例如，遗传基因科学的成立，并不是当初意识到产业的结果，再如后面要讲到的斯坦福大学的 Nils Reimaers 通过技术转移完成的转基因技术，当初也不是以工业应用为背景的科学发现（据说发明者并没有实用化的想法，当有人提议申请专利时，发明者很吃惊并拒绝了该提议）。然而另一方面，很多的科学发现或者智慧的诞生，也并不是仅仅源于对自然的兴趣，很多都是跟技术思想有关。比如，要提高半导体系统的集成度，必须提高防尘室的防尘度。这时，比如发现了用某种材料来代替产生灰尘的某部件的话可以提高防尘度。这种发现自身是科学知识，作为提高防尘室的防尘度这一技术课题的解决手段，这一科学发现可以被活用。在这个意义上，对于提高防尘室的防尘度这一技术思想（向量的终点）来说，始点就是被更换的材料的物理性质这一科学知识。

---

❶ マイケル・ポランニー，高橋勇夫訳（2003）『暗黙知の次元』ちくま学芸文庫，及びマイケル・ポランニー，慶伊富長訳（2007）『創造的想像力（増補版）』ハーベスト社。

这时，某种材料具有良好防尘性能这一科学知识，是区别于技术思想的。

利用紫外线照射时对水的高浸润性，可应用于除污防雾防水滴等领域的二氧化钛光触媒镀膜技术，是笔者在企业任职时发现并完成实用化的❶。该发现本身极具理论性，即紫外线照射到光半导体薄膜时，水浸润性显著提高，水的接触角度近于0度（图3-1）。在这种状态下，不仅水雾很难附着在膜表面，即使是附着的油污等也可以用水或者利用降雨等自然洗净❷。这种特性被称为超亲水性，现在被广泛应用于汽车玻璃、建筑外壁以及道路标志等的防污除污领域。

图3-1 光激发超亲水性反应

从已经公开的专利文件可以看出，与这种超亲水性相似的现象之前就已经被日本板硝子公司的研究人员发现。日本板硝子公司以开发光触媒活性的测定方法为目的，着眼于是否可以用接触角度的变化来评价光照射时浸润性的变化，而实验的结果证实了这种角度的变化，因此申请了专利（昭和63-100042）。该公司虽然获得了浸润性随光照而变化的科学发现，但作为技术思想，仅仅停留在活性测定手段这一用途。实际上，"浸润性随光照而变化"这种现象，从技术角度来看，具有广泛的多义性。尽管该现象具有包括笔者后来通过光励起亲水反应试验的发现而申请了专利的防水滴、自动洗净等技术思想（专利第2756474号）的多种用途，但日本板硝子公司的专利申请没有考虑到这些用途。这个事例说明，尽管技术思想和科学发现有一定关联，但通过对二者的严格区分，可以看到技术实用化或者降低技术不确定性过程的本质。

这样的话，①以科学发现为始点坐标。当又有新的相关科学见知，或者又获得了包括已知科学见知的新知识时，处在向量始点旁边的知识范围则变大。在这种变大的知识范围内，向量的始点坐标是可变的。

②关于技术开发的方向性，向量表示面向某一特定技术市场的技术思想的方向，向量的大小表示对所面向的市场的影响力。作为构成该影响力的知识，是对相关市场化活动的具体内容（对技术用途的改良、事业计划、其他）的累加。

---

❶ 发明经过记载于：岸宣仁（2003）『光触媒が日本を救う日－独創からの反撃－』（プレジデント社）。

❷ WANG R, HASHIMOTO K, FUJISHIMA A, et al. Light-induced amphiphilic surfaces [J]. Nature, 1997, 388 (6641): 431-432.

第三章 促进优秀的知识产权创作与
知识产权运用的组织与制度

③其中技术的多义性是指，n 维方向的各向量大小都几乎相等，导致其向量之和很小或者说向量之和存在于始点附近的结果的状态。

④技术的实用化之际，会产生将技术的多种应用可能性聚焦于某一特定用途的技术开发的现象。这时，技术的多义性会减少，使多义性减少的方式有两种，一是选择某一特定方向的可能性，而对其他可能性进行暂时搁置（基于选择的不确定性降低）；二是通过给某一特定向量附加新的见知，使该特定向量变大变强（基于附加的不确定性降低）。

⑤这些方法发生在从科学知识获取之时开始到对特定市场进行技术转移为止的阶段。

⑥给某一特定向量附加新的见知的方法，既包括导入新的外部知识，也包含发明者的隐性知识的显性化。

⑦市场常常随环境变化而变化，特定技术对市场的影响力也是变化的。

⑧在实现实用化的过程中，为了应对市场的变化，有必要对向量的方向进行修正。这时有两种选择可能，其一是从同一始点开始，向以目的为终点的方向使向量伸长（面向市场的新的事业计划等）；其二是移动向量的始点（使用更简易的科学知识来展开技术应用）。

⑨要提高实用化过程的效率，分别需要决定向量终点位置的市场信息和决定向量始点位置的科学知识信息，因此有必要组建能均衡地获取这些信息的团队。也就是说，技术的市场化活动就是形成上述向量第一阶段的活动，并组建一支能够担当后续实用化任务的团队。这支团队如何有效伸展面向市场的技术向量，对高不确定性科学知识的市场化非常重要。

图 3-2 是笔者在经济产业省的项目中所作的一项与防水材料有关的研发的轨迹（并非事实原型，略有加工）。其中，在向量方向相近的汽车用途和工业方法用途中，其技术的共通性相对较高。当初预想的四个用途中，比较重视汽车用途和住宅设备用途，在这两个方向上进行了技术开发并申请了专利。当时对该技术进行新闻发布时，又获得了在工业方法用途上有可能较早实现实用化的信息，因此研究方向转向了工业方法用途。但由于样品的评价结果并不是很理想，研发方向又重新回到了汽车用途上。这时，在一场有关功能材料的展览会上展出的时候，又收集到很多之前没有预想到的用途信息，根据这些信息，开始了以住宅设备机器为基础的共同研究，并空前提高了技术实现的可能性。图 3-2 是对上述经历的模式化表述。

不难看出，对这种过程进行知识产权管理具有各种各样的风险。在技术市场化的过程中，如果向量的方向始终大体保持不变，则在各个阶段申请的专利都最终会对事业作出贡献，但像图 3-2 显示的一样，如果向量的方向发生较

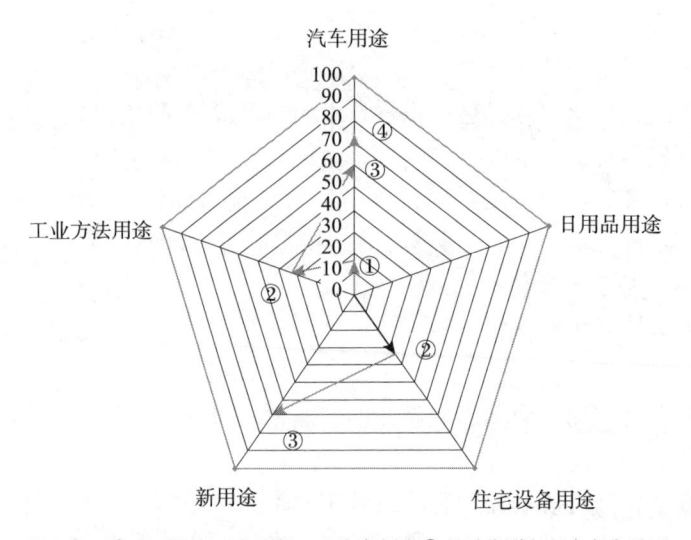

注：①→④表示技术开发阶段，这个案例中②之后分别向两个方向进展

图 3-2　面向各种用途的某技术向量轨迹

大变化，则各个阶段申请的专利很有可能得不到有效利用。有时受外界预料之外的信息的影响，也有可能随时诞生向新方向延伸的新向量。最终状态的技术全体的重心落在左下方的新用途和上方的汽车用途之间的范围内，知识积累在这个范围内。在这种最终状态下，获得的科学知识没有改变，因此向量的始点也不发生变动。即使用途不同，由于原理或现象是相同的，所以虽然没有脱离当初专利申请的权利范围，但在汽车用途方向和住宅设备用途方向上重点进行专利申请的同时，今后有必要在越来越重要的新用途方向上追加专利申请。

这种对轨迹的分析，有助于对高不确定性知识产权的价值进行评价。在多义性技术的情况下，其接近实用化的轨迹常常是婉转曲折的。即使各种用途分别得到实用并带来一定价值，但是由于所有的可能性都伴随着巨大的不确定性风险，这种风险的存在会使其价值降低。

■ 促进优秀的知识产权创作的知识管理

有关知识产权创作组织的先行研究

使研发或设计部门创作出更多优秀的知识产权，需要怎样的方法或组织呢？为了创作优秀的知识产权，需要采用怎样的管理方法呢？应该如何对优秀的知识产权创作进行评价呢？即使用论文或专利进行评价，单纯靠数量来评价是否恰当？关于专利的价值和质量将在后文具体阐述，这里首先来关注一下论文或专利的数量。

第三章 促进优秀的知识产权创作与
知识产权运用的组织与制度

在特定组织或领域中取得相同数量的成果，并不代表研究者或发明者作出了相同的贡献。它的分布并不是均匀的，而是有很大的倾斜。最初通过调查分析化学论文的发表数量而指出这种现象的是 Alfred J. Lotka。❶ 他提出了创作出 n 篇的论文成果的人的数量，与 n 的 2 次方成反比的 Lotka 法则。就是说，是极其一小撮的研究者创作了论文成果的大部分的一种倾斜分布。如果用 X 表示论文成果的发表数量，Y 表示发表这些论文的研究者占全体研究者的比例，上述法则可用公式表示为 $Y = C/X^n$。

这种现象在专利领域也同样存在。F. Narin 等人通过对 AT&T 和 Panasonic 等公司的专利进行分析，发现上述公式的倾斜指数 n 在近似等于 – 2.0 的时候，分析结果与公式吻合❷。完成这些发明的不仅是研发部门的职员，也有事业部门以及其他部门的职员。就是说，如果对一部分职员明确要求其发明任务时，发明所诞生的环境就会不同。因此研发部门的职员创造了很多发明，而其他部门的职员却较少创造发明。图 3 – 3 是根据一家电子产品制造企业的研究所公开的专利数据所作的调查，回归推算的决定系数（修正后）为 0.77，倾斜指数 n 略为变小，为 – 1.32。这个调查由于是只针对研究所进行的，所以倾斜指数比 F. Narin 的调查偏小，但还是很好地跟 $Y = C/X^n$ 公式吻合了。$Y = C/X^n$ 公式的倾斜指数的大小，虽然随企业或组织的不同而略有差异，但对多数组织的知识产权在数量上进行考察的结果还是跟 Lotka 法则很吻合的。将这些从知识产权管理的角度来考虑，只要以一部分专利高产的核心部门或人物为中心进行管理，就能提高对组织整体的管理效率。企业的知识产权部门为了促进研究组织的发明活动，很多都设置了专门的联络协调人员，他们并不是对所有研究者或技术人员进行同等的联络协调，而往往是以一部分的团体或个人为重点而进行❸。

与 Lotka 法则有关，还有一个现象就是，即使同是在企业研发部门，也存在发表论文等研究成果明显比其他研究人员多的研究者。R. Furukawa 为了证实这样的核心研究者（Core Scientist）对企业创新所起的作用，对自己所在企业的专利申请状况进行了分析，发现虽不能说核心研究者本人的专利申请很多，但跟核心研究者一起进行研究的研究人员的专利申请量却很大❹。其原因

---

❶ A. J. Lotka (1926). *The Frequency Distribution of Scientific Productivity*, *Journal of the Washington Academy of Sciences*, Vol. 16, June, pp. 317 – 323.

❷ NARIN F, BREITZMAN A. Inventive productivity [J]. Research Policy, 2004, 24 (4)：507 – 519.

❸ 根据笔者对一部分上市电子产品制造企业知识产权部门的采访，发现很多联络协调活动都是将重点置于发明人或发明团队上。

❹ FURUKAWA R, GOTO A. The role of corporate scientists in innovation [J]. Research Policy, 2006, 35 (1)：24 – 36.

创新人员的知识产权管理

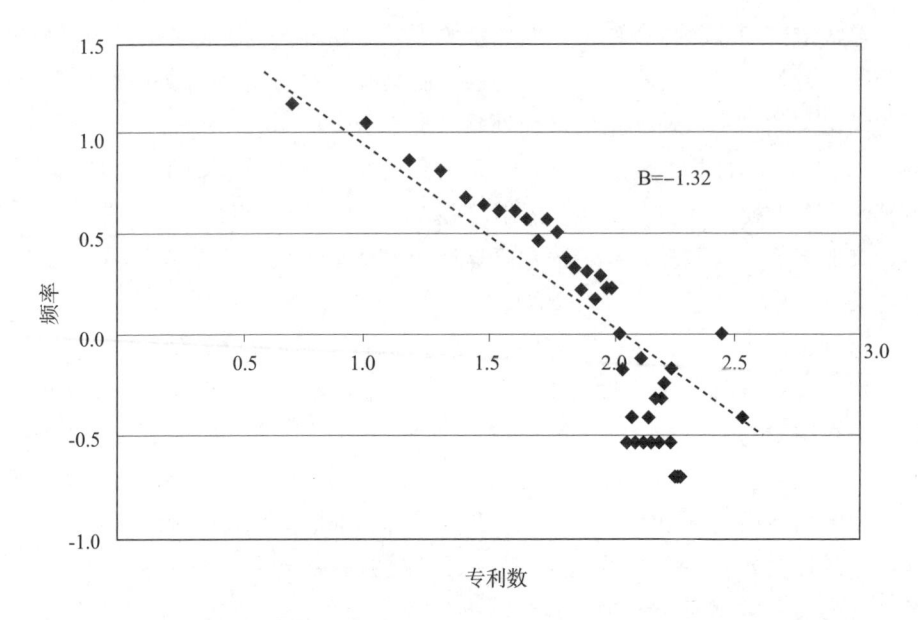

图 3-3 A 公司研发部门的专利申请所反映的 Lotka 法则（$Y = C/X^n$）

被认为是核心研究者具有丰富的组织外部的学术知识，其通过对周围人员传递知识，因而促进了周围的发明创新。

将科学知识在技术开发中活用的能力，是决定企业研发能力的重要因素，但即使有了科学知识组织也并不就能立刻对其活用。S. Nagaoka 以日本企业的数据为基础，用科学相关度（Science Linkage）这个概念来表示发明对现有科学技术文献的引用频率，就科学相关度是否能说明企业的研发能力作了调查。结果发现，除了生物科技以及医药领域，在 IT 产业界也得出了提升科学相关度可以提高专利质量和组织研发能力的结论。❶ 企业内部的信息交流构造会在很大程度上影响研发速度以及对外部知识活用的速度。

有些组织，除了部长、课长、小组长等一般职位之外，还设有专门负责组织内部信息交流的职能部门。一般来说，组织内部的信息交流会给组织带来积极效果，但也有报告称并没有明确发现信息交流给组织带来了什么好处。❷ 这说明，并不是组织内部只要有了信息交流就行得通，信息交流的方式会影响其

---

❶ MAGAOKA S. Assessing the R&D Management of a Firm in Term of Speed and Science Linkage: Evidence from the US Patents [J]. Journal of Economics & Management Strategy, 2010, 16 (1): 129-156.

❷ ALLEN T J, LEE D M, TUSHMAN M L. R&D performance as a function of internal communication, project management, and the nature of the work [J]. IEEE Transactions on Engineering Management, 1980, 27 (1): 2-12.

具体效果。比如，Allen and Cohen❶以研发组织为对象对信息交流构造进行了分析，发现在组织内部有将组织外部的知识带进组织内部的少数把关人（Gate Keeper）的存在。如果没有能对组织外部的技术知识充分理解并活用的信息交流的接受方，知识将无法传递。Cohen and Levinthal❷把这种理解能力称为吸收能力（Absorptive Capacity）。仔细观察一些表面看起来做着跟专利没有什么联系的学术研究的成员，会发现他们使组织的吸收能力大幅提高，通过对外部知识的吸收，往往有助于创造更优秀的知识产权。因此，为了促进研发部门创造出更优秀的知识产权，有必要充分理解这种不同于传统职能部门的信息交流的构造，并在知识移转过程中使其充分发挥作用。

将科学知识在技术改善和革新上活用的程度，是决定企业研发能力的重要因素，但科学知识对技术开发的贡献并不是无条件的，能够不仅阐明技术原理并且适应企业实际需求的基础研究成果，才被认为会对企业研发能力产生积极影响。

组织如何促进知识产权创作是一个重要课题。比如像"一个人的发明活动和以团体为单位进行的发明活动，哪一个更能有效促进知识产权的创作？"这样最基本的问题，其实也并没有明确的答案。很多组织实行被称为集体研讨（Brainstorm）的方式以小组为单位进行讨论，可是从专利产生数量来看，有数据显示仅仅由多数人共同进行研究活动，并不能提高专利产出的效率。这是因为即使多数人的集体讨论形式有助于意思决定，但往往会对思想的多样性产生抑制作用。从促进知识产权创作的角度来看，比起集体研讨方式，通过对个体研究者的激发，将波兰尼所说的个人研究者的隐性知识❸最大程度显性化以实现知识产权创作的方式更为有效。

然而，在由多数发明者进行共同合作的时候，其成员的构成多样性非常重要，这种情况下有数据显示其对优秀知识产权的创作有促进作用。D. Guellec将专利成立性作为被解释变量进行了一系列的研究，结果发现由（跨国的）国际性研究活动产出的发明，以及由多数不同国籍的企业共同申请的发明，作为成果专利比较容易成立❹。

作为这种知识产权创作组织的应有方式跟其创作效果之间关系的事例，

---

❶ ALLEN T J, COHEN S I. Information flow in research and development laboratories [J]. Administrative Science Quarterly, 1969, 14 (1): 12 – 19.

❷ COHEN W M, LEVINTHAL D A. Absorptive capacity: A new perspective on learning and innovation [J]. Administrative Science Quarterly, 1990, 35 (1): 128 – 152.

❸ マイケル・ポランニー, 高橋勇夫訳 (2003)『暗黙知の次元』ちくま学芸文庫。

❹ POTTELSBERGHE B V, GUELLEC D. Applications grants and the value of patents [J]. Economics Letters, 2000, 69 (1): 109 – 114.

图 3-4 是笔者等所做的与手机外观设计有关的实证分析❶。这里把手机外观设计的优劣作为被解释变量用与设计排名有关的指标表示，分别把在部门内完成的外观设计创作、同部门外的共同作业、同自由职业者的共同作业以及共同作业的经验（交流沟通）作为解释变量作回归分析。图 3-4 显示的是分析结果。可以看出，仅仅在部门内完成的创作，并没有收到明显的效果，而同部门外以及自由职业者共同进行的创作，在交流沟通充分进行的情况下取得了明显的创作效果。这说明，企业在进行组织设计以及人员配置的时候，往往拘泥于权限、责任以及指挥命令系统，但是为了创作优秀的知识产权，必须留意从知识管理的角度进行恰当的组织设计（分析 2）。

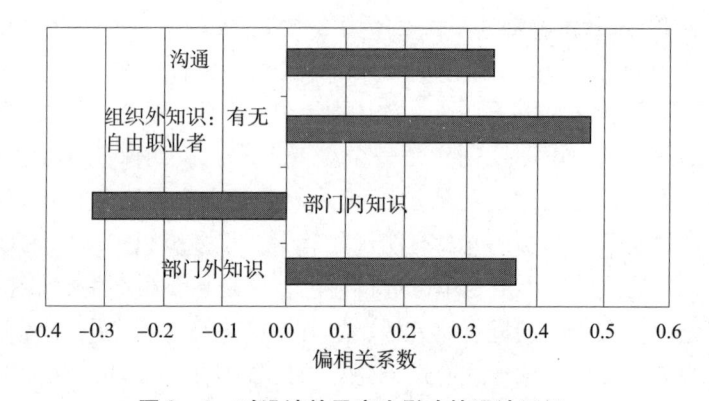

[图表：横轴为偏相关系数，范围 -0.4 到 0.6；纵向条目包括"沟通"、"组织外知识：有无 自由职业者"、"部门内知识"、"部门外知识"]

图 3-4　对设计效果产生影响的设计组织

对企业的研发组织来说，如何保持跟一线制造部门以及业务部门的距离常常是个问题。跟业务部门在组织上或者地理上太近，容易被每天现场发生的技术课题以及眼下业务部门的问题所影响，失去研究的自由度以及自主性，从而无法将注意力集中在中长期研究课题上。相反，若研发组织过于独立于一线制造部门以及业务部门，虽然自主性以及自由度会提高，但是与产品和业务有关的信息隔绝，会致使研发成果与市场以及实际产品制造脱节❷。

虽说是同一家公司，其组织规模越大，却越难共享知识和信息。某一大型电子产品制造企业的研发部门跟该企业的业务部门在组织上和地理上都相距较远，在该研发部门常年致力于某一课题研究的某研究人员，发现自己的研究在企业的产品制造上没有实际用途，因而无奈决定终止该研究，并在学会上发表

---

❶ 参照 2009 年 3 月 5 日的公开发表资料：岩下傑、渡部俊也「デザイン創作者の多様性と協働頻度がデザインに及ぼす影響 – 意匠公報を用いた実証分析」イノベーションと知財マネジメント公開セミナー。

❷ 米山茂美、渡部俊也（2004）『知財マネジメント入門』日経文庫。

了研究内容，这时听众当中有一人在发表结束后对该研究人员说"这正是我们的业务部所需要的技术啊！"之后，该技术很快实现了实用化，但有趣的是，那位听众和该研究人员其实是在同一家企业。

要有效促进知识产权创作，获取优秀的研发成果，可以通过调整研发部门和业务部门的关系来实现，即让基础研究和业务部门以及生产一线"在组织上分离，但地理上一体"，或者相反"地理上距离较远，但组织上密切相连"。

从研发部门转向事业部门，或者向相反的人员配置调动，以及接受来自其他企业的转职人员都可以为创作效率带来积极影响。技术知识在技术人员之间交流传播。技术信息是企业秘密时，很少能跨越组织的界限自由传播，但由于转职等技术人员的流动，会使知识以隐性知识为中心得到传播。从对由研发人才移动引起的知识溢出❶（Knowledge Spillover）模式的研究❷❸，以及对20世纪90年代以后硅谷等人才密集地的人才流动性和知识溢出效果之间关系的研究❹❺可以看出，人才流动性越大，越能促进优秀的发明创作。特别是大学的年轻学术型研究者，流动性越高越好。

另外，青岛公司对日本企业的718位半导体技术人员或研究者作了有关组织间调动和组织内调动（部门之间调动）对技术开发成果影响的调查分析，得出的结论是无论是组织间调动还是组织内调动，都对技术成果呈负面影响❻。部门之间的调动之所以没有促进技术成果，是因为越是在部门之间频繁调动的人，越难获取外部的技术信息，而且在职业生涯的初期阶段往往得不到足够的时间来培养专业能力。组织之间的调动也对技术成果产生负面影响的原因在于，经历频繁的组织间调动的人，会被组织内的人际关系疏远。从中可以看出，促进知识产权的创作，不能只靠一味地提高组织内人员流动或者一味地引进外部人才，而是需要兼顾研究者或技术人员的职业发展和组织的知识多样性。研究组织这样的人事安排是提高知识产权创作效率的重要因素。

就像研究者的个人能力各不相同一样，有实证研究表明研究人员从组织外部带进组织内部的知识的量也不相同。前面提到，组织中存在一小部分精通外

---

❶ Knowledge spillover 是指，由特定组织所完成的研究开发成果其影响也波及其他组织。

❷❹ ALMEIDA P, KOGUT B. Localization of Knowledge and the Mobility of Engineers in Regional Networks [J]. Management Science, 1999, 45 (7): 905 – 917.

❸ APPLEYARD M M. How does knowledge flow? Interfirm patterns in the semiconductor industry [J]. Strategic Management Journal, 2015, 17 (S2): 137 – 154.

❺ ANGEL D P. The labor – market engineers in the US semiconductor industry [J]. Economic Geography, 1980, 65 (2): 99 – 112.

❻ 青岛矢一（2005）「R&D 人材の移動と技術成果」『日本労働研究雑誌』第541号, pp. 34 – 48.

部信息源并频繁地将其带进组织的把关人（Gate keeper）。这就是说，外部信息并不是由组织成员同等地获得，而是只经由少数把关人而进入组织的。在优秀知识产权的创作过程中，如何将把关人的知识作为组织的知识进行活用这一点非常重要。研发项目中知识产权部门积极参与促进技术成果开发的例子并不少见，在这种有知识产权部门参与的项目中，专门收集企业外部信息的非技术系把关人的出现并非偶然❶。从有效利用组织外部知识促进知识产权创作的角度来看，有必要充分发挥把关人在组织中的积极作用。

　　研究者所处的社交网络对知识产权创作活动也产生重要影响。关于什么是有益的社交网络有两个对立的理论存在。Coleman 认为，密封型社交网络有益于构筑信赖以及建立合作关系，因而是有用的❷。然而 Burt 认为，应该构筑一种"构造空隙"大的分散型社交网络。这种社交网络可以获取同质的密封型网络所不能获取的信息和商业机会，因此构筑这种简洁的社交网络被认为可以提高竞争能力（见图 3 – 5）❸。

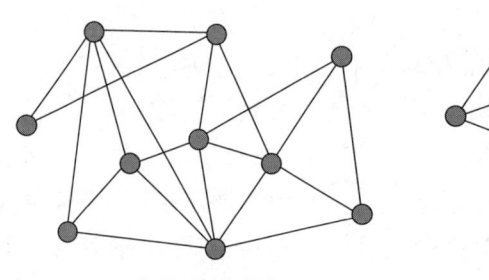

集约型网络理论
(Cohesive Network Theory, Coleman, 1998)

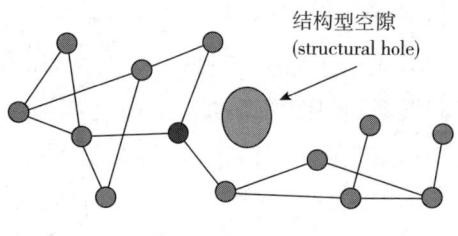

结构型空隙
(structural hole)

结构型空隙理论
(Structural Holes Theory, Burt, 1992)

图 3 – 5　两个网络结构的特征

　　作为关于这些不同的社交网络对知识产权创作的影响的实证研究的事例，犬塚以 4 家电子领域企业研究所的专利发明人员的社交网络为基础，对其网络的效果作了定量分析❹。分析结果显示，Coleman 的密封型网络和 Burt 的分散型网络都提高了发明人员的专利产量。但是对专利的价值，Burt 的分散型网络

---

❶　竹田陽子，渡部俊也（2008）「技術の応用開拓活動に対する知財部門の関与」日本知財学会第 6 回年次学術研究発表会（予稿集），pp. 520 – 525。

❷　COLEMAN J S. Social Capital in the Creation of Human Capital [J]. American Journal of Sociology, 1988, 94（supplement）: 95 – 120.

❸　R. S. Burt (1992) *Structural Koles*, Harvard University Press。

❹　犬塚篤，渡部俊也（2009）「特許発明における『社会的埋め込み』の効果 – 研究開発組織におけるネットワーク分析 – 」経営情報学会 2009 年秋季全国研究発表大会要旨集，pp. 320 – 323。

并没有带来什么明显效果。这虽然不是定论,但作为可能影响知识产权创作效率的一个环境因素,知识产权管理人员有必要对其保持关注。

作为"组织怎样创造优秀知识"的相关理论,可以列举野中先生等组织的知识创造理论。知识的分类中,有隐性知识和显性知识两种,两者在个人、集团、组织之间不断相互转换、传播,从而创造新知识。SECI 模型显示了这种隐性知识和显性知识的变换和知识转移的过程。

知识创造的过程是连续的过程,不是沿着产品开发流程呈线性发展的,总体来看主要包括:通过对话(共同化),确定产品概念(表出化),以此为基础汇集组织内部的知识并实现产品化(联结化),个人以及组织对知识进行再构成或积蓄(内面化)等过程❶。要使组织的知识成为知识产权管理的对象,表出化和联结化的过程很重要。知识产权管理者的协调工作中,有些就是通过促进上述两个过程来实现对优秀知识产权的创造,即跟研究者进行详细面谈,以促使其隐性知识的表出化,通过小组讨论,以促使联结化并实现产品构想。

以促进优秀知识产权创作为目的的知识产权管理指的是,在研究开发现场实践有效的知识管理,通过对知识管理和知识产权管理相互促进的制度设计,导出优良效果的管理方式❷。这种"涉及知识管理的知识产权管理",也是在高不确定性技术成为知识产权管理对象的 20 世纪 80 年代以后逐渐发展成熟起来的。

■ 激发优秀知识产权的创作热情(Motivation)

15% 规则:3M

激发创作的制度设计,是创新战略中一个非常重要的主题。关于激发优秀知识产权创作的理想管理方法,有很多与提升研发效率有关的工作热情的讨论值得参考。如何提高职员工作热情的动机理论研究,始于 1927 年春天在芝加哥西方电器公司的霍桑工厂进行的霍桑试验。霍桑试验由几个项目构成,照明试验中,无论是提高照明强度还是降低照明强度,生产率都同样提高了。还有在后来的继电器装配试验中,无论怎样改变被实验者的薪水、休息时间、饮食、车间温度、湿度等条件,生产率都随着试验的进行而提高。甚至在对 21126 位劳动者进行的访谈试验中,发现劳动者在职场中的工作意欲,受个人

---

❶ 野中郁次郎(1990)『知識創造の経営——日本企業のエピステモロジー‐』日本経済新聞社。

❷ 作为与创造优秀知识产权有关的实务性支援理论,TRIZ 被广为知晓。TRIZ 是由 G. アルトシューラー所提出的一种为解决促进发明问题的具体手法,到了 20 世纪 90 年代该理论作为发明支援工具被介绍到了日本。

经历以及个人在职场中的人际关系影响很大，而受职场的客观环境影响较小。在测量集体合作效果的布线作业试验中，发现劳动者会自己对自己的劳动量进行限制，质量检查人员对作业质量评价时，检查人员和被检查人员的人际关系会影响评价结果，劳动者在单位时间内劳动成果的差异，不是基于劳动者能力的差异，而是基于他们的工作热情。

之后，关于动机理论的研究，有包括马斯洛的需求层次论❶等被广为议论。其中，认为"动机取决于对工作完成后的报酬的期望，以及对该报酬的主观价值这两个因素"的期望理论❷发展很快，成为结果主义色彩浓厚的目标管理的基础。但是，也有研究指出，从重视因兴趣而产生热情的内在动机的角度来看，完成工作和满足感原本是和谐统一的，强行用具有强大冲击力的金钱来连接二者时，有时反而会使工作热情下降❸。这些有关工作热情的理论，在这里虽不能一一详细介绍，在对知识产权创作的动机设计方面，它们都是指导知识产权管理实务的重要理论。

在3M公司，有工作时间的15%可以用来做自己喜欢做的事而不用向上司汇报这一不成文的规则❹。3M公司的粘贴便笺纸被认为是托该制度的福而终获成功的产品。该产品的发明人Silver，刚开始开发高黏性黏胶时，总是找不到理想的用途，经历了很多失败。"在3M，有可以利用15%的工作时间来搞自由研究的不成文规则。因此，没有人责备Silver为了征求群众意见而经常拿着奇妙的黏胶穿梭于公司各个角落，但也没有人真正认真地为他提出意见和建议。商用胶带业务部研究员的Art. Fry也是其中一人。虽然并不是特别关心，但黏胶的事却深深地印在了Fry的脑海中。1974年的某个周日，教会圣歌队成员的Fry和平常一样在翻阅着赞美歌集。突然，插在标记处的一张书签啪地掉到了地上。又掉了……Fry刚想抱怨，脑海中却灵光一闪。'在这上面涂上那个黏胶不就好了吗！'五年前Silver发明的那个奇妙的黏胶，终于在这个时候第一次找到了用途的灵感。从第二天开始，Fry便灵活使用15%规则，致力于「可粘贴书签」的研究开发了"❺。

3M的15%规则的特色在于，最大限度地活用了研发人员的自身兴趣这个

---

❶ MASLOW A H. A theory of human motivation [J]. Psychological Review, 1943, 50: 370 – 396.

❷ STEERS R M, MOWDAY R T, SHAPIRO D L. Introduction to Special Topic Forum: The Future of Work Motivation Theory [J]. Academy of Management Review, 2004, 29 (3): 379 – 387.

❸ 高橋伸夫（2004）『虚妄の成果主義—日本型年功制復活のススメ-』日経BP社。

❹ 根据该公司网站，15%规则不是明文化的规定，它作为一个不文规则根植于3M中。

❺ 参照3M网站「製品開発物語第2話——失敗作からオフィスの必需品へ，ポストイットノート-」。

内在动机，通过在 15% 的有限范围内给予研发人员最大限度的自我决定权，来达到促进知识产权创作的目的。这种做法有其成功的一面，但在知识产权管理上也有需要注意的地方。就是说，如果将在 15% 规则下完成的成果，置于仅自己知晓的状态，而长期不向同事披露，将有导致该研究成果归属暧昧的可能。3M 有"利用 15% 规则完成了研究成果要向组织公开"的制度[1]，这是为了使组织共享研究成果以便掌握对知识产权获取的主动权。

■ 对优秀知识产权创作的激励和职务发明制度

蓝色 LED 开发：日亚化学工业公司、中村修二

等离子显示装置开发：富士通、Shinoda Plasma

企业在考虑激励优秀知识产权创作时，需留意专利法第 35 条规定的职务发明这一知识产权法特有的重要制度。日本的职务发明制度规定，发明者即便是企业的职员，就相关发明申请专利的权利最先归属于发明者本人（发明者主义）（日本在 2015 年修改了职务发明制度，现行制度允许职务发明的专利申请权利最先归属于企业——译者注）。与企业业务相关的发明在专利法中被归类为"职务发明"，专利法设计了企业可以从发明者那里受让专利申请权的制度。企业对权利的受让，是针对专利法第 35 条所规定的职务发明，即该发明是类似于接受组织的业务命令，发明者为了完成组织的任务而作出的。即使没有直接接受组织的业务命令，发明活动是在发明者的业务职责范围内时，也属于职务发明。比如，音响器械制造企业研究所的研究员对 CD 播放机的发明就是职务发明。反之，在与企业业务无关的领域作出的发明称为自由发明。比如音响企业的员工发明了体育用品等就属于自由发明。

专利法第 35 条中对职务发明有如下规定。考虑到企业对发明的贡献，自动赋予企业对职务发明的实施权（法定普通实施权）。这时由于权利还没转让给企业，专利权人是发明者个人。对于企业来说，虽然享有普通实施权，但是专利权本身还在发明者那里，因此企业希望发明者将专利权转让给企业（比如当企业欲授权别的企业生产专利产品时，还必须征得发明者本人的同意，如果专利权转让给了企业，授权就无须征得发明者本人的同意）。为此，很多企业会预先跟职员签署权利转让协议，即如果在职期间完成了职务发明，其专利权需转让给企业。预先约定将职务发明的专利权转让给企业（预约转让）时，企业需向发明者支付合理对价。但是预先转让只允许针对职务发明，对职员的

---

[1] 来自 1995 年对当时主管研究的副经理 Jeofferey C. Nicholson 博士的采访。这也不是明文化的规定，仅是一种不成文规则。

创新人员的知识产权管理

自由发明，不得预先转让❶。

由于相对于雇主企业来说，作为雇员的发明者处于弱势地位，因此"支付相应对价"被认为是为了保护雇员发明者的利益。问题是，这里的"相应对价"应该如何来计算，现实中很难对此进行评价。原本发明的质量就千差万别，很多情况下即使申请专利，也无法确定能不能通过审查。在这种情况下，往往采用的方法是在专利申请时先向发明人支付一笔临时报酬，如果通过了审查，在获取专利的同时，再向发明人追加一部分报酬。但是，不管发明如何优秀，即使通过审查获得了专利权，仅有发明专利并不能为企业带来盈利，在带来利润之前，还要经过开发生产技术，拓展销售渠道，扎实营业以及实现稳定的量产化。另外，这里的"相应对价"，不是指对发明全部而言。因为企业已经拥有法定普通实施权（可视为免费实施），所以企业没有必要对这一部分支付报酬。因此，对价只是针对剩下的部分，可以说是对独占的对价。法条中"应该获取的利益"的计算方法，不仅包括因发明而实际获取的利益，还包括将来有可能获取的利益❷。就是说，企业有义务根据对未来的预算而对员工的发明进行补偿。

从20世纪90年代开始，因对职务发明的对价不满而诉诸法庭的案件逐渐增多。美国加州大学圣巴巴拉分校的中村修二，曾在1990年申请了与蓝色LED制造技术相关的专利❸。2004年1月30日，因该专利的权利归属和合理对价问题，将原单位日亚化学工业公司告上了法庭，这个案件引起了社会的广泛关注。一审法院的判决结果是命令日亚化学工业公司向中村修二支付200亿日元的对价。东京地方法院认定该发明的合理对价为6043006万日元，因而全额支持了原告（中村修二）的200亿日元诉讼请求，随即作出了上述判决❹。

对于这个判决，当时产业界认为"诉讼请求额异常巨大，会给企业经营造成打击""这种荒谬的判决（给企业带来的负担太大）会让日本的研发据点空洞化"，因而普遍反对。该案经二审法院调解，在2005年1月双方最终达成支付84000万日元的和解协议。虽然比一审判决的200亿少了很多，但该案对之后职务发明制度的反思产生了很大影响。

专利法第35条的职务发明制度制定于大正10年（1921年）。其后一直没有发生过大的事件该制度也没有被关注，直到进入20世纪90年代该制度才突然备受瞩目，这里有必要先了解一下这种状况的背景。在大正10年时，很多

---

❶ 有关职务发明制度可参照日本特许厅主页「職務発明制度の概要」（http://www.jpo.go.jp/seido/shokumu/shokumu.htm）。

❷ 大阪高裁平成6年（1994年）5月27日判决，平6（ネ）第723号，第763号。

❸ 第2628404号专利（通称404专利）。

❹ 竹田和彦（2002）『特許は誰のものか−職務発明の帰属と対価−』ダイヤモンド社。

都是有关个人的实用新型的小发明，由多个研究者共同参与的组织性发明很少。而如今很多发明都是源自企业的组织性活动，往往经历企业研发投资，再投资直至形成事业化的漫长过程。这种发明本身性质的变化也改变了职务发明的存在环境。但是，虽然发明诞生的环境在战后，特别是在高度经济成长期就已经发生变化了，当时并没有发生明显的纠纷或矛盾。而到了20世纪90年代，职务发明纠纷开始频发。要分析这种现象的理由，需注意的是20世纪90年代以后的有关职务发明的诉讼纠纷，包括中村修二在内，大多都是由辞职员工提起的❶。泡沫经济崩塌之前，很多企业都是终身雇佣制，员工一直在同一家企业工作直至退休，即使退休以后也还是生活在由原单位构成的社会网络中。而经济泡沫破灭之后，企业的终身雇佣也一部分崩塌，随着雇佣的流动增多，企业的研究者以及技术人员的跳槽机会也增多。即使对职务发明的对价有不满，在职时考虑到组织中的各种人际关系，很少发展到对簿公堂。20世纪90年代以后职务发明诉讼的增加，很多是在辞职者跟原单位的关系恶化之际发生的。鉴于此，为了在发明者辞职之后不至于发生重大纠纷，对辞职人员辞职时的知识产权问题要广泛听取意见并妥善处理。

比如，某发明者在企业进行发明并申请了专利，但该发明者在职期间该专利没有实用化，即处于尚未利用的状态，这时，如果发明者辞职以后希望尝试自己将该发明实用化，对于企业来说比较有效的做法是，可以跟该发明者事先签署该专利的有偿许可协议。实际上，通过从原单位获取专利实施许可而进行创业的篠田等离子（Shinoda Plasma）就是以这种方式成功的事例❷。从企业的角度来看，这是开放式创新的一种，而且如果发明者利用其发明创业的愿望得以实现，日后产生纠纷的风险也会降低。相反，如果在这一点上处理不当，将来有各种纠纷发生的可能。

在辞职人员提起的职务发明纠纷案件中，同时由辞职者引起的商业秘密泄露问题也时有发生。在蓝色LED职务发明诉讼之前，日亚化学工业公司曾被Cree公司和美国北卡罗来纳州立大学（North Carolina State University，NCSU）以专利侵权为由告上法庭。作为反击，日亚化学工业公司以自己持有的4件美国专利的专利权侵害以及商业秘密侵害为由，于2000年12月21日将Cree公司、NCSU以及中村修二告上美国卡罗来纳州东部联邦地方法院。中村修二一

---

❶ 渡部俊也（2001）「知識社会における企業は発明者にどのように報いればよいか」『電気協会会報』第11巻第925号，pp. 28-33。

❷ 篠田傳氏作为富士通公司等离子显示器的发明人被广为知晓，他在2005年创立了超大画面高清晰等离子显示器的风险企业。2007年从富士通公司引进相关技术后，开始了具体研发活动（参照该公司主页）。

方为了进一步对抗,因而提起了职务发明诉讼。像这种辞职人员的职务发明案件和商业秘密案件同时发生的情况很多。辞职者对职务发明的对价请求,会受对在职期间的技术信息能否继续自由利用这一因素影响,即对价请求跟能否继续利用是权衡取舍的关系。如果辞职以后,对于自己长年积累的技术信息不能继续利用情况,作为补偿,往往就会要求对价。特别是像专利申请时技术的不确定性较高,企业内部对专利的评价较低,但发明者辞职以后,该技术的事业化才走向成功的情况,更容易发生纠纷。在理解这种构造的基础上,对于辞职人员的技术秘密的处理以及转职再就业的限制等考虑一定的应对措施。

关于"相应对价"的数额问题,在平成15年(2003年)的奥林巴斯职务发明诉讼事件❶中,法院给出了这样的判决,即"不能由企业一方单独确定,双方有争执的话,可以由法院来认定,法院可以命令企业支付不足的部分"。这意味着,即使企业和当事人事先就相应对价的数额达成过一致,法院还可以认定该数额是不是合理。这样对于企业来说,即使已经依据企业内部的相关规定向职员支付了其认为是合理的职务发明对价,日后还是存在被职员提起诉讼的风险。为此,企业界纷纷要求修改专利法第35条,结果在平成16年(2004年)的专利法修改中,规定只有在企业的内部规定被判定为不合理的情况下,才由法院来认定对价的数额。

在现行职务发明制度下,很多企业都制定了相应的发明奖励规则。以往在发明诞生之时,企业为了从发明者手里受让专利权而普遍采取一次性向发明者支付一定补偿金(比如数万日元)的做法。但是至少从"相应"上来看,支付对价时还需要对发明内容进行一定的评价,而不是对所有发明都采取一个标准,最近很多企业除了在专利申请和专利注册时分别给予发明者一定的奖金之外,还根据该专利为企业所带来的实际利润而采取支付绩效奖励的办法。这就像企业之间签署专利费协议一样,按销售额的一定百分比来支付报酬。

关于如何确定在专利申请时向发明者支付的奖金数额,很多企业都想出了各种办法。作为对发明进行评价时应考虑的因素,除了技术因素(是否为基本技术、代替是否困难、有无类似技术等),还包括发明的完成度(是不是对基本概念的权利化)。另外,对于所发明的技术,企业有没有足够将其事业化的能力有时也是考虑的因素之一。如果是支撑企业经营的核心业务领域的职务发明,其事业化的可能性就比较大。

职务发明奖励规则随时代的变化而变化。现在甚至出现最高奖励额可能超

---

❶ 最高裁平成15年(2003年)4月22日判决。

过 1 亿日元的企业奖励规则❶。在参考以往判例的基础上，制定跟职务发明制度相适应的合理奖励规则对企业来说很重要。最近在国外设立研发组织的企业越来越多了，需要注意的是，职务发明制度在不同国家其内容也各不相同。日本、德国以及越南的专利法都规定由发明者享有最初的专利申请权。但也有些国家比，如法国和中国等，规定职务发明的专利申请权最初就属于企业。即专利申请的权利最初不是归属于自然人而是归属于法人，这种法律制度的基本构造跟日本是完全不同的。另外，美国原本就没有类似专利法第 35 条的制度，一切根据员工和企业之间所签署的合同来确定。奖励的金额也是各国都不相同，美国一般最多也就 100 美元左右，跟日本有相同职务发明制度的德国也很少有超过 1000 万日元的。在中国，按照法律规定的方法计算有可能得到较高的奖励金，但实际上往往是企业的职务规则等规定的奖励办法被优先适用。最近日本企业在新兴国家进行研发工作的越来越多，根据所在国的法律采取必要措施以避免出现争端很重要，比如在中国或越南，由于职员跟企业间所签署的协议比法令优先被适用，企业有必要在职务发明契约上认真对待。在研发活动活跃的中国，很多日本企业在 2010 年前后都采取了一定的对策❷。

为了激发发明创造，很多企业都在充实有关发明奖励的制度，但是为什么区别于其他业务人员或策划部门职员，只有技术人员才有获得这样奖励的机会，对此要进行充分说明。前文提到过，金钱的报酬未必一定能激发员工的热情，也有可能适得其反招致员工不满。企业对职务发明的奖励制度仅仅是依法行事，其跟激励发明创作有时要区别看待。

■ 技术秘密创作的管理和研究笔记❸

白色 LED 开发：日亚化学工业公司

不仅仅是针对以专利申请为前提的发明，也有不少企业正在对技术秘密的创作进行组织管理。比如在白色 LED 的开发上取得巨大成功的日亚化学工业

---

❶ 根据 OMRON 公司第 62 期业务报告书，该公司从 1999 年 4 月开始，针对有助于技术垄断以及获得技术标准并且促使年销售额在 10 亿日元以上的产品开发的优秀专利，导入了 1 亿日元最高奖金的超级专利奖励制度。该制度的特征是奖励对象不仅限于研发部门，甚至扩大到营业和生产等间接研发部门。

❷ 遠藤誠「中国知財制度の最新状況と新職務発明制度における諸問題」20010 年 8 月 31 日，日本機械輸出組合セミナー。

❸ 与研究日记的使用、意义和变迁相关的研究：小野曜，伊澤久美，妹尾堅一郎 (2007)「大学における『研究ノート』の使用実態」日本知財学会第 5 回年次学術発表会予稿集，pp. 600 – 603；妹尾堅一郎，伊澤久美，小野曜 (2007)「『研究ノート』の意味の変容と多様化」日本知財学会第 5 回年次学術研究発表会予稿集，pp. 604 – 607。

公司，就非常重视保护其制造技术秘密，并在公正事务所对其技术秘密作彻底的证据保全。同时，在激发技术人员热情方面，该公司也有比如一本实验笔记奖励 5000 日元等激励措施，而且制定了对不进行专利申请而隐秘起来的技术秘密也支付奖金等制度。该公司招聘的技术人员大多是德岛县出身，据说是为了通过录用本地职员而防止技术秘密流失。

技术秘密的管理由什么部门来负责常常也是个问题。有些企业将与发明有关的秘密交由知识产权部门，而将需要保密的其他技术信息交由技术部门管理，也有一些企业设立专门部门对技术秘密进行管理，这种情况下大多是采用现有的专利管理体系对技术秘密的积累进行管理❶。

在研发现场，作为对技术秘密创作过程的记录，研究笔记的作用被重视（图 3-6 是研究笔记的外观）。研究笔记详细记录了研发过程中所创造的技术信息，因此不仅便于研究人员对研究内容的回顾，也是确定研究成果归属、解决权属纠纷的有力证据。同时，将研究笔记作为定纷止争的证据使用时，需要由第三方对笔记的内容进行确认并签字。这样一来，因其烦琐，也有一些企业对研究笔记敬而远之。

图 3-6 国内外市场上销售的研究笔记

研究笔记原本是为了应对采用先发明主义的美国专利法制度❷而被重视

---

❶ 知的財産マネジメント第一委員会第二小委員会（2011）「知財マネジメントにおけるノウハウ管理の課題と対策」『知財管理』第 61 卷第 9 号，pp. 1357-1371。

❷ 2011 年 9 月 16 日美国时任总统奥巴马签署了由先发明主义向先申请主义变更的新发明法案。该法在 2013 年春季正式实施。因此，此后研究笔记作为先发明证据的功能也将消失。

的。1994年美国实施了修正后的专利法，修改前只承认来自美国国内申请的先发明地位，修改后来自国外的申请也可以证明其先发明地位。为此，在美国就同一发明有两个或两个以上的专利申请时，由于最先的发明才可以申请专利（或者专利权），所以有必要采取措施来应对这种抵触申请制度（Interference）。因此，作为研究笔记，需要具备以下几个特征❶：①制本装订：为了防止故意追加或删除页以及保证可以长期利用或保管，所有页都用线或胶订在一起。②连续页码：为了防止故意追加或删除页，所有页码都印有连续番号。③记录日或记录者栏：记录是谁、在什么时候得出了新的研究结果或思想方案。④署名日或署名栏：对新的研究结果以及思想方案记录的确认。

实际上，美国的很多风险创业公司都使用又大又重的精致研究笔记。企业提供的研究笔记，是以不带出公司为前提的，因此越大越重越合情理。笔记又大又重，也有暗示其中所记录的知识财产是属于企业的作用。研究笔记最初是为了应对美国先发明主义专利制度而诞生的，现在它除了被用于对技术秘密的保全，还是认定发明人以及先使用权的重要证据。

实际上，为了认定发明人而要求提交研究笔记的事例很多。跟职务发明纠纷有关的"三德事件"❷ 就是其中之一。最近，在和光纯药工业的职务发明对价请求❸事件中，为了认定发明者，研究笔记也作为证据被提交，并围绕其真实性展开了争论。同样是职务发明事件中有关合理对价的计算方法的"日本脏器制药事件"❹，作为日本脏器制药的权利证据的研究笔记被提交，围绕笔记有没有被篡改而展开了辩论。在这个事件中，法院综合笔记之外的证言证据，认定了研究笔记的真实性。

经常有大学的研究者过来咨询，称他们在跟企业或者国外的研究者（多数是在校办企业创业）进行非正式技术信息交流时，对方常常利用从他们那里获取的信息申请专利，从而导致他们自己的研究成果无法实用化（实施发明专利）。公开与申请专利有关的技术思想，会招致他人的假冒申请，即使他人是假冒申请，很多案例都是苦于没有任何证据而无能为力。认真记录包括产生技术思想的研究过程以及技术思想曾对谁公开过，可以防止上述事件的发生。

上面所说的研究笔记都是纸质的，现在正在开发可以用电子笔记录的电子

---

❶ 平成18年度文部省大学知的財産本部整備事業「知財創出・管理環境リスクマネジメントに係る調査研究」『研究ノートの使用実態に関する調査』。

❷ 平成14年5月23日大阪地裁，特許権民事訴訟事件。

❸ 平成22年8月31日知的財産高等裁判所「ビリルビンの測定方法の職務発明対価請求事件」。

❹ 平成14年7月23日大阪地方裁判所，特許権侵害損害賠償請求事件。

研究笔记，它利用类似电子公正的做法防止对电子数据的篡改，而且认证机关在确认的基础上还可以在电子笔记上盖上时间戳。在现在的研发现场，仅仅用纸质媒体作记录已经不现实了。为此，企业为了留下跟研究笔记具有同样证据能力的记录，开始利用各种各样的媒体。现在虽然还没有相关判例，很难说这种新式研究笔记具有多大的证据能力，但是讨论如何将电子数据作为证据保留下来对企业来说非常重要。

■ 与促进优秀知识产权创作的辩理士（知识产权代理人）合作

与知识产权有关的专门职业代表是辩理士。辩理士制度是根据1899年施行的《专利代理从业人员登记规则》制定的关于代理与工业所有权有关的业务手续的一种国家资格制度。在与知识产权有关的庭审中，辩理士可以作为辅佐人跟当事人或者诉讼代理人一起出庭并陈述意见或参与询问质证。根据平成15年（2003年）的法律修改，辩理士如果通过了特定侵权诉讼的代理业务考试，还可以与律师一起成为共同代理案件的诉讼代理人，特定侵权诉讼主要包括涉及发明专利、实用新型、外观设计、商标、集成电路以及特定与不正当竞争相关的侵权诉讼。

辩理士有专门擅长专利等技术类知识产权业务和专门擅长商标等非技术类知识产权业务两种，他们的专业内容差别很大。从事专利说明书写作实务的技术类辩理士的业务，除了向专利局提交申请以及中间处理等代理手续外，展示其个人能力以及重要作用的是依据发明人并不完整的技术思想而制作优秀的专利说明书。如果能充分意识到这一点，辩理士将有助于企业的知识产权创作。

通过对技术类辩理士的采访，发现很多时候发明人所披露的技术思想并不完整或者没有完全披露，这时就要依靠辩理士自身的知识和能力来使技术思想变得完整。当问及辩理士所做工作需要什么能力时，很多暗喻性的回答可以说明问题，"嗅出气味的能力""读懂字里行间的能力""从散乱中归纳总结的能力"等❶。这些工作本身，说明对辩理士来说隐性的知识技能非常重要。这种技能的发挥，通过"从多个选项中，筛选出必要的东西"的管理方式，不但可以降低技术的不确定性，还有助于挖掘发明者的隐性知识使其显性化。发明者所披露的技术思想只是显性化的知识，在其背后存在大量的隐性知识。将这种背后的隐性知识显性化，正是利用了辩理士的知识和能力。这种情况下，可

---

❶ 渡部俊也（2006）「弁理士制度のあり方‐中央知的財産研究所報告書——」（根据在日本弁理士会的听证采访）。

以说辩理士自身对知识产权的创作起着直接贡献的作用。

辩理士的这种将"包括隐性知识在内的不完整的技术思想"显性化的机能,在2004年实施的TLO(产学技术转移机构)的听证调查❶中就已经被明确了,这可以说是辩理士在技术经营的知识产权管理方面的新重要作用。在这个调查中发现,辩理士在专利说明书中总结记载的技术思想,跟发明人作为显性知识所披露的技术思想有明显的不同,即专利的附加价值得到了提高。在TLO的采访中,有不少用户对辩理士的创造性劳动给予了高度评价,称"这正是辩理士的核心竞争力"。

要充分发挥辩理士的积极作用以促进知识产权创作,发明人和胜任该工作的辩理士之间进行充分的信息交流十分重要。很多发明人无法用确切的语言来描述停留在隐性知识阶段的技术发明。这就要求辩理士能够抓住发明的本质,并采取必要的面谈或听证的方式,通过充分交流来准确把握发明人的技术思想,这一点对于促进优秀知识产权的创作十分重要。

■ 促进优秀知识产权创作的知识产权部门的业务和组织

与知识产权部门的业务和组织有关的先行研究

随着创新战略的变迁,知识产权部门所发挥的作用和其组织形式也在不断发生变化。Alfred Chandler❷ 以首次导入事业部制的美国Du Pont 和GM公司为例,论述了组织要服从战略的观点,指出知识产权部门的组织也反映了最近的创新战略而在不断发生变化。

过去很多企业的知识产权关联部门,都是为了管理研发成果而设立,并承担支援专利申请业务的"专利部"或"专利科"。到了20世纪80年代后期至20世纪90年代,为了应对高不确定性技术的专利申请问题,日本企业开始一方面在研发阶段强化跟发明人之间的信息交流以促进专利申请,另一方面把企业的知识产权活动的负责部门从原来承担专利申请手续的职能部门转移到承担知识产权综合利用的战略部门。这个过程中,知识产权关联部门从属于研究开发部门的比例从20世纪60年的82.6%下降到了20世纪90年代的50%以下❸。

比如武田药品工业公司在20世纪90年代将专利部改称为知识产权部,以

---

❶ 米山茂美,福島路,妹尾大,竹田陽子,渡部俊也「TLOの技術特許移転の現状及び今後の技術移転体制のあり方に関するアンケート」時期:2004年12月実施,2005年1月回収。

❷ アルフレッド・チャンドラー, Jr. 有賀裕子訳(2004)『組織は戦略に従う』ダイヤモンド社。

❸ 平田透,永田晃也,佐々木達也,長谷川光一,遠山亮介(2000)「日本企業における知的財産部門の変遷に関する考察」研究技術計画学会年次大会講演要旨集, Vol. 15, pp. 19-22。

深化知识产权部门对研发战略以及产品产略的参与程度。佳能公司在更早的1987年便设立了专利法务总部，1989年将其更改为知识产权法务总部，以致力于使其跟研究开发部门同步一体化作业。

根据永田晃也等所做的调查，大企业常见的组织中，除了公司整体的知识产权部门以外，很多企业在研发部门以及事业部门中分别设立相互独立的知识产权部门❶。构筑这样的组织形态的目的是分别应对对全公司知识产权的集中管理或者对研发部门以及事业部门的分散管理的要求。但是对其进行详细分析会发现，组织的构成也因行业而异，比如在医药品行业往往倾向于采用对全公司知识产权进行集中管理的方式，而在电子产品行业则更侧重于采用并设各业务部门分散管理的方式。采用后者的组织构造的企业，其专利战略目标不仅是为了防止其他企业的模仿，还有通过提供实施许可而确保收入等战略追求的倾向。

Jurie Davis 和 Suzan Harrison 把知识产权战略划分为以下几个层级，首先是把知识产权当作法律财产的"防卫层级"战略；其次是考虑起申请或管理成本的"成本中心层级"战略以及从专利收益的角度将其视为知识财产的"收益中心层级"战略；再次是不把知识产权纳入某一个部署来管理而是统合企业整体战略的"统筹层级"战略；最后是将知识产权与企业活动深入统合并使其影响企业未来的"展望未来层级"战略❷。与知识产权相关的这几大战略各不相同，具体选择哪一个战略将根据企业的组织构造而定。

2010年在美国取得专利5896件，连续18年保持第一位的IBM，因对专利进行全球性战略管理而闻名于世，它的知识产权部门在公司本部知识产权机构的统筹下，遍布于美国、加拿大、亚太地区（日本、中国、印度）以及欧洲（英国、德国、法国、瑞士、以色列）。在IBM中，由全球性专利统筹经理人对全世界的专利进行中央集中管理。IBM的研究所分布在美国、瑞士、日本、以色列、中国以及印度等国，这些地方所诞生的发明，将由少数的专利统筹经理人基于全公司的方针，每年来决定在世界各国如何进行专利申请（全球统筹计划）。这种管理，不是以业务区域或国家为单位，而是以微电子、服务器、存贮装置、网络、软件等技术领域为单位进行，对它们的专利申请国、专利维持或放弃、权利要求范围、许可协议的价值或机会等给出具体意见。关于

---

❶ 永田晃也，平田透，佐々木達也，白井淑子，長谷川光一（2004）『知的財産マネジメント－戦略と組織構造－』中央経済社.

❷ ジュリー・L. デービス，スーザン・S. ハリソン，一柳良雄訳（2003）『役員室にエジソンがいたら－知的財産で勝つ経営戦略－』かんき出版.

在第二国申请的案件，从在第一国申请的案件中按价值的高低顺序，在分配到各国的申请数量的范围内进行选择。就是说，从全球统筹的观点来看，IBM 的第一国申请仅仅是为确保优先权日而进行的。从最近 IBM 在各区域的申请数来看，从 2002 年开始在日本的申请呈减少趋势，而在中国的申请则激增（这段时间在欧洲的申请没有明显变化）❶。这种申请倾向，也是依据上述全球性统筹管理方式所作的战略判断的结果。

在日本，也有一些企业意识到这种统合层级以及展望未来层级的战略方式，并设置企业整体的知识产权活用战略部门。比如 NEC，为了强化研发部门和业务部门合作推进的创造和活用收益战略，在 2007 年 4 月设置了知识资产统筹本部❷。最近，韩国企业甚至中国企业的知识产权管理能力也都在大幅提升。2010 年在美国取得的专利数的企业排名是：第一位是 IBM；第二位是三星（4551 件）；第三位是微软（3094 件）；第四位是佳能（2552 件）；第五位是松下（2482 件）；第六位是东芝（2246 件）；第七位是索尼（2150 件）；第八位是英特尔（1653 件）；第九位是 LG 电子（1490 件）；第十位是惠普（1480 件）。第二位、第九位为韩国企业，因而备受关注。

第二位的三星（Samsung），近年来打着 "No Patent No Future" 的口号，开始强力推进系列专利经营举措，并实施各种严格的管理方式，包括 "着手项目之前先进行缜密的专利调查"，"将不同专业领域的研究者汇集一起，实施通过对特定技术课题的讨论来创造技术思想的 Patent Expo 活动"，"跟很多大学进行产学合作的方针"，"把不确定性技术视为 Moving Target 并进行专利申请管理" 等❸。

从研究开发到事业化的过程中，对于知识产权部门从什么阶段开始参与以及应参与到什么时候这一问题，有很多不同的答案。知识产权部从一开始就参与到技术开发项目本身并进行知识产权管理的事例也不少。竹田阳子针对应用开拓的必要性相对较大的技术开发项目，就知识产权部参与和没有参与的案例分别作了问卷调查。其结果是，有知识产权部参与的项目的应用拓展的活动量很大，其成果也较为显著。而且，除了应用开拓成果显著的企业所具有的一般特征之外，通过积极开展对权利要求的讨论以及实施许可等与知识产权相关的活动，在应用开拓的同时也解决了技术问题的事例比通常多。甚至出现了很多

---

❶ 这种趋势在企业间存在较大差异。在全球展开业务的微软，同一时期在日美欧中国的申请倾向没有改变。依据小林彻、渡部俊也所作的调查（未公开资料）。

❷ 参照：日经 BP，知财 Awareness 记事（2007 年 10 月 18 日）。

❸ 参照第 2 回 TEPIA 知识产权学术交流会议（2010 年 2 月 24 日）三星电子专利部主任研究员沈氏的演讲。

把技术在研究者所没有预想到的领域中成功应用的事例❶。知识产权部门对应用开拓的参与，不仅仅可以确保知识产权，使组织外的活动更容易展开，而且还可以协同策划及营业部门共同为倾向于以技术为中心的研究者提供一种靠近商业的视角。从这个结果来看，通过对技术开发项目的适当参与，知识产权部门可以为降低技术的不确定性作出直接贡献。

知识产权部门发挥跨部门协调作用越来越重要。但是在知识产权领域，主要由从事挖掘发明、专利申请和权利化的"知识产权人"，从事实施权许可以及应对侵权警告的"权利许可人"，以及专注于契约审查的"法务人"等三种专门职务类型构成，即使组织变革，也尚未实现上述各种人才的功能性融合或有效战略合作。这个问题在采用垂直管理模式的日本企业中更为明显❷。本书后半部分将会提到，作为从开放式知识产权管理方式中获取收益的组织构造，其能否对各种职能进行有效统筹将是个重大问题。

■ 未利用的技术，被埋没的技术，技术的再定位

电动汽车的市场化：日产汽车、三菱汽车

机器人开发：日立制作所

内服药开发：Astrazeneca、Astellas 制药、Sosei 集团

企业如果不实施自己的持有技术，往往会通过签署实施许可协议等将其活用。但是企业的技术并不能完全总被利用。如果技术未得到活用，与该技术相对应的知识产权也未利用。另外，尚处于高不确定性阶段的技术由于不能得到实施，与此相对应的知识产权也因此处于未利用的状态。对于未利用的技术，如果面向实用化继续进行知识创造等降低其不确定性，其未利用状态是有可能改变的；否则，未利用的状态将很可能永远持续下去。

图 3-7 是有关日本企业专利的利用状况的统计❸。企业自己实施以及交叉许可约占 45%，加上对外实施许可一共也只不过略超 50%。在其他的专利中也可以进行对外实施许可的约占 25%，而不能进行对外实施许可的专利的比例则相当大，仅次于企业自己实施的。在这些未利用的专利中，虽然也包含一些今后通过实用化有可能得到利用的，但要注意的是，有一些专利是企业暂时并没有使用意图仅仅是为了防止其他企业使用而持有的所谓防卫专利。比如

---

❶ 竹田陽子，渡部俊也（2008）「技術の応用開拓活動に対する知財部門の関与」日本知財学会第 6 回年次学術研究発表会予稿集，pp. 520-525。

❷ 参照：高橋伸夫，中野剛治（2007）『ライセンシング戦略－日本企業の知財ビジネス－』（有斐閣）。

❸ 数据来源：特許庁（2008）「知的財産活動調査」。

企业 A，对其主力产品的制造方法取得了 B 方法专利，并利用 B 专利大量投资进行生产。A 企业又开发了使产品性能升级的 C 专利方法，但还不清楚要不要立即利用 C 方法进行再投资并大量生产。因为要判断改变生产方法的投资成本和获得新产品收益之间的平衡问题。假设判断的结果是利用 C 专利方法进行大量生产，那么要说会不会将 C 方法进行对外实施许可，答案恐怕是不会。因为如果其他竞争对手利用 C 方法进行投资并大量生产，性能更优越的新产品将对 A 企业的产品带来冲击，A 的收益就会下降。像这样的事例，就是即使自己企业不实施某专利，也持续保持该专利并且不对外许可。这就是为了延缓竞争对手的技术革新，而故意持有对竞争对手有利的专利技术。这种将专利作为防卫专利而持有，是为了使自己企业的技术继续垄断市场。

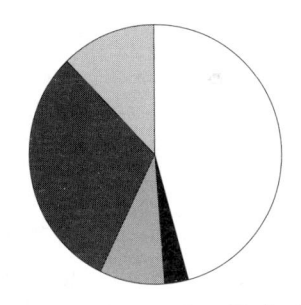

□ 自家实施　■ 交叉许可　■ 许可协议
■ 防御专利　■ 可进行许可的专利

图 3-7　日本企业的专利活用状况（2008）

即使是能带来创新的技术，大企业有时也很难决定是否将其实用化。对企业来说，这种进退两难的创新局面时而成为问题❶。比如对于主要依靠大型计算机作为收入来源的企业来说，如果将业务领域扩大到收益性较低的办公电脑甚至是笔记本电脑，会造成对原有的大型计算机业务的侵蚀（Cannibalization），因此很难决定是否将其实用化。像这种破坏性创新，常见于从真空管到半导体，从胶卷相机到数字相机等典型事例。是主动先采取变化来克服困境，还是采取以不变来应万变，还会受企业的具体财务状况以及重组再构筑的条件等影响。这种应对创新困境的企业战略不同，也会给相关技术的知识产权

---

❶ クレイトン・クリステンセン，伊豆原弓訳（2001）『イノベーションのジレンマ（増補改訂版）——技術革新が巨大企業を滅ぼすとき-』翔泳社。クリステンセン在书中论述了创新的窘境，他认为，作为市场领跑者的优良企业拥有最适合持续创新的流程，而新加入竞争的企业往往并不会落后，但反复进行持续创新的结果，会导致产品性能超越市场需求因而造成过剩，以及会导致由破坏性技术所带来的破坏性创新。

管理方法带来差异。如果只是为了暂时防止其他企业的市场参与，那么对主要技术拥有排他权利就足够了，而如果要长期保持自己企业的技术优势，则除了对应用、改良技术申请专利外，还要率先获取他人将来可能实施的创新技术并将其权利化。

相反，对于一些因市场化失败而被放置的技术，有些企业成功将其再利用。比如前面提到的电动汽车技术，是战后很快实现实用化但被长期放置的技术。但是，随着防止地球变暖削减尾气排放政策的出台，电动汽车的优势逐渐被认识和接受，因而日产汽车公司以及三菱汽车公司对其重新进行了市场化，这可以说是埋没技术的复活。还有其他事例，比如基于1999年在茨城县东海村发生的临界事故，国家投入了30亿日元的补充预算进行机器人开发，承担开发任务的日立制作所等4家企业在2001年共制造了6台机器人。但是当时的电力公司认为实际上没有用武之地，因而将它们都作废弃处理了。后来据报道称，由于发生了福岛核事故，那些曾经被埋没的机器人技术又重新被开发利用❶。像这种经过研究开发其技术课题已经完全解决，但由于尚未被市场接受而被埋没的技术还很多。

如果有市场战略支持，被埋没的技术也有利用价值。通过专利检索，可以判断候补技术中哪些技术是未被利用而有可能被埋没的。现在Astrazeneca公司制造销售的哮喘药中所用的化合物，曾经是由Astellas制药公司研制的内服药成分，后者虽对其申请了专利，但直到专利过期也没有顺利开发出上市药品。后来Astrazeneca公司对该成分进行重新研制开发，并取得成功。先前Astellas制药公司的技术信息，可以通过专利公开文件获取，为后续研发提供了很大参考。上述药品由Astrazeneca公司发售之后，在日本的制造或开发由Astrazeneca公司负责，流通或销售由Astellas制药公司负责。推广活动则由Astrazeneca公司和Astellas制药公司共同负责，两公司就上述合作达成了共识，据称，Astellas制药公司为此向Astrazeneca公司支付了数十亿日元的合同费❷。用前面所述的向量来比喻，这种为市场化带来成功的是自己企业所没有注意到的其他方向的向量。这种案例在制药领域很常见，对于一些已经进入试验阶段，比如已通过安全性试验，但由于临床试验未取得理想效果而未被批准的药品，如果能发现它的其他新用途，比起从零开始的研发，对这种新用途的开发成本将会很低。这种手法被称为药物重新定位（Drug Repositioning），像Sosei集团股份公司这样

---

❶ 「廃棄された原発無人ロボット」asahi.com（2011年5月11日）。

❷ 参照：2009年8月4日Astrazeneca公司新商品发布会「吸入喘息治療薬ブデソニド・ホルモテロール配合剤（一般名）日本におけるコ・プロモーションに関する契約締結のお知らせ」。

专门作重新定位的风险企业也是存在的❶。上述对被埋没技术活用的事例以及对药物的重新定位,可以认为都是最大限度地利用专利公开信息并有效推进市场化的战略性做法❷。

---

    ❶ Sosei 集团公司以现有医药品以及现有医药品候补化合物为基础探索新用途,构筑了降低药品开发风险的商业战略,并通过在日本和欧美市场之间对医药品的导入和导出展开了自己独特的业务(参照该公司主页)。

    ❷ 关于药物重新定位,是在参照与犬塚笃、福岛路共同完成的对多数制药企业所做的听证调查的基础上得出的。

第四章
知识资产和知识产权的管理

一、多种知识产权、知识资产的结合

■ 无形资产、知识资产、知识财产、知识产权

关键词：光触媒技术的专利化和外观设计权的取得——TOTO、Bridgestone

本书讲述的是与知识财产或知识产权有关的管理的现状。"知识产权"是具有物权性质的权利，但是它跟以有体物为对象的财产权不同，它是有关思想或感情的表达以及技术的权利。与此相对，"知识财产"是包含"知识产权"在内的广义概念，它是指能依法保护的所有知识的创造物、营业上的标识以及技术秘密等有用信息。比它更广的概念是"知识资产"。知识资产是被期待能够在将来为企业带来收益，而不计入企业会计报表的"无形资产"，即"人才、技术、知识财产、组织力、经营理念、客户关系"等看不见的经营资源的总称。对于由包含知识财产在内的重要商业信息构成的知识资产，围绕如何对其进行评价，以及如何进行公开，展开过很多讨论。但是由于对看不见的资产的评价和公开的困难，没有能将其反映在财务报表中❶。

在企业，只有将多个知识资产有机结合，才能实现创新，乃至带来收益和提高企业竞争力。对知识财产来说最重要的是要具备能充分活用该知识财产并使其与创新挂钩的战略，以及具备应用此战略来提高收益的商业模式。创新战略和商业模式都是组织的知识活动的成果，从这个意义上来看它们也属于知识资产的范畴。但是，创新和商业模式通过提高知识财产的价值并带来新的创造，起到活用包含知识财产在内的其他知识资产的作用，从这一点来看，它们

---

❶ 「知的財産情報開示指針特許・技術情報の任意開示による企業と市場の相互理解に向けて」平成16年1月，経済産業省。

有不同于其他知识资产的显著特征。因此，创新战略以及商业模式跟其他知识资产的关系特别重要。

而且，这两种知识资产（创新战略和商业模式）之外的多个知识财产或者知识资产的组合或结合或转换，将有可能成为重要竞争力的源泉。专利权和外观设计权的组合，将提高排除侵权的能力。特别是在新兴国家的专利侵权诉讼中，有时发明专利的创造性不被认可，但同时持有有效的外观设计权，就会比较容易主张权利。比如将轮胎的节能技术应用于胎纹的形状等时，可以通过组合专利权和外观设计权来确保对权利的充分主张❶。专利和品牌（商标权）的组合，意味着从只保护技术发展到同时保护技术品牌或企业品牌。在之前提到的TOTO光触媒事例中，在相关技术中嵌入了名为HYDROTECT的技术品牌，对国外企业进行许可时，不仅是专利，就HYDROTECT的技术品牌也同时签署了许可协议。与专利的权利期限相比，确定了技术品牌的话，则可以在相当长时期内对其进行活用，因为商标权本身是从注册之日起每隔10年可以续展的永久性权利。从这些意义上来看，对多种知识财产进行组合运用，可以使商业活动更加富有成效。

■ 知识财产和相关资产结合的事例

校办风险企业中的知识产权管理和沟通互助

知识资产，还包括客户关系等关系性资产。跟有效活用知识财产的商业模式等相似，知识财产和关系性资产的组合，也是影响企业竞争力和收益的重要因素。下面以风险企业为例来说明。在缺乏经营资源的风险企业，包括经营人才在内的无形资产的有无是影响企业未来的重要因素之一。在高科技风险企业的情况下，是否拥有难于模仿的技术是预测该企业日后成长的关键。是创造还是从外部引入对商业模式有贡献作用的知识产权，也是投资家们关心的问题。特别是大学的校办风险企业，由于跟高端科学技术知识源泉的大学有千丝万缕的联系，因而在获取或者创造知识财产方面有独特的背景关系，这种背景关系

---

❶ 在发展中国家等使用外观设计权来排除侵权的事例很多。例如，BRIDGESTONE公司在2006年12月针对北京朝阳浪马公司生产销售的货车或巴士用放射状轮胎提起了外观设计侵权诉讼，经北京市第二中级人民法院的审理，2007年3月法院作出了侵权认定，判决北京朝阳浪马公司立即停止侵权并向原告支付损害赔偿金。再如，日亚化学工业公司在2006年1月16日针对韩国的首尔半导体公司及其美国子公司向加利福尼亚北部联邦地方法院提出了外观设计侵权诉讼，要求被告停止侵权并支付损害赔偿金。日亚化学工业提出侵权主张的是其在美国所拥有的主要用于手机、MP3播放器尾灯等与LED有关的4件外观设计权。这些事例，表面来看是对外观设计的保护，但可以说其实质则是借助外观设计权来实现对技术的保护。

在很多企业被活用于知识财产管理。

即使获得了优秀的知识财产，能否对其活用也是一个问题。因此，即使跟大学等学术机构有着千丝万缕的联系，其知识财产也可能在实际的市场中得不到活用。对于缺乏经营资源的校办风险企业的知识财产管理来说，除了战略性引进外部资源之外，该风险企业所处的社会环境也非常重要。特别是风险企业经营者所拥有的社会关系更是对知识财产管理起重要作用。对于内部资源丰富的大企业来说，其经营者以及职员所拥有的社会关系对企业的管理及业绩也许不会产生很大的直接影响，但是对于人力资本以及物质资本等经营资源匮乏的风险企业来说，经营者所拥有的社会关系对其企业的管理及业绩将产生较大影响。

从这样的观点来看，在对风险企业的研究中，与地域以及个人有关的社会关系资本所起的作用备受关注。与风险企业业绩相关的研究，经常会涉及企业的外部意见关系网（External Advice Network）。通过对软件风险企业与业务有关的外部社会关系网跟该企业业绩之间的关系的实证分析，得出了外部社会关系网会对企业创造优秀业绩产生重大影响的结论❶。但是，这时的关系网，并不是仅仅跟外界具有多渠道联系就足够了，该关系网具有怎样的构造也会对结论产生影响。前面提到过，有观点认为密集型封闭式关系网更容易构筑信赖和合作关系❷，也有观点认为应该构筑重复少的分散型关系网❸。考虑到可以获得同质量的密集型关系网所不能获得的新信息以及商业机会，应该构筑冗长性（Redundancy）较小的关系网以提高企业竞争能力。这种关系网的特征是，存在很多被称为构造性空隙（Structural Holes）的间隙。

Y. Hirai 等人，就什么样的社会关系网会促进校办风险企业的管理及业绩作了一份问卷调查❹。一般来说，大学所创立的风险企业往往由并不精通商务的大学内部的人才来经营管理，所以比起一般的风险企业，对于作为外部资本的社会关系资本的利用则更加重要。Y. Hirai 等人的研究中，作为管理及业绩的被说明变量，采用 log（最近年度销售额）、log（最近年度正式员工数）等

---

❶ VISSA B, CHACAR A S. Leveraging ties: the contingent value of entrepreneurial teams external advice networks on Indian software venture performance [J]. Strategic Management Journal, 2009, 30 (11): 1179 – 1191.

❷ COLEMAN J S. Social Capital in the Creation of Human Capital [J]. American Journal of Sociology, 1988, 94 (supplement): 95 – 120.

❸ R. S. Burt (1992). *Structural Holes*, Harvard University Press.

❹ Yuri Hirai, Toshiya Watanabe, and Atsushi Inuzuka (2011). "Empirical Analysis of the Effect of Japanese University Spinoffs' Social Networks on Their Performance", 2011 Proceedings of PICMET'11: Technology Management In The Energy – Smart World.

作为指标。说明变量是关系网的非冗长性（Non-redundancy）。即不是封闭于同一集团中的关系网，而是以是否具有与各种人脉有效联系的关系网、其商业联系的紧密性、对个人隐私的回避程度等作为说明变量，另外作为控制变量，采用了企业形态、企业年数、业种虚拟变量、供给形态变量、业务阶段、总投资额、回答者的创业经验等。

从结果来看，得出了校办风险企业的外部意见关系网的冗长性越小，该企业的管理及业绩水平则越高的结论。Cloeman所说的缜密性关系网的构筑，对于获取信赖克服风险企业所特有的脆弱性虽然很重要，但是所构筑的都是跟自己相同类型的社会关系，即跟不精通商业的大学人才或者同样是缺乏内部资源的中小企业之间即使构筑了紧密的关系，也很难从中获取对经营有用的意见和智慧。与其相比，跳出校办风险企业的框架，对更广泛更多样的关系网的构筑，则会获取有助于提升业绩以及对经营有益的意见和智慧。在这个研究中，还得出了为了从企业外部获取有助于提升业绩的知识和意见，跟企业外部人员保持良好的公私两方面平衡的交流很重要的结论，即不能只偏重于商务上的交流而忽视私人关系的交流，相反也如此（见分析3）。

这种社会关系网，是跟知识财产类似的关系性资产，可以将其视为组织的经营资源。在优秀的知识财产的活用中，作为重要的知识资产，这种关系资产将发挥重要作用。

二、支持知识财产管理的知识财产数据

■ 对多样化知识财产数据的活用

有效活用专利地图

对知识财产相关数据进行分析有多种目的，其中多数是为了进行合法性判断，包括调查先行文献，以判断自家公司的专利申请是否可能被驳回，以及调查自家公司的产品跟其他公司的专利产品是否存在权利抵触等。而且，往往还可以通过对知识产权信息的分析来获取其他公司的研发动向。这时，由于分析的对象是来自专利说明书等庞大繁杂的技术信息，通常的数据整理并不奏效，因此，往往是根据特定的利用目的来收集、分析、整理、加工特定专业领域的专利申请数据，并且做成一目了然的图表等。这些被称为专利地图（Patent Map）。日本特许厅也会根据各不同技术领域公开各种各样的专利地图❶。

---

❶ 日本特许厅从平成9年开始到平成12年做成了「技術分野別特許マップ」（可在网上浏览）。

通常被利用的知识产权信息主要是申请数量以及注册数量等，但专利公开文件中所包含的信息涉及发明人以及引用关系等多方面的情报，如果能将这些信息最大限度地活用，可以分析出企业的研发组织以及技术构造等详细情报。比如，对于某企业所申请的专利，通过分析它是只引用了自家企业的专利还是引用了其他企业的专利，可以推测出该企业的具体研究开发方法，比如它是以什么样的信息为基础来推进研发的等。

另外，通过分析发明人的信息，可以推测出企业研发组织的规模和变迁，以及跟其他部门的合作情况等。作为稍有难度的分析，还可以把发明人跟谁一起共同完成发明的信息作为关系网信息，依据关系网理论来算出并分析各种指标（中心性、密度、构造性空隙等），因而可以推测该企业的研究开发组织的详细构造。

从 IPC 以及 F-TERM 等技术分类中的专利数量及其组合也能得出重要信息。通常从分析专利技术所在的技术类别，可以获知企业将研发力量集中在什么领域的信息，更进一步，通过调查专利在特定的某两个技术分类中同时被授予的频率，可以判断出这两个技术分类的关系是远还是近。这种远近的程度，反映了企业的研发是在狭窄的技术领域内进行的还是在宽广的领域内进行的，进而可以作为结论推测出企业所开发的技术体系的构造。例如，通过考察两个技术分类是不是同时被赋予或是经由其他专利被赋予，可以得出如图 4-1 所示的技术间距离❶❷的概念。这种距离反映了企业的技术之间的相互依存度是高还是低。类似这样，通过活用从知识产权信息中抽出的各种变量，可以分析出自家企业以及其他企业的详细技术动向。

---

❶ Jaffe（1986）根据研发专业领域的分配比率向量，用下面的公式来表示企业 i 固有的技术定位。Ti =（Ti1, …, Tik）；这时 Ti 表示企业 i 的技术定位向量。但是，向量 Ti 的各要素表示企业 i 在各专业领域所进行的 R&D 的分配率。对于企业 j 也用同样的技术定位向量来考察，以此来定义 ij 之间的技术距离。$P_{ij} = (T_i T_j\hat{\ }) / \{[((T_i T_i\hat{\ })(T_j T_j\hat{\ }))]\hat{\ }(1/2)\}$。该定义是把握企业研究方向的有效手法，常用于研究企业之间技术合作等问题。但是这种技术间距离的测定对象是研发费的投入比率，因而不同于本书中的技术间距离。Adam B. Jaffe（1986）. *Technological Opportunity and Spillovers of R&D: Evidence from Firms' Patents, Profits and Market Value*, NBER Working Papers 1815, National Bureau of Economic Research, Inc.

❷ 这里所定义的技术间距离参照：Breschi et al.（2004）. *The Empirical Assessment of Firm's Technological "Coherence": The Date and Methodology*, J. Cantwell, A. Gambardella, and O. Granstrand eds., *The Economics and Management of technological Diversification*, Routledge, 2004, pp. 69-97；加藤直規（2007）「企業における技術導入とその多様化効果－特許サブクラス分類を使ったミクロ分析－」日本知財学会第 5 回年次学術研究発表会予稿集。

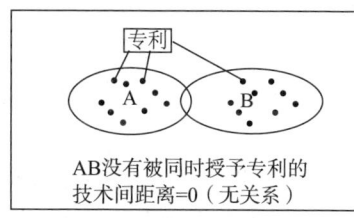

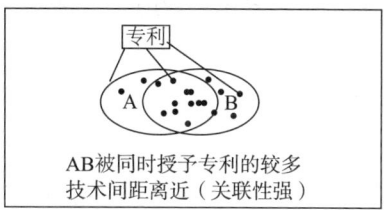

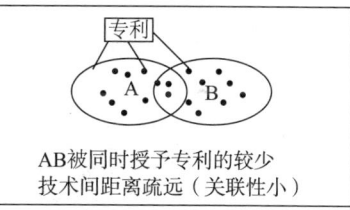

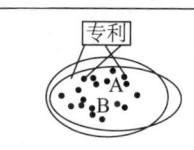

第四章　知识资产和知识产权的管理

图 4-1　技术间距离的概念

如果充分具备这种分析能力，可以从对专利信息的读取中一定程度地把握企业的研发战略和商务战略，比如"这家企业在这个课题上投入了多少研发力量，最近有何种变化""近期，××技术的新产品将开始销售""那家公司好像要在新兴国家的××市场拓展业务""A 企业和 B 企业的共同开发，正在朝着××方向进展""最近，那家企业的技术体系越来越不协调了"等。相反，站在专利申请者的角度，要充分意识到自家企业的专利申请信息，会将自家企业的内部组织以及战略信息等泄露出去的可能性。

■ 与专利价值有关的数据

以获取专利为目的的收购：谷歌与摩托罗拉

前文提过，专利未必一定与收益直接挂钩。但是，企业拥有专利的多少，平均来看大多会跟企业的成长有一定关系。比如，考虑到股价是反映企业价值评价的一个指标，因此可以认为专利跟股价之间应该存在一定的联系。专利以及专利所代表的技术为企业带来价值，该价值如果能被市场认可，应该会反映在股价上。一般认为股价也能反映专利等非财务指标[1]，二者实际上是何种程度的关系呢？

带着这种疑问，对企业的股价和专利信息之间的关系进行了分析，图4-2是这一分析的结果。具体是以东证 33 类业种中的 19 类制造企业为对象，对 2000~2010 年的股价跟单位股票市值中的专利数量之间的关系作了相关分析。

[1] 冈田依里（2003）『知财戦略経営－イノベーションが生み出す企業価値－』日本経済新聞社。

关于股价上升，用 TOPIX 比来表示跟数量评价时的相对上升比。就是说，把（事后的股价/事后的 TOPIX 值）/（数量评价时的股价/数量评价时的 TOPIX 值）作为目的变量，把专利数量/（股票市值/TOPIX 值）作为说明变量进行相关分析。这种关系在统计上有意义的业种包括食品、化学、医药、橡胶制品、机械、电气机器、运送用机器、精密机器以及其他。这些业种，都在 2~5 年后的 2002~2005 年相关系数几乎达到了最大值 0.3~0.6。说明了专利信息对股价有 2~5 年的先行性影响❶。

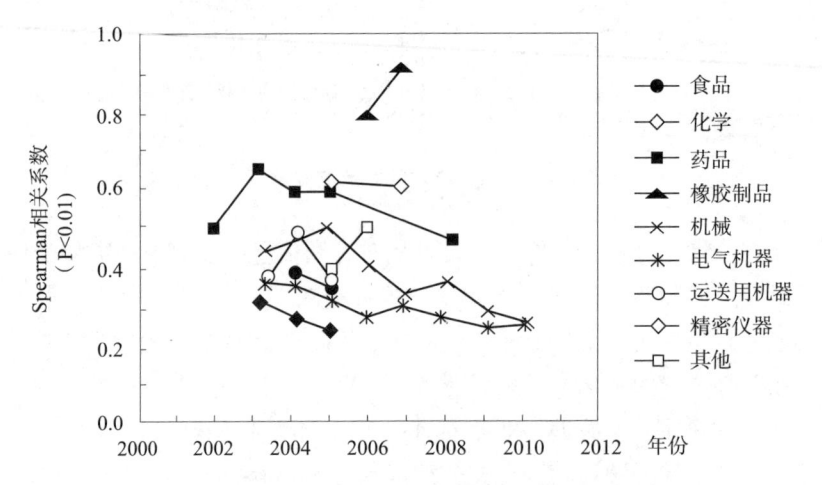

图 4-2　各行业 2000 年的时价总额平均专利件数和其后股价上升比
（TOPIX 比）之间的 Speanman/顺位相关系数

从整体来看，专利无疑会为企业带来价值，促进企业成长，但是如果对每件的专利价值分别进行评价，则是相当困难的。组织在以下场合必须对专利进行评价：①诉讼中，破产时的评价以及债务偿还或损害认定时的评价；②企业对职务发明奖励时，以及计算转让对价、许可对价、资产价值、收益价值、业务价值等时；③金融机构对担保价值或融资进行审查时；④投资家对投资价值以及企业的价值进行评价时。最近谷歌为了获取专利而对摩托罗拉（Motorola Mobility）的收购成为人们关注的热点，这种 M&A 时的评价也算是投资家对投资价值以及企业的价值进行评价的一个事例。

一般来说，专利的价值分为技术价值、法律价值、经济价值三种。其中，技术价值不是改良技术而是类似先驱性发明等其技术本身有价值，比如中山博

---

❶　大崎敏郎、渡部俊也、関野勝弘（2011）「株価先行指標としての特許件数の分析」研究・技術計画学会第 26 回年次学術大会講演要旨集，pp. 757-760。

第四章　知识资产和知识产权的管理

士的 iPS 细胞等具有很高的技术价值。法律价值是作为专利权，以其权利范围的大小、能否带来对某种权利的期待，以及跟其他专利权之间有没有利用关系等来作为评价基准，无论多么优秀的发明，如果专利说明书写得很糟糕，当然其法律价值就会减小。对企业来说最重要的是经济价值。其评价指标包括该专利能为企业带来多少资金流、市场中的交易价格等❶。关于这种指标，从前就有很多评价方法被提出❷❸。

　　关于这些价值评价，在技术价值、法律价值、经济价值的基础上还有很多其他评价方法被提出，在具体评价时并不是说就一定依据某种固定方法。前文提到过，对专利进行评价的目的有很多，企业要根据具体评价目的而选择评价方法。虽说如此，正如在蓝色 LED 诉讼事件中所看到的，审计所即使是在同一目的下进行审计，评价结果也出现了很大差别❹。特别是经济评价，当产品或服务同时涉及很多专利时，就很难对每个专利的具体价值作出评价。过去的数十年专利的申请量大幅提升，也许在这种变化中，产品或服务跟相关专利的关系也发生了变化，对其价值的判断也越来越难。专利权的效力，在于可以针对实施该专利的产品提出停止侵权的诉讼请求，在涉及数以千计的专利权的技术标准体系中，如果仅仅因为一件专利的侵权，就对整个体系的实施提出停止的要求，则可以认为该专利的价值非常大。同时，该专利被无效的可能性也不小。另外，作为法律价值的评价事项，在诉讼中获胜的概率，或者该专利的有效性是不是总能被法院认可等也会影响评价结果。这意味着，法院的所在国或所在地区的审判水平以及安定性，也会对专利价值产生影响。

　　专利的价值评价很难，现实中很多企业由研发部门来作技术评价，知识产权部门来作法律评价，业务部门来作经济评价，通过这种方法将专利的价值量化，以作为判断是否进行审查请求、何种活用方法以及是维持还是放弃的依据。有相关技术领域评价能力的企业，在对自己公司的技术进行评价时，有可能在参照过去经验的基础上进行一定程度的评价，但是对于完全不同领域的技术或者是来自大学基础研究成果的高不确定性专利，还是很难作出评价。在过

---

❶　主要有三种方法：成本法（对已经取得的知识产权进行再度取得时所需的费用）、收益法（为了获取知识产权将来的更大收益能力，对现在的价值进行折返的方式）和市场法（在公开市场中对对象知识产权或者类似知识产权进行交易时的价格）。

❷　鲛岛正洋（2003）『特許戦略ハンドブック』中央経済社。

❸　EPO 提供专利价值评价软件 IPScore（http：//www. epo. org/patents/patent‑information/business/valuation/ipscore. html）。

❹　该诉讼中关于 404 号专利的价值，中村氏一方委托的 Tohmatsu 审计所算定专利带来的"过剩收益"最大可达 2650 亿日元，而日亚公司一方委托的新日本审计所根据扣除开发成本等的计算方法算定损失为 15 亿日元。

去的研究中，曾有利用金融工学的选择理论来进行评价的方法，但这种方法很难确定项目的风险值。也有一些案例是参照类似领域的风险企业价值来进行专利价值的判断❶，或者是用任意数值的模拟计算来进行判断❷。

有一个不同的方法，利用它可以提高评价效果，即根据对每个项目将来的知识产权收益作定期（每年度）预计以及实际业绩的累积，来评价专利现在的价值。根据收益以及计划开发期间和实际开发期间之间的差异来积累评价业绩，由此可以得出技术领域中固有的知识产权收益率（r）或者知识产权风险的时间变化特征（风险特征）❸。这种情况下，其特点是，沿着每个项目的进展方向，可以计算出反映开发技术的积累和商品性以及预想市场的变动的动态知识产权价值（时价）和收益率（风险）的变化，像这样如果能确定每个技术领域的风险特征，在进行中的项目的任何时间点都可以对与知识产权相关的研发管理上的问题进行定量讨论，比如投资计划、对研发人员或者知识产权移转的应对等问题。

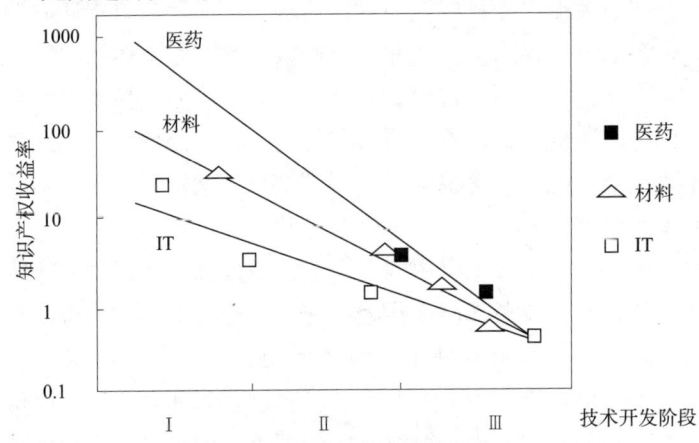

图 4 – 3 是用这种方法算出的不同技术领域风险特征的一个例子。跟一般

图 4 – 3 从研究人员的期待值计算出各技术领域的研发风险特征

---

❶ 参照：渡邊俊輔（2002）『知的財産 – 戦略・評価・会計 – 』（東洋経済新報社）中所介绍的事例。

❷ R. ラズガイティス，菊池純一他訳（2004）『アーリーステージの技術に対する知的財産権の価格設定 – 基本的な評価手法および留意点 – 』中央経済社。

❸ 参照：大野一生，渡部俊也（2003）「産学共同研究において創出される知的財産の評価にかかわる事例研究」日本知財学会第 1 回年次学術研究発表会予稿集，pp. 35 – 38；大野一生，渡部俊也（2004）「発明報償の算定の根拠となる個別研究開発のリスク評価のコンセプト提案」日本知財学会第 2 回年次学術研究発表会予稿集，pp. 282 – 285；大野一生，渡部俊也（2005）「研究開発過程で創出される知的財産の評価モデルによる研究開発マネジメント手法の構築」日本知財学会第 3 回年次学術研究発表会予稿集，pp. 168 – 171。

预测吻合，得出了医药领域的风险较高、IT领域风险较低、材料领域介于其中的结果。

■ 与专利质量有关的数据

专利用户社区的可能性

不同于专利价值，表征专利有效性的"专利质量"的概念被提了出来。专利质量评价的是专利在法律上的有效性，这一点跟因企业而相异的专利的相对价值不同。"专利质量"提出的背景在于，现实中存在大量有效性遭质疑的专利。无论是在美国还是日本，经常可以看到一些专利申请尽管没有充分进行实际研究，专利说明书也缺乏实施例支持，但其含义既宽广又暧昧的权利请求却被赋予了专利的现象。实际上对这些专利进行详细分析，会发现很多都不满足专利赋予的条件。审查过程中应该参考的现有技术文献的数量激增也许是造成这种现象的一个原因。另外，专利申请人知道专利审查并不是100%完美的，因此尽管有被无效的风险，但比起权利范围较小而用处不大的专利申请，他们往往故意把权利要求申请得很大。

注册专利被判定无效的概率并不小[1]。因此可以认识到很多专利其实是不应该被赋予专利权的。而现实中，这种质量很低的专利经过层层流转有时会最终落入专利流氓（后述）手中而成为他们权利行使的武器。现在由于专利数量巨大，加上其权利范围的不确定，致使有效性值得怀疑的专利大量存在，这不符合专利制度的设计目的。把专利的这种法律上的有效性看作"专利的质量"。图4-4描述了专利质量的概念。这里，考虑到被赋予专利权的专利中包含了很多无效专利，因此用专利质量来对专利发明的有效性作临时评价。

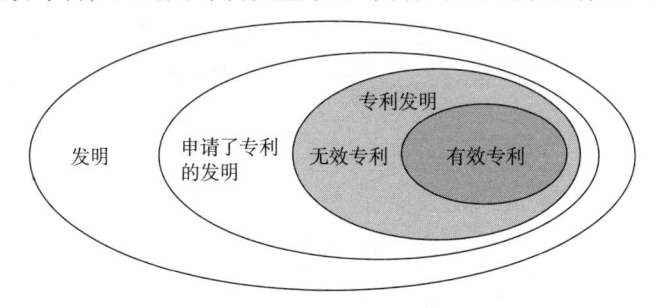

图4-4 专利质量的概念

---

[1] 小林徹，瀬川友史，渡部俊也（2009）「無効審判審決取消訴訟判決における審決維持率の変化敏その背景－平成18年度より平成20年度までに判決が下された特許権および実用新案権に係る審決取消訴訟判決の分析－」東京大学政策ビジョンセンター，ワーキングペーパー No.1。

对专利质量进行评价并非易事。严格来做的话，需要对现有技术进行充分调查，并请专家对专利是否满足专利要件进行判断，然而在数量巨大的专利面前很难做到对所有的案件都一一调查判断。还有一种不同于这种手段的定量方法，它是利用专利说明书以及权利化过程中所包含的各种与专利质量有关的定量数据来评价专利质量。这些数据大致可以划分为专利申请人一方的参数和日本特许厅一方的参数。作为专利申请人一方，主要考虑有没有对现有技术进行充分调查、实施例是否丰富、权利请求是否充实、是否经过反复实验使内容充实等。作为日本特许厅一方，主要是除了国内外的专利文件外，还有是否引用了非专利文献等、审查花费了多少时间等。

可以用这些数值来计算专利的质量。这时，如何验证每个专利质量的高低将是个问题。因此，笔者分析了东京高等法院受理的与专利质量纠纷有关的专利行政诉讼案件，把相关专利是否被法官判为有效作为表征专利质量的代理变量，尝试用一种简易方法来评价专利质量❶。虽然不能否认法院的判断也会出现错误，但是通过对大量数据进行统计分析，笔者认为可以真实反映推算结果。具体的做法是，在 2000 年 1 月 1 日到 2006 年 12 月 31 日期间东京高等法院作出的行政诉讼判决中，收集了以专利异议申请和无效审查为原审的共计 710 件案例。然后利用日本特许厅提供的专利电子图书馆（IPDL），收集了与样本数据相对应的专利申请资料以及与申请过程有关的数据。通过行政诉讼中有效性有争议的专利号码，查找并收集了该专利的权利要求范围以及专利说明书等资料数据，和显示该专利申请接收到拒绝理由通知的次数以及提出意见书的次数等内容的申请过程数据。关于这些数据，通过把法院的有效或无效结论（有效或者无效）作为从属变量进行回归分析，从中可以判断出哪些变量是会影响结果的有意变量。从结果来看，发现效果文字（可能、有用等）的出现频率、技术分类的数量、优先权主张的次数、对外国专利文献引用的次数等都可以产生正面有意义的影响。而对非专利文献引用的次数，则产生了负面有意义的影响。这可能是由于日本特许厅对外国文献的检索能力有限所致。即在专利权利要求范围很大，而审查员心证认为其无效时，在找不到现有专利技术文献的时候，往往对非专利文献的引用比较多，而非专利文献与专利文献不同，由于它没有网罗式的数据库可供查阅，所以必然导致审查不充分，这样的话，专利即使通过了审查，但是当日后发生专利有效性纠纷时，当事人会利用各种

---

❶ K. Nagata, M. shima, N. Ono, T. Kuboyama, and T. Watanabe (2008). Empirical Analysis of Japan Patent Quality, International Association of Management of Technology (IAMOT), CD Proceedings, Dubai International Convention and Exhibition Centre on April 6th – 10th.

第四章　知识资产和知识产权的管理

手段进行调查,这时很多时候都能找到相关现有技术,而导致相关专利无效❶(分析4)。

将这种分析得到的模型进一步扩张,再充分利用专利说明书中的信息,就可以预测专利质量。这种方法得到的专利质量的预测值称为 Patent Quality Index(PQI 值)❷。这种数值可以作为管理指标用于企业及其代理人的专利说明书书写以及中间手续等各种管理过程。作为一个实例,通过对专利事务所数据的解析,发现专利说明书的各种特征量跟专利审查通过率之间的关系如图4-5所示❸。从该图可以看出,专利事务所的专利审查通过率跟PQI值之间呈明显的正向相关关系。因此,可以考虑把PQI值作为专利事务所的一个管理指标。甚至还可以用于企业的专利质量管理以及专利审查员的审查质量管理等多种用途。

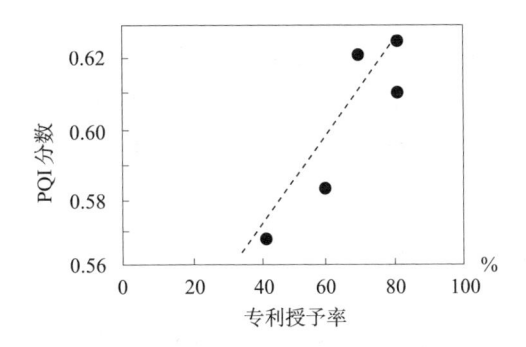

图4-5　专利代理事务所的专利质量和专利授予率

这样计算出来的专利质量跟专利价值之间有什么样的关系呢。专利价值原本是一个相对概念,虽然对其评价不能一概而论,但是在参考很多企业的评价的基础上对开发出来的专利的价值进行评价的业务是存在的❹。图4-6是通过调查显示的专利申请人以及审查过程跟专利质量和专利价值二者之间的关系

---

❶　T. Watanabe (2008). *Japan Patent Quality: Overview and Empirical Analysis*, Patent Quality Indexing: Who Benefits? Presented by RSA - United States and IBM, Columbia University School of Law, New York, November 7.

❷　H. Kashima, S. Hido, Y. Tsuboi, A. Tajima, T. Ueno, N. Shibata, I, Sakata, and T. Watanabe (2010). Predictive Modeling of Patent Quality by Using Text Mining, IAMOT 2010 Proc. 19th International Conference on Management of Technology, March 2010, Cairo Egypt.

❸　知的財産協会特許第一委員会第一小委員会(2011)「特許の質への取組みとその客観的指標の活用の可能性に関する一考察」『知財管理』第61巻9月号, pp. 1325-1340。

❹　Patent Result 公司的 patent score 是以专利申请后的审查过程信息为基础,对每一个专利的受关注度进行评分的评价指标。

图。其中所显示的各种成分的意义是：①说明书详细并且利用优先权制度的内容充实的申请，这种申请很容易通过审查，因而将其称为"优等生"的申请模式；②注重引用外国专利文献但说明书内容平常的申请，这种申请的审查期间较长而且有可能出现各种问题，因而将其称为接受"慎重审查"的申请模式；③专利说明书内容匮乏，但权利请求的记载文字不多的申请，这种申请由于在挑战宽广的权利范围，因为称为"挑战性"申请模式；④专利说明书的内容单薄，但有很多参考文献，而且调查充分，权利要求的范围也稍显精简的申请，因而称为"调查充分（但内容单薄）"的申请模式；⑤引用文献不多，但权利要求精简的申请，称为"精简权利要求"的申请模式；⑥引用很少，也几乎没有利用优先权制度，也许当初很可能不是很重要的申请，称为"贫弱"的申请模式（分析5）。

	优等生的申请	慎重审查	挑战	调查充分（内容单薄）	精简权利要求	贫弱
专利价值	↑	↓	↑	→	↓	↓
专利质量	↑	↑	→	→	↑	↓

图4-6　专利申请和审查模式对专利价值和质量的影响

通过分析可以发现它们有以下关系，①"优等生"申请模式调查充分、内容充实的"优等生"申请的专利，其价值和质量都是正面影响；相反，②"慎重审查"申请模式对于申请当初并没有被重视的"贫弱"申请的专利，其价值和质量当然都是负面；③"挑战性"申请模式因内容平庸而被审查员"慎重审查"的申请，以及权利范围被精简的"精简权利要求"申请模式，其对专利质量有积极贡献，但对专利价值而言则是消极的；④"调查充分"的申请模式通过挑战性权利要求完成的"挑战性"申请，对专利价值有积极贡献，但对专利质量没有贡献。

对于质量数值较低的专利申请，经历更为严格的审查也许会使其质量提高。而且，企业一方也有可能对申请相关工作进行改善。比如若将专利质量的数值进行一般公开，可以期待较好的效果。对某个企业所持有专利的价值和质量分别进行计算，大致会了解该企业的一些倾向，比如该企业的专利是不是"价值较高但质量较低"或者"价值和质量都较高"等。对价值有积极贡献的"优等生"申请模式，企业朝着该方向的努力就具有经济的合理性，"慎重审查"以及"挑战性"的申请模式，由于对价值没有贡献，所以抑制这种申请也具有经济上的合理性。企业对自己的申请能进行正确评价，就应该能有所改善。而像"调查充分"申请模式那样的对价值有贡献但对质量没有贡献的申请模式，对其进行改善，对企业来说就没有经济合理性。

即使申请了对自己公司来说具有高价值的专利，但如果其质量有问题，也会增加专利用户的整体负担。用环境问题来比喻，这就跟二氧化碳排放量大的企业一样。现在人们的环境意识普遍提高，抑制二氧化碳排放量的活动也越来越多，同样，人们越来越意识到专利质量的提高有助于维护全体专利使用者的利益，专利申请企业如果能共享一套客观评价专利质量的方法，也会促进企业努力提高自身的专利质量。

专利的质量和价值的数值可以从不同的角度用不同的方法来计算，但是有必要将该计算方法及其依据进行公开，以便用户对该数值的计算进行评价。重要的是，通过很多企业对该评价结果的共享，来形成专利用户社区，进而营造一种让企业不仅仅追求专利价值同时兼顾专利质量的社会环境❶。这种理念可以说跟后面要讲到的通过开放式创新社区来创造优秀知识产权的概念是一致的。

---

❶ 比戶将平，今道貴司，鈴木祥子，高橋力矢，金平裕介，葉田琳樹，田島玲，上野剛史，渡部俊也（2010）「機械学習による特許の質の定量評価と統計分析」第 1 回特許情報シンポジウム（*First Symposium on Patent Information Processing*）AAMT/ Japio 特許翻訳研究会主催，東京大学，12 月 10 日。

第五章
以技术垄断和参与壁垒
为目的的独占式知识产权管理

本章讲述作为传统知识产权管理的以技术垄断为目的的独占式管理。通过企业实例，介绍该管理的构成三要素——申请、保密、公开是如何被运用的。在诞生于 500 年前的专利制度中，只有成熟技术才能被授予专利，而如今，即使是有无实现可能还尚不明确或者能否被社会接受还尚有疑问的不确定性技术也成为专利权的对象。本章将探讨企业为了在将来事业化进程中实现技术垄断而采取的包括对这种不确定性技术的独占式知识产权管理的理想模式。

■ 专利制度起源（威尼斯的专利制度）中的技术垄断

关键词：白色 LED，日亚化学工业公司；数码相机，佳能公司；自动编织机，岛精机公司

现在专利法的起源被认为是威尼斯的 "The Patent Statute of Venice"。制定于 1474 年 3 月 19 日的该制度有如下特征：①对于满足专利要件的授予独占权；②制度的目的是促进发明和导入新技术；③专利审查的基准在于新颖性（仅限在威尼斯具有新颖性）、实用性（仅是思想的话不能授予专利）和有用性；④权利期间为 10 年；⑤由法庭来处理专利侵权等，从中可以看到现在专利制度的基本骨架。威尼斯始于 5 世纪，当时受北方歌特人以及匈人压迫的古代罗马人逃到了亚得里亚海附近，之后通过跟拜占庭帝国的贸易往来而逐渐走向繁荣。但是 1453 年时处于拜占庭帝国中心的君士坦丁堡被奥斯曼帝国攻陷。这导致威尼斯不得不改变传统的贸易方法。当时有很多来自意大利各地的精通毛纺技术的工匠聚集在威尼斯，给威尼斯的产业带来了空前繁荣。所以有必要给他们一些特权。因此，针对打算在威尼斯实施还没有被实施的技术的人，威尼斯承认他们对该技术的排他性独占。即通过专利制度的设计来强化产业竞争

第五章　以技术垄断和参与壁垒为目的的独占式知识产权管理

力，这可以说是最古老的国家创新战略之一❶。

通过实例，可以对当时的具体专利授予情况略见一斑。按专利授予年、专利权人、发明内容、专利期间及其条件的顺序如下所示。

1443 年　玛丽尼（法国）/无水制粉机/20 年/以 24 机的建设为条件

1460 年　亚高布斯/扬水机/终生/以 6 个月内试验为条件

1474 年　马提吾斯（比萨）/咖啡豆加工/40 年

1483 年　安托尼乌斯/工厂用机械等/30 年

1490 年　安托尼乌斯/新机械/50 年/以 6 个月以内进行试验为条件

1490 年　百卢纳卢德/挖掘机械/50 年/以 1 年以内进行试验为条件

从中可以看出，当时以制造装备和土木装备为中心，各种地区的发明都得到了专利保护。专利保护期间根据案件而各有不同，而且作为专利授予的条件，要求不能仅是技术思想，还必须通过制作样品来证实其技术的可实施性❷。可以说该制度对于技术的保护，实际上是对产品的保护，因此跟现在的专利制度❸相比，当时的制度使得依靠技术独占业务更容易实现。在这之后，1624 年英国制定了成文法《专卖条例》，1790 年美国制定了专利法。随后威尼斯专利法制度在 1791 年又传播到法国等许多国家。特别是在英国工业革命期间，在 1740 年前后发生了很多专利申请以及专利纠纷事件，专利制度对该时期的创新起到了极大的促进作用❹。

当时获得专利权的主要好处是可以实现在一定期间内对技术的排他性独占。对技术进行独占这一点，在现在也是利用专利制度的主要目的。比如美国的专利发明代表人物托马斯·爱迪生（Thomas Alva Edison）❺，一生取得了 1000 件以上的专利，作为创业家他将自己的发明用在了创业上，还有因发明了电话而著称的格拉汉姆·贝尔（Alexander Graham Bell）等。贝尔对助手沃森说的"沃森，快来帮我啊"，因是人类第一句通过电话传送的话音而记入史册，之后他的专利得到认可，获得了独占专利的权益，因而创办了现在的美国最早的电话公司 AT&T 前身❻。

---

❶ 石井正（2009）『歴史に中の特許 – 発明への報奨・所有権・賠償請求権 – 』晃洋書房。

❷ 除了专利说明书，还要求专利申请人提交发明品模型的制度一直持续到 19 世纪的美国专利制度。展示美国专利商标局历史的网页上还有着这样的记录："政府保管的这些模型的数量已经太庞大。"

❸ 本书不详细介绍各国具体专利制度。各国专利制度可分别参考各国专利局主页。

❹ 米倉誠一郎（1999）『経営革命の構造』岩波書店。

❺ 名和小太朗（2001）『起業家エジソン – 知的財産・システム・市場開発 – 』朝日選書。

❻ 关于 Graham Bell 的电话发明，有观点认为其最初的专利是窃取其竞争对手 Elisha Gray 的发明信息而完成的。Seth Shulman，吉田三知世訳（2010）『グラハム・ベル空白の12日間の謎 – 今明かされる電話誕生の秘話 – 』日経BP。

> 关于日本，在明治4年（1871年）通过公布《专卖略规则》，曾一度设立了专利制度，但由于没能培养出胜任专利审查的人才，明治5年该制度就终止了。但是，由于从西欧的发展中认识到了专利保护的必要性，高桥是清在明治18年（1885年）4月18日再次公布了《专卖特许条例》，并开始了实施运用❶。日本的第一号专利是申请于明治18年（1885年）7月1日，同年8月14日被授予专利的堀田瑞松的"堀田式防锈涂料及其涂法"❷。第二号到第四号是有关茶的制作方法的专利，明治23年时后来成长为丰田汽车的日本代表性制造业诞生，丰田佐吉的丰田式木制人力织机被授予了专利。他们当时就是以专利为武器，利用别人不能模仿的技术优势完成创业并不断发展壮大的。

> 这些专利以及对其活用的认识❸，与威尼斯时代相同，跟现在日本企业对专利活用的认识在很大程度上也是一致的。现实中，现在很多企业对专利的利用还是跟威尼斯时代的使用方法相同。医药领域中取得专利，现在也往往是为了日后对该医药市场的独占。还有后面将要介绍的功能性化学品以及精密仪器等领域中日本企业的专利活用方法，他们往往是用知识产权来保护缜密型技术开发成果，从而禁止其他企业的追从，进而实现对市场的独占和对收益的确保。

> 后面要讲到的以白色 LED 著名的日亚化学工业的初期专利政策，以及制造数码相机的佳能等，都是为了实现对市场独占而最大限度地活用专利。还有独占全球利基市场的自动编织机制造企业岛精机（后述）等，也是通过在世界各国申请专利而实现对技术的独占。在这样的知识财产管理中，除了专利，技术秘密也被重视，因此，企业采用有利于长期保守秘密的、终身雇用等人事管理制度来最大限度地防止技术流失。

■ 来自专利效能的高利益率

陶瓷静电吸盘的实用化：TOTO、日立化成工业、日本碍子、新光电气工业

笔者研究生院毕业以后曾在1984年入职 TOTO 公司。在制造一线做了一段时间辅助工作之后，被调到了研究所。公司业务虽说与住宅设备相关，但由

---

❶ 作为专卖特许局，拥有特别会计的专利局前身，其设立是在明治19年。这也是高桥是清的施政方策。参照：高桥是清著，上塚史编（2004）『高桥是清自伝（第21版）』中央文库。

❷ 原本是雕刻家的堀田瑞松发明了应用于船底和船侧的防锈涂料。

❸ 除了丰田佐吉的发明，另外还有高峰让吉（消化酵素）、池田菊苗（谷氨酰胺酸苏打）、铃木梅太郎（维生素 B$_1$）、本多光太郎（KS 钢）、八木秀次（八木天线）、丹波保次郎（有线照片电传装置）、三岛德七（MK 磁石钢）、御木本幸吉（养殖珍珠）、杉本京太（国语型打火机）等，像类似专利＝产品＝事业的事例很多。

于原本是陶瓷制造企业，所以作为对陶瓷技术活用的新事业，当时对电子陶瓷进行了研究开发。电子陶瓷的营业员受到来自电电公社（NTT）研究所的委托，委托事项为可否用陶瓷制造一种用静电牢固固定半导体晶片的静电吸盘[1]装置。当时对方对固定晶片的力的要求为必须达到 $1kg/cm^2$ 以上。静电力并不是很大，众所周知，塑料受摩擦产生静电能对毛发等起吸引作用。静电所产生的力，是用两个对立电极中积累的电荷的积，除以距离的两倍所获得比值来计算的，因此要产生 $1kg/cm^2$ 以上的力，很明显通常的陶瓷不可能做到的。

实际上，当时其他有实力的电子陶瓷制造商都拒绝了这项委托，原因主要在于计算设计困难以及制造程序的问题。但是，由于 TOTO 当时刚刚涉足该领域，负责人接受了该委托，但是始终无法满足规格要求。当向电电公社的负责人提出"怎么试都不行"的报告时，对方拿出了一份过去曾产生强大静电力装置的记载文献。确实，那是 20 世纪 60 年代的文献，其中记载了使电流流过碳化硅（SiC）板，在其和金属板之间会产生强大的吸引力，可以用作机械加工的固定器具。但文献中记载的是用磨石一样的材料制作的陶瓷板材，那是不能用来固定半导体晶片的，而且在半导体中电流大量流过时碳化硅自身也会发热。只是从文献中明白了可以通过适当调整电阻值来产生强大的吸引力。

因此，为了尝试优化电子陶瓷的性能，有时会对其构成作适当改变，其中在尝试用一个低电阻值的电子陶瓷制作静电吸盘时，发现其产生的静电力远远超过 $1kg/cm^2$，甚至达到了 $10kg/cm^2$。于是将这种陶瓷经进一步改善提交给电电公社时获得了一致好评。这种陶瓷不仅可以用在当初设想的半导体曝光装置领域，还可以用于干法蚀刻的固定装置等广泛领域。当时开发的陶瓷（氧化铝）静电吸盘，现在还应用在各种半导体工艺中，其营业利益率也比其他产品要高很多[2]。

后来专利被认可后，专利公报中公开的专利说明书就是当时申请专利时撰写的[3]。去专利部进行技术说明之后，专利部的负责人联系要求再对专利代理人进行一次说明。跟专利代理人说明之后，做成了现在的专利说明书。1985年申请的时候，申请材料的权利要求书中仅仅记载了一项，即"一种具备导体层和覆盖该导体层的绝缘层的静电吸盘基座，上述绝缘层以添加了重量的0.5%～2%的二氧化钛的氧化铝为主要成分，其特征在于通过还原烧制而获得

---

[1] 渡部俊也（1999）「静電気の半導体製造分野への応用」『静電気学会誌』第 23 卷第 4 号，pp. 180 - 184。

[2] WATANABE T, KITABAYASHI T, CHIKUNI C. Relationship between electrical resistivity and electrostatic force of alumina electrostatic chuck [J]. Japanese Journal of Applied Physics, 1993, 32: 864 - 871.

[3] 静電チャック公報番号特公平 6 - 97675。

静电吸盘基座"。其构成相当精简，以现在来看，为了获取更大的权利范围又下了不少功夫。但当时由于使用了二氧化钛作为添加物，其他公司难以将氧化铝系的陶瓷应用于静电吸盘，因此对市场参与壁垒的构筑起到了积极作用。其实当初拒绝了电电公社的开发委托的陶瓷制造商，或在静观 TOTO 的陶瓷静电吸盘技术的实用化事业，或者后来有些企业也纷纷参与了该市场，但没有使用氧化铝，而是用碳化硅（日立化成工业）或氮化铝（日本碍子）来进行开发。但是进入 21 世纪以后，新光电气工业开始了氧化铝系静电吸盘的制造销售业务。从跟之前的专利关系来看，由于该专利在 2005 年到期，因此其直接影响也消失了。但是后来 TOTO 又申请了很多相关应用专利，使得对氧化铝系静电吸盘技术的实施变得并不是那么容易。然而，新光电气工业在 2003 年申请了利用氧化钇作为添加物的氧化铝静电吸盘相关技术专利，并在之后获得注册。即该公司是通过采用不同的添加物质进行专利申请，并且在先行专利期满失效以后才得以进入市场。可以说，TOTO 的氧化铝静电吸盘专利，至少让其他公司在同一素材领域的市场参与推迟了近 20 年。

■ 作为排他性权利的专利权的本质

搭扣技术：维克罗；超亲水性光解媒：TOTO

20 世纪 40 年代瑞士发明家乔治·迈斯楚（George de Mestral）有一天带着爱犬去山里散步，回来之后发现爱犬和自己的裤子上沾满了芒刺。迈斯楚由此得到灵感，便开始进行神奇隐形胶带的魔术贴（钩和毛圈搭扣）的开发研究，并在 1951 年开始申请专利，1955 年获得注册专利权。与此同时，迈斯楚于 1952 年在瑞士设立了制造并销售发明产品的维克罗公司（Velcro），在生产魔术贴的同时，他还在专利授权许可和商标授权许可方面取得了商业上的成功[1]。

之后很多企业对其魔术贴（钩和毛圈搭扣）技术不断进行改进。搭扣是毛圈状的面和钩状面相互衔接而使两者粘贴在一起，某企业将钩状部分加工成金针菇的形状后进行销售，因涉嫌侵犯维克罗公司的专利权而产生了侵权纠纷。对像这样的细节部分的构造，如果当初的权利要求以及实施例中没有明确记载，权利人对其后的改良品很难主张权利。甚至即使属于自己的权利范围，在其权利范围 A 中，如果有进一步改良，则改良的部分有可能作为新的权利范围被授予 B 专利（如图 5-1 所示）。比如合金的构成 a+b 作为 A 的权利要求范围，如果又发现仅在某一特定范围内添加 b 成分，合金性能会有明显提高

---

[1] 参照：Velcro USA Inc. 主页。

时，则这种新的构成（B）如果申请，也有可能被授予新的专利。但 B 是在 A 的权利范围之内，因此没有 A 专利权人的许可，B 专利便不能实施。同时，虽然持有 A 专利，但没有 B 专利权人的许可，A 专利权人也不能对改良 B 技术进行实施❶。

图 5 - 1　专利的利用关系

因此，虽然取得了权利范围宽广的基本专利，但也不能保证一定能够独占该技术。特别是在具有复杂的技术体系、由诸多技术要素构成的产品的情况下，要实现对该产品的独占，还必须对他人有可能想到的各种改良发明进行罗列式专利申请。

这种罗列式申请的一个具体事例，就是前面已经讲到的笔者完成的一个与光触媒超亲水性有关的发明。在这个发明中，与基本专利相当的优先权日是 1995 年 3 月 20 日，申请日是 1996 年 3 月 21 日的第 2943768 号专利，它的权利要求记载为"亲水性复合材，它具备基材和与前述基材的表面相接合的、由锐钛矿型二氧化钛结晶或者金红石型二氧化钛结晶构成的表面层，其特征是，前述锐钛矿型二氧化钛结晶或者金红石型二氧化钛结晶在光激励的作用下，用跟水的接触角度来表示的话，使前述复合材的表面呈现出润湿性应在 10 度以下的亲水性特征。"

要发挥防雾以及自动洗净功能，必须将接触角度保持在 10 度以下，因此这个权利要求几乎覆盖了用二氧化钛制作超亲水性光触媒的所有权利范围。但

---

❶　参照：廣田浩一（2005）「広い特許クレームの解釈について」『パテント』第 58 号，pp. 21 - 33。日本专利法第 72 条原文：「特許権者，専用実施権者又は通常実施権者は，その特許発明がその特許出願の日前の出願に係る他人の特許発明，登録実用新案若しくは登録意匠若しくはこれに類似する意匠を利用するものであるとき，又はその特許権がその特許出願の日前の出願に係る他人の意匠権若しくは商標権と抵触するときは，業としてその特許発明の実施をすることができない。」

是，将10度以下的超亲水性材料应用于现实的产品时会产生各种各样的问题。比如如果不能得到持续的光照射便不能维持其功能，白天可以但晚上就没有防污效果。为了解决这个问题，发现可以添加二氧化硅（SiO_2），这样可以长期保持较低的接触角度。所以第2756474号专利（优先日为1995年3月20日，申请日为1996年3月21日）的权利要求这样记载"是一种具备亲水性表面的复合材：它具备基材和与前述基材的表面相结合的光触媒性被膜，该光触媒被膜包含由二氧化钛、氧化锌、氧化锡、钛酸锶、三氧化钨、氧化铋、三氧化二铁的群中选出的光触媒性半导体材料和二氧化硅，其特征在于，前述光触媒被膜的表面在光触媒性半导体材料的光激励的作用下呈现出亲水性特征。"这两个专利申请的权利要求分别都解决了超亲水性技术的基本课题。但是，这两种技术在具体应用时，比如在用作镀膜剂时，还需要对超亲水性材料下一番特别的功夫，比如使用何种添加剂才能使涂抹更加容易以及具体的涂抹方法等。甚至在具体的用途方面，比如用于镜面时，反射率上升太大，会导致出现重影问题，围绕如何解决这些具体问题，又诞生了不少发明。

  图5-2用专利地图显示了这些发明组合的所有可能性。如果将镜面应用作为公司业务而进行生产销售，对于所有可能应用于镜面的这些改良技术，要作出是将其申请专利还是作为技术秘密而进行保密管理的选择。而且如果要对超亲水性镜进行市场独占，对于即使是自家企业不使用的发明，也要将其可能的代替技术进行专利申请，以阻止其他企业实施该技术。因此，在进行技术独占的情况下，专利申请数量自然会变得很多。特别是在商品销售之前，为了实现技术独占，要充分利用专利地图进行有计划的专利申请。在前述超亲水性光触媒的事例中，像这样计划性的专利申请在短短几年内其申请量超过了300件。

  在以授权许可为目的的情况下，需要像这样大量申请专利的案例则非常有限。因为只要对基础发明申请了专利，就至少能对其他企业的实施主张权利。但是，实际上越是基础专利，通常越难对其权利化，从前述的第2756474号专利的事例来看，专利授予后的异议申请超过了23件，说明在权利化过程中，需要对各种异议以及无效请求作出相当谨慎的应对。上述事例中，结果是2002年4月17日复审程序作出了最终维持决定，但如果基础专利的权利化失败，则需要让处在其下位的专利群来发挥其代替作用。

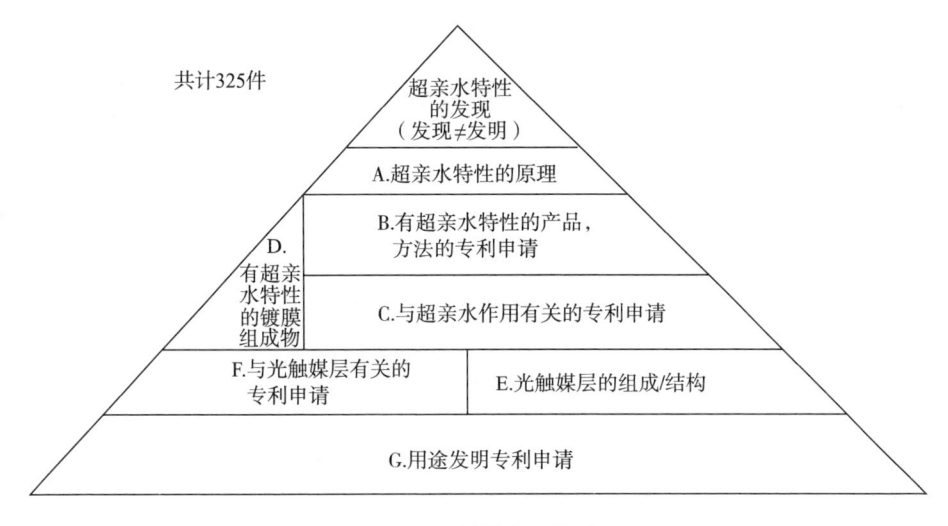

```
           共计325件        超亲水特性
                           的发现
                        （发现≠发明）

                     A.超亲水特性的原理

                  B.有超亲水特性的产品，
              D.    方法的专利申请
            有超亲
            水特性
            的镀膜   C.与超亲水作用有关的专利申请
            组成物

          F.与光触媒层有关的
            专利申请          E.光触媒层的组成/结构

               G.用途发明专利申请
```

图5-2　光触媒专利战略图

■ 为了构筑参与壁垒和转换事业层级的专利

LED开发·事业化：日亚化学工业、索尼、松下、科锐、住友商事

发光二极管（Light Emitting Diode，LED）是一种在施加正相电压时会发光的半导体素材，它的耗电量大约是电灯的10%，而耐久性则是电灯的10~100倍，因此它具有低耗能、长寿命、小型化等特征。据称LED原本是1962年由尼克·何伦亚克（Nick Holonyak, Jr.）[1]在通用电气公司（General Electric）研究所（Laboratory in Syracuse）工作时发明的。尼克·何伦亚克还作了很多其他发明，因此他曾被提名诺贝尔奖候补，但是最近有一种观点认为俄国的Oleg Vladimirovich Losev早在1924~1941年就完成了LED的发明[2]。

不管这些研究人员是不是真正的发明人，在其之后，红色LED在20世纪80年代、蓝色或绿色LED在20世纪90年代先后被开发出来，光的三原色都具备了。蓝色LED虽然已经可以通过氮化镓来实现高强度发光，但这种氮化镓的p型和n型半导体的生产技术及其结合技术是由名古屋大学的赤崎勇教授和天野浩教授完成的，另外发光层的素材是由当时在NTT工作的松冈隆志博士完成的。通过这些技术的发展以及对先进制造技术的开发[3]，实现了量产

---

[1]　被称为"发光二极管之父"。1963年开始任伊利诺伊大学教授。
[2]　Nikolay Zheludev (2007). The Life and Times of the LED: A 100-year History, Nature Photonics, Vol. 1, April, pp. 189-192.
[3]　前述职务发明事件中提到的中村修二发明了蓝色LED的制造技术。

化，因此现在包括白色在内各种发光都已成现实。

在这种 LED 的开发和事业化上取得成功，其销售额和利润不断提高的是日亚化学工业股份公司（以下简称"日亚化学"）。日亚化学原本是制造销售荧光体的数百人规模的企业，但受高亮度蓝色 LED 成功开发的影响，加上其之后的积极投资开发，其在白色 LED 领域率先取得了巨大成功。其间其销售额急剧增长，很快成长为数千人规模的企业。日亚化学成功的要因之一在于该公司的专利战略。

值得关注的是，日亚化学的专利管理对该企业的事业成功作出了积极有效的贡献。日亚化学当初没有进行芯片销售，而是从开始研发 LED 时就把 LED 的完成品及其应用品的销售作为事业方针。该方针虽然在后来发生了变更，针对一部分企业进行芯片销售，但日亚化学事业开发当初的方针是通过着手开发完成品及其应用商品，以提高企业对 LED 相关用途的发言权，进而在提升 LED 产品附加价值的同时，来提高产品单价增加销售额。结果，通过着手开发液晶尾灯光源，使企业成功迈向尾灯用 LED 的一揽子开发事业，同时在显示器领域，通过向显示器制造商销售 LED 单元，使得 LED 显示器成功地在大厦广告板中得到普及。

但是为了贯彻该事业方针，还有必要构筑 LED 完成品及其应用品的市场参与壁垒，以阻止竞争对手，营造对企业有利的市场环境。使该参与壁垒发挥了效果的第一要因是，在作为白色 LED 初期主要用途的手机市场确立之前，日亚化学就进行了积极的设备投资。日亚化学对 LED 相关设备的投资额在 1996~2000 年急剧增加。在白色 LED 开发的 1996 年，投资额从 1995 年的 19 亿日元增加到 32 亿，1997 年又翻了一番增加到 72 亿，2000 年时增加到 185 亿，每年的投资额都比该年企业整体的利润额还多[1]。

构筑参与壁垒的另一个手段是专利。日亚化学的专利申请，从蓝色 LED 开发的 1993 年前后到白色 LED 开发的 1996 年期间开始保持增长趋势，之后持续增加年申请量达到 200 件左右（见图 5-3）。1996~2005 年的 10 年间，对 GaN 系 LED 的专利申请达到了竞争对手丰田合成公司的 1.7 倍。日亚化学的专利战略的基本方针是，原则上不进行单方转让。即不给其他企业专利实施许

---

[1] 「日経産業新聞」2007 年 12 月 11 日。

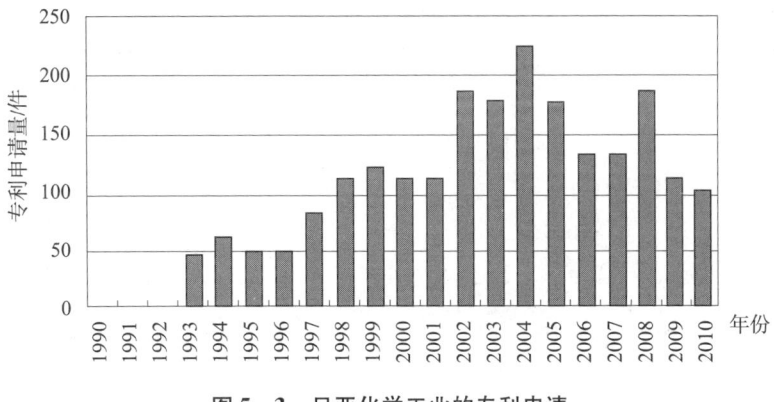

图 5-3　日亚化学工业的专利申请

可，全部专利技术产品都由自己来制造，由自己来进行市场投入❶。

据说围绕该 LED 技术，包括索尼以及松下等大牌企业在内的 10 家公司曾向日亚化学提出过专利许可申请，但日亚化学都一一拒绝了。不同寻常的是，对于曾经的客户企业也一视同仁。同时在这期间，对跟自己的专利有可能抵触的竞争对手的产品，采取了彻底排除的方针。在 1996～2001 年的 5 年间，日亚化学共对丰田合成提起了超过 40 件的专利诉讼。不仅是在国内，对于采用不同技术进行蓝色 LED 开发的美国科锐公司（Cree）及其产品进口销售商住友商事也提起了专利侵权诉讼❷，因此可以说，日亚化学是通过专利来彻底实施独占式管理，以达到对技术独占的目的。

但是对技术的独占并不是只能通过专利才可以。专利只是类似于先行设备投资以及人员增强等各种构筑参与壁垒的因素之一。比起电子产品领域，类似于 LED 的功能性化学品领域更容易体现专利权的独占性和排他性，但是跟医药领域相比，其效果就显得有一定的局限性，必须意识到代替技术时刻都有出现的可能。日亚化学也是，从事业刚起步时，就把专利对技术的独占效果仅仅看作是为健全生产销售体制并获取市场而"争取时间"的措施。在这一点上，对日亚化学来说，专利并不是"滴水不漏的完美墙壁"，他们意识到专利是"一堵会逐渐被水渗透的墙"，重要的是在被水渗透之前要构筑好下一道堤防。

---

❶ 米山茂美（2009）「日本弁理士会 - 東京大学，ビジネスコンサル弁理士育成のための共同研究事業 - 知財専門職向けマネジメントケーススタディー開発 - 」ケース③「特許戦略と事業戦略，日亜化学白色 LED のケース」東京大学，および米山茂美（2009）「日亜化学工業白色 LED の開発と事業化」一橋ビジネスレビュービジネスケース 075，pp. 128-145。

❷ 参照专利沙龙「青色 LED 特許紛争──侵害訴訟事件関連 - 」（http://www.patentsalon.com/topics/blueled/infringement.html）。

材料领域中专利权的作用跟医药领域相似，都经常被用作技术独占的工具，但实际上就像在上述事例中所看到的，很多情况下只是把专利视为"争取时间"的工具。但日亚化学并没有把所争取到的时间用在芯片上，而是将其用于把整个企业的业务范围提升到 LED 完成品事业的高度，说明其战略性之高。换句话说，日亚化学的成功之处在于，当初并没有把专利用于日亚化学产品的独占，而是把专利所带来的技术独占作为一个缓冲期间，利用此期间来开发下游产品业务的商业模式，并以白色 LED 开发为基础，实现了更大的创新收益。

■ 模仿品对策的管理

摩托车的中国市场参与和模仿品对策：本田、嘉陵工业、上海易初摩托车、洛阳北方易初摩托车、五洋本田摩托

即使投资知识产权战略，并历经劳苦获得了合法的技术独占权，但如果放任其他公司对知识产权侵害，就会损害技术独占的效果。日本国内也有模仿品的问题，但在发展中国家以及新兴国家，由于知识产权保护水平不足，导致模仿品和盗版问题非常突出。特别是在中国，模仿品的受害损失推定在每年 10 亿日元左右，最近其受害范围不仅仅在中国国内，随着侵权产品输出到世界各国，受害程度也随之呈扩大趋势。采取应对模仿品措施，是独占式知识产权管理的重要因素。

世界金融危机之后，在发达国家市场逐渐走向低迷时，包括中国市场在内的新兴国家市场，因其高速的经济成长所带来的腾高的市场需求备受关注。特别是在汽车市场，跟四轮汽车一样，二轮摩托车市场的扩大也引起了广泛关注。其中，占世界市场份额首位的本田也积极参与挺进新兴国市场，从其公布的方针来看❶，本田在世界范围的年销售量要从现在的 1500 万台扩大到 10 年后 2020 年的 2500 万台，并致力逐步增强海外工厂的生产能力。之后 2010 年 3 月 9 日，本田决定在印度建设摩托车第二工厂❷。本田期待用支撑企业收益的摩托车事业的成长来夯实企业的经营基础。

摩托车市场在对新兴国家投资中起着重要作用，本田在中国市场投资的历史，就是从 1981 年跟当时中国的国有企业嘉陵工业公司的技术合作开始的。嘉陵工业之后受到本田的技术支援，从 1982 年开始进行 CJ50 的市场销售。之后，本田又跟上海易初摩托车有限公司、洛阳北方易初摩托车有限公司、五洋本田摩托车有限公司合作，进一步拓展了中国的摩托车市场。之后，随着 20

---

❶ 参照「産業新聞」2009 年 11 月 21 日报道。
❷ 参照本田的印度当地法人的媒体发布（当地时间 2010 年 3 月 9 日）。

第五章　以技术垄断和参与壁垒为
目的的独占式知识产权管理

世纪 90 年代中国摩托车市场的急剧成长，本田摩托也开始了在东部沿海等经济发达地带的制造销售，直到 90 年代中期，销售数量都在大幅增长。之后，1994 年中国政府发表了到 2001 年止要重点扶持 10 家年产量在 100 万台以上的摩托车企业的政策（新汽车工业产业政策）❶，受此影响，一些以合作方式成长起来的零部件制造企业以及组装企业都顿时不得不急剧扩大生产，导致一些正规部件的仿制品大量涌入市场，伪劣产品泛滥。到了 90 年代后期，以私营企业为主的很多当地企业都纷纷参与了摩托车制造，本田的基本模型被复制改造并销售，很多当地企业制造的假冒本田甚至在市场上泛滥。中国的摩托车产量从 1990 年的 100 万台发展到 1995 年的 500 万台，进而发展到 2000 年的 1000 万台，10 年间增长了 10 倍，但是这些爆发式增长当中，有很多是复制品。在这期间，本田传授给合作企业的生产技术秘密，很快流失到了当地企业，不少企业都生产了跟本田摩托完全相同的仿造产品。仿造品之中当然很多都是性能粗劣，而有些企业甚至连目录和说明书都完全复制。但这些仿造品的销售价格大约只是正规本田的 1/4 到 1/3。不管性能质量如何，在这样的价格下，本田根本无法跟它们竞争❷。

在知识产权保护制度不完善，执法不严格的情况下，如果具有以低成本制造模仿品的技术能力以及物流和市场销售能力，模仿品问题就会泛滥。到 20 世纪 90 年代中期为止，中国的模仿品问题十分严重，可以说就是因为上述条件都具备了。

本田在 2001 年设立了知识产权部，并巩固其知识产权战略的基础，不仅专利和外观设计，包括在世界范围内对本田品牌实施调查的全球化管理等与企业战略密切相关的业务，都由知识产权部来负责❸，但是 2001 年的时候，正是中国市场成长停滞的时期。由于中国国内的产品滞销，摩托车仿造厂商纷纷开始将产品出口国外。结果仿制品大量流入了越南、菲律宾、印度尼西亚等东南亚国家。作为对策，本田在 2002～2003 年开始针对知识产权侵权，特别是外观设计侵权在当地提起诉讼，并依据胜诉的事实开始向中国厂商以及政府施压。而中国的厂商也采取了相应对策，即开始将模仿品出口至本田的知识产权效力范围之外以及法制环境不健全的非洲以及中亚、乌拉圭等地。这样一来，除了要加强在当地的权利行使之外，还要注重在中国本土对模仿品的制造和出

---

❶ 参照中国新华社 2001 年 6 月 26 日 "中国汽车工业第 10 个五年计划"。

❷ 参照：特許庁（2004）「模倣品被害の経済影響に関する分析調査報告書」平成 16 年 2 月。另外，根据 JETRO 北京·中国日本商会 2005 年所作的假冒商品受害问卷调查报告『第 3 回中国模倣被害実態アンケート調査報告』，27.4% 的受调查日本企业都曾遭遇过假冒商品的侵害。

❸ 参照 2010 年 3 月 16 日久慈直登氏在知识产权协会 R–14 研修会上的演讲。

口采取限制措施，因此有必要在中国国内提起诉讼。这时，就有必要与中国的中央政府以及地方政府沟通，以在细节上采取必要应对措施。

本田通过周到缜密的权利行使，最终取得了看得见的现实成果。本田在中国的市场份额鼎盛时期曾达到70%，但由于仿制品的泛滥，市场份额曾一度骤降，而经过其彻底的权利行使，市场份额大幅回升❶。现在，摩托车市场的中心不是中国，已经转移到了东南亚等新兴国家。东南亚各国市场的行政责任人，还时常会出现对产品技术尚不精通，因而无法判断专利要件的问题。在越南以及印度出现这种情况时，本田往往不会将问题搁置，而是将企业的意见及时传递过去，帮助当地的责任作出准确判断。像这种积极应对仿制品的管理方式，可以说是在新兴国家成功打开产品市场的关键。

■ 中小企业"亮点技术"的知识产权保护

自动编织机：岛精机；电镀图像技术：TEFCO 青森

2011年3月发生了东日本大地震，东北地区很多企业受灾严重。该地区的GDP总额虽已超过20兆日元，但只占日本全国GDP的6%，跟阪神大地震时灾区占全国12.1%的GDP比重相比还是小很多。但是没有预想到的是，该地区的受灾不仅影响到日本国内，同时对全世界的汽车生产也造成了沉重打击。原本汽车生产的供应链范围是非常宽广的，但实际上也许连汽车制造商自身也没有意识到，其实汽车的一些基础零部件都集中由东北地区的几个少数企业来供应。这同时佐证了该地区的制造技术之高。

但是该地区的专利申请量并不是很多。受灾的三个县的发明专利申请量和发明人的数量，最近都在呈下降趋势，其中发明专利申请量只占全国的0.5%，发明人的数量只占全国的1%左右❷。占全国的比例并没有下降，这可能是因为发明专利申请量的减少是受到全国的金融危机的影响。同样，有数据表明外观设计专利的申请量也大致呈下降或持平趋势。只有商标的申请量呈增长趋势，约占全国的1%。该地区的商标申请量跟全国平均水平相比也呈增长趋势，由此可见，东北受灾的三县的知识产权活动，虽然经历了经济危机的冲击，但一定比例的研究开发和专利申请仍在持续进行，从商标注册申请的增长情况来看，可以发现该地区不是作承包或代理，而是志在以自主品牌创业。另外，从专利申请数量的数据来看，可以推测出该地区竞争力的源泉大多是技术

---

❶ 参照：久慈直登（2003）「ホンダの知的財産戦略——中国対応について-」『産業振興』第3号，pp. 18－21。

❷ 根据笔者对日本东北地区受灾三县 2008～2010 年的专利申请状况调查。

第五章 以技术垄断和参与壁垒为目的的独占式知识产权管理

秘密。对全世界的汽车生产造成影响的零部件制造技术,在该地区并不是体现在专利技术上,而很可能是以技术秘密的形式存在。

对很多日本的中小制造企业来说,对知识产权进行专利申请其实是很麻烦的事情。专利说明书的制作需要很高的专业知识,申请手续十分繁杂,而且要向专利代理人支付代理费及手续费。即使实现了权利化,每年还要缴纳专利维持费用。而且如果只在日本国内申请不在国外申请,就等于放任国外可以自由实施自己的专利技术。但是如果在国外也进行专利申请,则需要上千万日元的支出。对于一般的中小企业来说,这些看得见的成本会成为企业的负担,可以说企业很难取得与之相应的收益。

但是有不少在利基市场中开展全球化战略的中等规模的企业,它们重视专利战略并在国外也积极申请专利。和歌山县的岛精机股份公司是1962年创业的自动编织机制造企业。该企业的规模为资本金1485980万日元(2011年),从业人员1191名,2011年3月的销售额为372亿日元,该企业生产的自动编织机销往世界90个国家和地区,占全球市场的80%。营业利润率也很高,长期保持在20%以上。在自动编织机的世界里成长为全球化企业的岛精机,其发展的原点是始于1995年的无缝线帽编织机❶。以独家技术为根基而发展壮大的岛精机,每年进行专利申请,在日本已持有专利总计1200件以上。同时在欧美以及亚洲主要国家也积极进行权利化,它的专利权已经扩展到世界范围。岛精机进行专利申请的目的在于防止模仿,以及追求对技术的独占。同时为了保全技术秘密,高达75%的产品部件都是在企业内部制造完成,这是该公司所采取的提高市场进入壁垒的战略。

同样,青森县弘前市的TEFCO青森公司在独自开发的电镀图像技术上取得了成功,并以此在世界范围内取得了专利权,该公司是通过专利权和管理严格的技术秘密尝试实现技术独占的中小企业。尝试的结果,该公司已经成长为在模拟式手表表盘时刻表示的全球利基市场中具有压倒性竞争优势的著名企业。甚至有这样一种说法,在表盘时刻的世界里,不知道该公司的设计者不是真正的设计者。而该公司仅仅创业于1988年,该公司确立了用电气分解成形的电镀图像技术来制造手表表盘的制造方法,其所申请的两件与"电镀图像的制造方法"有关的专利,为后来事业的发展奠定了基础。据称,该公司在专利申请之前商业机会曾很少,经历过生死存亡的危机,在专利申请之后才开始迎来真正的商机❷。但是制造技术的发明很容易被模仿,为了防止模仿,该公

---

❶ 参照岛精机主页(http://www.shimaseki.co.jp/)。
❷ 参照笔者对该公司中山会长的采访(2011年8月24日)。

司又极力申请了产品的发明。发明所要解决的课题，都是以客户设计师的真实意见为基础，因此很少有没有被实际使用的发明。如果某技术被认为秘密性很高，则不对其申请专利而采取秘密保护。现在，该公司产品的95%面向10个国家或地区进行输出，在中国的大陆和台湾地区出现了仿制问题，这时根据已申请的专利据说在这些地区已经取得了侵权诉讼胜诉。因此该公司重视海外的专利申请，在日本申请完专利之后，利用国际优先权制度，在一年之内又在美国、中国（包括香港、台湾地区）、韩国、德国、瑞士等国家或地区申请了专利。

但是对于匮乏经营资源的中小企业来说，要在知识产权上实现对技术的独占，其障碍不少。特别是卷入跟大企业的长期侵权诉讼纠纷时，由于资金等问题，即使诉讼本身有取胜的把握，但是维持诉讼本身却很艰难。2011年获得直木奖的作品《下町火箭》就描述了一个以高科技为支撑的中小企业的成长故事，该作品通过描述中小企业在成长过程中所遭遇的来自大企业的各种专利攻击，从而揭示了在中小企业和大企业之间围绕专利纠纷的各种紧张关系。作品中主角所在的中小企业由于缺乏专利战略，其产品的周边专利被大企业注册之后，遭受了来自大企业的专利侵权诉讼。大企业提起诉讼的目的是获取该中小企业的专利资源，该中小企业虽然可以胜诉，但由于一旦卷入与大企业的诉讼纠纷，银行方面就会停止融资，使其陷入财政危机。该企业后来通过仔细分析自己的专利，发现侵害专利权的不是自己而是对方，通过反诉使自己摆脱侵权危机，面对曾经提出要收买自家企业专利的大公司，最终成功地让对方签署了专利实施许可协议。这种围绕专利侵权纠纷的故事，其实在现实的中小企业中很常见。像这种对知识产权诉讼与交涉的应对能力，在大企业和中小企业之间还存在不小的差距。

金工模型及图纸对中小企业来说是重要的知识产权，经由委托加工企业面向亚洲各国的技术流失在过去曾是一个大问题。一些中小企业为了降低交易成本，出于客户的要求，虽不情愿但还是将详细的金工图纸泄露给了亚洲的制造企业，由此而遭受了重大损失。鉴于此，2005年在政府主导的知识产权推进计划中增加了"为了应对来自大企业的知识产权侵害，完善对中小企业知识产权的保护制度"的表述，对中小企业有关知识产权的支援政策开始实施❶。

---

❶ 被称为"知识产权避风港（知財駆け込み寺）"的中小企业知识产权普及启发事业于平成18年开始实施。该事业的主旨在于："中小企业的知识产权意识已经不断提高，但由于其经营基础脆弱，加上知识产权代理人等专家都集中在大都市以及信息不足，在知识产权创造、活用和保护方面都存在各种各样的困难和障碍。为此，在平成18年7月全国工商会议所或商工会开始实施'知识产权避风港'制度，旨在发挥其窗口作用，通过向中小企业家提供公共支援以及专家咨询等服务来支援中小企业的知识产权运用。"

对中小企业来说，要实现通过知识产权对技术的独占，需要同时借助技术秘密等对知识资源进行周到管理[1]。

像这样通过对包括技术秘密在内的知识财产的活用来独占技术市场，有不少企业在全球利基市场中都占据70%以上的份额。这些拥有优秀知识产权的顶尖利基企业支撑着整个日本产业，这样说也并不过分。这些顶尖利基企业现在也依旧维持着其竞争力，从这一点来看，对包括技术秘密在内的知识产权管理，即以申请、保密和公开这三要素为基础的知识产权管理确实发挥了作用。但是，随着全球化的不断推进，加之日元升值、电力供应不足等原因，企业不得不扩大在海外的生产，这势必导致技术流失的风险进一步提高。可以说支撑日本产业的根基部分的知识产权正在受到威胁，今后有必要采取应对措施。

■ 利用独特制度的医药品的知识产权管理

制造销售后发医药品：东和药品、泽井制药；应对强制实施权：Abbot

在医药品领域，能否利用基于专利的独占式管理来实现技术垄断将决定事业能否取得成功。可以说能否通过创新来获取收益将取决于专利。因此，在医药品领域所采取的知识产权管理，是一种与医药品的生命圈所固有特征相对应的，贯穿从权利化开始到权利期满整个过程的谨慎且严密的管理。除此之外，最近在与医药品领域近似的生命科学领域中，一些被认为是超越了传统专利制度保护范围的权利也逐渐受到挑战。基于上述两个特征，在医药品以及生命科学领域中，无论是大企业还是中小企业，很多都实施了该领域独特的专利战略。

医药品的生命周期或管理是指，以贯穿医药品生命圈全过程的总销售额的最大化为目标，所确立并实施的战略方案。由于医药品在形成商品之前往往还要历经长期的研发过程，所以如果过早地进行专利申请，则会导致其生命圈萎缩。所以有必要慎重考虑，在研发过程的什么阶段进行专利申请。专利的有效期限，是从申请之日起的20年期间[2]，但是出于安全性等考虑，在须依法进行批准等手续的情况下，可以对专利保护期间申请延长5年[3]。对于医药品的专利，由于根据药事法的规定必须进行一定时间的临床试验，因此可以适用上述延长专利保护期限的规定。这种事例在其他领域几乎是看不到的，因此可以说对这种制度的活用是医药品领域中的知识产权管理的特征。

对医药品的专利授权，往往跟国家的医药政策深切相关，因此各国之间制

---

[1] 特許庁（2007）「中小・ベンチャー企業知的財産戦略マニュアル2006」。

[2] 日本专利法第67条第1项。

[3] 日本专利法第67条第2项。

度上的差异并不鲜见。对维持医药品独占地位起重要作用的物质专利，很多发达国家都给予了广泛认可，但印度直至2005年都没有认可该类专利。即使是现在，在印度仍很难取得结晶专利和用途专利❶。在巴西，除了国家专利局（Instituto Nacional da Propriedade Industrial（为葡萄牙语缩写，INPI。——译者注））的审查，国家卫生监督局（Agencia Nacional Devigilancla Sanitaria, ANVISA）在对新药的安全性进行审查的同时，还会对产品的独自开发性等专利资格进行再次审查❷。在日本和美国，医药品管理部门为了防止医药品生产的专利侵权问题，设立了专利药品链接制度（Patent Linkage），而欧洲则没有这种制度。这种国与国之间的制度差异还有很多。这就要求医药品企业的知识产权部门正确把握各国之间有关药品专利制度的差异，从而对专利申请或权利化等进行适当有效的管理。

同时，就"医疗方法能否受专利保护"这一问题，长期以来一直备受争议，这一问题在不同国家也有不同的规定。关于医疗方法的专利，从促进先端医疗领域的研发和产业振兴的角度来看，应当扩大其专利保护的范围，但是考虑到如果医疗行为也因专利权被列为禁止实施的对象，则公众接受医疗的权利将会被限制，从而带来医疗伦理、医疗费用过高等问题，因此反对意见也很强烈。美国在50年前就认可了医疗行为的专利权，而在日本，针对人体的治疗方法因不具备"产业利用可能性"❸，所以不能被授予专利。但是日本认可医药品以及医疗设备等产品发明，因此，就同一医疗方法的发明，如果分别在日本和美国申请专利，对权利要求的书写有着不同的要求，这一点应当引起注意。特别是PCT申请进入各国国内审查阶段时，对医疗方法发明的修正将变得复杂。比如向美国申请专利时，就有必要将原来的医疗产品发明的权利要求改写为治疗方法发明的权利要求，并且对产品发明和方法发明同时提出申请。

医药品的原材料以及制造成本并不是很高，其销售价格的大部分都是用来补偿专利许可费用。因此一旦专利期满以后，研发企业之外的其他生产商就会低价制造销售同样的药品。这种药品被称为后发医药品（Generic Drug）。后发医药品在欧美的普及率达60%以上。在日本，比如东和药品以及泽井制药等专业厂家也在生产销售后发医药品，但平成21年（2009年）9月当时的后发

---

❶ 印度专利法第3条（D）规定对于"仅仅是现有物质的新形态或者仅仅是用途的新发现等"，原则上不授予专利。

❷ 在已经通过专利局审查的1600件专利申请中，有145件被ANVISA驳回。这是因为ANVISA不仅对安全性进行审查，同时对产品的独自开发性等专利要件有着比专利局更为严格的审查标准。关于该制度，有将ANVISA的权限限制为仅进行安全性审查的改革倾向（参照2011年1月25日的《圣保罗报》）。

❸ 日本专利法第29条第1项。

医药品的市场总份额仅占 20.2%，跟欧美比起来还落后很多。后发医药品的普及，对于减轻患者负担、改善医疗保险财政等具有积极贡献，因此日本厚生劳动省在积极推进后发医药品的普及工作❶。

这种后发医药品的贩卖普及，跟专利的保护期间有着密切关系。对物质专利以外的用途发明以及用法、用量发明等的保护越强大，后发医药品的销售则越会被推迟。因此在确保新药开发积极性的同时，为了促进后发医药品的普及，需要一种能兼顾两者平衡的专利法制度。比如前述的专利保护期限延长制度，代表了先发制造商的利益，但对于后发医药品的厂商来说，则不是它们所希望的制度。美国在允许延长专利有效期限的同时，还设立了通过简易新药许可申告而获取医药销售许可的制度（Abbreviated New Drug Application，ANDA），这一制度是对后发医药品制造商的一种利益平衡❷。

即使是在专利有效期内，由于专利原因，一些重大疾病治疗药的价格过高，致使一般国民无法承担费用，这一点特别是在发展中国家已经成为一大问题。有一种观点认为，是为了支付专利对价，导致一些本来可以获救的患者却无法接受治疗。这样的问题虽然并不是医疗界仅有的，但是在国家专利制度的干预下，与生命相关的问题在医药品领域有被人为放大的倾向。在南非以及巴西、泰国等地，要求医药品厂商降价以及导入专利强制许可制度的呼声越来越高。实际上在 2007 年，泰国保健省就已经发表了对 Abbott 等的 HIV/Aids 治疗药的专利强制实施许可。对此，虽然泰国各大制药厂商纷纷表示反对，但 2007 年 4 月 Abbott 最终还是实施了降价，该公司针对发展中国家的低收入层患者，以平均每人一年不超过 1000 美元的价格进行销售。

技术的独占即使在法律上可行，但也会受到来自市场以及舆论的各种影响。对企业来说，就必须在考虑到这些影响的同时，来实施确切的独占式知识产权管理。

■ 对生物知识产权保护的尝试

Bacteria：General Electric，哈佛鼠：Du Pont，遗传基因解析：Incyte，Celera Genomics

关于微生物、植物、动物可否成为专利保护的对象，也有不少争论。美国

---

❶ 厚生労働省「後発医薬品（ジェネリック医薬品）の使用促進について」（http://www.mhlw.go.jp/bunya/iryou/kouhatu-iyaku/）。

❷ Orrin G. Hatch 上院议员和 Henry Waxman 上院议员 1984 的公报第 98-417，通称 Hatch·Waxman 法。

在 1930 年认可了植物专利，认为即使是自然界的产物也跟人工产品一样可以被授予专利。进而 1980 年 6 月美国最高法院判决 GE（General Electric）公司分解石油的细菌具有可专利性❶。根据此判决，在美国可以对生物申请专利，这极大拓宽了生命科学领域专利战略的空间。1983 年从患者脾脏组织中提取的细胞株被申请专利，1984 年该专利获得许可。该专利作为白血病治疗的一个环节，利用了从患者的脾脏中提取的物质，而之后因从患者身上提取细胞以及专利取得的非法性，主治医生和加利福尼亚大学被提起了诉讼。加利福尼亚州最高法院在判决中，采纳了该案中细胞的商业价值没有被充分说明的意见，从而否认了细胞株的可专利性。

但是在这之后，有关高等动物的专利申请仍不断被提起。导入癌遗传基因的转基因鼠 TransGenic Mouse［以下称哈佛鼠（Harvard Mouse）］❷ 在 1984 年被申请专利，并于 1988 年得到注册。关于这个专利，由于是对高等动物赋予专利，宗教团体等就伦理上的问题表达了反对意见，1987 年美国下院举行了听证会，并提出了禁止对动物赋予专利的相关法案。考虑到这些反对意见，直到 1992 年美国专利商标局都没有再赋予动物专利，但过了这段时期以后，又重新认可了动物专利❸。

而欧洲专利局，1989 年曾驳回了此专利申请，但在 1991 年的复审程序中授予了专利权。之后，由于宗教团体提出了异议申请，该专利被重新审查，结果在 10 年后的 2001 年，该专利虽然得到承认，但其权利范围被限定在哺乳类到啮齿类之间。欧洲在 1998 年通过了与生物科技发明的法律保护有关的指令（98/44/EC）（生物指令），但由于在该指令的审议过程中荷兰政府以侵犯人的尊严等基本人权为由提出了反对意见等诸多意见，有关动物专利的问题都被谨慎处理。

上述 Harvard Mouse 动物专利由美国的化学企业 Dupont 独占实施。有关跟 Dupont 的独占许可协议，也有很多来自其他企业的许可申请，美国国立卫生研究所（National Institute of Health，NIH）在其中斡旋。结果是，NIH 可以在研究中无偿使用 Harvard Mouse，而对其他非营利研究机构可以通过一般的 MTA 进行技术转移，对营利企业则需签署有偿许可协议。

之后，虽然保守派的反对声音持续不断，但在生命科学领域从事研究的美

---

❶ *Diamond v. Chakrabarty*, 447 U. S. 303 (1980).

❷ 人为地对拥有多分子能的胚性干细胞导入外来遗传因子的实验鼠称为哈佛鼠（Harvard Onco-Mouse）。

❸ 有关生命科学的专利事例和大学之间的关系参照：上山隆大（2010）『アカデミックキャピタリズムを超えて』（NTT 出版）。

国大学、研究机构以及企业，仍不断对生物专利提起新的挑战。而且，其挑战还涉及了人类遗传基因。曾参加遗传基因国际研究的 NIH，在 1991 年之后对近 3000 个 cDNA 的片段组合 EST（Expressed Sequence Tag）先后申请了专利。当时的中心人物是曾任纽约州立大学布法罗分校教授，从 1984 年开始在 NIH 用 EST 从事研究的 Graig Venter 博士。但是对于这些遗传基因排列的片段，还没有弄清楚其遗传因子是如何具体工作的。由于美国专利商标局认为，"对自然界中存在的遗传因子以及核酸序列的解明，只是发现，而不属于发明"，因而 NIH 也放弃了该专利申请。但在这之后的 1996 年，Incyte Pharmaceutical 针对人的激酶类绿素的 EST 进行了专利申请，该与 44 个核酸序列有关的发明，在 1998 年被美国专利商标局授予了专利[1]。该专利在申请时，虽然也并没有明确核酸序列的具体功能，但该专利被认可的原因是由于通过计算机检索可以推断出类似的 DNA 序列的功能。在这之后，类似这种进行了功能推定的 EST 相关发明，被很多生物科技风险公司申请了专利。

从 NIH 退休的 Graig Venter 通过 Perkin Elmer 的出资，在 1998 年创立了 Celera Genomics 公司并担任首任会长。1999 年，在一个被称为人类基因工程（Human Genome Project）的公共项目由各国研究者共同推进的同时，Celera 公司汇聚了最新锐的设备，以作为基因工程的成果而被公开的数据为基础，有效地推进着基因解读工作。通过基因解读，然后申请专利并实现商业化是最终目的。Celera 公司于 2000 年 6 月宣布完成解读。从 1998 年，日美欧三大专利局开始就与 DNA 片段的可专利性有关的审查标准进行共同研究，结果确认了未能明确其功能以及有用性的 DNA 片段不能成为专利权的客体；但相反，在指明其独特用途的情况下，则可以成为专利权授予的对象。2000 年，该方针确认了即使是全长遗传因子，如果没有明确开示其对疾病的诊断以及治疗的贡献，就不能被授予专利。

基于仅有氨基酸序列还不能被授予专利的大背景，Celera 公司开始将研究重点转移到利用解明的遗传信息来明确其跟具体药效之间的关系的研究上。2000 年 3 月，美国总统克林顿和英国首相布莱尔纷纷提倡有必要使人们可以自由地获取与遗传基因有关的数据，因此要求 Celera 公司公开其数据。结果，Celera 公司答应同意公开已经解明的数据，并于 2001 年 2 月跟国际团队同时分别在 Nature 杂志（国际团队）和 Science 杂志（Celera）上公开。

从上述事例中可以看出，生命科学领域的美国风险企业，为了获得对技术的独占，在不断对专利保护的极限进行着挑战和尝试。然而，对于资金上处于

---

[1] 专利号为 US5817479。

劣势的组织，靠自己的力量如果无法实现技术独占，为了防止竞争对手对技术的独占，则应当选择将技术早公开。从这样的观点来看，日本的 HELIX 研究所❶在自己完成专利申请之后立刻将已解明的数据公开这一做法值得回味。这就是一种为了对抗竞争对手的技术独占而选择的技术公开管理战略。

■ 以方法专利尝试对下游技术的独占

与电子激光有关的发明：杜克大学 John Madey 教授

Research Tools 专利：Housey Pharmaceuticals、AntiCanser、滨松医科大学、美国国立卫生研究所

发明可以分为产品发明和方法发明两类。某某成分的新物质或者某某新型机械等都属于产品发明。而使用某某新手段的制造方法或者新的测定方法等方法发明也被广泛认可。其中，"研究方法"现在也被认为具有可专利性。既然专利局赋予了专利，就可以以一定的方式来行使该权利。换句话说，研究方法被授予专利，就意味着没有该专利实施权的研究者如果实施了该研究方法专利，就有可能因侵犯专利权而被起诉要求停止侵权。如果真的发生了这样的事态，研究活动将无法继续进行，或者对研究成果的使用将被限制，而专利权人则可以获得独占下游产品或服务的机会。近年，特别是在生物相关领域，这种对研究方法的专利申请呈不断增长趋势❷。但是，专利制度在立法当初有没有预想到这种专利申请，对此还存有不同看法。特别是大学等学术研究机构以及接受大学技术转移的生物领域的风险企业是否可以行使研究方法专利的专利权，对于这一问题，国内外有不少争论。

在美国就曾发生过与学术研究方法专利有关的侵权纠纷，当事人为杜克大学的激光研究学者 John Madey 教授。Madey 教授在职期间，在大学的研究室里设置了一部实施了其专利（与电子激光有关的发明）的机器。Madey 教授退休之后，由于大学还在继续使用那部机器，于是 Madey 教授对大学提起了侵权诉讼，要求大学停止侵权。而大学称自己是非营利机构，其对于电子激光专利的使用属于专利权例外的"为试验而使用"。在美国联邦巡回上诉法院（United States Court of Appeals for the Federal Circuit，CAFC）❸二审中，法院认为杜克

---

❶ 作为6年期限项目1996年开始成立的官民出资的生物科技企业。由当时的通商产业省和山之内制药、中外制药、藤泽药品工业等以制药企业为中心的10家企业出资设立，进行了人类完全长 cDNA 工程的解析工作。

❷ 田坂一郎，隅藏康一，渡部俊也（2006）「バイオ産業における方法特許の役割」日本知财学会第4回年次学術研究発表会予稿集。

❸ 对全美专利权侵害以及与专利有效性有关的控诉事件进行专门审理的法院。

大学的行为不属于专利权例外的"为试验而使用"的行为（杜克大学后来向联邦最高法院申请了再审，2003年6月，最高法院驳回了杜克大学的再审请求）。一般与研究方法有关的专利，比如显微镜等观察方法，通常作为显微镜的一部分因销售而进入流通领域，购买了上述显微镜的研究者，不会被诉专利侵权。从这个意义上来看，杜克大学事件可以说是一个例外。

但是生命科学领域，研究人员并不是利用从市场购买的试验装置，而往往是自己调整所需的试验材料或方法，其对象包括试验用动植物、细胞株、单克隆抗体、筛选方法等，如果这些材料或方法涉及专利权，则会对研究活动带来很大影响。特别是与遗传基因有关的研究工具（Research Tools）等实用性高且代替性低的上游技术，如果被授予专利对其利用受到专利权限制，后续研究或者下游技术领域的研究开发将受到制约。关于研究工具专利，该专利的权利许可范围，不仅包括利用该专利获得的有关技术发明的研究成果，甚至也包括将来有可能获得而尚未获得的研究成果，作为对研究工具提供者的利益回报，已经出现了一种预先设定研究成果的专利权归属以及专利实施许可费的所谓延展性（Reach-Through）专利许可协议。在美国，曾出现过有关筛选方法专利的延展性许可协议，法院判被告需支付1800万美元许可费的判决❶。最近，美国生物科技企业Housey Pharmaceuticals公司在美国取得了与动物细胞研究相关研究工具专利，并且对全球的制药公司提出签署专利许可协议的要求，对于拒绝签署的企业甚至提起专利侵权诉讼。Housey Pharmaceuticals公司是由哥伦比亚大学医学博士Gerard M. Housey以自己的发明为基础创立的风险企业，他曾在数家研究机构任职，有着丰富研究经验，现在为该公司老板兼CTO（首席技术官）。该公司试图以研究成果为基础来获取收益，其做法被认为是试图收取延展性许可协议费。但是Housey Pharmaceuticals公司的专利申请，在日本被驳回，美国的CAFC也作出了专利无效的判决❷。

日本也出现过与研究工具有关的专利诉讼❸。诉讼中，拥有癌细胞转移实验鼠日本专利的美国生物风险企业AntiCancer公司，对日本滨松医科大学等被告提起了停止使用研究用实验鼠的诉讼请求（滨松医科大学事件❹）。判决认为被告对实验鼠的使用并非专利侵权，但是以美国企业为核心，正在尝试进行

---

❶ Sibia Neurosciences Inc. v. CadusPharamceutical Inc.

❷ Bayer AG v. Housey Pharmaceuticals.

❸ 東京高裁平成14年（ネ）第675号。

❹ AntiCancer公司1997年取得了与除人脑之外的器官的肿伤组织块被移植的模型动物有关的专利（专利第2664261号），由于滨松医科大学所使用的实验动物落在该专利的权利范围之内，专利权人对滨松医科大学以及武田制药等3家制药公司提起了停止相关侵权的诉讼。

对下游的研究开发进行独占。

但在日本专利法中，第 69 条规定了对专利权效力范围的限制，其第 1 项规定，"以试验或者研究为目的的实施行为，不在专利权的效力范围之内"[1]。由于还没有出现与该范围有关的具体判例，可以说不存在对该项的确定解释，由于规定了"试验和研究属于例外"，所以一般人将其解释为学术研究在专利权的效力范围之外。但是，上述法条中的试验研究范围，作为通说，被专家作了非常局限性的解释。即"试验或者研究"的例外，仅仅指以专利发明其本身的"技术进步"为目的而进行的试验或者研究。比如对发明专利所进行的专利性调查、专利的功能性调查、以该专利的改良和发展为目的而进行的试验等，才属于以技术进步为目的的试验或研究[2]。换句话说，在上述之外的其他特定目的下，进行的实施了他人专利方法的研究活动，将落入他人的专利权保护范围之内，进而形成侵权。之前所介绍的利用研究工具的研究目的，往往并不是为了研究工具其发明自身的技术进步（比如为了确认专利说明书中所记载的功能，而使用相关遗传基因发明专利），因此将不能使用专利法第 69 条第 1 项的例外规定。由此，在日本专利法的框架下，基于研究工具专利实现对下游技术的独占也是很有可能的。

从其他的角度，就大学等非营利机构实施研究工具专利的问题也有着各种讨论。一种观点认为，大学没有进行商业活动，因而不应成为停止侵权请求的对象。在经常发生研究工具侵权事件的美国，并没有类似日本专利法第 69 条一样的明文规定。但是"试验使用的例外"，可以追溯到 19 世纪初期普通法对该例外的适用[3]。但是，普通法中对"试验使用的例外"有着非常局限的解释，CAFC 的判决将其解释为"以娱乐为目的，或者单纯以满足好奇心为目的，或者为了哲学探求"，这样解释的话，其实质上跟日本专利法第 69 条相比并无大的变化。根据近藤、长冈等人所作的关于欧美大学等的应对调查报告[4]，美国的大学在前述杜克大学事件发生之前，并没有意识到研究方法专利的问题，该事件发生之后，由于被要求签署使用许可协议，甚至发生过研究活

---

[1] 关于该条，1959 年法律修改时将专利权的效力范围限定在了"作为业务"的实施范围内（第 68 条）。

[2] 染野啓子（1988）「試験・研究における特許発明の実施（I）」『AIPPI』Vol. 33，No. 3。

[3] 在 1813 年的 Wittemore 对 Cutter 事件中，判决认为"以哲学性试验以及确认专利发明效果为目的所进行的对专利产品的制造行为进行处罚"并不妥当。

[4] 近藤正幸，長岡貞男，大和淳「特許権の効力の及ばない「試験又は研究」を考慮した円滑な研究開発方策に関する調査研究報告書」平成 16 年 21 世紀型産学官連携手法の構築に係るモデルプログラム事業。

动被迫终止的事件。报告显示，相关研究工具专利被注册之前进行遗传基因测试研究的机构当中，有30%放弃了其研究。为了应对这种事态，一种做法是，比如在持有研究工具专利的私立大学向企业设定专有实施许可时，可以考虑在许可协议中附加允许非营利机构使用该专利的条款。从这样的观点来看，即使是在学术性研究中，也会成为专利权独占的对象。

但是，基于不希望研究方法的普及因专利权的存在而受到制约的观点，美国生物研究领域最大的研究资金供给机构美国国立卫生研究所（NIH）对研究资金获得者发布了所谓研究工具指南，以促进用NIH的研究资金开发出来的研究工具的普及[1]。NIH除了将其自身开发的专利全部无偿许可给学术研究之外，还对研究工具采用了不进行专利化的方针。该方针对大学等学术性研究工具的专利化及其许可政策带来了一定影响。NIH的指南仅限于研究工具，另外，规定利用政府资金完成的研究成果的权利归属的美国拜杜法案，也在2000年作出了修改，即要求基于政府资金取得的发明成果不得阻碍未来的研究活动[2]。

在日本专利法中，没有因是否具有营利或非营利目的而区别对待他人对专利发明的实施。另外，日本专利法规定，专利权的效力范围仅限于"业务上"的实施，但一般认为，大学等的研究活动属于专利法中的"业务"行为。而且，考虑到最近大学所推行的"产学联合"，由于其科研技术成果将转移给企业，并从企业那里获取技术转移的对价，因此很难断定大学就一定是非营利机构。

在2004年11月的日本产业构造审议会知识产权政策分会专利制度小委员会的专利战略计划问题工作组报告书[3]中有这样的记载，"关于大学的研究活动，由于我国专利法对于实施他人专利的行为，没有因是否以营利为目的而作出区别对待，因此，专利实施者无论是企业（营利机构）还是大学（非营利机构），都不影响专利权的效力范围。到目前为止，由于对大学等非营利机构进行诉讼缺乏诉讼利益，所以现实中几乎没有因专利权侵害而对大学等提出诉讼的案例，但是今后随着产学官联合的不断深化，可以预料大学等将成为侵权诉讼的当事人，因此有必要正确理解专利法第69条第1项的例外规定"，指出大学的研究活动有可能成为诉讼的对象。

---

[1] 研究工具指南 Sharing Biomedical Research Sources 1999 的主旨在于：①确保学术自由和公开发表；②确保拜杜法案的正确实施；③使学术研究的管理性障碍最小化；④确保使用 NIH 资金开发的研究资源的普及。

[2] Technology Transfer Commercialization Act of 2000 by U. S. National Archives and Records Administration.

[3] 「特許発明の円滑な使用に係る諸問題について」pp. 36（该报告书内容可在专利局网站下载）。

以上述认识为背景，日本综合科学技术会议在参考美国 NIH 指南的基础上，为制定日本相关指南而展开了讨论，认为"不仅限于研究工具专利，包括大学等的其他知识产权，作为以政府资金为基础而获得的研发成果，对于其他大学等非营利机构，应通过免费实施许可，或者合理的实施许可，或者进行权利不行使保证等，来确保研发成果的自由实施，同时知识产权权利人即使是民间私营企业，也期望其为了确保大学等非营利机构的研究活动能够自由进行，而采取适当的应对措施"，可以看出，其影响力甚至试图扩大到民间私营企业❶。

对此，出于可能会损害民间私营企业研发热情的考虑，经济界出现了强烈的反对意见。由于项目组的讨论没有达成一致，继续深入研讨的结果是在不涉及民间企业和大学的共同研究方向上制定了相关指南❷。该《大学等以政府资金为基础而获得的知识产权对研究活动的授权许可指南》于 2006 年 5 月末在综合科学技术总会中获得了通过。由此，"大学等知识产权权利人，在其他大学以非营利研究为目的而请求非排他性专利实施许可时，不能禁止其研究活动的进行，而应该响应其请求给予专利实施许可"的方针得到了确认❸。

从上述经历来看，在现阶段，通过对研究方法的专利化来试图独占下游商机的做法，在一定程度上是可行的，因此可以作为一种有助于获取知识产权收益的管理方式，但同时也应看到，这种做法如果被视为试图支配大学以及公立研究机构的研究，就很可能会因阻碍创新而被规制。从这个意义上来看，它是一种具有一定风险的尝试。即便如此，对于亲自进行下游技术开发的企业来说，它也将是一种为限制竞争对手而作出的有效选择。

■ 对商业模式的独占

逆向拍卖的专利：Priceline 公司、微软、亚马逊

商业模式专利：Signature Financial Group、State Street Bank、戴尔

作为商业模式专利，由美国旅行公司 Priceline 开发的通过指定价格来购买机票的服务系统，即逆向拍卖的专利（US 5794207）被广为知晓。Priceline 公

---

❶ 知的財産戦略専門調査会「研究における特許使用円滑化に関するプロジェクトチーム」（可在 http：//www8.cao.go.jp/cstp/tyousakai/ip/imain.html 下载）。

❷ 作为下部组织，平成 18 年 1 月成立「研究における特許使用円滑化検討 WG」（参照 http：//www8.cao.go.jp/cstp/project/main.html#chiteki），进行了 3 次讨论。

❸ 渡部俊也（2006）「研究方法に関する特許権の行使」『オペレーションズ・リサーチ』第 51 卷第 8 号，pp. 28 - 32。

第五章　以技术垄断和参与壁垒为目的的独占式知识产权管理

司是由创立了多家企业并拥有数百件专利的 Jay Scott Walker[1] 在 1998 年创立的。该公司的逆向拍卖服务由于取得了商业模式专利，因此就同样的拍卖服务跟微软公司之间发生了侵权诉讼纠纷；与此同时，亚马逊公司就客户商品邮寄地址检索系统的专利问题，跟其他竞争对手之间也发生了侵权纠纷。原本在美国，主流观点认为商业方法不能成为专利权的保护对象。但是，Signature Financial Group 公司在 1991 年就与投资信托运营方法有关的商业模式申请了专利（被称为 Hub & Spoke 专利），并以专利权侵害为由对 State Street Bank 提起了诉讼，而 State Street Bank 一方认为上述专利由于是商业模式因此当属无效，但是美国联邦巡回上诉法院在 1998 年 7 月作出的判决[2]中认为，"不能因为属于商业方法就断定专利无效"，以此判决为契机，商业模式专利问题引起了广泛关注。

虽说如此，但事业方法以及营业方法本身也并不能成为专利的对象，仅仅是人为决定的抽象思想的话，则不属于"发明"，也不是专利权保护的对象。商业模式专利被认可的背景在于，受信息技术发达的影响，越来越多商业思想可以通过计算机以及网络来实现。相反，如果没有利用这些信息技术，商业方法则很难被认为是发明。从这个意义上来说，在广告、流通、金融等以往很少有专利被活用领域的企业，如今对通过利用计算机软件来实现的新商业方法开始申请专利，这无疑会引起人们对该商业方法专利的极大关注。从向日本特许厅提出的商业模式专利的申请情况来看，在 2000 年前后呈现急剧增加趋势。这个时期商业模式专利申请激增的背景在于，伴随着对商业模式的知识产权保护的期待，1999 年 11 月东京证券交易所开设了 Mothers（Market of the high-growth and emerging stocks），投资基金的一部分流向风险投资，接着 2000 年出现 IT 泡沫，致使商业模式专利成为投资的对象。

最近，日本商业模式专利的申请数量呈下降趋势。实质审查申请的数量也是在 2004~2007 年曾一度增加，但在 2008 年以后则转向减少（见图 5-4）[3]。从审查状况来看，在 2003~2006 年期间审查通过率大约维持在 8%，而 2007

---

[1] Jay Scott Walker 以自己创立的数字网络领域的研发企业 Walker Digital 公司的研发成果为基础，在其下又创立了 Walker Digital Management LLC、Walker Digital Gaming LLC、Walker Digital Table Systems LLC、Walker Digital Lottery LLC、Walker Digital Vending LLC 等多家企业。

[2] 1998 年 7 月在美国 State Street Bank 事件中，判决认为"不能因为属于商业方法就立刻否定其可专利性"。根据此判决以及之后 AT&T Crop. v. Excel Communications, Inc. 事件的判决，含有商业方法的方法发明，如果其可以产生"有用、具体、且有形"的结果，根据美国专利法第 101 条"新颖并且有用的方法、机械、生产物，或者组成物可以成为专利权保护的对象"的规定，可以认定其满足专利授予的条件。

[3] 根据日本特许厅资料做成。

年以后则呈上升趋势。日本特许厅称，审查通过率上升的原因在于，随着对该领域专利审查的推进，计算机软件以及商业相关领域的审查标准逐渐被申请人理解掌握，申请质量以及补正意见的质量都得到了大幅提高。虽说如此，但跟全体审查通过率（50%）相比，依然处在较低水平，因此该领域的专利绝不是轻易就能取得的。这种情况在美国也是同样，对商业模式专利的期待不容乐观。2008年10月，美国联邦巡回上诉法院作出了对商业方法的专利对象进行实质性限制的判决❶。

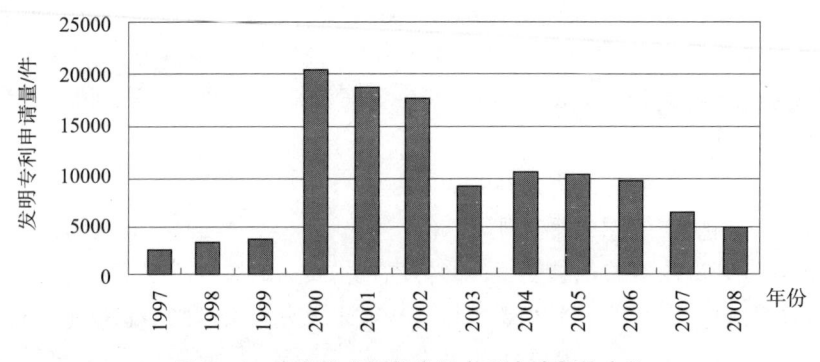

图 5-4　商业模式相关发明专利申请数的变化

对与商业模式有关的技术进行法律上的独占，虽然有种种限制，但在保有独特商业模式的情况下，可以利用该专利来阻止其他企业的市场参与。戴尔（Dell）可以说是计算机领域中一家积极应用商业模式专利的企业。戴尔的创业始于1984年，当时尚为得克萨斯大学学生的Michael Dell，利用手头的1000美元存款创立了计算机的网络销售公司。之后迅速发展壮大，到1999年其在全世界的销售额已经赶上了康柏公司。戴尔在170多个国家和地区进行着世界上最多的计算机销售活动。被视为戴尔成长的源泉的是该公司的供应链管理方式（Supply Chain Management）。戴尔公司最开始采用的是依据订单生产方式的直销体制。与一般的流通渠道不同，这种直接跟终端客户保持接触的经营构造，使公司无须在库存储商品，因而在技术更新频繁的PC领域拥有强大的竞争力。戴尔持有1000件以上专利，并对很多商业模式申请了专利。其独特的与订单生产方式有关的商业模式正在申请专利，大约涉及40件与商业模式专

---

❶ Bliski事件，是关于商品交易风险抵消方法的专利申请是否满足美国专利法第101条所规定的可专利要件而展开争论的案件。作为结论，判决对可专利要件增加了一些限制，即"包含商业方法的方法发明是否能成为专利保护的对象，要看其是否跟特定的机械或装置有关联，或者其是否能转换为特定物质"。

利有关的专利实施许可协议的签署❶。像这样，在专利的收益化方面，商业模式专利时而也会发挥重要作用。

从上述事例来看，依靠商业模式专利，从经营方法的创新中似乎也可以获取收益。虽说如此，对特定商业模式的实际运营能力，受人力资源、客户以及供应链等关系性资产和其他各种经营资源的影响很大，这无疑使通过专利来实现对商业模式的独占变得十分困难❷。另外，作为与商业模式有关的知识产权管理，如果志在依靠专利来实现市场独占，无疑会使企业卷入各种专利纠纷。从戴尔的事例中也可以看到，比如将商业模式专利应用于商业同盟战略，或者对与商业模式有关的商标进行组合等，应该重点考虑对商业模式专利的战略性应用。

■ 对知识产权诉讼的决策

专利侵权案件：AT&T、Xerox、Apple、Mirror World Technology、Kodak、Polaroid

在美国，对专利权有保护范围广、保护强度大的印象，这背后有一段蜿蜒曲折的发展历程。在19世纪的美国，专利的取得曾十分困难，但一旦取得专利，其价值就变得相当大。可是进入20世纪以后，对于以实现市场独占为目的的专利权取得和行使，政府的态度变得严厉。根据政府的方针，当时的AT&T以及Xerox，不得不公开其专利并对申请者授予实施许可。在从1953～1977年的专利侵权案件中，法院作出专利权有效判决的比例仅占30%❸。但是到了20世纪80年代以后，为了应对在制造业领域拥有强大竞争力的日本企业，政府实施了强化专利权保护的政策。作为其中一环，美国在1982年设立了CAFC。之后，专利权的有效判决率上升到了68%。

这其中，很多高额赔偿在美国被认可，甚至出现了超过10亿美元赔偿金的判决❹。在2010年，得克萨斯州联邦地方法院对苹果公司（Apple）侵犯Mirror World Technology公司专利权一案，也作出了总额62500万美元的高额赔偿判决。Mirror World Technology公司是计算机科学领域研究者耶鲁大学的David Gelernter教授在2001年创立的风险企业，2008年该公司以包括

---

❶ IBM新闻发布会上，披露了1999年3月5日跟戴尔电脑签署的160亿美元的技术合同。两者的合作涉及一系列包括戴尔公司的商业模式专利在内的交叉许可协议。

❷ 批判意见认为对与技术秘密相似的商业模式应该予以保密。

❸ Adam Jaffe and Josh Lemer（2004）．*Innovation and Its Discounts*，Princeton University Press.

❹ 20世纪90年代出现了Lytton和Honeywell围绕陀螺仪的案件1300亿日元、摩托罗拉和三菱围绕微处理器的案件约100亿日元等巨额赔偿案件。

Document Stream Operating System 技术在内的 4 件专利的侵权为由，将苹果公司告上了法庭。Document Stream 是一种对类似主题的多种不同文件根据时间序列对其进行整理排序的技术。判决以 1 件专利 20850 万美元来计算赔偿金，赔偿额在专利侵权诉讼历史上排第四位。

这样的赔偿金，企业一时必须支付的话，对于业绩的打击将大到无法计算。但是专利诉讼真正可怕的其实是停止侵权请求权的行使。企业的主打事业如果被认定为专利侵权，进而对方的停止侵权请求被认可的话，就不是赔偿那么简单了，其效果将导致事业无法继续存在。作为这种效果被广泛关注的一个案例，要数 Polaroid 与 Kodak 之间的专利侵权诉讼。柯达公司（Eastman Kodak）是世界上第一家销售胶卷和彩色胶片的制造商。针对开始新的快速成像相机制造销售事业的柯达，Polaroid 提起了专利侵权诉讼❶。对此，法院最终判定柯达向 Polaroid 支付 3 倍即超过 9 亿美元的损害赔偿金，除此之外，还下达了禁止柯达制造销售快速成像相机的命令❷。柯达由此被迫关闭了快速成像相机的制造工厂。之后，世界上的快速成像相机变成了 Polaroid 的独占市场。

日本企业也逐渐广泛认识到了这种围绕知识产权的诉讼给企业带来的巨大冲击力，特别是停止侵权请求所带来的杀伤力。专利侵权诉讼左右着企业的命运，特别是如果停止侵权请求权❸被认可的话，甚至可能给事业的存亡带来致命的威胁。特别是在美国的专利诉讼中，由于存在规定了必须向对方开示所有企业信息的证据开示制度（Discovery）❹以及证人讯问制度，因此美国专利诉讼具有成本高和时间长的特征。另外，在美国争端解决的舞台不仅限于法院，在以审理迅速为特征的国际贸易委员会（ITC）也可以进行争端解决。在日本的专利诉讼也需要不少成本，但美国的法院需要更高的诉讼费用。这些烦琐的高额诉讼手续对当事人的日常经营活动来说构成了重大障碍。

而且，在故意侵权的情况下还有 3 倍赔偿金制度，除此还要向律师支付高额费用。因此，相对金钱成本较低而且审理迅速的裁判外争端解决程序

---

❶ 该诉讼从 1976 年的初审判决到 1985 年的终审持续了约 10 年。

❷ 参照柯达公司主页（http://wwwjp.kodak.com/JP/ja/nav/learning/pictureTaking/filmDeveloping/filmMain.shtml）。

❸ 对于侵犯知识产权或者有可能侵犯知识产权的人，可以向法院请求令其停止侵权或者采取措施预防侵权行为的发生。各种知识产权法均有规定（专利法第 100 条、著作权法第 112 条、实用新案法第 27 条、商标法第 36 条、外观设计法第 37 条、种苗法第 33 条、与半导体集成电路配置有关的法律第 22 条）。一旦停止侵权请求权被提起，侵权嫌疑人的业务将要被迫停止。

❹ 进行证据采集 deposition，提出质问书 interrogatories，涉及现场的 production and entry 等。

(ADR)❶ 被越来越多地利用❷。即使是平时知识产权部的职员很少跟管理层接触的公司，一旦发生专利诉讼，知识产权部的负责人则会被公司领导叫去确认"我们不会败诉，对吧！"等❸。实际上在很多的侵权诉讼中，无论是原告还是被告，能够准确预测裁判结果的并不是很多。知识产权部门的相关人员，在这样的情况下必须顶住各种压力认真应对诉讼。

除了选择用什么方法来解决争端，选择在哪儿的法院来进行诉讼也十分重要。对于某一争端事件，如果多数的国家或地区的法院都有管辖权，选择对自己有利的法院来提起诉讼的战术被称为 Forum Shopping（选择最有利管辖法院）诉讼战术。2011 年时，很多专家认为权利人胜诉率高的法院多集中在美国、德国、荷兰等国，因此权利人倾向于在这些国家提起侵权诉讼。而且同样是在美国，在得克萨斯州东部地方法院提起的诉讼相对较多。据称这是受权利人在该法院的胜诉率较高以及该法院诉讼业务熟练、审理时间短的影响。解决知识产权争端，往往会迫使当事人作出这种高度专业性的意思决策。

当卷入知识产权争端或者面对指控自家企业专利侵权的竞争对手时，企业采用何种应对方针的决策过程通常不会对外部公开，因此作了何种决策只有当事人才可能知道❹。法院对法律的解释可以通过判例来掌握，但是对于当事人在遇到争端时应当以何种理由作出何种判断等，很难从先例中借鉴经验。在这一点上，有经验的知识产权专业律师也许掌握着可以作为决策参考的信息。比如"同时构筑专利侵害论和专利无效论，让专利权人的抗辩自相矛盾（侵权诉讼中被诉侵权的场合）"❺ 等，律师在诉讼战略方面有着丰富的经验和秘诀，从这一点来看，律师将是一个好帮手。但是，在理解企业战略核心的基础上，进行决策的是企业自身，在这一点上，即使决策会根据律师提供的信息而发生变化，但是企业的决策往往不会被律师的意见所左右。对知识产权争端的解决方针，因企业不同而有很大差异，比如同样是在胜诉可能性较大时，有些企业倾向于将诉讼进行到底，而有些企业则倾向于用有利的条件来谋求和解。这种方针差异的背后，有企业经营资源以及经营状况，或者过去的成功经验等各种

---

❶ 根据当事人的合意，为了解决纠纷而选择第三方进行仲裁、调停、早期中立评价以及简易审理等。

❷ 岸本芳也（2007）『米国での特許訴訟防衛マニュアル－ストーリーでわかる警告状対応の心得－』中央経済社。

❸ 这是笔者过去在企业工作时在产品有可能造成专利侵权的情况下的亲身体验。

❹ 关于 IBM 针对富士通的互换机侵权警告以及之后的诉讼等前后 15 年的经历，富士通的鸣门道郎原副会长用伊集院大的笔名所写的 2 本小说『雲を掴－富士通・IBM 秘密交涉－』，『雲の果てに－秘録富士通・IBM 訴訟－』，几乎都是对事实的描述（2 本均由日本经济新闻出版社出版，2007 年，2008 年）。它们是理解企业内部如何应对侵权警告和诉讼的珍贵资料。

❺ 弁護士知財ネット編（2010）『実践知財ビジネス法務』民事法研究会。

因素的影响。在日本企业之间，过去曾经有尽量避开诉讼的倾向，但是2000年以后在重视知识产权政策的影响下，像后述的松下公司和JustSystem公司的诉讼纠纷一样，诉讼也逐渐多了起来。日本的知识产权审判制度在这段时间也发生了很大的变化。

■ 日本的知识产权审判制度和管理

专利诉讼：松下、JustSystem

日本在重视知识产权的国家战略制度下，不仅强化了审查体制、充实了审查标准，伴随着知识产权高等法院的设置，审判体制也发生了巨大的变化。这些变化，主要是受2002年知识产权基本法的实施以及强化知识产权保护的所谓Pro-patent政策的影响[1]。

在现行专利制度中，专利首先由日本特许厅进行审查，对其拒绝查定（包括专利申请的拒绝查定和延长注册申请的拒绝查定）的审查结果不服时，可以提出拒绝查定不服审理（专利法第121条）。另外，任何人都可以对专利提出无效审理请求[2]。而且由于这些审理被视为准司法手续，如果提出审决取消诉讼，知识产权高等法院将成为一审法院[3]。除此之外的专利侵权诉讼的一审，均有东京地方法院或大阪地方法院专属管辖。

日本采用现在的知识产权制度，是深受美国的专利重视政策以及日本企业跟美国企业的专利诉讼经历的影响。其发展过程如下：

• 2000年Kilby最高法院判决：侵权诉讼中可以判断专利无效理由的存在与否〔2000年之前法院不能直接判断专利的有效性，该判断属于技术专业性高的日本特许厅的专权事项（依据职权审理来判断）〕。

• 2004年导入由大学教授等专家对法官进行技术意见支持的专门委员制度：基于2003年民事诉讼法修改[4]。

---

[1] 关于2000年以后日本的知识产权制度在强化专利保护制度倾向下的变迁，参照：佐藤辰彦(2009)『発明の保護と市場優位 − プロパテントからプロイノベーションへ − 』（白桃書房）。当时对知识产权重视政策产生影响的一个论坛是「知的財産国家戦略フォーラム」。该论坛的详细谏言参照：荒井寿光＋知的財産国家戦略フォーラム編（2002）『知財立国 − 日本再生の切り札 − 』（日刊工業新聞社）。

[2] 日本专利法第123条。但是，权利归属的无效理由仅限利害关系人。

[3] 日本专利法第178条。

[4] 美国CAFC法官中很多都拥有理科背景。由此，在涉及专利权的审判中，为了确保对技术的理解，日本也开始了引进技术系法官的讨论。对此，日本确立了专门委员制度，该制度中技术专家不同于法官，而是类似于法官的"家庭教师"。

- 2005年4月1日设置知识产权高等法院。❶
- 2005年 增设专利法第104条之3：当专利经无效审理程序应当被认定为无效时，专利权人则不得对对方行使专利权。

但是，这样的制度改革也导致了一些新的课题的出现。比如随着专利法第104条之3的导入，对专利有效性的判断，出现了日本特许厅的无效审理以及专利侵权诉讼无效判断的两种途径并存的局面，即所谓的"双轨"问题。即使获得了胜诉判决，之后被告还可以重复提起无效审理请求，这样对专利权人来说，专利诉讼并不是合理高效的制度。对此，要求改善的意见认为这将引起诉讼案件的减少并导致司法的空洞化。同时，意见还指出在法院原本专利权人的胜诉率就太低。关于这一点，有一种观点认为，2008年知识产权高等法院的判决跟以往相比，其对进步性的判断已经在朝着有利于权利人的方向上发生变化❷，同时也有人指出，2008年对有效审决的审决支持率也比以前上升了。

关于"双轨"问题，产业构造审议会知识产权政策部会专利制度小委员会在平成22年（2010年）进行了审议，并将审议结果反映在了平成23年（2011年）的专利法修改中。具体来说修改的内容包括，为了迅速处理争端，防止在一方当事人诉讼提起之后另一方当事人通过请求变更专利权内容来迫使案件从法院审判转移到日本特许厅审理，规定禁止在审决撤销诉讼提起之后再请求订正审理程序。而且，为了防止对同一问题进行重复判决，规定在专利侵权诉讼的判决确定之后，如果专利的无效审决被确定，则限制当事人向法院再提出行政诉讼请求等，关于专利的有效性判断，仍可以通过"无效审理途径"或"侵权诉讼途径"来进行，即"双轨"制在现行法中保持不变。

在被认为对权利人不利的诉讼中，实际上权利人的胜诉率如何呢。如果焦点不同，则很难对胜诉率作出比较，因此仅选择以创造性判断为焦点的诉讼，表5-1和表5-2❸分别显示了平成18年（2006年）到平成20年（2008年），在无效审决撤销诉讼中专利权人的胜诉率和有效审决撤销诉讼中专利权人的胜诉率情况。由于样品数量很少，所以未必能反映出真实情况，虽然最近的胜诉率看似稍有提高，但跟美国或者德国的专利权人胜诉情况相比，还有一定的差距。

---

❶ 该法院是相当于美国CAFC的专门审理知识产权案件的高等法院。
❷ The lawyers, Sep. 2009, pp. 6-14.
❸ 小林徹，瀬川友史，渡部俊也（2009）「無効審判審決取消訴訟判決における審決維持率の変化とその背景 – 平成18年度より平成20年度までに判決が下された特許権および実用新案権に係る審決取消訴訟判決の分析 – 」東京大学政策ビジョンセンター，ワーキングペーパー No. 1。

表 5-1 在以创造性为焦点的不服无效决定的行政诉讼中专利权人的胜诉率

		起诉年			
		平成 17 年 (2005 年)	平成 18 年 (2006 年)	平成 19 年 (2007 年)	平成 20 年 (2008 年)
判决年	平成 18 年 (2006 年)	6.3% (3/48)	0 (0/7)	—	—
	平成 19 年 (2007 年)	0 (0/11)	12.8% (6/47)	14.3% (1/7)	—
	平成 20 年 (2008 年)	50.0% (1/2)	50.0% (5/10)	18.2% (4/22)	40.0% (6/15)

注：括弧内的数值为母数（＝专利权人胜诉件数/全数）。

表 5-2 在以创造性为焦点的不服有效决定的行政诉讼中专利权人的胜诉率

		起诉年			
		平成 17 年 (2005 年)	平成 18 年 (2006 年)	平成 19 年 (2007 年)	平成 20 年 (2008 年)
判决年	平成 18 年 (2006 年)	46.7% (7/15)	50.0% (2/4)	—	—
	平成 19 年 (2007 年)	66.7% (2/3)	36.8% (7/19)	50.0% (1/2)	—
	平成 20 年 (2008 年)	0 (0/1)	50.0% (1/2)	0.4% (19/21)	88.9% (8/9)

注：括弧内的数值为母数（＝专利权人胜诉件数/全数）。

说起与诉讼有关的管理，其对象往往会被认为仅限于法庭上的应对，但实际上诉讼一旦开始，会发生各种各样的事情。松下公司（现为 Panasonic）在 2004 年 8 月，以"一太郎"和"花子"文字处理软件侵害了松下的专利权为由，将 JustSystem 告上了东京地方法院。涉嫌被侵害的专利是松下在 1989 年申请，1998 年 7 月取得授权的[1]。2005 年 2 月 1 日，东京地方法院认可了松下的诉讼请求，判决对方禁止生产和销售"一太郎"和"花子"。但是 JustSystem 不服，于同年 2 月 8 日向东京高等法院提出了上诉，之后经知识产权高等法院审理，结果认可了 JustSystem 的上诉请求，并撤销了东京地方法院的一审判

---

[1] 专利号是 JP2803236。

决[1]。JustSystem 和松下之间的争议专利，是"当将某指定的帮助图标拖动到其他图标的位置时，该新图标的功能将被显示出来"的一种有关用户界面的专利。

　　该诉讼争端发生之后，JustSystem 的股价下降了 100 日元。该诉讼是松下以向小企业 JustSystem 的销售业绩施压为目的发起的。同时，对于松下公司，有关"大企业在欺负小企业 JustSystem"的流言广为传播，导致出现了意料之外的不买松下产品的抗议活动。由此可见，诉讼并不只是在法院的争端，它会同时给企业经营带来各种影响。如果是影响较大的诉讼，则有必要联合销售部门（对客户说明）、事业部门（对方提出停止侵权请求时的对应）、宣传部门（对外说明）以及研发部门（讨论产品设计变更等），使整个企业共同应对。对中小企业来说，诉讼还可能会影响到企业的资金运作。一时之间产生的这些现象都是诉讼管理的特征，因此企业有必要在预料到类似这些事态的基础上，采取预防性知识产权管理措施。

---

[1] 该案是当年 4 月新设立的知识产权高等法院法官五人合议审理的第一案。

第六章
知识产权许可中的
独占性与开放性

一、开放式创新与知识产权管理

■ 独占式知识产权管理与开放式知识产权管理

本书展示了各种组织为了技术垄断所进行的独占式的知识产权管理方式。从大企业到中小企业或者新创企业、从医药品行业到制造业，更有以商业模式专利为代表的服务产业等，它们都企图利用知识产权而实现技术垄断。这种时候通常作为知识产权保护对象的是一些不确定性较高的技术，如基因生命科学等，更接近于纯粹的基础性科学研究领域。可以看出来，在这里这些企业以知识产权的权利化过程为主线，时而采取技术信息公开的方式，时而采取保密的方式对知识产权进行管理。因此，无论哪种技术领域、哪种组织，为技术垄断所进行的专利申请、保密、公开等知识产权管理，都是一种广泛实施的策略。

如果将这些以技术垄断为目的所进行的专利申请、保密、公开等知识产权管理手段统称为独占式知识产权管理，那么最近新出现的知识产权管理方式就属于开放式知识产权管理。开放式知识产权管理所重视的不是"技术的垄断"，而是"技术的共享"。与独占式知识产权管理重视对自主研发、独立技术的磨炼相比，开放式知识产权管理所重视的是多个成员对知识产权的共同创造（共创），以及多个成员对知识产权的共同利用（共享）。另外，与封闭的知识产权管理中要实现的项目创新以及过程创新相比，开放式知识产权管理中要实现的是以开放式创新为代表的创新责任人的扩大化。如最近所出现的消费者创新、逆向创新等。但是，这里应该注意的是开放式知识产权管理虽然是引发创新的工具，但并不代表它是一个完整的可以实现收益化的商业模式。

第六章　知识产权许可中的独占性与开放性

企业通过利用开放式知识产权管理的功能，在一定的规则下盘活自己所拥有的知识产权。与其他组织所拥有的知识产权相结合，提升其价值，从而在知识产权层面上可以实现战略性合作、研发联盟或者技术标准等创新机制的目标。但是仅仅只依靠这一功能，并不能完成为了实现建构事业竞争力的商业模式的知识产权管理。实现开放式创新的商业模式中，对开放式知识产权管理与独占式知识产权管理的组合非常重要，而对两者边界的恰当设定则是实现收益化的唯一答案。也就是说，开放式知识产权管理是开放式创新战略中的必要部分，但不是全部。创新收益化的实现，一定需要与独占式创新相结合。但是无论是独占式知识产权管理还是开放式知识产权管理，不变的是其基本要素都为信息公开、专利申请和技术保密。只是其中的比例与重点随时间和场景变化而变化。

本章，我们通过开放式创新的事例，详细论述开放式知识产权管理。然后在第七章将论述如何将开放式知识产权管理与独占式知识产权管理相结合。

■ 何为开放式创新

关键词：产学合作、英特尔

开放式创新（Open Innovation）一词，包含有与其他外部组织协作和合作的意思，在今天具有很广泛的含义。开放式创新最开始出现在亨利·切斯布朗（H. Chesbrough）2003 年的著作中[1]。根据亨利·切斯布朗的说法，所谓开放式创新，就是"对企业内部和外部的创意进行有机结合，创造价值的过程"，并且还提到其主要要素为"企业在本公司的商业中，比以往更多地利用外部创意，而内部未被利用的创意更多地被外部所利用"[2]。

为了更好地说明这种创新，我们用图 6-1 来表示亨利·切斯布朗经常所使用的模型图。用六张图的变量来表示几个开放式创新的要素。这里的两条直线箭头代表着组织的边界，从左到右的方向代表着时间流逝。圆圈是组织内外以技术等知识为中心的经营资源。因此，如图 6-1 左上所示，将组织内知识只用于培养组织业务技术的过程，是属于封闭式的创新。与此相对，图 6-1 左中描绘的是将组织外部的知识吸纳入组织内部的过程。这就相当于"企业在本公司的商业中，比以往更多地运用外部的创意"。

---

[1] CHESBROUGH H. Open innovation: the new imperative for creating and profiting from technology [M]. Harvard Business School Press, 2003.

[2] H. Chesbrough (2006). *Open Business Models: How to Thrive in the New Innovation Landscape*, Harvard Business School Press.

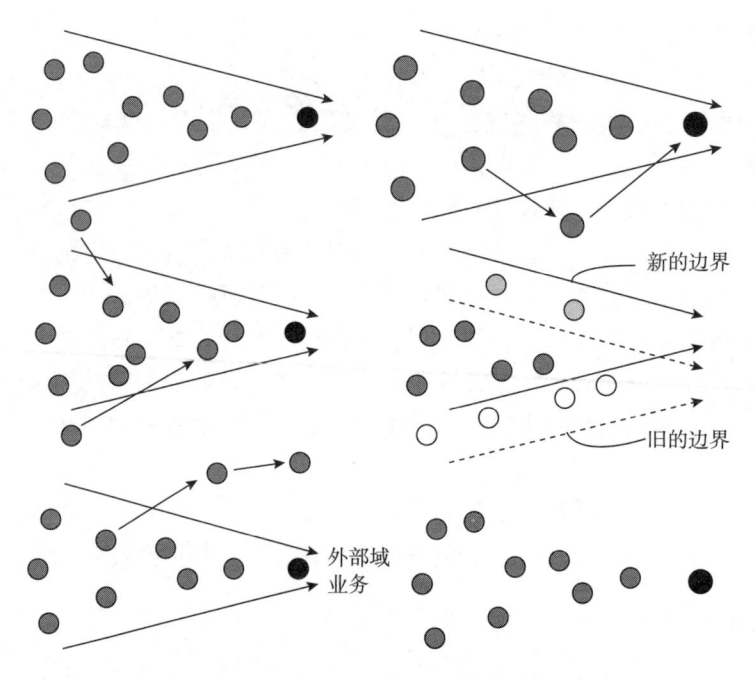

图 6-1　Chesbrough 的开放式创新的模型图

注：圆圈表示创意等经营资源。

来源：参考 Chesbrough 的开放式创新的概念图由笔者做成。

图 6-1 左下，是将组织内部的知识运用于组织外部。这就相当于"内部未被利用的创意更多地被外部所运用"。

也就是说，开放式创新也有多个战略选项。为了创造价值与获得价值，既有"比以往更多地运用外部创意"的导入式选项，也有"内部未被利用的创意更多地被外部所利用"的导出式选项。即，与价值创造与价值获得进行组合就有四个战略选项❶。但是实现价值创造的最终目的仍然是价值获得，这可以考虑为一个联动的过程。从这个意义上讲，所谓开放式创新，就是降低知识、技术、知识产权等价值的不确定性，将其转变为经济型价值，最大限度地运用导出式和导入式选项。

因此，这种过程不仅仅是单独出现的，而是经过组合而实现的。图 6-1 右上，描绘了组织内部未被利用的知识在组织外部进行培育，然后再吸纳重返组织内部的过程。比如，为了在公司内部完成技术研发，将不确定性高的技术

---

❶ 眞鍋誠司，安本正雅（2011）「オープンイノベーションの諸相」『研究・技術計画』第 25 卷第 1 号，pp. 8-35。

交给外部新创企业，接受外部资本的融资，技术开发成功，基本能够实施后，获取该新创公司的股份使其成为子公司的操作模式。图 6-1 右中图示中，描绘了当自己公司领域变化时，将没有利用的技术放到公司外部，然后再从外部调配一些所需要的新技术。如英特尔（Intel）公司，运用 Lablet 这一产学合作机制，一边将新的必要的外部知识吸纳入组织内部，一边将本公司领域中的母版技术提供给中国台湾制造商，将公司的 MPU 事业进行专门化❶。

但是并不是说以前企业没有做过这些事情。如从特定的组织调配一些市场上不能调配的经营资源而进行的战略合作或者与大学等合作获取新技术的产学合作，以及知识的外部调配等开放式战略框架❷等，以前在亨利·切斯布朗的观察中就曾提到过并广为人知，这些在 2003 年这个时间点上并不是一些新现象或者新发现。关于"内部未被利用的创意更多地被外部所运用"，如果包含自己企业的知识产权对外许可，也可以明确是之前就一直被实施的知识产权管理方式之一。

针对这些问题，亨利·切斯布朗解释了在有效地实施开放式创新中商业模式的重要性。表 6-1 就是对这样一个开放式创新的商业模式的诊断。亨利·切斯布朗展示了不同的商业模式类型。从这个诊断表中可以看出"让供应商与顾客共享企业地图"或者"将本公司技术平台化，让其他公司投资"等事例受到了高度评价，从这里看出亨利·切斯布朗的开放式创新并不是图 6-1 所表示的知识交易本身，而重要的是将这些交易有机地融入商业模式中。

表 6-1　Chesbrough 的开放式商业模式的诊断❸

类型	I	II	III	IV	V	VI
概要	非差异化	差异化	分段化	对企业外部创意的认知	与创新过程的结合	市场形成平台
范例	家族经营餐厅	技术创业	技术主导型企业	大型研发企业	Lilly 公司	英特尔、沃尔玛、Dell
问题诊断范例	差异化	可以长期维持自己公司的差异化元素	可以扩大自己企业的市场	定期在企业外部寻找新的创意	由主要的供应商与顾客提供路线图	引导市场的将来，其他公司将自己公司的技术作为平台定期进行投资

---

❶　西尾好司（2009）「今後の日本の産学間の研究協力の発展に向けた一考察—企業のオープンイノベーションと産学連携—」研究・技術計画学会第 24 回年次学術大会講演要旨集，pp. 946-949。

❷　TEECE D J. Profiting from technological innovation: Implications for integration, collaboration, licensing and public policy [J]. Research Policy, 1986, 15 (6): 285-305.

❸　根据 H. Chesbrough (2006). *Open Business Model*, Harvard Business School Press 制表。

续表

类型	I	II	III	IV	V	VI
与此前模型的差异		开展创新活动	(1) 计划创新的组织过程 (2) 创新是对未来的投资	(1) 企业外部的创新探究 (2) 创新是部门横向活动 (3) 知识产权通过企业资产管理，可以将未利用的知识产权许可外部企业使用	(1) 广泛共享企业创新的路线图 (2) 创新是一种商业机会	(1) 企业商业模式与主要供应商和顾客的商业模式紧密关联 (2) 知识产权是战略资产

　　本书在此后讲到开放式创新中所运用的开放式知识产权管理时，将其定义为在开放式创新过程中，"将企业内外部创意有机地结合，进行价值创造"以及"企业在本公司的商业中，比以往更多地利用外部创意，而内部未被利用的创意更多地被外部所利用"的全过程中贡献的知识产权管理。

　　但是，正如亨利·切斯布朗的开放式创新并不是单指转移各个知识点一样，为了在开放式创新中获得收益，这些知识产权管理是必要的，但并不是指这就完成了知识产权管理这一过程。从这个意义上讲，开放式知识产权管理也只是开放式创新的一个部分而已。我们将在第八章中论述如何将这些部分进行组合才能使开放式创新取得成功。

■ 开放式创新中知识产权管理的作用

　　延冈健太郎（2011）指出在技术经营中所必备的"价值创造"与"价值获得"两个框架中，与"价值获得"相比，以制造为中心的"价值创造"在开放式创新时会更有效❶。通过利用外部知识和技术，可以更迅速地进行新产品制造。延冈也提出了一个佐证，作为开放式创新的成功案例，如日本汽车产业，即便是20世纪90年代后半期，丰田的内部制造比例也仅仅为27%。同时，也指出由于全球的制造型企业利用开放式创新优势，因此使企业生产制造能力逐渐均等化，从而难以发挥其差别化优势等问题。这种时候，为了防止技术均等化的知识产权管理就发挥了作用，在从外部导入技术和零部件以及委托

---

❶　延岡健太郎（2011）「オープン・イノベーションの陥穽―価値づくりにおける問題点―」『研究・技術計画』第25巻第1号, pp. 68-77。

第六章　知识产权许可中的独占性与开放性

外部加工时，通过签订垄断式许可合约等，可以在对本公司有利的条件下实施开放式创新。这种管理可以说是独占式知识产权管理的延伸，成为如何将组织边界以外的经营资源进行垄断的一种脚本。为此，就需要对其进行知识产权管理，如签订有关知识产权许可、签订保密措施的协议以及构建信息共享平台等。

毫无疑问，这也是开放式创新中所需要的知识产权管理类型之一。实际上，很多知识产权相关人员是按照这一方向理解开放式创新与知识产权管理之间的关系的。从这个意义上讲，知识产权的保护水平足够高，在充分满足制度的各项要件下进行知识管理，可以加速开放式创新[1]。

但是，这种知识产权管理的手段，如此前所提到的，与独占式知识产权管理的性质非常相似。也就是说，虽说是开放，但目的是更好地维持本公司的垄断地位。而开放式创新所追求的是促进与其他不特定的多个主体进行知识共创、共享所进行的知识产权管理。接下来我们逐个了解多样的知识产权管理方式。

二、知识产权许可：从独占到开放的桥梁[2]

■ 具有两面性的知识产权许可

全球知识产权布局管理：IBM

如果由发明者自己获得专利并且自己实施，那么就可以形成一个从投资发明中获取技术独占，从而获利回收投资的简单关系。即便发明者自己不进行商业化运作，在组织中也会采取对职务发明支付一定报酬，或者提高对该组织中的发明人的评价等形式来奖励发明人的劳动。但是，现在很多包括专利在内的知识产权运用中，其商业活动成立的前提不仅是最初的企业成为这些知识产权的"受让人"，而需要交由多个组织。这样就使得发明与回报的关系更加复杂。比如，在销售各种要素技术开发成果的产品时，将制造等环节就委托给子

---

[1] 例如，中原裕彦（2009）认为，对不正当竞争防止法的强化提高了商业秘密保护水平，从而促进了开放式创新的国际企业合作。摘自中原裕彦（2009）「技術情報管理とイノベーション」『日本知財学会誌』第 5 卷第 2 号，pp. 12 – 16。

[2] 许可（license 或者 licence）一般用于指广义范围内的认可、许可、执照等。本书所述知识产权许可是指专利或者商业秘密等的知识产权实施许可协议、技术转移协议及其附带的协议等。因此，在专利法、著作权法等知识产权法管辖范围以外的内容也包含其中。

公司等关联公司或者其下公司，这种例子比比皆是。这样，进行委托生产❶时，专利等权利许可也伴随产生。与某一特定产品，专利权人拥有专利，许可他人进行生产制造的情况不同，方法专利由终端消费者实施时，就需要与多个不特定的消费者签订许可协议。但是，如果仅限于此，如我们此前所叙述的一样，仍然属于利用知识产权达成了技术垄断的独占式知识产权管理许可协议。

相反，为了强化本公司的业务，有时也会从外部引入知识产权许可。当其他外部组织所拥有的技术能够为本公司业务所用时，竞争对手是否能够引入相同的技术，或者通过设置许可费用、适用范围等，就可以强化该企业的独占式知识产权管理。如之前所叙述的一样，开放式创新中，促进外部创意（这种时候为技术）的导入是一种重要的战略选项，只要导入的技术只能在该企业内部使用，或者能够为该企业带来利益，那么这种技术导入就是对该公司自身的商业活动有效的。这些许可，可以看作为强化独占式知识产权管理的策略。

包括上述许可在内，时常出现的是将本公司的知识产权看作资产，以获利为目的的知识产权许可。这种许可协议多数体现在对整个产品生命周期的过程管理之中。IBM进行了4万件以上的全球知识产权布局管理，在2005年与知识产权许可等相关的收入高达10亿美元，超过总销售额911亿美元的10%，其中包括转让转移（25%）、许可（39%）、共同开发（36%），而1100件以上的许可主要由专利许可和商业秘密许可两部分构成。这种活动，与技术垄断中的产品创新相同，其目的在于获得知识产权许可收入。也就是说，可以理解为独占式知识产权管理的延伸。

另外，由于可以在知识产权许可协议中加入如许可哪家公司、许可的权利范围等作为条件，通过利用这些选择项，在增加收入之外，还有另外一层战略布局的含义。与许可对象之间形成某种组织间的关系，与没有任何关系的竞争企业相比，可以降低竞争程度。这样，通过与多个企业签订许可协议，可以改变企业的竞争环境。也就是说，知识产权许可具有双重特征：一方面是技术垄断的手段；另一方面是竞争选择的结果。

双方目的都很明确的例子如交叉许可。交叉许可中，双方交换所需要的知识产权，不足的部分用金钱来解决。由于有其他公司的专利，所以交叉许可成为不能完全做到技术垄断时的权宜之策。但是，大公司往往与多个企业签订有交叉许可。其结果去除了使公司之间可能存在纷争的苗头，从而维持安定的组织间关系。而交易的知识产权也并不全是在交易的时间点上为双方所必要的，

---

❶ 委托生产是指委托方委托其他企业生产产品的一部分或者全部。获取所有产品，然后对分包方进行原材料、质量等的监督指挥的属于分包协议。

第六章　知识产权许可中的独占性与开放性

也有一些是在本公司未来业务发展的预见之上，考虑到将来可能需要的技术和信息。如果是这种关系，专利实施就不再是交叉许可的目的，而是回到对未来投资的起点上。这样，相比独占式知识产权管理而言，这种形式更加接近于共同创造或者联动合作的开放式知识产权管理的特征。可以理解为，知识产权许可协议既是独占式知识产权管理的手段，有时候也可以成为开放式知识产权管理的手段。

在这里，我们特别关注对那些组织间关系带来战略性影响的许可协议，它可以展示企业正在进行着怎样的知识产权管理。

■ 知识产权许可协议的战略性

知识产权许可通常是指有关知识产权一般实施权的许可。这时，作为许可实施对象的知识产权有发明专利、外观设计、商标以及商业秘密等，范围较宽。像专利权等即便还未到授权阶段的"获得专利权利"的时间节点上，就可以作为许可协议的对象。而且，实施许可的条件，可以大致分为垄断式的普通实施权许可和非垄断式的普通实施权许可，加之许可技术、许可产品、许可实施地区、期限、有无二次实施许可权、是否许可生产、是否许可销售等非常多的选择变量，根据其组合拥有权利的许可方和权利的被许可方的关系将会发生多种变化。

产生知识产权许可大致可以分为以下三种情况：第一种，由于许可方拥有的知识产权技术不确定性较高，自己也还未到技术实施的阶段，而被许可方准备今后在这一知识产权的基础上进一步开发，因此许可其实施；第二种，自己正在实施的知识产权，而被许可方今后也准备使用这个知识产权开展业务；第三种，许可方怀疑被许可方在没有获得正当权利的情况下实施许可方的知识产权。第一种情况如高校技术转移等，主要以还在研发过程中的技术为转移对象，即便许可实施，由于此后不继续对此技术进行开发就不能商业化，很多时候许可方与被许可方会形成某种共同开发的合作关系。这种情况，两者是一种相互依赖的关系，若被许可方商业没有成功，许可方也无法收取许可费，而被许可方也需要许可方的持续性合作，否则无法开展商业活动。因此，这种情况就是所谓的双赢项目，两者的利害关系在某种程度上达成一致为条件从而缔结合约。第二种情况，如许可方在本公司业务饱和的情况下，希望通过许可知识产权实现创收，或者希望通过许可建立组织间的战略合作关系，也有由于其他公司要求而进行许可等各种情况。这些大多是在许可方与被许可方拥有相同的利益关系的前提下进行谈判的。这种情况，很多时候是许可方拥有商业秘密之类的知识积累，在许可知识产权的同时，也全套提供制造过程中所需要的商业秘密（商业秘密许可）、制造设备以及操作手册等，此后被许可方只需按照操作手册进行生产就可以制造出同样的产品，因此，此类许可更多是像这样的一站式许可。这种情况也可以说是友好的许可。但是第三种情况，怀疑被许可方并没有正当的权利但却正在实施许可方的知识产权，其中就涉及侵权诉讼以及对立谈判，因此相对而言敌对色彩更浓。这种许可合同谈判的契机多为一方发送侵权律师函，双方都非常重视在谈判过程中的法律因素。另外，被许可方通常已经具备该产品的生产能力，因此，不需要许可商业秘密，只要纸面许可使用专利就足够了。如此，知识产权许可也存在有各种各样的形式。

企业为了通过相互的知识产权许可最大可能地获取经营资源，往往会谈及细节条件。除了敌对性许可外，被许可方在接受知识产权许可的同时，为了有效防止其他公司在本公司事业成功时的进入，往往极力希望能够独占式地使用该知识产权。这种时候，对于许可方而言，如果与特定的某个企业签订独占式许可协议，可能存在有今后商业化进展不顺利等风险，因此反而会考虑回避独占式合约。为了平衡两者间的关系，双方可以约定在签订合约后指定一段时间为独占式合约，而此后转为非独占式合约；或者指定特定的业务范围为独占性范围，而其他领域为非独占性范围；再者，指定日本国内为独占性区域，其他国家为非独占性区域等，这样，通过尝试各种组合来确定双方的妥协点。这种时候，所支付的许可费用等就成为重要的谈判条件。这里所约定的详细的条件，将很大程度上影响组织之间的关系。因此，在签订许可协议的时候，需要以战略的眼光考虑组织间关系的构造，同时探讨如何通过法律条款来实现这一关系。

许可费用的支付条件中也有多种变化。图6-2、图6-3给出了其中一些例子[1]。如在实现商业化的阶段中，以一次性合约金加运行费的组合进行支付的方式，以及签约、实施和量产时支付一次性费用的方式，此外还有支付运行费的预付金（Prepaid Running Royalty），设定极少的运行费等方式。

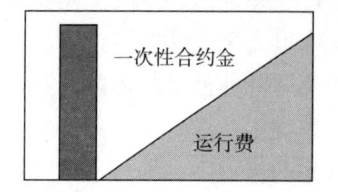

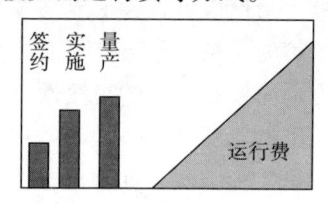

图6-2　各种许可费的设定

---

[1] 渡部俊也编（2003）『理工系のための技術移転入門』岩波書店。

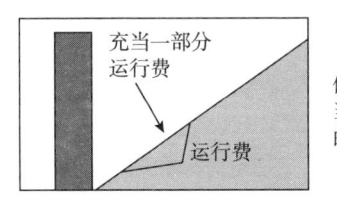

图 6-3　运行费的预付金

这样，导入预付金的机制，可以使被许可方尽早实际实施运用知识产权技术产生效益，从而也能够尽快回收预付金。另外，被许可方的早期实用化，可以更快地为许可方带来效益，使双赢关系更加明确。

那么，在许可专利时，企业到底如何设置使用费呢？关于这一点，一份已经公布的关于日本企业支付使用费比例的问卷调查结果可以为我们提供一些参考[1]。根据该调查，大概专利使用费平均为整体费用的 3.7%，而生物或制药领域占到 6%，电机等领域占到 2.9%，根据行业领域不同而不同。可以考虑这是受到如生物及制药领域由于单个产品上的专利权的数量较少，而电子产品的单个产品上的专利件数较多，或者行业利润率等影响因素所导致的。关于前者，即单个产品的专利数量目前没有详细的调查，但是，上述问卷调查中将每个行业的专利使用费与毛利率的关系制图对比后，发现两者之间多少是相关联的。此外，观察专利使用费比例的变动因素，报告中显示为独占式许可时增加 1.9%，为关联企业以及海外同行业企业时则增加 1.4%。顺便提及一下，报告中还显示其他类型的知识产权的使用费比例，如商标占比 2.6%，程序著作权占比 6.3%。

■ 许可协议为公司业务带来的影响

被许可方的吸收能力：日立制作所、佳能、宝路华、西铁城、精工

即便是开发了自主技术，获得专利权，并成功实现了技术商业化，但随着技术生命周期的进程，也会出现竞争技术等，从而使本公司丧失技术优势。因此，很多企业会在此之前，将本企业的技术许可给其他公司使用以增加其收益。日立制作所从最初的超预算的技术导入支出到 1985 年变为技术转移黑字，其中有一段时间仅专利许可的技术收入就达到 500 亿日元。此外，佳能在 1995 年时，也获得专利许可费 100 亿日元，而 2010 年左右，则增大到了 300 亿日

---

[1] 根据经济产业省知的财产政策室编（2010）『ロイヤリティー料率データハンドブック』（现代产业选书）中所记载的问卷调查，该调查从 2009 年 11 月到 2010 年 2 月实施，共计 563 份（有效回答率为 18.7%）。

元左右❶。

虽然获得了收益，但如果将本公司正在使用的技术许可给其他公司，反而容易制造出竞争对手。从技术转移的角度来看，被许可方的吸收能力（Absorptive Capacity）❷ 越高技术转移更容易，获得许可使用费的可能性也越大，但反过来，也更容易积累一些威胁许可方市场优势的技术力量❸。这样，顾及被许可方未来的行动，许可方往往会慎重选择许可时间、许可技术以及协议条件。例如，曾经有人将自己公司判断的已经不使用的专利进行转让，结果那份专利在市场上流转到专利流氓手里，最后反而变成了起诉自己公司的一份材料。即便不是这样的情况，在许可自己公司专利技术的同时，也要充分考虑该许可是否可能会对公司的品牌造成影响。

比如，日本制造商曾经在石英表的研发上面占据了领先地位，此后日本企业向瑞士、法国、德国的制造商积极地进行了有偿许可或者无偿的交叉许可。这种方针，据说是从此前美国的宝路华（Bulova）率先制定的将音叉作为时间基准的高精度音叉表❹的防御性战略的失败中所学习到的。当时，即便有制造商向宝路华寻求许可，但宝路华公司不仅仅要求其签订专利许可，还提出资本合作的条件。宝路华想的是被许可方有可能采取机会主义的行为，与宝路华公司进行竞争，而通过与被许可方的资本合作，可以抑制这样的行为，从这个层面上讲，这一方针也是合理的❺。在持续这一方针的 8 年期间，宝路华公司垄断了音叉表的生产。由于其他公司并不愿意与宝路华公司进行资本合作，于是开始了石英表的自主开发，最后日本企业以绝对优势获得了成功。在精密度上更具有优势的石英表逐步发展起来，且价格低廉，很快得到了普及，由此音叉表失去了竞争优势，1976 年停止了生产。从这样的业界经验中，日本石英表由于积极推行专利许可，其技术得到了大多数企业的采纳，从而培养了市场。

1979 年，西铁城的指针式石英动感手表正式销售后，成为行业的事实标准，也为该公司带来了巨大收益。受到启发的精工也于 1983 年开始进行 OEM 销售。但是，两个公司都在本公司内部持续着完成品业务。因此也有声音批

---

❶ 参照佳能有价证券报告书。

❷ COHEN W M, LEVINTHAL D A. Absorptive capacity: A new perspective on learning and innovation [J]. Administrative Science Quarterly, 1990, 35 (1): 128 – 152.

❸❺ 真保智行（2010）「ライセンス契約の形態の選択—技術移転の論理と機会主義の論理—」『組織科学』第 44 卷第 1 号, pp. 49 – 59。

❹ 1960 所发布的电池式腕表 "Accutron" 使用了宝路华公司的 Max Hetzel 所发明的 360Hz 的音叉进行时间控制。

第六章　知识产权许可中的独占性与开放性

判，这一动感产品系列虽然培育了高收益的业务板块，石英手表使手表日用品化，但也损害了公司的原品牌形象[1]。

■ 许可与共同研发的关联性

伴随着技术转移业务的进程，常可以观察到目标技术的知识产权许可和这样一种创新过程，即在当时的技术许可方和被许可方之间以及技术许可方和其他企业之间关联开展着共同研究。A公司与B公司共同研究的科技成果，A公司要对其实施时，A公司不能只实施A公司所拥有的那部分专利权，必要时也需要B公司对A公司进行专利实施许可。另外，如果A、B两家公司都没有实施专利的经营资源，则有可能许可给第三方有实施资源的公司实施。此外，即便从许可方获得专利或者商业秘密的技术许可，但由于技术上的不确定性，被许可方仍然需要继续开发才能够商业化，这种情况也会进行共同研发。特别是，如果被许可方拥有足够的对新技术的知识与经验的积累，有可能仅仅凭借获得的技术也能进行商业化，但如果被许可方对有关新技术运用的吸收能力不高，则需要通过对特定领域的学习提高其自身的吸收能力。为此，很多时候需要持续性地获得许可方的技术指导，继续进行维系共同研发。经常看到的是如高校新创企业从高校获得独占式知识产权许可后，仍然与发明人所属的研究室进行共同研发，或者由研究人员继续为企业提供咨询从而推进技术开发。还有很多发明人干脆就在高校的新创企业中兼职。但是，这种情况，对于后续的申请，专利权属应该归于高校还是归于新创企业容易混淆。特别是准备要上市的公司更要注意这一点。而作为高校方的教员则需要平衡和管理企业兼职人员、合作研究者以及作为本职工作的教育研究者之间的利益冲突（Conflict of Interest），使之对外不要产生问题[2]。这样，如高校中的不确定性较高的技术转移与共同研发通常会连锁产生，从这个意义上讲，高校的技术转移成果可以理解为降低技术不确定性能力的产学团队建设[3]。

---

[1] 榊原清则（2005）『イノベーションの収益化―技術経営の課題と分析―』有斐閣.

[2] 渡部俊也（2011）「大学の知的財産とイノベーション」渡部俊也編『イノベーションシステムとしての大学と人材（東京大学知的資産経営総括寄付講座シリーズ第3巻）』白桃書房.

[3] M. Fukushima, S. Yoneyama, D. Senoo, and T. Watanabe (2006) Technology Transfer as Team Building: An Empirical Analysis of University TLOs in Japan, Portland International Center of Management of Engineering and Technology (PICMET), CD Proceedings, Istanbul, Turkey, July 8–13.

■ 技术导入许可的优势与劣势

光触媒技术许可的开展：TOTO、TOTO Frontier Research、PPG、圣戈班（Saint-Gobain）、德国陶瓷（Deutsche Steinzeug Cremer & Breuer）、Agrob、Buchtal

20世纪50年代到60年代期间，是日本企业引进美国技术的高峰期。与自主研发相比，技术引进可以加快业务进程，且事业成功率也更高。但如上所述，许可方往往将实施许可的范围进行细分并加以限制，被许可方并不能自由实施，事实上有时能实施的范围很窄。另外，如果许可方拥有同样的技术，在获得许可时，由于市场定位不同虽然没有与被许可方形成竞争关系，但也意味着存有潜在的竞争对手，一旦从竞争对手那里引进技术，那么很难改变两者的优劣地位，难以反败为胜。更进一步说，还存有高效实施技术引进的组织往往难以形成自主创新的组织文化等问题[1]。

日本企业是从美国引进的技术开始的，但此后多数企业都进行了自主研发，由此获得了在世界市场上的竞争优势。其结果是，现在日本企业在获取知识产权许可的时候，为了最大限度地保证本公司技术的自由度，尽可能朝着不依赖许可方的方向签订协议。如下文图6-4所示，日本制造业企业的技术构造往往相互依存度很高，也就是多数体现为所说的"统合型特征"，为了让新技术能够更好地"融合"，即便是其他公司已经在实施的技术，进入到自己公司时也需要重新进入研发流程。同样，即便是已经经过验证的软件类产品，日本企业也很少直接引进其他公司所开发的软件，而是在引进后又在自己公司反复进行同样的验证，多数时候还会加以改良后再使用[2]。通过这样的学习，可以加深对技术的理解，降低需要的许可项目。

但是，即便在同一个技术领域，国外企业的技术结构也会更加偏组合型特征，在技术导入时，常希望附带各种知识产权包。这不仅仅是技术结构的问题，国外企业希望能够早期实现商业化，并不愿意做"在自己公司内部重新开展研发"等费时费力的事情。接下来介绍的是德国企业在引进高端材料技术时的一个事例。

如第三章中所述，二氧化钛涂层技术可以让瓷砖经紫外线照射后，大幅度提升对水的抛光性，使表面不易污浊，不易起雾和留下水迹印。这是笔者在

---

[1] 高橋伸夫、中野剛治（2007）『ライセンシング戦略—日本企業の知財ビジネス』有斐閣。

[2] 根据对Nortel、Lucent Technologies等从事计算机应用程序开发的亚洲的海外开发企业经营者的访谈，对日本企业的特征的评价所得。

TOTO 设备上发现的实用化了的一个技术。TOTO 将这个光触媒技术统称为"海洁特技术",主要运用在具有自净功能的内外装瓷砖上。在制造与销售该产品的同时,为了开展许可业务,TOTO 专门成立了 TOTO Frontier Research (TFR❶) 公司,与各类企业开展许可业务(见表6-2)。向日本国内企业进行许可时,多数情况下这些企业的研发部门都会参与,因为需要从技术结构开始重新构成,所以到实际的商业化需要花费很长时间。此外,还根据到底是利用自己公司已有的生产线进行生产,还是利用关联企业的技术进行生产等不同而不同,当然不管哪种情况,在尽可能减少对 TOTO 的依存度这一点上是共通的。

表6-2 TOTO 的海洁特技术的主要许可协议

领域	产品	企业
建材	建筑用玻璃	• PPG(美国) • 日本板硝子 • 旭硝子 • Central Glass • 皮尔金顿
	瓷砖	• DSCB(德国)
	墙板	• 久保田松下电工外装
	金属板	• YKK AP • JFE Stell
	帐篷或膜材	• 太阳工业
	聚碳酸酯	• 他喜龙 • 筒中塑料
	天然石	• 关原石材株式会社
道路用材料	隔音壁 转弯镜 轮廓标	• 积水树脂 • JFE Stell • 日本板硝子
汽车	汽车后视镜	• 日本国内大型汽车后视镜制造商 • FLABEG(德国)
涂料	彩色涂料	• TOTO OKITSUMO Coatings LTD.
	透明涂料	• TOTO OKITSUMO Coatings LTD. • 石原产业 • 日本曹达 • Mitsubishi Materials • 三井矿山 • 松下电工 • 日本特殊涂料 • 昭和电工
薄膜	亚克力、氟	• KIMOTO
	PET	• 宇部日东化成
照明	Lighting Cover	• 松下电工

---

❶ 2011 年 7 月 1 日 TOTO 前沿调查株式会社(TOTO Frontier Research Ltd.)与 TOTO 合并。

一方面，TFR 也在海外开展许可业务。TOTO 在以美国的玻璃制造商 PPG、法国的圣戈班等玻璃制造商为中心的业务拓展中，得知了智利的一家名为 RAKO 的瓷砖制造商也对"海洁特技术"感兴趣。由此，最后与其在德国波恩近郊的母公司德国陶瓷（Deutsche Steinzeug Cremer & Breuer，DSCB）签订了许可协议。DSCB 自身也是一家从瓷砖起步，然后拓展到其他建材以及建筑事业的公司。RAKO 所制造的瓷砖，在 DSCB 业务板块中主要定位于大众等级的产品。DSCB 除了廉价的大众产品之外，其下还有 Agrob Buchtal 公司在生产高档品牌瓷砖"KerAion"。DSCB 主要目的是让这种高档生产线的瓷砖使用海洁特技术，提高其附加价值❶。

在海洁特技术中，因为需要在光触媒的最上层进行涂层处理，所以在瓷砖的完成面上涂上薄膜状的光触媒，然后进一步进行烧制处理。由于在成品上增加了一道新的工序，因此也增加了产品成本。海洁特技术的二次烧制技术是在"以往的成品之上，再增加一道工序"，也必然带来成本的上升。

究竟采不采取海洁特技术，这个需要综合平衡海洁特瓷砖的性能或质量与生产工序成本来考虑。关于这一点，估计 DSCB 公司考虑的是如果让自己公司的高档系列瓷砖带有自净功能，并形成公司产品"较以往的瓷砖的功能性更强"的认知，可以提高大众对本公司品牌的评价。

从向 DSCB 的技术转移中可以看到，TOTO 对从专利到光触媒溶液、涂层设备以及制造过程中的商业秘密等一系列内容都进行了许可。在装备上，为了适应 DSCB 方的设备，TOTO 还将所开发的二次烧制的窑进行了一定的改造。TOTO 方全方位地提供了海洁特技术的所有相关信息，包括光触媒材料（溶液）、涂层设备、二次烧制高效化的装备与技术，以及海洁特技术的品牌信息等，TOTO 也获取了技术指导费、咨询费以及许可费等。品牌名称的使用是考虑到即便专利到期，仍然可以获得使用品牌名称的许可费，所以对于 TOTO 来讲也是有利的合约内容。

此外，由于想培养一支能够详细介绍海洁特技术的 30 人销售队伍，DSCB 公司也请 TOTO 在人员培训方面给予了协助。TOTO 还为 DSCB 公司的顾客准备了非常详尽易懂的资料，比如使用海洁特瓷砖时可以多大程度降低扫除频率、有没有其他特殊功能等。

1999 年 3 月底，为了提供材料（涂层液）与装备，TOTO 派专人前往德国

---

❶ 渡部俊也編著（2009）「日本弁理士会—東京大学，ビジネスコンサル弁理士育成のための共同研究事業—知財専門職向けマネジメントケーススタディー開発—」案例 1「技術マーケティング」東京大学。

第六章　知识产权许可中的独占性与开放性

DSCB 公司进行技术指导，并且双方还谈定了一次性许可费用以及学习费用的金额。同时，还商定了获得专利权后支付一次性费用的一半等条件。1999 年 7 月签订了基础合约，其中约定有关技术品牌"海洁特"的独占使用期限为 5 年，此后，则变为非独占性使用，也可以对独占性使用继续更新延期。在 2011 年的时间点上 DSCB 公司仍然在使用"海洁特"这一技术品牌名。

与尽量少地从外部获取技术的日本企业不同，这个事例中的知识产权许可是根据被许可方的要求量身定做的。很有意思的是这个事例在许可的管理上与传统的日本企业完全不同。如之前所提到的，是否能够更大胆地进行技术转移，这也与被许可方的技术结构相关。但是这一事例中作为目标技术的是瓷砖的制造技术，这一技术无论在德国还是日本，在技术结构上没有本质的区别。关于这一点，TOTO 在考虑到通过外部资源配置实现收益化上，与传统的日本企业有很大的区别。日本企业常被戏称为 NIH（Not Invented Here）综合征患者，在开放式创新上显得比较消极，从战后技术导入转变为自主研发的成功体验深入人心，可能是因为对技术的外部依赖存有不安所致。

■ 为了对抗竞争企业的许可网络

LED 的交叉许可：日亚化学工业、西铁城电子、朝日橡胶、奥斯拉姆、LumiLeds、Cree、Opto Tech、三星电子

日亚化学工业是在第五章中曾提到的，利用专利作为进入屏障试图实现对白色 LED 进行技术垄断的企业。但是 2002 年之后，日亚化学大幅度地改变了这样的专利战略，为了通过业务合作形成并扩大市场，将白色 LED 的销售权以及专利许可提供给了西铁城电子和朝日橡胶。关于这一许可的目的，日亚化学提到"为了普及 LED 扩大市场，与有独立技术包的西铁城电子和朝日橡胶进行了战略合作。虽然其他有实力的企业也抛出了橄榄枝，但没有选择与自己准备从事的相同业务范围的公司"。日亚化学解释道即便是获得许可费，但其基本方针是不培养竞争对手，与被许可方之间为合作关系，如采取由日亚化学提供芯片，而朝日橡胶在芯片上加上盖子提供给整车厂商这样的方式进行合作。可以看出来，日亚化学采取的这种方针是出于对提供许可后，能培养市场，并寻求合作方的一种战略性目的的考量[1]。

在这种以合作为前提的战略性许可外，还有与竞业企业签订交叉许可的情

---

[1] 米山茂美（2009）「日本弁理士会一東京大学，ビジネスコンサル弁理士育成のための共同研究事業一知財専門職向けマネジメントケーススタディー開発一」案例 5「特許戦略と事業戦略，日亜化学白色 LED のケース」東京大学。

况。如日亚化学在 2002 年 6 月与德国的奥斯拉姆（OSRAM）公司、9 月与日本的丰田合成、10 月与美国的 LumiLeds 公司、11 月与美国的 Cree 公司都签订了交叉许可协议，这些公司都是此前准备提起专利侵权诉讼的。其结果是，2002 年日亚化学结束了此前一系列的专利纷争。另外，日亚化学还考虑到今后对于新兴国家的业务拓展，2004 年公布了与中国台湾的 Opto Tech 公司签订的联盟许可。该公司在所缔结联盟公告中提到"为了应对全球 LED 需求的增长，这是日亚化学为了履行供给责任，建构稳定供给侧之环节。现在日亚化学与多个中国台湾 LED 相关企业探讨了包括许可承诺在内的合作协议；另外，对于侵犯日亚化学专利的 LED 制造或使用企业，将采取坚决的措施予以还击。"

2010 年该公司的田崎登副社长在世界性增长和生产竞争加大的背景下，宣布 2010 年度日亚化学 LED 部门计划将超过 1000 亿日元的资金投入到设备与技术研发中❶。在记者见面会上，他强调了积极投资对抗海外竞争厂家以维持世界第一市场占有率的态度。还强势宣布 10 年后的 2020 年，日亚化学的世界市场占有率将从 25% 提升到 30%。从日亚化学这一系列的举动中可以看出，它是将"2020 年将超过 8000 亿日元的投资"的三星电子作为了最大的竞争对手。考虑到这样的背景，现在日亚化学通过许可与交叉许可来建立与其他公司的关联，主要是为了对抗三星电子所进行的体制构建。这里，许可作为了竞争手段的一种备选项。

■ 促进优质知识产权运用的许可

触媒技术许可：富士通 General

知识产权专利的收益：高通、京瓷、爱立信

有时，即便优秀的知识产权被创造出来，但拥有该技术的企业也不一定能够充分地进行利用。比如在处理与本公司的主营业务相关的技术课题时，意外地发明了完全不相关的有趣技术，但这个技术跟主营业务并没有太大关联，这时候，一般不会在本公司业务中去运用该技术。在这种案例中，比如积极地将公司该技术进行许可，或者成立新创企业并将该技术的知识产权归于新创企业进行运用等。特别是一些大企业的基本方针是"运用某项技术的业务的市场规模在 100 亿日元以下，一般不会考虑商业化"。在这种企业中，好不容易在本公司发明的优秀技术，可能由于预期市场太小而被雪藏，即便是申请了专利也不会使用。企业拥有的没有实施的专利被统称为未使用专利，这些专利往往是

---

❶ 来自《德岛新闻》2010 年 6 月 11 日的报道。

第六章 知识产权许可中的独占性与开放性

因为业务规模小，或者缺乏投入资金，以及即便今后考虑利用该技术进行进一步研发，但由于会影响到现有的商业模式，所以推迟了计划等各种理由，最后成了未使用专利。我们可能会想如果没有使用，是否放弃该专利会更好一些呢？但企业往往又担心竞争对手利用该技术进行技术革新，所以通常情况下会继续维持着这些专利。也就是类似与所谓的防御专利一样的观点。除了防御性的观点之外，也会考虑到如果维持该专利，将来其他公司有可能想实施，或者本公司将来也可能需要，那么在与同行业其他公司有诉讼纠纷时，也可以作为谈判的材料。但是，由于维持专利要产生年金等费用，需要尽可能地回收这些费用，因此这时候就可以考虑在某些控制条件之下的许可，或者衍生新创企业等。

研发阶段开始进行许可的事例，如富士通研究所所开发的除臭功能非常杰出的载钛羟基磷灰石（TiHAP）触媒技术的技术许可。当时，这一技术许可给了原材料制造商，并使用在关联公司富士 General 的空气清新机的过滤器上，此后，在本公司关联产品以外，还许可给了如菜板、高功能口罩等许多新兴产品领域。被许可方并不都是大型企业，许多与政府和地区自治体所合作的中小企业也获得了许可❶。

此外，许多企业所进行的许可是将已经在实施的一部分业务卖给其他公司，本公司从该业务中退出，同时所利用的知识产权也转移到其他公司，从中获取收益。如开发手机电话 CDMA 的著名高通（Qualcom）公司，1985 年由以 Irwin Jacobs 博士为中心的七位成员成立，1988 年，发表了 CDMA 的概念，1995 年 CDMA 服务在中国香港开始提供后，陆续在韩国、美国、日本展开，扩大了整个手机和终端通信设备的业务范围。但是此后，手机终端部门 2000 年被京瓷所收购，通信设备部门又在 1999 年卖给了爱立信。此后，CDMA 技术相关的专利许可费成为该公司的重要收益源。该公司 2007 年的销售额为 89 亿美元，其中 35% 是专利许可费❷。

与企业特定的技术范围内的业务活动相脱离，并由其他公司继续实施的情况称为分拆（Carve Out）❸。这是企业将判定的非核心业务与主营业务分离开，成立新创公司的一种方法。这时，企业也会考虑让本公司员工成立新创企业，

---

❶ 是指 2011 年 10 月 13 日《读卖新闻》题为 "眠る特許中小が再生……富士通の技術、抗菌商品に" 的报道。其背景是作为开放部分专利介绍给中小企业的牵线项目中的一环，日本近畿经济产业局把该案例作为具有代表性的签约许可之一进行了报道。

❷ 在本书的第七章将详细介绍关于高通公司利用与标准技术之间的巧妙的关系实施知识产权战略，并受到关注的案例。

❸ 木嶋豊（2007）『カーブアウト経営革命—新事業切り出しによるイノベーション戦略—』東洋経済新報社。

由母公司出资并参股到新创企业中的方式。如果新创企业成功，母公司可以将其纳入到本公司中，也可以通过 M&A 或者公开新股的方式获得收益。这也是一种对有可能埋没的知识产权进行利用的方法，需要根据所期待的分拆新创公司的未来可利用性与新创公司的自主性之间的平衡状态，母公司综合判断应该如何处理拥有的知识产权，以及在怎样的条件下可以被新创公司所使用等。

在日本也有针对这样的分拆新创企业的投资基金❶，由于从大企业脱离出来的案件没有太多，所以也没有较为突出的成功案例。案例比较少的背景在于这些企业大多会考虑约定如果分拆新创企业失败，该新创企业的工作人员最后通常还是会被母公司接纳，但如果是这样，那不如在本公司开展相关业务，还可以避免复杂的人事关系处理问题；此外，还有些企业考虑技术的整合性较高，相互依存性大，难以切割等，最终放弃。但是在 2010 年之后，大学的创业孵化机构中，出现了从大企业分离出来的分拆新创企业的案例，此外也出现了一些对分拆新创企业的支持事业，比如雇佣那些拥有公立研究机关必须要雪藏的拥有研究种子的研究人员，为新创企业的研发活动提供支持等❷。

■ 半导体行业的知识产权许可商务

许可商业的展开：得州仪器公司、ARM、高通、Rambus、Taiwan Semiconductor Manufacturing Corporation、United Microelectronics Corporation、Acorn Computer、苹果电脑、VLSL Technology、IBM

1958 年 Jack Kilby 入职得州仪器公司（Texas Instruments，TI），当年夏天，发明了半导体集成电路。而这个发明就是后来在半导体业界通过专利许可的方式为 TI 带来了巨大收益的 Kilby 专利（US3138743 号"Miniaturized Electronic Circuits"）。Kilby 在 2000 年左右获得诺贝尔物理学奖，TI 对该专利进行了专利战略部署，通过专利分案申请，推迟了分案后的专利确权时间❸，从而使专利权有效期限的 20 年之后，在半导体和集成电路普及期间，仍然持续持有有

---

❶ 三菱商事株式会社与日本政策投资银行，联合设立了日本最初的支持强化电子产业及高新科技产业的竞争力的创业专用基金，并共同成立了"株式会社 Technology・Alliance・Investment"（2004 年 11 月 1 日新闻报道）。

❷ 产业技术综合研究所的新创企业培养项目的对象中也包含这一事例。

❸ 1960 年在日本申请的"半导体装置"（特许第 320249 号），在 1965 年进行了公告，但由于被多次提出异议，最终 1977 年才获得专利授权。这一权利有效期持续到 1980 年。但是由于进行了专利分案申请的"半导体装置"（特许第 320275 号），收到专利申请驳回决定后，又提起了复审等程序，最后 1989 年专利获得授权，其权利有效期一直维持到 2001 年。

第六章　知识产权许可中的独占性与开放性

效的专利权,并因此获得了高额的专利许可费❶。TI 将这些专利与英特尔公司签订了交叉许可,要求日本和韩国企业支付许可费用,其金额多达数百万美元,据说这份收入在有些年份超过了纯收益的 50%。❷

在 TI 的成功事例之后,半导体行业周围领域出现了专门以专利许可获取收益的 ARM 公司以及此前提到的高通公司、Rambus 公司等代表型企业。进入 20 世纪 80 年代,在半导体行业开始登场的无晶圆半导体制造商,以及以中国台湾 Taiwan Semiconductor Manufacturing Corporation(TSMC)、美国 United Microelectronics Corporation(UMC)等为代表的芯片制造商,也逐渐从日本企业擅长的垂直统合型分工开始转变为水平分工。但直到 20 世纪 90 年代,在半导体业务的标准必要专利等知识产权方面,一种新的商业模式——IP 供应商作为水平分工的一部分的出现才是知识产权许可商业繁荣的真正原因。

ARM 公司是的前身是 Acorn Computer 公司,当时从 Acorn Computer 公司剥离出来后,苹果电脑以及 VLSI Technology 公司于 1990 年合资创建的新创企业,2011 年其员工人数达到 1700 人。ARM 公司商业模式的核心业务不是半导体芯片的制造与销售,而是 IP 的设计与许可,顾客利用 ARM 的 IP 设计,对芯片上系统进行设计与制造,ARM 获取知识产权的许可费,以及从生产的每个晶粒或芯片中收取使用费。通过这样的商业模式,使世界上 95% 以上的手机,以及 1/4 以上的驱动系统使用了 ARM 公司的知识产权许可。1998 年 4 月 17 日,该公司同时在伦敦证券交易市场和美国纳斯达克上市❸。

同样,1990 年所成立的 Rambus 公司,主要从事的是高速芯片传感器的开发与设计,自己并不制造和销售,是一家专门从事专利许可的公司,1997 年也在纳斯达克上市。使用高速芯片传感器技术设计的内存不仅仅可以用在电脑上,也可以用于 PlayStation 和任天堂等游戏机上。2011 年 4~6 月所发布的销售额达到 6620 万美元,使用费的销售额为 6100 万美元❹。在半导体业界,被称为 IP 供应商的业态在 20 世纪 90 年代开始植入整个产业结构,可以说知识

---

❶ 多个半导体制造商在支付许可费中,只有富士通起诉未侵犯专利,其结果是,2000 年日本最高裁判院最终支持高级法院的判决,认为特许第 320275 号专利无效,富士通获得了胜诉。根据日本专利法,出现过法院无法对专利的无效理由进行判断的判例,至此虽然沿袭了这一判例,但此次判决改变了判例的方向。由此,日本专利法第 104 号的 3.1 项中就增设了在有关侵犯专利权或者专有实施权的诉讼中,当涉案专利经过专利无效宣告程序被无效后,专利权人或者专用实施权人就不能再对对方行使其权利的内容。

❷ へんりー・チェスブロー(2006)「知的財産のための流通市場の出現に関する調査レポート」平成 17 年度(独)工業所有権情報・研修館請負調查。

❸ 参照 ARM 公司主页资料"ARM アーキテクチャの歴史—誕生から株式公開まで—"。

❹ 根据 Rambus 公司 2011 年度第二季度(2011 年 4~6 月)发表的业绩(2011 年 7 月 21 日)。

产权的许可商业活动由此一举兴起并形成了巨大的市场。

美国专利申请中突出的 IBM 在这一时期的专利许可收入也随之激增，1992 年 15000 万美元的专利许可收入，到 1995 年达到 8 亿美元，从 1999 年到 2001 年，每年则获取高达 58000 万美元的专利使用费。可以认为，半导体业界的水平分工提高了知识产权的流通性，知识产权价值也得以提升，IBM 的收入也由此提高。

这样，新出现的 IP 供应商的新兴业态，现在也是下一个时代半导体创业企业所向往的理想模式，预计今后还有更多的厂家进入。由于 IP 供应商的发展壮大，在这一业界，知识产权的流通会变得越来越频繁。

■ 美国新创企业的许可战略

血糖仪：雅培（日本）、尼普洛、雅培、Therasense、Ephraim Heller And Company

DNA 合成：Codon Device、Alloy Ventures、Flagship Ventures

2011 年 2 月，雅培（日本）（Abbott Japan）与尼普洛（Nipro）在日本发布了新血糖仪 FreeStyle Freedom Lite。这个检测仪不用进行矫正，只需要很少一点类似于被蚊虫叮咬的血液量就可以进行血糖测量，可以减轻需要频繁监测血糖值的糖尿病患者的痛苦。这个产品是雅培糖尿病护理（Diabetes Care）业务部的产品，雅培公司是在 130 个国家和地区拥有 9 万多位员工的全球型企业。而事实上，开发这个产品的是 2004 年被雅培收购的新创企业 Therasense。Therasense 是 2000 年 11 月公开股份的新创企业。该公司一直在世界范围内进行产品推广，但在 2010 年才得到了日本医疗设备的认可，所以在日本市场的产品发布晚了 10 年。

事实上，这个 Therasense 公司最初是从 Ehpraim Heller and Company（EHC）的控股子公司开始发展的[1]。该企业的创始人 Ephraim Heller 获得了哈佛大学的物理专业和耶鲁大学商学专业的双学位。他在一家瑞典籍的市场公司工作了 2 年后，加入惠普公司，担任微型计算机的项目经理，1991 年创建了 EHC 公司。Ephraim Heller 的父亲是在电气化学领域非常有名的学者 Adam Heller。Ephraim Heller 通过大学的知识产权本部或技术转移机构（TLO），从当时还是得克萨斯大学教授的父亲 Adam Heller 那里获得了两项研究成果，一项是用光触媒来分解溢出石油的技术，另外一项就是血糖仪的技术。前者获取

---

[1] 渡部俊也，隅藏康一（2002）『TLOとライセンス・アソシエイト—研究者と産業界の橋渡し役—』BKC。

了专用实施权，后者获取了专利权的转让。这样，加上对光触媒技术的派生技术，以及在本公司进行专利申请的空气清新器技术，一共拥有了三项专利技术，在EHC公司下就设立了三个子公司，然后将这三项技术分别归属于不同的子公司。这是为了让对不同的技术感兴趣的投资家更容易投资而设立的。也就是说通过"专利=技术=企业"的形式，让专利的价值更容易被评估，也最大程度上提高了融资的可能性。

结果，石油溢出处理的业务与空气净化器业务没有能够顺利开展起来，而血糖仪业务将商业模式进行了更新，获得雷曼兄弟风投和其他投资公司总额高达6200万美元的融资，整个业务发展非常成功，最终顺利上市。该案例可以理解为是一个从高校获得专利许可，以及通过子公司经营等优化组织设计，最终获得融资成功的知识产权管理案例。

此外还有科登设备公司（Codon Device）的案例，虽然不能够称为成功的案例，但在运用知识产权管理方面有其独到之处。科登设备公司是2004年在波士顿剑桥市根据前沿合成生物学（Synthetic Biology）DNA合成技术所成立的新创企业。因为聚集了明星学者的高端科学技术顾问团队而备受关注，也吸引了Alloy Ventures和Flagship Ventures等大型风投公司的3100万美元的投资，可以说以非常高的规格起航❶。但雷曼事件后，2009年4月公司决定进行清算之后宣布破产。其中背后的原因包括业务计划推行缓慢、预见偏差、投资环境恶化、资金周转不良等。这一新创公司在其知识产权战略上也进行了很大的布局，由于合成生物学的DNA合成技术可以使用在哪种工业用途上，前景并未明了，所以申请了"Green Field Exploration"——高期待但还未进行实证领域的探索性知识产权。另外，风投公司也要求其建立有远景的知识产权战略。

科登设备公司在第一年为了获得20余个专利许可就花费了数百万美元。在此后的2~3年申请了50多个专利。为此，公司内部专门雇有专利顾问，每年大概20%的预算用在知识产权管理上。当时召开高端科技会议也是为了专利布局。也就是说，科登设备公司通过产学合作以及从风投公司获得丰厚的资金，试图通过知识产权对前沿的基于合成生物技术DNA实施垄断。这样的目的在具体的知识产权管理之中，就体现为当时科登设备考虑削减专利许可的费用，通过限定专利许可的应用范围进行减负，以及在知识产权保护水平较低的新兴国家申请专利时探讨申请的程度，随着应用范围和实用性的明朗化，然后再选择当时所申请的专利是否继续维持还是放弃。关于后者，他们会对所有申请的专利进行全方位探讨，然后再对其中有希望的部分进行选择。

---

❶ Joseph B. Lassiter and David Kiron (2006). *Codon Devices*, Harvard Business School Case.

最后，由于科登设备公司当时的业务计划需要持续性的高额资金的投入，2009 年对公司进行了清算，但此后也对所构建的知识产权进行打包卖给了其他公司。其中一部分也被当时参与投资的风投公司 Flagship Ventures 收购了，这些专利后来被运用到其他的新创企业中[1]。

对于这样的高科技创业企业，专利等知识产权是公司从创业前到清算后一直进行管理的对象。而这些也正是一直都被期待得以运用的知识产权。为了运用这些知识产权需要全方位地考虑所有的方法和手段，如接受方必要的组织结构的准备、专利联盟的申请，以及细心周到的维护等。投资方的风投公司也非常重视对知识产权的评价，其战略高度越高，期待值也越高。

■ 技术结构与许可

在直线的对应关系图上，产品的功能要素与多个结构要素左右展开（横轴与竖轴），功能与结构的关系为一对一的简单构造时，被分类为组合型结构设计；而如果关系复杂时，则分类为统合型结构设计[2]。这种时候，结构设计中的统合程度表示为连接结构要素的直线数量[3]。

藤本根据问卷调查研究了不同的行业技术构造的差异，其中统合度最高的产业为测量仪器、钟表等精密仪器，以及小汽车、大型货车、摩托车等运输机械。一方面，在电机产业中，虽然也包含有诸多统合型因素，但很多行业领域还是被看作为组合型结构设计。此外，日本企业中技术结构的统和度与出口竞争力成正相关关系，因此被考虑为日本企业的强项所在[4]。日本企业竞争力是通过由高统和度的复杂技术所支撑的高度的商业秘密，以及垂直统合型组织结构所获得的，这种认识也广泛地被接受。但另一方面，这种技术结构特征在某些方面不太适应那些需要从外部导入技术，并且高频利用外部技术的开放式创新。比如，对于统合型产品来说，由于其产品的结构设计需要零部件之间的高度依附度（互补关系），因此在零部件之间的交界面上要求其具有跨企业开放

---

[1] 根据笔者对 Brian Adams 的访谈（2010 年实施）。

[2] T. Fujimoto (2007). Architecture – Based Comparative Advantage: A Design Information View of Manufacturing, Evolutionary and Institutional Economics Review, Vol. 4, pp. 55 – 112 中引用的 J. Goepfert and M. Steinbrecher (1999) Modular Product Development: Managing Technical and Organizational Independencies。

[3] 藤本隆宏，武石彰，青島矢一編 (2001)『ビジネス・アーキテクチャー製品・組織・プロセスの戦略的設計―』有斐閣。

[4] 藤本隆宏他 (2005)「製品アーキテクチャの測定に関する実証分析」東京大学 COE ものづくり経営研究センター MMRC Discussion Paper No. 26。

性是比较困难的❶。这种时候，开放式创新的机会就会受到限制❷。另外，如果每个零部件都被模块化，同时零部件之间的交界面被标准化，就会存在多个开放式创新的机会。也就是说，是否适应开放式创新战略，主要还是依据设计思想特征。这样，企业的技术结构特征，才有可能对技术的外部调配以及外部组织对技术的利用产生影响。

虽然与产品的设计思想并不直接有对应关系，但从专利信息上所带有的国际专利分类（IPC 分类）可以获得某企业所实施的技术开发是跨多个技术领域，还是集中在某个特定领域等信息。从这样的数据中，还可以获得企业所有的关键技术间是否具有较强的依附关系等信息。特别是当关键技术之间相互依附度高的时候，对其他公司的技术许可，以及获取其他公司的技术许可都是比较困难的。

这样有关技术结构的信息，可以通过专利申请信息分析其技术间距离而得到。首先组织内部的技术关联性可以用如下公式定义。

$$C_{ij} = \sum_{k=1}^{n} W_{ik}W_{jk} \bigg/ \sqrt{\sum_{k}^{n} W_{ik2} \sum_{k=1}^{n} W_{jk2}}$$

C_{ij}：技术分类 ij 间的技术之间的距离；

W_i 和 W_j：技术分类 i 以及技术分类 j 同时被赋予的专利数量；

n：技术分类的数量。

在这里公式中的 i、j 以及 k 都是指代各个 IPC 分类。

W_{ij} 为 IPC 分类中的 i 和 j 同时授权的专利数量。n 是作为评价对象的技术分类数量，根据组织不同，n 的数量有可能增减。比如假设全部的专利分类即便有 10 万个，实际上 A 组织（致力于汽车发动机开发的企业）的授权专利分类为 300 个，那么，在分析 A 组织时，n 就是 300。

图 6-4 是汽车制造商 A 公司与电机制造商 B 公司过去 10 年核心技术间距离的测量结果。数值越大，表示技术距离越近。可以看出，相对而言，电机制造商的核心技术间距离较远，而汽车制造商是以技术间距离非常接近的技术组合（特别是发动机周边主要技术间的距离显示为 0.8 这样一个很高的数值）为主，因此从整体上可以认为汽车制造商的技术间距离都比较接近。这种技术间距离的差异主要是因为汽车厂家的技术体系在制造技术与功能之间的关系上

---

❶ 藤本隆宏（2003）「組織能力と製品アーキテクチャー下から見上げる戦略論—」『組織科学』第 36 卷第 4 号，pp. 11 – 22。

❷ 也有观点认为汽车制造商体系交易是开放整合型技术体系的成功模型。延岡健太郎（2010）「オープン・イノベーションの陥穽—価値づくりにおける問題点—」『研究・技術計画』第 25 卷第 1 号，pp. 68 – 77。

属于具有复杂性特征的统合型技术体系，因此专利相互间的平均依附度较高，而电机厂家的各个技术相对较独立，也就是所说的具有组合型技术体系的特征。但是，这样的特征也会发生变化，最近汽车厂家的核心技术间距离有加大的倾向，如在电动汽车等开发领域，技术间的相互依附度就有减弱的倾向，今后可能会更偏向于组合型技术结构特征。

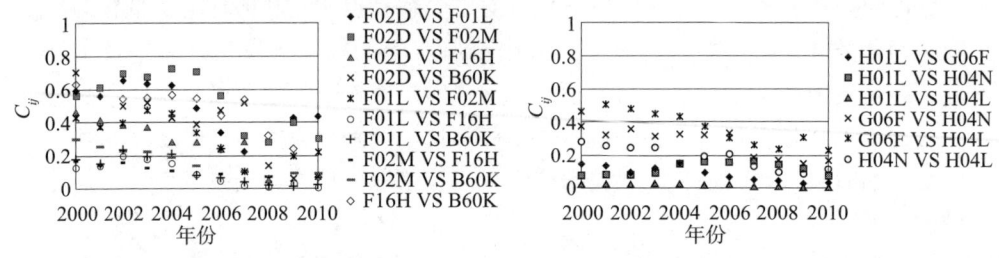

（a）车辆主要5个技术之间的距离变化　　（b）电机间的主要四个技术距离的变化

图6-4　汽车制造商与电机制造商的主要技术之间的距离的变化

技术结构依据外部技术的调配、技术外部分拆方式的不同而不同。对本公司的技术进行许可或者转让时，如果企业的技术结构特征为技术间依附度较小，那么一项技术与哪个功能具有怎样的关系，以及技术间的关系都比较容易判断，将该技术许可给其他公司使用时对本公司业务的影响也更容易把握。但是，如果企业的技术结构特征为技术间依附度较高，就很难进行相同的判断，很可能无法判断大概会带来怎样的多大范围的影响。由于存在这样的差异，所以通常那些拥有技术相互依附性较高的技术结构的企业，会产生更多的未使用专利。在获取和导入新技术的时候，由于需要与现有技术保持较高的依附度，所以，不是直接利用引进的技术，而是将引进技术进行二次开发使之能够更好适应现有组织的内部技术。这就是开放式创新成本升高的直接原因。

作为日本企业强项的统和型度较高的高成熟的技术体系，容易产生相互依附度高的技术结构，从开放式创新的适应性来看，该技术体系与开放式创新是完全相悖的。因此知识产权管理需要采取适应技术结构的管理方法，如果是在技术结构上难以分割的技术，牵强地进行转让，或者将其专利权转给专利流氓，反而有可能使本公司面临诉讼的风险。关于这一点，知识产权管理人员要掌握好本公司的技术结构、专利数据等信息，并需要准确预测在实施各种知识产权管理措施时的影响。

三、构建国家创新体系的知识产权许可

通常情况下，我们会期待政府资金或者大学的研究成果能够为国家技术创新作出贡献。但是，国有研究机构或者大学，即便能够从事研发活动，并获得知识产权，由于难以实现商业化，并不能够按照预期与企业签订许可协议，引导企业的创新活动。这时，各国可以开始考虑制定知识产权许可的结构、许可规则，并使其成为国家创新体系的重要构成部分。

在此，我们将进一步论述在国家创新体系中的知识产权许可。

■ 受国费资助的研究成果的转移方式：对拜杜法案的理解与知识产权管理[1]

国费资助所获得的研究成果，可以同民间的研究成果一样，通过适当的管理而获得知识产权保护，并与其他外部组织签订许可协议获得相应的报酬。国费的研究成果，最终本来及应该以某种形式以还原于纳税人的方法予以利用，并且也应该向能够期待这种利用的方向进行许可实施成果转移。关于这一点，与民间研发资金的成果转移的出发点是不一样的。知识产权在企业或者组织中的利用非常复杂，签订了许可协议，并不意味着该技术一定能够得以运用。相反，很多时候会申请防御性专利以防止其他公司利用自己的专利技术。因此那些好不容易使用国有经费所开发的技术并不能够得以很好地利用。所以，要明确对什么样的企业进行怎样的许可并不是一件容易的事。

在寻求这一问题的答案时，可以将围绕美国的拜杜法案（Bayh Dole Act）的探讨作为参考。美国1980年12月12日通过的拜杜法案，在原有的专利法的基础上，加入了新的条款，为了促进政府资助的发明成果的转移转化，建构了大学可以自行管理研究人员专利的体制。这一法案在当时共和党的总统候选人 Bob Dole，以及与时任总统里根竞争民主党党代表的上议院议员 Birch Bay 的促进下通过了议员立法。这一制度为美国的经济发展作出了贡献，使美国在生物技术领域成为世界的引领者。

在日本，根据产业活力再生特别措置法（1999年实行，2003年修改）的第30条，国家资助的大学研究成果的专利运用，由被委托研究的大学主导实施，实质上与大学固有的专利采用同样的利用方式。这一条款，从与美国的拜

---

[1] 渡部俊也（2009）「大学の知財力—技術の不確実性を削減する組織の能力として—」『日本知財学会誌』第6巻第1号，pp. 7–48。

杜法案相类似的制度这一层面上讲，被称为日本版的拜杜法案。

拜杜法案的目的是，认可大学收取许可费用，在最优化地引导研究成果商业化的过程中给予经济性诱因。但是目前，大学并没有考虑通过对知识产权实施管理而获取经济利益。从大学整体上看，由知识产权带来的收入，对大学的财政产生较大影响的案例并不多，这一点美国也是类似的。之所以认为研究成果的个人归属应该交由机构管理，与其说是从经济的角度考虑的，不如说是基于以下三点的权衡：①1980年的科学技术基本法之后，日本国税对科学技术振兴的投入成果事实上是归属于教师个人的，为此，考虑到这一情况在解释责任上是纳税人所不希望看到的方式；②作为日本国税在投入后的研究成果，如果仅仅只在公共出版物上进行公开，那么就有可能使技术向日本国外流出（如果是授权专利，则会防止这一现象出现）；③作为日本国税投入结果的研究成果，在还未达到实用阶段需要追加研发的时候，大学进行适当的专利许可，就可以成为企业追加投资的诱因，从而促使研究成果尽快回报社会。第①点的问题可以通过权利归属机构所有而得以消除。关于第②点，在日本国外申请专利也变得非常重要（在这一层面上，本应向日本国外申请专利的研发成果，是否完成申请这一点很重要）。然后关于第③点，其目的可以理解为最大限度通过利用专利的技术垄断机会，引发企业的商业化动机，降低大学技术的不确定性。

在讨论围绕拜杜法案的国有经费所资助的技术转移后，针对我们应该以怎样的思路进行国有经费资助的研究成果的许可，虽然还不太清楚具体方针，但也逐渐变得清晰起来。判断研究成果商业化的可能性时，或者即便该成果并不是出于学术目的，在其研究过程中所派生出来的知识有可能运用于产业时，就有可能探讨通过专利申请获取知识产权保护。即便不作为知识产权获取保护，一旦研究成果以论文的形式在公开出版物上发表后，这一知识将来也有可能为实业界所利用。但这种时候，就不能保证与日本就业率的提升或者与增强日本的国际竞争力之间有必然的关联性，也有可能只在日本以外的国家使用。有时，日本企业也关注了这些研究成果，但是由于商业化过程中，需要增加投资变更生产线，或者将新功能产品导入市场，企业内部就要权衡是否能够通过该技术商业化获得相应的经济回报。由于如果没有专利保护，进入壁垒又低，竞争对手就很容易模仿，这时需要的投资越大，企业就越踌躇。在需要巨额研发投资的医药等行业，这一倾向就非常显著。这一点，有专利的保护，就能拥有一定期间的垄断和优先权的技术，更有可能激发企业的投资意愿。因此，在国有经费所资助的研究成果中，如果没有专利保护，技术商业化的可能性就会降低；反之，通过专利保护就可以提高其商业化的可能性，因此在大学内部承担科研成果知识产权管理的部门就应该积极地推进专利申请。

这种时候，如何考虑知识产权的管理成本就成为重要的议题。现在，很多大学中设置有知识产权本部或者技术转移机构专门从事大学科研技术的转移转换，但许可收入和专利申请费用相抵后，很多时候则是亏损状态。但仔细考虑一下，为了获得研究成果所花费的研发费用比这些费用高得多，重要的是通过大学知识产权本部或者技术转移机构的活动，能更高效的对这些投资的研究成果进行利用，在考虑国家创新系统之上，大学知识产权本部和技术转移机构的活动本身盈利的重要性就不那么强了。日本基于科学技术基本法对研发活动进行了大量投资，这些成果要通过推进知识产权管理和技术转移活动来回报社会，所产生的相应成本，就成为回馈社会的增加部分。

这样的思路如图 6-5 所示。就是对是否能够提升根据"对科学技术的投资" α + "知识产权及技术转移策略" β 所诱发的"社会回报的增加部分"（$Y \to Y + \Delta Y$）的效率 $[(Y + \Delta Y)/(\alpha + \beta)]$ 的评估。

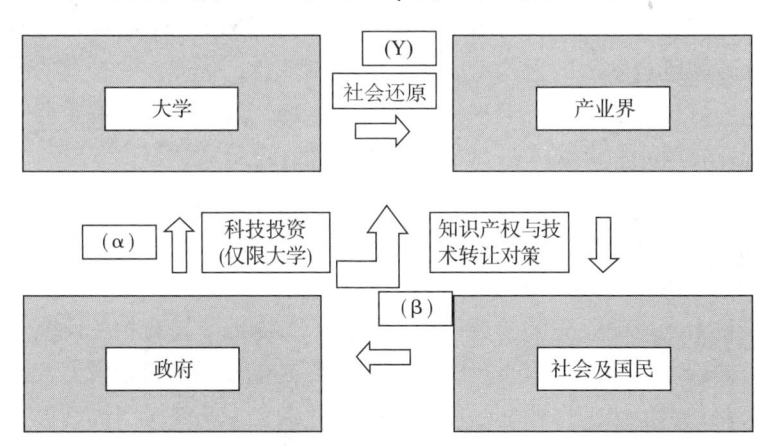

图 6-5 大学知识产权管理与技术转移功能的社会还原的定量评价

这种时候，ΔY 是为了防止技术流出所增加的值，β 是 TLO 等活动能够盈利时可能接近 0 的值。此时，E（没有产学合作的时候）= Y/α < E（有产学合作时）=（$Y + \Delta Y$）/（$\alpha + \beta$）是必需的。这种意义上，在盈利范围内，就可以允许投入成本进行专利申请或者产学合作体制建设。

此时，即便是申请了专利，但如果专利是无效的就没有任何意义。法律的有效性很高，通过申请技术利用价值较高的专利权，才会提高有意义的技术转移的可能性。因此要求实施知识产权管理的机构也需要具有申请高质量专利的能力。这样，国有经费资助的研究成果获得专利保护的时候，在向纳税人的解释责任上、国内制造业和服务业的就业率贡献上（对进行商业计划的企业实施许可），以及最终国家税收的增加上都是最理想的。并不是说，相比非日本籍的企业而言，更渴望向日本籍企业进行技术转移。即便是日本籍企业，也有可能制订在日本以外的生产计划，日本籍以外的企业也可能在日本国内提供服务。美国的拜杜方案会优先考虑可能在美国国内产生就业机会的被许可方，也就是说尽管有优先美国制造（US manufacturing preference）的方针，也不是说优先美国国籍，无论哪个国家的企业，都希望其能够在美国制造更多的雇佣机会。无论国籍，只要是抱有亏损部门的大型企业，从降低成本的角度考虑，很有可能选择新兴国家或者发展中国家作为生产基地。因此，也可能希望向那些能够保证某种程度的收益能力，将核心的高科技技术留在日本国内生产的企业实施技术转移。

如果是大学新创企业，可以通过建立强化某项技术的商业模式，提高就业率。实际上，在美国的拜杜法案中，最开始考虑的是优先（Perference）向中小企业进行技术转移。包括现在，也有美国大学专利很多许可给了大学新创企业，与大企业相比，这些中小企业更多签订的是独占式许可协议。从这点上看，美国在国际竞争力的建构上，优先国内制造业，优先创业企业的技术转移策略事实上好像是成功的。但这也是相对而言的，还是需要把握企业对技术关注的情况，在辨别企业技术外流的可能性方面作出最大的努力。

根据产品和服务，也有的技术在国内商业化的可能性较低，或者几乎没有可能性。如果雪藏这些国有经费的研究成果，不如向国外进行技术转移使其实现商业化，获得的许可费用同样可以回报研发投入，提高国际竞争力。同时，通过在该技术领域的领先消费者使用这些技术，也可以提高相关研究人员的研究水平。被许可方为日本籍企业时，可以期待该企业提高其竞争力，还可能增加该公司在日本国内的事业部门所提供的就业机会。此外，当被许可方为非日本籍的企业时，以及没有垄断性合约条款等特殊的理由，不认可其实施也是不恰当的。国有经费所资助的研究成果，只要不在现在限制出口项目的范围内，也需要考虑互惠原则。特别是非独占性合约，只要不妨碍此后国内企业的实施就没有问题。

国有经费所资助的研究成果的转移，最大的问题还不是实施权的许可，而是专用实施权的设定和权利转让。特别是向非实施方转让专利权的时候需要特别慎重。向所谓的专利流氓转让专利权时，有可能是由日本企业或者在日本能创造就业机会的潜在的被许可方具体实施。这种时候需要特别仔细研讨。

另外，关于大学或者公立研究机构与企业共同申请的专利，受到专利法第73条规定的影响，由于大学很难将专利许可给其他第三方公司使用，所以，通常情况下会将持有的专利转让给共同申请专利的企业，从而获取相应的报酬。但是这种时候，通过转让可以预见性促进专利的利用情况和作为防卫专利持有的情况，在国有经费所资助的研究成果的许可成果这一点上有较大的差异。如果某专利是作为防卫专利所持有的，那么从促进国有经费资助技术的商业化的观点来讲，是不希望其妨碍新创企业的技术商业化的。有关国有经费资助技术的专利权转让，2010年4月日本政府本来规定在知识产权转让时，事先就需要获得日本政府的认可，从国家利益的角度对权利转让进行了限制。同时还规定了专利受让权的所持份额的转让❶。但是，国家应该如何判断有问题的权利转让，本身就是一个非常困难的课题。这一点需要今后进一步探讨。

■ 受国费资助的专利的许可协议

TFT液晶显示屏：东京工业大学、三星电子

东京工业大学的细野秀雄教授等发明了高性能的薄膜半导体管（TFT），并由此申请了专利。2011年7月20日，科学技术振兴机构（JST）和东京工业大学发布的与三星电子签订该专利许可协议的一事备受关注❷。该技术是1995年发明的，在室温下制作使用铟－钾－锌－氧的TFT，细野教授于2004年在英国科学期刊Nature上对该技术进行了发表。与在此之前的显示屏上所使用的非晶硅相比，电子移动可以提高10～20倍，由此获得完全不同的高分辨率，并且由于可以在低温环境下的塑料片上进行制作，也受到了很多企业的关注。与该技术相关的专利有JST的基本专利、JST与企业A的共同专利，以及企业A的相关专利等20多件（JST关联专利），以及东京工业大学与企业B的共同专利50多件（东京工业大学相关专利），共计70余件专利，且成功获得多个国家的专利授权。在各国顺利获得专利权的过程中，只有在韩国被提出无效宣告请求，一开始没有获得专利授权，后来提起了行政诉讼才得以确权。许可的开展首先是对5家日本国内、1家日本国外的溅射靶的制造商进行了靶材料的非独占式实施专利许可（JST相关专利20余件），此后，针对使用该材料的TFT制造商的许可请求，特别是对世界上TFT液晶屏幕的最大制造商三星公司的许可请求，与之缔结了非独占式协议。通过对市值10亿美元的显示屏市场的开拓，今后预计会签订更多的许可协议。

在该案例中，首先与日本国内5家靶材料制造商签订了许可协议。这一点

---

❶ 根据2012年的修改，增加了"在转让专利权或者利用专利权之权利上，设定相关政策或者准备转让专利权时，除开由于合并或者分案专利的转让或者政令已有规定对该专利权的运用没有障碍的情况，约定被委托方需要预先获得国家的认可"的条款。

❷ JST新闻报道（http：//www.jst.go.jp/pr/announce/20110720-2/index.html）。

某种程度上可以说是在对提高日本国内就业机会的期待下所先行签订的许可协议。此后与三星的许可协议中，由于直接创造日本国内就业机会的可能性较低，因此并不包括溅射靶材料的专利许可，可以看出只要三星通过利用该技术生产显示屏，就会用到包括日本在内的溅射靶材料供应商的材料。这一点与英特尔将电脑的母版技术提供给中国台湾的制造商，而自己集中扩大 MPU 市场的案例相类似❶，是一种开放式创新的战略结构。本来，TFT 液晶显示屏的市场有 43% 由三星和 LG 等韩国籍企业占领，另外的 40% 由中国台湾地区企业占领，而日本企业在其中仅仅占 5%，从"选择更期待的被许可方上"看也是一个明智的选择。

本来在 TFT 液晶领域中，一些日本企业率先获得这样的前沿技术许可，可以挽回一些市场，也是不错的❷。这一事例中，由于日本企业在三星公司之前就进行了开发，因此没有获得许可，为此也有人开始担心日本企业的研发能力下降。另外，近年来，除三星之外，如中国等新兴国家的知识产权管理能力明显提高，在本案例中，三星公司即便遇到困难，谈判也会迅速开展，其决策非常快速。这一点也给日本企业提出了新的课题。本来，日本企业在获得专利后，虽然可以提高该日本企业的国际竞争力，但即便如此也不能很大程度上提高国内的生产力。如上述，美国在类似案例中，很多时候是成立大学创业企业。这种时候，美国大学通常会签订独占式许可协议。在这一点上，日本对于有希望的技术诞生时，通过创业公司来实现其商业化的机制比较匮乏，这也是日本社会应该要考虑的课题。但是，一方面，向创业公司进行技术转移可能扩大国内的就业机会；另一方面，也会存在有高风险。另外，创业公司有可能最后被某家外资企业收购，因此，也不能片面地认为向创业公司的技术转移就一定可以增加国内就业机会，可以强化日本企业竞争力。

应该注意的是，该案例中将企业与大学、政府机关（JST）的共同专利许可给三星公司，是由 JST 代表全权进行谈判的。在该案例中，可以想象会出现如企业 B 出于对本公司业务关系的考虑不接受许可的可能性，以及许可后的利润分配等各种各样的问题，最后，该协议应该是逐一解决了这些问题之后所签订的。企业与大学的共同专利中，经常会针对专利不实施的补偿进行磋商，也有大学将本身所持有的权利份额转让给企业。然而在这一案例中，如果有的大学将所持有的权利份额转让给企业，有可能就无法达成这次的许可协议了。本

---

❶ 小川紘一（2009）『国際標準化と事業戦略—日本製イノベーションとしての標準化ビジネスモデル—』白桃書房。

❷ 此后，夏普公司等日本制造商也签订了合约。

案例中还蕴含了对所期待的共同专利的管理方式的启迪。

不管如何,在转移国费资助的研究成果的专利权利时,寻求的是依据详细的市场信息签订战略性的许可协议。即便是国费资助,即使只能在日本国内寻找被许可方,在越来越全球化的世界中,限制重要技术的使用范围是完全没有意义的。另外,从对纳税人的解释责任的观点上看,不用说,战略性地建构平衡各方利益的许可关系也是必需的。换句话说,在对国费资助研究成果转移的管理上,需要能够运用一些智慧合理地向纳税人进行解释。

■ **高校的技术转移转化**

有关转基因技术的专利许可:斯坦福大学

加利福尼亚大学、斯坦福大学 OTL、Genentech

在美国,从大学知识产权开始发起的产学合作案例大多是由大学的技术专利办公室主导的,其中不乏很多成功的案例。在20世纪80年代之前,美国的科技成果转移的专利化进程也非常缓慢。20世纪70年代通过少数的技术转移经理的积极运作,也出现了一些成功的案例,由此开始获得大众的关注,最终带来了上述的拜杜法案的出台。也就是说,20世纪70年代的技术转移经理的积极运作,在创新上讲是有效的,并且获得了社会的认可。20世纪70年代的运作中,最著名的成功案例是由美国斯坦福大学的 Stanley N. Cohen 和美国加利福尼亚大学的赫伯特·博耶(Herbert W. Boyer)所主导的关于转基因技术的专利许可。后来建立斯坦福大学的技术转移办公室(Office of Technology Licensing, OTL)的尼尔斯·雷米尔斯(Nils Reimaers),在1974年通过报纸第一次了解到该技术。当时尼尔斯·雷米尔斯希望该技术获取专利,并推广到社会上去,但是当时的大学研究人员普遍还没有形成通过获取专利授权并由此获取经济收益的想法,作为学者的博耶教授当时也对获取专利有些抵触。尼尔斯·雷米尔斯因此也专门就该技术的实用性以及回馈社会方面,与博耶教授多次开会讨论以怎样的方式回馈社会才是最优的选择。雷米尔斯的主张是"即便我们最终的目的既不是获取专利授权,也不是专利许可。目的在于让诞生于大学的这些技术能够回馈社会,但因此需要做好确权和合同的准备。专利仅仅只是手段而已"。最终,离专利申请期限仅仅只有一周左右的时候,博耶教授接受了专利保护、合约等实际上是技术商业化的一种手段的观点,同意申请专利。结果,斯坦福大学的 OTL 将该专利非独占式地许可给467家公司,获得了超过200亿日元的许可费用。此后,1976年博耶教授以该技术为支撑,成立了 Gennentech. Inc. 公司。该公司在抗体医药品上获得了不菲的业绩,2007年的销售额达到8500亿日元,纯利润就达到2400亿日元,成为当时总价值超过 11 兆日元的世界第二大生物公司。

据说雷米尔斯向博耶教授要求该技术专利化时,博耶教授反对地说,该技术要推广实用,至少还需要 20 年时间。为了促进高不确定性技术的商业化,其中的技巧就在于许可战略。雷米尔斯并没有将许可条件单独拿出来进行谈判,而是事先明确了其利用的方法。也就是说:①如果是基本的转基因的产物,需要向斯坦福大学支付通过销售链接不同种类的 DNA 的媒介物以及导入该媒介物的微生物所获取的利益的 10%;②如果是中间商品,也就是说消费者不直接购买的原材料,比如转基因后所制作的甘味料,需要支付的许可费用是其年销售额的 3%;③如果是医药品等的最终产品,则需要支付的许可费为年销售额的 1%,根据其销售的数额,逐渐降低为 0.75%、0.5%;④如果利用转基因技术的酵素等改良生产过程,最终降低了成本,则支付所降低成本的 10% 作为许可费用❶。由此,在各种条件设定下开始了专利许可的公开募集,并设定了 4 个月的募集期。在募集期之后是否还进行专利许可,则没有提及。但是该许可在起初并没有太好的势头,开始几乎没有人来申请许可协议(支付一定的预订费用)。但是最后的两周,很多企业都过来签订了许可协议。一直到截止日期 12 月 15 日的深夜,斯坦福技术转移办公室前,不断开来联邦快递(FedEX)的卡车,1 万美元的支票也纷至沓来。最后计算了一下许可的件数为 73 件,也就是说,收到了 73 万美元的支票。由于没有明确申请期限之后的许可条件,但反而促使了企业的许可承诺决策,而许可合约的履行也引发了研发竞争,由此加快了不确定性技术的商业化进程。此后的中介知识产权的大学技术转移的发展,从雷米尔斯的巧妙的专利许可策略中就可以看到其开端❷。

美国的大学技术转移中,无论是大型企业还是中小企业所签订的合同,其中有 18% 是将技术许可给新创企业的。这明显要高于日本的比例。此外,与大型企业和已存在的中小企业相比,新创企业签订独占式许可协议的比例要高 2 倍。这与日本的独占式协议的频率并不依附于企业规模相比,显得比较突出。因为大学的衍生企业,为了最大限度地利用大学转移的技术,很有可能构筑新的商业模式,这也被看作技术商业化的最恰当的候补选项。

在这里并不意味着大学技术转移办公室对于新创企业的许可条件更加柔和一些。比如,与大学教授一起创业的新创企业,即便获得该教授的技术许可,

---

❶ 也就是说,许可协议包含了延展性许可费。

❷ 渡部俊也,隅藏康一(2002)『TLOとライセンスアソシエイト—研究者と産業界の橋渡し役—』BKC。

大学方面仍然会客观判断该新创企业是否能够为该技术的商业化带来贡献。上述 Therasense 公司的前身 EHC 公司,从其创立者 Ehpraim Heller 的父亲 Adam Heller 那里通过得克萨斯大学的技术转移获取研究成果时,该大学也经过询问多家大型企业,事先掌握了目标专利的情况,在确认了没有其他公司希望获得许可的情况下,才同意了许可。并不是更加优待作为新创企业的组织,而是更有可能选中那些对许可技术抱着十二分的尊重,并能够逐渐将其推向商业化的被许可方。

■ 通过许可降低技术的不确定性

作为大学等公立研究机构的基础研究成果,针对那些高不确定性的技术转移活动,可以采取一些手段去降低其不确定性。大学等公立研究机构的研究,是出于学术性探索而进行的,多数情况下并没有工业利用的意识。即便发现一些有意义的原理和现象,那么应该在哪种用途上怎样使用还不明确的阶段,就贸然申请专利,该专利就不大可能会引起企业兴趣并被企业所运用。

此前,我们分析了从事大学技术转移的技术转移机构(Technology Licensing Organization,TLO)❶的绩效与其管理的关系等❷。TLO 的活动期间(设定年月日)对 TLO 的绩效带来了较大影响。当然,活动履历特别会影响相关的许可收入。但是即便是在同一活动期间的 TLO,其绩效也有很大差异。

图 6-6 表示的是业务比例的平衡与许可收入之间的关系。在 10 项详细的业务内容中,收集了对各项业务需要分割多少时间的回答,具体分为 α:属于市场活动的业务所分配的时间,β:战略性分析活动所分配的时间,和 γ:知识产权法务性活动所分配的时间,并将 α、β 和 γ 所分配时间与总时间作一比例,观察其与许可收入时间的关系。横轴表示从许可收入最多的 TLO 的 α、β、γ 的值(55,23,22)开始,每个 TLO 的 α、β、γ 值的偏离程度由公式 $x = \sqrt{(\alpha - 55)^2 + (\beta - 23)^2 + (\gamma - 22)^2}$ 进行计算。如图 6-6 所示,离最佳性

---

❶ 如前所述,在美国被称之为"OTL",在日本被称为"TLO"(译者注:都代表技术转移办公室的意思)。

❷ 笔者于 2004 年开展了"关于 TLO 技术专利转让的现状以及今后技术转移体制的应有状态的问卷调查"。面向日本国内当时所有的 40 个 TLO 团体进行发放,从该 40 个团体回收了调查结果。在问卷调查数据上,加上基本数据进行了分析。以该问卷调查为基础的研究报告有 D. Senoo, M. Fukushima, S Yoneyama, and T. Watanabe (2008). *Strategic Diversity in Japanese University Technology Licensing Offices*, International Journal of Knowledge Management Studies, Vol. 3, No. 1-2, pp. 66-78 以及 T. Watanabe, S. Yoneyama, D. Senoo, and M. Fukushima (2004), *Visualizing the Invisible*: *A Marketing Approach of the Technology Licensing Process*, International Association for Management of Technology (IAMOT), CD Proceeding, Washington. DC, USA 等。

价比 α、β、γ 比例越远，许可费用越低（相关系数为 0.3，显著性 $p<0.05$）。此外重视市场的销售方法的 TLO，如通过技术可视化让顾客更容易理解或者提供业务计划使其理解技术价值等，其专利许可的收入更高。（分析6）

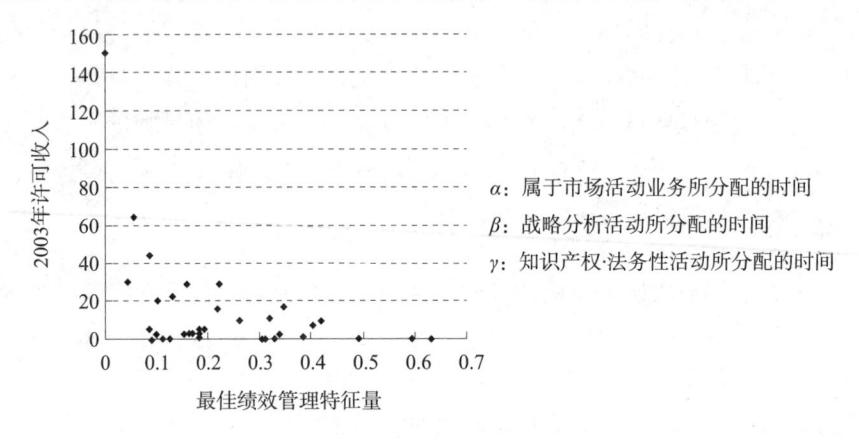

图 6-6 TLO 业务中的市场占比

如果大学所进行的研究是基础性的科学发现，可能不能直接为企业所用。即便通过论文进行了公开发表，但关于该技术在什么场合使用、应该怎样使用等信息非常少，所以在这一点上往往不能够降低其技术的不确定性。但是，在技术转移的时候所进行的市场活动，可能有些用途连发明者自身都没有注意到，但 TLO 在市场活动中却有可能发现（如第三章中的所提到的修改技术思想方向的案例）。这样，通过组织活动，在专利的优先权期限内加入改良发明，再加入更深的技术信息，提高技术的成熟度，最终实现该技术向企业转移。这些技术与发明者所公开的技术思想相比，更接近市场，实用性也更高。

此外，很多时候，由于签订技术转移合同后，仍然会继续进行产学共同研究，因此，产学技术转移的时候，其目的往往不是许可协议的签订，而是通过构建研发团队，持续降低技术的不确定性。这样一系列的技术市场化活动实际上与高不确定性技术的知识产权管理的活动基本相同。也就是说，在第二章中提到的"技术开发需要时常依据市场方向进行修改。这是技术管理中最重要的事情，'通过持续地面向市场进行技术开发（知识创造）'，可以降低技术的不确定性"的具体方法之一，就是通过这样的技术转移许可活动使技术市场化。

第六章　知识产权许可中的独占性与开放性

四、从知识产权市场化来看知识产权许可与转让

■ 全球化的知识产权流通

投资发明的基金业务：Intellectual Ventures

现在知识产权业界最受关注的新兴企业莫过于 Intellectual Ventures。该公司是由微软前首席技术官 Nathan Myhrvold，以及微软前软件开发责任人 Edward Jung 等 4 人在 2000 年 1 月美国的华盛顿州贝尔维尤所创立的。2011 年，该公司除在美国以外，还在澳大利亚、加拿大、中国、印度、爱尔兰、日本、韩国、新加坡等国家或地区进行经营活动，当时拥有员工数 600 人以上。其所从事的事业主要是使发明市场化，并为此建立的商业模式，简言之，就是发明风投业务[1]。1 号基金主要用于购买已经获得授权的专利，并许可给企业使用。2 号基金主要是通过与公司外部的发明家合作所产生的发明，并将其权利化。3 号发明发展基金（Invention Development Found，IDF），主要是用于奖励那些创造出新创意的发明家，并支持其将创意与商业相联系，最终将这些专利卖给或者许可给世界各地的企业或者组织。该公司支持发明的特征，主要在于对课题提议书（RFI）的利用，即通过 RFI 提出产业课题，说明其重要性，并概要解释迄今为止的各种尝试。公司通过安全内网将 RFI 发送给发明家，发明家则针对 RFI 提出各种各样的发明提案。

对该公司业务的评估，在其成立后不久就出现了完全不同的意见。一方面认为这是加速创新的新体系，另一方面则认为由于其保有大量专利的收益化权利，所以该公司有可能最大限度地提起诉讼，也就是我们此后将要提到的专利流氓。在其业务开展 5 年后的 2008 年，该公司发布通过基金调配了 50 亿美元，其中回收了 10 亿美金，该事件也引起了多方关注。在当时，还并没有提起任何诉讼。但是在 2011 年 12 月 8 日，该公司在美国的特拉华州联邦地方法院，针对多个企业提起了专利侵权诉讼[2]，在美国也以 "Intellectual Ventures Files It's First Lawsuit；Giant Patent Troll Awakened"[3] 为题进行了报道。

---

[1] 一般会用发明或者专利投资基金的表达方式，多指在对具有优势技术的企业进行投资的基金，是风险投资基金的一种形态。

[2] 针对 Check Point Software Technologies, Ltd.、McAfee Inc.、Symantec Corporation、Trend Micro Incorporated、Elpida Memory, Inc.、Hynix Semiconductor, Inc.、Altera Corporation、Lattice Semiconductor Corporation、Actel Corporation、Actel Corporation、Microsemi Corporation 提起诉讼。

[3] 来源：http：//www.techdirt.com/。

这里，Patent Troll（专利流氓）专指通过专利诉讼获取利益的不良分子。至于 Intellectual Ventures 公司被称为专利流氓是否合适，本书后面将提到专利流氓定义比较困难，所以判断其是否合适是没有太大意义的。但是 Intellectual Ventures 公司通过发明资本的商业模式，其主旨在于创建发明市场，使专利流通开始盛行，由此也增加了专利许可的交易额。从这一层面上讲，持有专利的企业或者个人应该可以由此产生更多的收益。实际上 Nathan Miaboruto 也提到该公司与快速成长的风投资本和私募股权公司（Japan Private Equity）相比在研发上的投入并不多，主要旨在通过募集资金产生优秀的发明创造❶。首先对此表示欢迎的是发明人员，但从使用发明的立场来讲，企业的意见应该是有分歧的。

如上所述，美国以大学技术转移为中心繁荣了知识产权交易，通过以往的大学技术转移，每年大约有超过 500 件的新产品进入市场。最近，加上许可协议，逐渐形成了多种渠道的专利转让市场。在这种形势下，产生了如 IV 公司这样的风投公司。此外，在网络平台上组建开发团队，或者在主页上进行技术调配的 Innocentive 公司❷、Ninesigma 公司❸等也属于促进新兴知识产权流通市场的企业。还出现了知识产权拍卖❹或者专利信托❺、防御性专利的收集者❻等新形态的发明与专利交易。

传统的专利许可中，包含发明者在内的买方和卖方的关系相对比较单纯，即便是中间商，只要清楚到底是谁（发明者或者业务实施者）的代理，就可以预测对手的行动。这种情况，调整独占还是非独占式许可条件时，只要有足

---

❶ 岸宣仁（2009）『知財の利回り—世界の頭脳が収奪された—』東洋経済新報社，p. 39. 根据のネイサン・ミアボルトの报道。

❷ Innocentive 公司（http：//www.innocentive.com）是以寻求者（Seeker）登记技术课题，解决者（Solver）进行处理，同时，解决者作为个人在每个技术领域进行注册这样的方式进行。由寻求者登记的课题会公开其价格。

❸ Ninesigma 公司（http：//www.ninesigma.com）接受给研究者个人发送的设定了应答期限和提示报酬的技术课题的邮件。并且该组织公布这些作为开放式创新的研发工具，目前欧美制造商正在使用。

❹ 美国 Ocean Tomo 在 2003 年所设立的知识产权拍卖业务主体（LLC 方式的主页，http：//www.oceantomo.com）。在拍卖中所提供的标的知识产权以文化产品为主，也有些发明专利成功交易的例子。

❺ 在知识产权信托为主的知识产权证券化中，以文化产品占主流，涉及专利权时则困难较多，但在日本也开始进行了各种尝试。当时，松下电器集团的公司利用资产流动化法（资产证券化法——译者注）将知识产权进行了证券化。

❻ 有报道称 IBM 和思科公司与 2008 年 3 月创建的美国 RPX Defensive Patent Aggregation 签订了协议（http：//www.business-i.jp/news/for-page/chizai/200901260003o.nwc）。2010 年 7 月韩国设立了知识产权孵化器 Intellectual Discovery 公司，根据该公司的副社长 Chung Kon Ko 先生介绍，其性质与 RPX 相近（根据 2011 年 12 月 14 日笔者访谈所得）。

够的合约知识就可以了。但是,随着专利许可和转让的增加,其结构变得更为复杂,判断对许可和转让的影响也变得困难起来。比如专利投资基金应该站在投资者的角度,然后决定采取什么样的行动,由于本身的定位不清晰,所以在决策方面也比较困难。此后所叙述的开放式专利战略中,组合了独占性部分内容的创新战略,也成为专利流通复杂化的原因之一。

■ 知识产权流通与网络

网络平台:Innocentive、Ninesigma、P&G、Wipo Green

网络为知识产权带来了巨大的影响。为了更高效地让开放式创新中所提到的"由其他公司对未利用的创意进行充分利用"或者"在自身的商业活动中,对企业以外的创意进行充分利用",首先需要创意能够更容易地进行转移(参考图6-1)。知识本身的黏附性很强并不容易简单转移。使其技术转移更加简单的是网络技术。利用网络等信息技术与较广范围的发明人开展合作、从大学等研究机构顺利获取知识产权,或者介于企业间专利买卖的活跃的流通市场等,都可以对知识技术转移作出贡献。最近,在网络上开始了研发团队的组建,还设立了其他多家如上述在网络主页上进行技术调配的 Innocentive 这样的公司[1]。这些公司拥有将专利权人与寻求创意和技术等的知识产权购入意愿者链接起来的功能,并在其网络主页上提供这样的平台。比如曾经有报道介绍了将类似这样的服务运用于公司的商业活动中,并获得成功的大型企业案例。该报道介绍 P&G 公司在 Innocentive 占 35%、在 Ninesigma 占 40% 的项目中成功进行了技术导入。当技术导入成功时,只要找到100项对销售额的影响超过10亿日元的项目实施,那么就可能将成本提高350亿~450亿日元[2]。最近,并不以单个企业为基础,而是由国际组织在网络上进行收集在特定领域可能进行许可的专利技术并予以公开。WIPO Green(Green Technology Package Platform)是由日本知财协会[3]提议,2011年6月,由世界知识产权组织(WIPO)所搭建的一个平台。该平台为了促进环境技术的转移,开始建设发达国家在环境技术方面的数据库,并提供给发展中国家的企业等进行查看,这些企业根据各自需求进一步与技术提供方进行交涉。其目的在于希望导入专利技术一方在技术和知识不足的情况下,不仅获得专利信息,还可以打包获得整个知识、生

---

[1] Yet2、Tynax、UTEK、YourEncore、Innovation、Exchange、Activelinks、SparkIP 等。

[2] ヘンリー・チェスブロー(Henry Chesbrough——译者注),栗原潔訳(2007)『オープンビジネスモデル—知財競争時代のイノベーション』翔泳社。

[3] 在日本国内拥有有能力的1000家会员单位的有关知识产权的协会组织。

产方法以及人员支持，可以更加高效实用地实现技术转移。

这种网络上的合作，是跨越了国界而形成的研发团队。知识产权根据各国法律本来依据的是属地主义，而很多时候，每个国家之间对研发成果的管理或者职务发明制度等存在较大差异。知识产权管理不仅限于网络上的合作，在全球范围内进行业务拓展的创新组织中也成为一个主要的课题。

其实在网络上应该如何处理知识产权，目前还有很多未探讨到的课题。如网络上流通的文化产品，目前由于传送功能的提升，文字信息、音像信息等都可以通过网络传送。此外，3D 网络游戏以及二元世界（Second Life）❶ 上所出台的虚拟产品也可以用真实现金购买的虚拟货币进行交易。最近也有诉讼是关于这种虚拟产品的知识产权问题的❷。

■ 日本的知识产权流通

大学 TLO，新兴专利中介商：IV 公司

日本技术流通是根据专利流通数据库❸、专利流通顾问制度❹，以及大学 TLO 等，作为技术转移市场以个别专利的许可协议的形式逐渐发展起来的。中介技术流通顾问的技术转移案例的数量虽然明显有所提高，但总件数维持在 2000 件以下。50% 的许可方都是大学的 TLO，基本上没有民间企业之间或者机构之间的交易。另外，被许可方大多是中小企业，从中可以看出这一制度更有可能与中小企业创新的发展关联起来。

虽然没有明确未经过中介的许可数量，但许可金额规模大概是 2707 亿日元，其中 70%~80% 可以推定为民间组织之间的交易❺。已注册的专利转让已经超过 1 万件，还有不断增加的倾向。这些转让几乎都没有经过中介商，而是当事者通过直接交易完成的。这样，实际上日本技术流通市场的功能在知识产权许可上，并没有发挥多大作用。

在日本，也有大型企业将自己所持有的技术与地方自治体进行合作，针对

---

❶ 这是一个由 CG 所构成的三次元的虚拟空间，在网站上用户变成被称作 ABATA 的自己的分身可进行各种活动，由美国 Linden Lab 公司进行日常运营。也可以从事一定的经济活动，各种各样的 CG 创意产品可以进行有偿交易。

❷ （日本）法律专业期刊 NBL（商事法务）中，在 2011 年 10 月以后刊登了有关 3D 数码与知识产权的特辑，其中提及了虚拟空间知识产权的相关法律问题。

❸ 根据专利流通数据库的制度规定，希望对专利实施许可的企业将公开其授权专利。（http://www.ryutu.inpit.go.jp/PDDB/Service/PDDBService）。

❹ 专利流通顾问制度中设置了进行专利许可的中介以及销售等内容。（http://www.ryutu.inpit.go.jp/advisor/index.html）。

❺ 野村総合研究所（2007）「特許流通市場の育成状況に関する調査研究」。

第六章 知识产权许可中的独占性与开放性

地方企业开展活动❶，最近，上述美国的新兴专利中介商Intellectual Ventures公司也开始了活动，其目的不是通过单个专利技术，而是通过全球性的专利组合，对多个专利技术进行利用，由此也带来了专利交易的变化。

企业应该如何利用技术流通市场？对于探索能力非常高的大型企业而言，在掌握哪里有本公司所需要的技术方面，技术流通市场并没有太高的利用价值。但是对于在自己企业以外搜索技术能力较弱的中小企业，如果能够向专利流通顾问告知本公司业务以及未来的计划，在提高从外部获取技术的可能性上，应该是有效的。技术流通顾问所掌握的技术，虽然也有如大学技术那样高不确定性的技术，也包含有中小企业所需要的成熟度高的专利技术，而且问卷调查❷也显示这些技术在转移后的商业化可能性很高。这显示，在日本的开放式创新中的技术外部调配，通过技术流通顾问等中介而形成了一定的交易市场。

■ 中国的知识产权流通❸

最近，中国的知识产权流通交易金额急剧扩大起来，引起了大家的关注。相比以美国为中心发展起来的知识产权流通市场而言，中国的知识产权流通具有国家管理市场、服务于新创公司的事业开发、以技术为中心的经营资源调配市场等特性。

中国专利法在1985年实施后，经过了1992年第一次修改，2000年第二次修改，2008年第三次修改。特别是2001年，加入世界贸易组织（WTO）之后，依据TRIPS又进行了制度的修改和调整，强化了其知识产权保护功能。经过制度的完备，中国的专利申请激增，2004年专利申请数量累计超过200万件。最初国外申请比例更高一些，现在以中国企业为主的国内申请大约占到2/3。另外，最近中国大学的申请也在不断增加。

反映中国企业在知识产权方面运用实际情况的"技术交易"，现在非常活跃。在中国的技术交易中，"常设技术交易机构"在其中发挥了重要作用。该

---

❶ 富士通株式会社为了高附加价值的新产品研发和创造新事业，与川崎市合作将富士通的知识产权提供给地区的中小企业进行运用。有3家中小企业与富士通签订了专利许可协议。有关该事例的详细可以参照 T. Watanabe（2009）. *University – industry Collaboration: Effect of Patenting and Licensing by University on Collaboration Research*, TechMonitor, Sep, – Oct., pp. 11 – 18 中的介绍内容。

❷ （独）工業所有権・研修館平成20年度特許流通調査事業（2008）「特許流通事業化事例からみる特許流通促進事業の在り方に関する調査研究」。

❸ 渡部俊也，李聖浩（2011）「2008年以降の中国における特許ライセンスの急増」IAM Discussion Paper #021（http：//www.iam.dpc.u – tokyo.ac.jp/workingpapers/index.html）以及渡部俊也，李聖浩（2011）「中国の技術流通市場—専利ライセンス登録データの分析—」研究・技術計画学会第25回年次学術大会講演要旨集，pp. 147 – 150。

组织全面协助中国的技术交易促进中心、技术交易市场、产权交易所等组织在全国各地开展活动,在中国技术交易市场的独特发展中发挥了重要作用。中国政府所公布的技术交易市场上的交易额一直在不断增加。2008 年超过了 2665 亿元人民币,该金额如果按照日本技术流通的交易额总额进行推定,明显已经远远超过了日本。但是,在中国的技术交易除技术许可外,还包含有技术咨询等服务,因此是一个比较宽泛的概念。在进行技术交易的地区,最多的是北京,其次为上海和广东省。这些交易所关联的知识产权,商业秘密最多,2009年达到 1046 亿元人民币;计算机软件为 329.8 亿元人民币;专利技术的交易为 244 亿元人民币。从案件数上看,以上的交易占到了全国技术交易总额的 10.18%❶。但是,这里所收集的金额只是统计了经由政府管理下的技术流通市场的部分,我们并没有掌握企业间的直接交易信息。

另外,根据中国国家知识产权局介绍,作为技术转移合同登记制度,2002年在中国国内开始实施许可合同登记制度(专利实施许可合同备案),从该登记数据中可以获得当事人等专利许可的相关信息❷。这是一项在签订专利许可协议的时候将其协议内容进行登记的制度,该记录可以作为许可方与第三方签订许可协议时的相关证据以及赔偿金额的参照标准等,具有有效的法律效力。在中国的许可协议基本上都需要登记,因此通过分析专利实施许可合同备案的数据,就能够获得最能反映中国专利许可实际状况的相关信息。

专利实施许可合同备案的登记信息中,有一部分公开在中国国家知识产权局的官方网站主页上。其公开的样式每年都有些不同。2010 年,如表 6-3 所示的样式,公开了专利号、发明名称、许可方(转让人)、被许可方(受让人)、合同登记号,以及许可合同种类等信息。

表 6-3 2008 年"专利实施许可合同备案"的公开部分范例

专利号	发明名称	许可方	被许可方	合同登记号	登记时间	许可合同种类	合同的变更
○○○○ ○○○○	制造饺子的方法	○○ 有限公司	△△ 有限公司	2008 ○○○○	2008-1-2	普通许可	

这里所说的"专利"包括了发明专利、实用新型和外观设计。为了方便,我们在文中用专利来代替发明专利。专利实施许可合同备案中的许可合同种

---

❶ (独)科学技術振興機構,中国総合研究センター(2011)「中国の技術移転の現状と動向」平成 22 年度版。

❷ 专利实施许可合同备案登记相关信息(http://www.sipo.gov.cn/sipo2008/tixx/badjxx/)。

类，包括有普通许可合同（许可方及多个被许可方可以使用）、独占许可合同（只有被许可方才能使用的合同，与日本的专用实施权类似）、排他性许可合同（许可方与各被许可方拥有使用专利技术的权利）、交叉许可合同（专利权人相互许可专利实施）以及分许可合同（被许可方再许可给其他的第三方实施的分支许可合同）这五大类。这样，从公开的专利许可信息中，可以收集到中国专利许可合同的件数、内容及变迁等信息。

图 6-7 是从 1998~2010 年专利实施合同备案中登记公开的专利许可合同数量的变化。尽管 2003 年前后有所增加，合同数量每年 100 件左右，从 2008 年开始剧增，2009 年到达高峰期，超过了 1 万件。2010 年稍微有所下降（不过这一公开数据是采集自 2011 年 3 月，有可能 2010 年登记的数据在此后还会增加）。

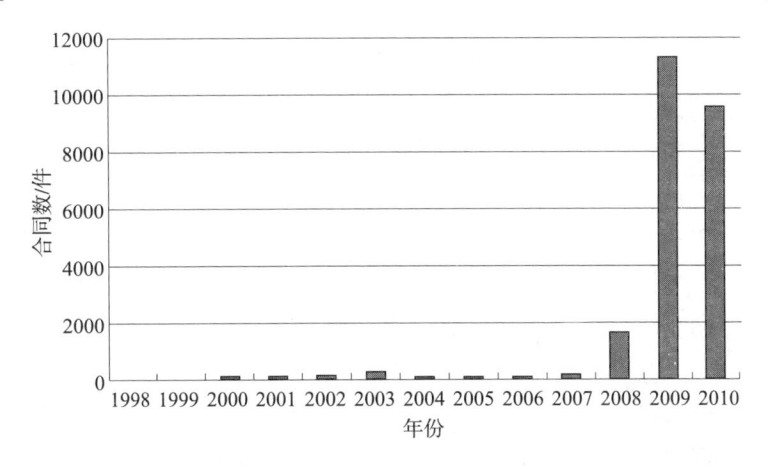

图 6-7 专利许可合同数量的变化（1998~2010 年）

对此，图 6-8 表示的是 1998~2010 年每年公开的许可合同中所包含的专利数量及种类的变迁。2004 年的时候也只有几百件，但到了 2005 年之后每年增加数千件，2009 年开始更是急速增加，2010 年的时候超过 18000 件。与图 6-7 相比，可以了解到每一份合同中包含的专利数量的变化。再统计一下一份合同中所包含的平均专利数量，按照 1 份合同中大概有 2 件以下的专利进行推算，可以看出 2005~2007 年这段时间有所增加。此外，还可以看出，2005 年前后专利的种类以发明专利为主，在 2008 年之后，实用新型和外观设计急剧增加。

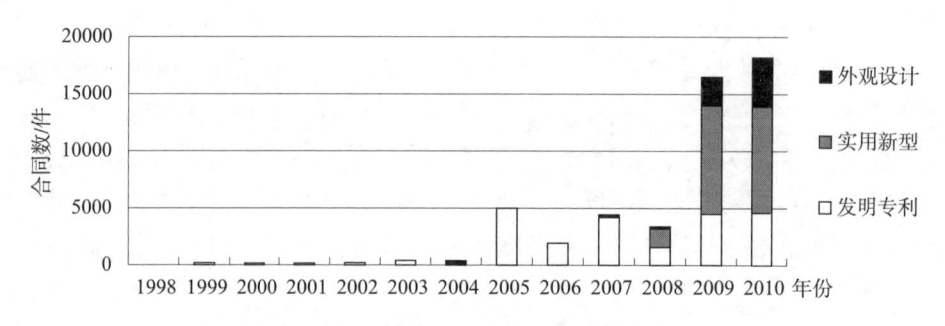

图6-8 被许可专利的种类细分（1998~2010）

对许可方的组织属性进行分类后可以看出，在2005~2007年之前，大多数合同都是国外企业为许可方。但是2008年开始，许可方为中国企业和个人的件数急速增加，2009年开始大学为许可方的合同数量也急速增长起来。这时，国外企业为许可方的权利大多为发明专利，2008年之后，由于中国企业与个人对实用新型和外观设计的许可增加，因此可以推定在2008年之后，关于实用新型和外观设计的许可协议应该也增加了。另外，这些中国企业与个人的交易中，一份合同中所包含的许可的权利相对较少。另外，观察被许可方，在2005~2008年，外国企业接受了许多技术许可，而这些许可大多是外资企业母公司将技术许可给本地关联公司的情况。

但是，同时2005年前后，中国企业的被许可方也开始增加，2009年增加的势头更猛。2009年以后，向中国企业进行的技术许可中，之前大部分许可方为外国企业的许可协议开始减少，相反，来自个人、中国企业以及大学的许可协议开始增加。此外，在个人向企业许可的例子中，再深入调查，可以发现其中很多是将被许可企业的经营者本人所持有的权利独占式许可给自己公司，以及持有非职务发明专利的技术人员，在离职到其他公司时，将所持有的专利许可给即将就职的新公司等。还有一种情况是收购小规模企业时，被收购公司的专利在其公司经营者的个人名义下，所以将该专利许可给新公司。

2009年，通过中国技术交易市场所进行的专利技术交易的总件数达到了5331件。同年，专利合同备案中登记的数量大概为这个数字的2倍，这是因为，2008年所增加的来自个人的许可交易，如上所述推定为企业经营者的交易，因此没有计算在中介技术交易市场的专利许可范围内。除去个人许可的合同，2009年中国企业与大学作为被许可人的合同总量为6727件。这一数值与技术交易市场的专利技术交易件数5331件比较接近。由此可以看出，大部分专利许可还是通过技术交易市场签订的。

图6-9表示的是专利许可合约的分类。可以看出，整体大约有90%的合

第六章　知识产权许可中的独占性与开放性

同为独占许可合同。另外，从 2009 年被许可专利的申请年份看，可以知道目前在中国被许可的专利大多为在许可协议签订几年前所申请的专利，都是比较新的专利。

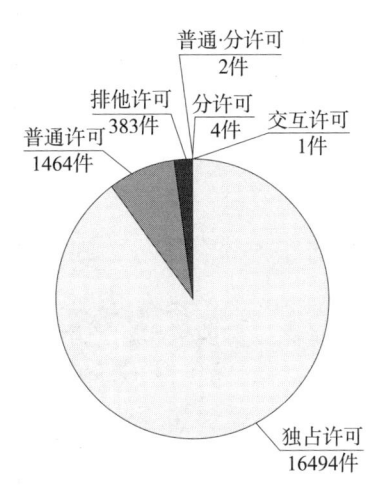

普通·分许可 2件
分许可 4件
排他许可 383件
交互许可 1件
普通许可 1464件
独占许可 16494件

图 6 - 9　2010 年许可合约的分类

　　2009 年之后，之所以有这样的专利许可的急速增长，可以认为是中国政府在创新战略的实施过程中对自主技术的研发和持有的积极支持所带来的结果。在中国，创新被称之为"自主创新"。中国在《国家中长期科学和技术发展规划纲要》中将"自主创新"列为重大目标。2008 年，为了实现创新型国家的目标，中国还公布了《国家知识产权战略纲要》，通过制定《高新技术企业认定管理办法》对这些企业实施税收优惠政策❶。这里的"自主创新"并非是指一定要通过自主研发，而是重视对外部技术的导入，并运用于自身企业上。可以认为这个背景也是"技术交易"活跃的一个重要原因。特别是 2008 年开始，一旦被认定为高新企业，企业就可能得到政府补助或者成为税收减免对象。由于其中对持有专利或独占许可合同为高新技术企业认定条件，由此也带来了独占许可合同数量的增加。所增加的合同中，加上中国企业之间的交易以及来自大学的技术转移，很多是个人作为经营者向自己的企业进行专利许可的情况。其背景在于中国中小型企业在申请专利的时候，很多并不以企业名义，而是以经营者个人名义进行申请。公司有可能破产，由此知识产权也随之被处理掉，在中国法律中，个人不会破产，因此这些经营者会选择以个人名义

---

❶　JETRO（2010）「金融危機後の中国自主創新課題と対応策研究」（http：//www.jetro-pkip.org/html/ztshow_BID_bgs200904.html）。

申请专利。但是，如果是以个人名义持有专利，就不能够享受上述高新企业认定后所带来的优惠政策。2008 年与 2009 年从个人向企业的专利许可急速增加，可以认为是经营者通过对自己经营的企业进行独占式许可，从而以期望获得高新技术企业认定的结果。当时，与发明专利相比更加容易授权的实用新型专利也可以作为优惠对象，由此，可以认为有关实用新型的独占许可协议的增加是由于优惠政策的诱导所致的可能性较大。另外，非独占性的普通许可或者排他许可等由于不在优惠政策范围之内，因此，与独占许可的情况相比，其交易的对象更多是价值较高的发明专利。

现在急速增长的中国许可中大约有 90% 为独占许可。由于这些是为了获得高新技术企业认定的许可协议，可以考虑为这是政策所引导的结果。但是，这些独占许可协议在实施的时候，很少是实际产生了技术转移的。当然，如上所述，也有一些与技术运用实际相关的案例，如持有专利权的个人为了离职到新公司，将专利权许可给新公司，或者如 M&A 等情况。一方面，在高新技术企业认定对象范围之外的其他许可（非独占许可、排他许可），实际上多数还是伴随有技术的转移，或者伴随有权利实施等。其中，非独占许可中，来自外资企业的相对较旧的发明专利的许可协议的所占比例较高，中国企业或者大学参与较少。排他性许可中的各种比例相差不大，来自中国企业与大学的许可所占比例相对较高，这些许可伴随实际技术转移的可能性较大。（分析 7）

中国的技术交易，主要由全国 31 个省市的技术管理机构与各地 800 多家合同管理机构进行管理。除此之外，在中国，还设置了大概 200 家规模在 50～60 人，少则 20～30 人的技术交易所。这些技术交易所中，许可方与被许可方参考通过资格认定的技术鉴定人的评估值，迅速地进行交易[1]。图 6-10 就是这样的一个技术交易所照片，该交易所同时还提供金融服务等。在这里，电子荧光屏上标示着技术交易信息。这种大规模技术交易所分别设置在北京、上海、天津等地。

针对开始觉醒的中国技术交易市场，外国政府也积极地参与合作，比如中国与意大利和韩国等国家在政府层面建立了合作关系。另外，本来欧美各国也通过将本国国企关联进中国大学和欧美大学之间的合作等，也在新兴国家实施着产学政合作战略。比如，德国的不来梅大学（University of Bremen）与中国

---

[1] 2009 年，北京市人民政府、国家科学技术部、国家知识产权局获得国务院许可所共同设立的企业单位。其特点是技术交易中介公司可以为拥有专利的企业提供融资或者风险投资等资金援助服务。成功案例有北京科技园区价值 5000 万元的有关消炎药物的技术交易案例，以及与中国科学院合作，对 70 多件价值 300 万元的专利进行了成功拍卖等。同时，还开展商标交易业务，每周大约 6～7 件，一年的交易金额达到 1000 万元以上。

第六章 知识产权许可中的独占性与开放性

图 6-10 中国技术交易所❶的技术交易电子显示屏

上海交通大学所进行的共同研究中，通过引入最新的激光加工机械作为实验设备开展技术实证研究，此后，以上海交通大学为基地对中国消费者市场进行横向水平拓展❷。对中国的技术交易市场来说，各国通过缔结这样的战略合作关系，在为中国企业提供技术的同时，也获得了技术合作的同盟企业，由此期待更好地为本国企业进入中国市场，以及更好地参与中国基础建设创造条件。中国的技术交易市场，在日本看来，不只是一个专利技术许可市场，而是一个伴随人才流通和 M&A 的技术市场，在这个层面上，对于外国企业来说，也期待它拥有更多的如与中国企业的联盟、企业收购、技术人才资源流动以及技术的市场化等功能。

■ 专利转让交易市场与其业务支撑组织

企业间的专利争夺战：苹果、三星、微软、索尼、RIM、EMC、爱立信、摩托罗拉

知识产权经纪人：Fairfield Resources、Fluid Innovation

知识产权拍卖：Ocean Tomo、Free Patent Auction.com、IP Auction.com、中国技术交易所

专利流氓：Acasia Research

即便是可能利用专利技术的交易，专利许可和专利转让之间的意义也大不

---

❶ 根据 2010 年 7 月 10 日所实施的中国技术交易管理促进中心的访谈调查。
❷ 参照新興国におけるイノベーション・技術標準と知的財産戦略研究会 2010 年度報告書（新興国におけるイノベーション・技術標準と知的財産戦略研究会）（http://pari.u-tokyo.ac.jp/unit/tizai_H22.pdf）。

相同❶。专利许可,是指专利权人属于许可方,即便是被许可方获得了独占的实施许可权,只要解除合同就丧失该专利的实施权。而获得专利转让,被转让人可以自由地对专利权进行处理,与专利许可之间存在着本质的差异。如果将专利权作为如消耗品一样具有经济价值的财富,专利的转让交易就能够形成与期货交易市场相类似的市场。但是,如前所述,由于以专利为代表的知识产权具有不可知的不确定性特征,并不适应开放的市场交易。

即便如此,专利转让市场在 2000 年之后还是开始活跃起来。2011 年,苹果、三星等围绕智能手机所展开的专利争夺战,使专利的转让价格大幅度提升。在北电(Nortel)的案例中,6 家公司(微软、EMC、爱立信、索尼、苹果和 RIM 联合财团组成的阵营)以 45 亿美元(3400 亿日元)的天价成功竞得了北电(Nortel)6000 件的专利组合。按照平均每件专利 0.6 亿日元计算,苹果公司承担了几乎一半的费用。在摩托罗拉移动(Motorola Mobility)的案例中,谷歌并购了摩托罗拉业务的价值 1 兆日元的授权专利 14600 件以及申请中的专利 7000 件(不仅仅是专利的价格,其中也包含有对摩托罗拉业务的评估金额)。平均每件专利的价格大概也是 0.5 亿日元。

虽然以前也说美国的专利转让市场非常活跃,但 2011 年的后半期该市场却呈现出异样的活跃。在股价低迷、欧洲金融危机等影响下,货币和国家债券都开始下跌,失去方向的资金开始部分转向专利市场。此外,交易活跃的另外一个背景在于,与专利转让市场相关的支持商大大增加了,产生了一批专门从事专利销售的知识产权经纪人以及从事专利拍卖等专利交易的从业者。其中,在知识产权市场上出现了专门集中从事挖掘专利权自身经济价值的新玩家❷。作为知识产权经纪人,其中主要有 Fairfield Resource、Fluid Innovation 等十几家企业。此外,还有从事专利拍卖的 Ocean Tomo、FreePatentAuction.com 以及 IP Auction.com 等多家企业。关于拍卖,韩国知识产权局也设置有可以自由交易中小企业和个体发明家等所持有的专利技术的常设拍卖系统,并于 2011 年 6 月开始提供线上服务。每季度都对某些特定专利技术开展拍卖活动,其中中介顾问的支持也大大提高了其专利交易的成功率。中国也在多个技术交易所实施了专利等拍卖活动。2003 年上海知识产权交易中心开始进行专利交易,并进行了专利拍卖。2009 年,有报道称 5 件专利最后的拍卖价总额达到 6536 万

---

❶ 日本的法律规定,最初的转让是将获取职务发明专利的权利转让给企业。美国专利中相应的手续是从个人向法人进行转让的合约。因此,这里所指的转让准确地说是指最初获得转让的企业法人对该权利的二次转让。

❷ 柳澤智也(2010)「イノベーションのオープン化と新興する知財マーケット」『特技懇』第 258 号, pp. 92 – 105。

元人民币❶。由中国技术交易所（CTEX）与中国科学院一起主持了拍卖工作，最后成功以300万元价格拍卖了70件专利❷。

与世界的动向相比，日本的专利交易市场相对比较安静。但是，如图6-11所示，在过去10年，除继承和合并的专利转让数量外，日本的专利转移件数也在逐渐增加。从这些数据看，虽然在日本专利转让的活跃化不是很显著，但这应该属于世界性的发展倾向。

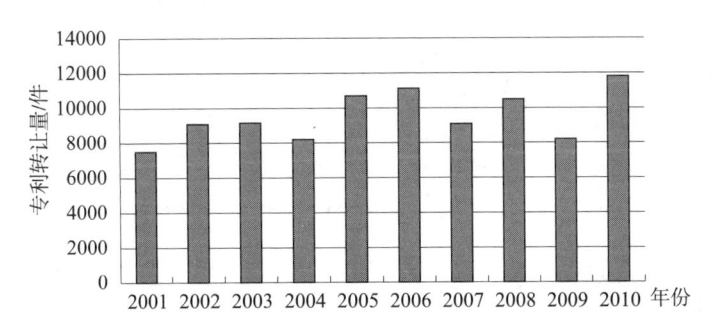

图6-11 专利转让件数的推移（除继承等情况）

所谓的专利流氓（Patent Troll）就在这种专利转让市场中诞生了。专利流氓是英特尔的前专利许可负责人Peter Detkin最初所使用的词汇。其意义在于"躲在暗处，突然出现找路人收取过路费的妖怪"，是一种轻蔑的称呼。其他的称呼有专利勒索者（Patent Extortionist）、专利寄生虫（Patent Parasite）、专利强盗（Patent Pirate）、专利投机者（Patent Speculator）等，在日语中也被称为专利黑手党、专利混球等。虽然使用的都是贬义词，但并不意味着这些企业的活动是违法的。在美国报道中所看到的对专利流氓行为的解释是"一种不寻常的企业，发明甚少，但常诉诸法庭"（An unusual company which invents little but litigates much）。也就是说，这些企业自身并不进行研发活动，自己也不实施专利技术，而是通过专利拍卖，或者从不再经营的企业和个体发明人处获取专利，利用这些专利发出侵权警告要求对方企业支付赔偿。当然，如果对方的确是专利侵权，从法律意义上，权利所有人提起专利侵权诉讼是完全合法的行为。从这点上讲，这些企业被称为专利流氓有点可怜。实际上被称为专利流氓的这些企业很多是接受风险投资并上市的企业。也就是说，虽然被一部分企业所厌恶，但从商业模式上讲是应该得到肯定的。

---

❶ 「人民網日本語版」2009年11月23日。

❷ 渡部俊也（2011）「新興国のイノベーションシステムへの戦略的アプローチ－中国技術取引市場を事例として－」研究・技術計画学会第26回年次学術大会講演要旨集，pp. 769-772。

历史上最初的专利流氓是 Jerome Lemelson ❶。Lemelson 本人是一位大发明家，其持有的美国专利超过了 500 件之多，仅次于托马斯·爱迪生。同时，他也是一位最大限度地利用专利制度作为收益手段的商人。比如，他的方法之一为通过各种方式推迟专利的公开，故意隐瞒其存在，在专利内容与现实产品更为接近时提起诉讼。20 世纪 80 年代，大家所知道的 Lemelson 一系列"潜水艇专利"都是 20 世纪 50 年代所申请的，而且其原专利的权利范围也不是很明确❷。他利用美国特有的连续申请制度进行了再次申请，并且变更了其申请内容❸。为此，20 世纪 50 年代所申请的专利，最后在 1988 年才得以确权，也就是说从申请开始到授权经过了 38 年的时间。但是，当时由于美国没有专利公开制度，所以，在授权之前的时间，该专利的存在是完全没有被公开的。

这也就跟"躲在暗处，突然出现找路人要过路费的妖怪"的描述非常的一致。Lemelson 在 1992 年之后要求日本企业支付专利费用。最终达成和解，针对日本出口到美国的汽车，他从 11 家日本汽车制造商处收取了大约每台汽车 1 万美元的专利费用。之所以这样，可以说跟美国专利制度中的漏洞，也就是美国专利保护期间没有像日本一样限定"申请之后 20 年"有关。这样的"潜水艇专利"除了 Lemelson 的专利之外，还有 Gordon Gould❹ 的激光专利等好几个专利，也是潜伏了 20 年以上。

后来，经过法律修改，虽然不容易再出现类似的"潜水艇专利"，但除 Lemelson 财团（Lemelson Foundation）之外，还有不少这样"发明甚少但常诉诸法庭"，自己不实施专利的专利流氓企业存在。这些企业中有一家是在纳斯达克上市的 Acasia Research Cooperation❺，查阅其主页可以发现其每天都在提起诉讼。一家不到 50 人的公司每天都在打官司，这本身就是不正常的，但刚才已经提到，其经营活动本身并不违法。其存在的特征，至少是这些企业自己不实施专利。Acasia 公司针对拥有的 108 项技术签订了 1000 件以上的专利许

---

❶ Robin M. Davis (2007). *Failed Attempts to Dwarf the Patient Trolls: Permanent Injunctions in the Patent Infringement Cases under the Proposed Patent Reform Act of 2005 and Ebay v. Mercexchange*, Cornell Journal of Law & Public, 17 pp. 431-452.

❷ 对康耐视（COGNEX）公司的律师 Jesse J. Jenner 以及法务部高级部长 Michael L. Steir 的访问 (2000)「「レメルソン特許の衝撃」その後」『映像情報 Industrial』2 月号, pp. 60-64。

❸ 所谓继续申请（continuation application），是指之前申请的专利被最终驳回申请后再次向审查官提交申请内容要求审查的申请。部分继续申请（continuation-in-part application）是指加入之前的专利申请中新的没有公开的内容进行专利申请。

❹ Gordon Gould 是激光（laser）的研究者，据说他是为激光取名的第一人。

❺ 是由创业者 R. Bruce Stewart 所创立的公司。

可协议。2010年其销售额达到13亿美元❶。

对于专利流氓的定义，一方面，肯定这样的商业活动所带来的利益；另一方面，对制造商来讲确实是噩梦一样的存在，所以如下定义"不受专利实施方所欢迎的专利的非实施方（Non Practicing Entity，NPE）"应该是比较妥当的。由于是专利的非实施方，所以这种企业也不会进行交叉许可，这样也限制了谈判对手的选择。从这一意义上，大学与研发企业也是相同的，没有交叉许可的可能性。如果从谈判不受欢迎的角度讲，那么跟专利流氓是没有区别的❷。我们应该怎么看待这个问题呢？

通常情况下的专利流通是将还未实施的专利作为交易对象所进行的许可和转让。非实施的专利权人拥有停止侵权请求权，这在专利许可谈判中并不重要。问题在于现实中很多时候许可和转让的是正在实施的专利。既有在业务开展后不久就发现了的问题专利，也有很多时候是即便事先做了相关调查但仍然没有发现的问题专利。虽然说明确专利的权利范围充分利用专利信息非常重要，但现在我们也了解到专利信息系统是有其局限性的❸。再加上很多案例无法准确地判断被许可方所实施的技术与现存的专利权之间是否产生抵触，或者该专利本身是否是有效专利等，因此很多时候企业也会选择在业务正式开展前首先持观望态度。

大型企业经常受到各种各样的组织发来的侵权警告函。不仅仅是企业，从美国大学的代理人处也发出了要求支付高额许可费的警告函。在这个意义上，大学也有可能成为专利流氓。在威尼斯专利制度制定的时候，只考虑到发明人本身就是事业者，当时并没有想到非专利实施人的专利权人的存在。在这个意义上讲，专利流氓的出现实际上是在专利制度设计当初没有考虑到的，也是必然会发生的问题，也可以说这是与具有停止侵权请求权的专利制度不可分割的一部分。尽管如此，500年前，从该制度的框架开始建立的漫长岁月中，并没有产生问题是因为一直到现在对专利利用的实际情况才发生了改变，也就是说现在很多非专利实施人成为专利权人。这个现象也可以理解为在开放式创新中，伴随着必要的专利流通市场的扩充所产生的衍生物。这一问题需要在"减少不受专利实施人欢迎的行为"和"振兴开放式创新时代的专利流通"之间寻找平衡。

---

❶ 来源：投资信息（http：//www.acaciaresearch.com/docs/AcaciaFactSheet.pdf）。

❷ 作为创新体系整体，虽然行使权利的人或者组织是否能够为发明振兴作贡献很重要，但从权利取得后的谈判对象的立场来看，对方是否为振兴发明作出贡献并没有什么关系。

❸ 特别是有关非专利文献，从本书的第四章以及分析4中所提到的实证研究可以知道调查的局限性。

本来，这样的专利流氓问题在日本的具体权利行使过程中还没有体现得很明显。之前说到在日本一旦发生诉讼，权利人很难胜诉，也就是说在某种程度上这种情况也抑制了专利流氓的活动。但是，有意见认为日本企业对专利的非实施者有可能随时成为专利流氓的认知本身是有问题的，为此可能产生风险以及产生的风险应对成本❶。

为了减轻专利流氓问题的服务企业，最近也开始出现了。所谓的"防御性专利池、基金和联盟"（Defensive Patent Pools，Funds and Alliance）的从业者，目前为数还不少❷。这种服务是否能够起到作用，在目前这个阶段还没有办法进行判断，但可以将其看作为本文所提到的"对知识产权管理下功夫从而克服过时的专利制度问题"的一种方式。

---

❶ 我们需要对为什么企业会"考虑专利的非实施方随时有可能成为专利强盗"进行考察，即便是现行制度可以成为发明的诱因，也认为促进自我运用（或者对其进行许可）的诱因较小。现在，实施发明往往伴随着巨额资金和风险，所以很可能认为积极运用发明的期待收益并不会比发明（这里指持有发明专利）本身的期待收益更高。这显示出对制造业来讲并没有形成最有效的知识产权体系，或者日本企业在这方面的努力还不够。

❷ 比如 Allied Secrity Trust、Pelorus、Constellation Capital、RPX、Open Innovation Network 等。此前所提到的韩国的 Intellectual Discovery 也一样。

第七章
运用知识产权的开放式组织结构

一、运用知识产权的战略联盟

专利许可与战略合作之间有着密切的关系。在计划专利许可的时候,如果被许可方的吸收能力过高,则有可能产生竞争性行为,那么为了避免这种情况发生,需要许可方对此加以监督时,许可方很有可能会选择与被许可方成立合资公司的方式构筑较强的合作关系。因此,专利许可有可能发展成为战略性合作关系,甚至是资本合作关系。反之,许多战略合作中也伴随有知识产权的许可协议。本章将观察这样的战略合作中的知识产权管理特征。

■ 战略性联盟与知识产权管理

联盟企业:Perseus Proteomics、富士胶卷、日立、LG、东芝、三星、索尼、光宝科技(Lite – on Technology)、TOTO、奥绮斯摩(Okitsumo)

Julien Penin(2005)整理了有关专利权作用的先行文献,并表示在现行的组织中,专利权持有的目的呈现出多样化[1]。如为了展示企业竞争力、作为法律纷争时的谈判材料(Legal Bargaining Chips),以及促进企业间的合作等。关于这一点,我们认为在组织间关系中对专利权的运用有其独特的意义。

通过有关对战略性联盟的先行研究,可以理解知识产权在企业等组织之间的战略性运用。许多先行文献研究了为了将其他组织的经营资源用于自身组织之中,应该在战略性联盟中形成怎样的框架结构、在哪种条件下才能更好地发挥其功能等问题。比如多个企业通过分享经营资源提高竞争力以及业绩所建立

---

[1] JULIEN P. Patents versus ex – post rewards:a new look [J]. Research Policy, 2005, 34 (5): 641 – 656.

的合作框架❶，为了分享经营资源所进行的企业间任意的合作框架❷以及通过相互学习的价值创造和进化❸等。资源基础理论（Resource – Based View）能比较清楚说明这种战略性合作的理论框架，它把企业看成是资源的集聚体，而企业间的资源异质又影响到企业的竞争优势和业绩❹。此外，如果需要一些不能从市场交易中获取的经营资源，而其他公司又正好拥有那些资源的时候，就会形成与其他公司的战略性合作❺。这时，在技术、商业秘密、品牌、设备、人才、销售能力、生产能力等多种经营资源中，就包含有作为知识产权获得法律保护的技术、商业秘密和品牌等。从知识产权管理的立场上看，可以通过知识产权管理，提高知识产权价值，从而获取更高价值的经营资源的战略合作。

有几份研究报告分析了包括知识产权在内的经营资源的特征和数量，以及其与企业合作特征之间的关系。研究半导体领域的合作的 Toby E. Stuart（1998）就提到，战略性合作会受到技术定位的影响。具体地说，如果"所采纳的技术属于多个企业参与的技术领域"以及"采纳价值评估较高的技术"，更容易与其他公司建立合作关系❻。如果可以确保这样的技术获得知识产权保护，那么可以想象其效果会更好。实际上，有很多案例都是利用自己公司的知识产权，从而获得了所希望的业务合作。在本书中所提到的 Ephraim Heller Company（EHC）的案例中，其下设立了三个子公司，并将专利分别归属于这三个子公司，由此使有兴趣的投资人更加容易进行投资。其中一家就是获得投资并发展起来的 Therasense 公司，另外两家也计划与大型企业建立联盟关系，开展共同研究并获得资金以求发展。经常会看到一些新创企业从实现战略性合作中得以进一步发展，从而获得资本性合作甚至企业收购的案例。现在，在雷曼兄弟危机后企业上市变得困难，因此美国其他的新创企业更加重视这种企业收购，将其看成是一种比较现实的出路。在东京大学衍生的新创企业中，也有

---

❶ HITT M A, DACIN M T, LEVITAS E, et al. Partner Selection in Emerging and Developed Market Contests: Resource – Based and Organizational Learning Perspectives [J]. Academy of Management Journal, 2000, 43 (3): 449 – 467.

❷ PARK N K, MEZIAS J M, SONG J. A Resource – based View of Strategic Alliances and Firm Value in the Electronic Marketplace [J]. Journal of Management, 2004, 30 (1): 7 – 27.

❸ Gary Hamel and Yves Dos (1998) Alliance Advantage: The Art of Creating Value Through Partnering, Harvard Business School Press.

❹ BARNEY J. Firm resources and sustained competitive advantage [J]. Journal of Management, 1991, 17 (1): 3 – 10.

❺ 安田洋史 (2006)『競争環境における戦略的提携―その理論と実践』NTT 出版。

❻ STUART T E. Network Positions and Propensities to Collaborate: An Investigation of Strategic Alliance Formation in a High – Technology Industry [J]. Administrative Science Quarterly, 1998, 43 (3): 668 – 698.

第七章　运用知识产权的开放式组织结构

类似的情况。2001 年创业的株式会社 Perseus Proteomics 是一家主要致力于研发癌症和生活习惯性疾病的治疗性抗体药品等生物医药创业公司，该公司从东京大学的技术转移中获得了蛋白质发现等研究成果，由此获得风险投资基金，并与多家企业建立战略性合作关系得以发展。最终，2009 年，通过第三方定向增发从富士胶卷股份公司获得 10 亿日元的资金，并成为富士胶卷的子公司。不仅仅是美国的新创企业，拥有优质知识产权的日本新创企业和中小型企业，也依据自身的知识产权，与大型公司从战略性合作发展到资本合作，从而使其事业得以发展壮大❶。

大多拥有标准技术的企业与没有标准技术的企业之间，也会为了互补成本结构和技术建立战略性合作关系。我们将在之后详细论述关于标准技术实施中的必要技术。可以想到的例子如日立与 LG 的联合（Hitachi – LG Data Strage，HLDS）❷，2004 年成立的东芝与三星的合资公司（Toshiba Samusung Strage Technology Cooperation，TSST）❸，以及索尼与中国台湾的 Lite – on Technology 公司之间的合作。拥有大量标准必要专利但间接生产费用较高的日本企业，与没有标准必要专利但间接生产费用较低的韩国与中国台湾地区企业之间，由日本企业出资 51% 以上共同成立公司进行生产。这些合资公司，日本企业既可以从标准必要专利的使用费中获取收入，还可以以较低的间接生产费用生产 DVD 驱动器。因此这些合资企业往往占据较高的市场份额❹。图 7 – 1 表示的是这种资本合作的结果，是 2007 年 DVD 驱动器生产数量以及世界市场份额比例，可以看出这些企业通过合作获得了市场。

第二代的手机电话 GSM 市场上，摩托罗拉也利用了知识产权对技术进行了互补。摩托罗拉用自己所持有的标准必要专利组，然后与其他公司签订了专利的交叉许可协议，从而获得自己所需要的技术❺。由此可以看出，这些公司都是通过持有标准必要专利，与其他公司建立战略性合作，并提高其市场竞争力。

---

❶ 三鹰光器是一家专门从事搭载在日本大型天文望远镜、观测用卫星上的光学仪器的中小企业，其在国外申请了很多专利，其社长中村胜重先生曾经提到"专利是有利地签订合约的手段"。该公司与海外光学仪器制造商合作开发了手术用显微镜，将业务范围拓展到医疗领域，可以认为这一合作中知识产权也发挥了重要作用。

❷ 日立公司出资 51%，从 2001 年开始经营。

❸ 东芝公司出资 51%，从 2004 年开始经营。

❹ 小川紘一（2006）「製品アーキテクチャ論から見たDVDの標準化・事業戦略—日本企業の新たな勝ちパターンを求めて—」MMRCDiscussionPaper，No. 64。

❺ R. Bekkers, G. Duysters, and B. Verspagen (2002). *Intellectual Property Rights, Strategic Technology Agreements and Market Structure: The Case of GSM*, Research Policy, Vol. 31, pp. 1141 – 1164.

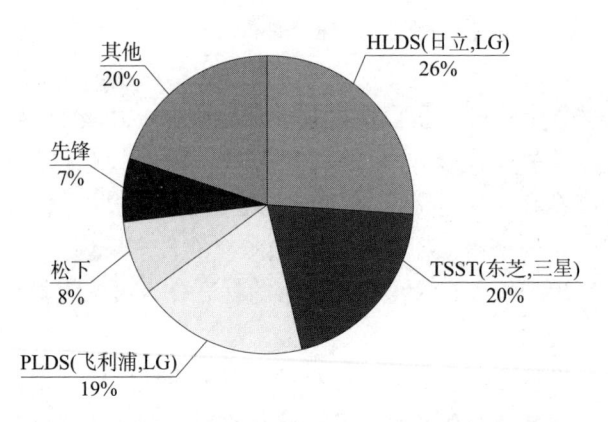

图 7-1　2007 年 DVD 驱动生产量的世界市场份额比例

此前我们所叙述的有关 TOTO 的光触媒超亲水性功能的案例，也是通过以知识产权为核心的战略性合作而最终取得成功的。TOTO 曾考虑过如果能开发超亲水性作用的涂料，是否能开发自洁涂层，但是 TOTO 自身并不从事涂料事业。作为涂料公司而言，具有光触媒功能的二氧化钛涂料本来就是白色涂料的原材料，此前就一直在使用，与光触媒的催化反应并没有太大关联性。如果二氧化钛有自洁的功能，作为涂料生产商自然会想到去利用它。实际上，由于考虑到"使用熟悉的二氧化钛，那不是很简单的事情吗"，日本涂料公司与关西涂料公司都对超亲水性光触媒的功能表示出了兴趣，并且通过与 TOTO 的信息交流，开始了企业之间的最初接触。但是，这种接触仅仅停留在信息交流上，并没有发展到共同研发阶段。这些涂料专业公司也对光触媒的自洁功能进行了一定的研发。从某种意义上讲，因为考虑到只要从 TOTO 那里获得一定的信息，就可以自行开发，所以这些涂料专业公司当时没有与 TOTO 进行本质性合作。但是为了让光触媒涂层销售更有效果，在"涂料与涂层工艺上"都需要较深的知识、技术和经验。关于这一点，TOTO 非常清楚，如果进入涂料领域，像关西涂料和日本涂料公司那样仅仅停留在信息交流的水平上的合作是不够的，因此它们也在积极寻找能够进行本质性合作的涂料生产商。

正在这时候，涂料公司奥绮斯摩（Okitsumo）表示出对技术许可的兴趣，并进行了一定的接触。奥绮斯摩虽然在耐热涂料上占领了日本国内市场的最大份额，但是，当时也致力于扩大普通涂料市场，由此对超亲水性的光触媒功能表示出了强烈的兴趣。据说当时 TOTO 将奥绮斯摩的所有项目都进行了梳理。奥绮斯摩在涂料上拥有包括生产技术在内的整套知识、技术和经验，同时还拥有销售渠道。一方面，对奥绮斯摩来讲，除了 TOTO 的超亲水性光触媒的专利，TOTO 拥有的住宅用水设备设施等产品的销售渠道、TOTO 的较大的市场

第七章　运用知识产权的开放式组织结构

范围的品牌影响力等都是极具吸引力的。如上所述，对"涂层"技术提供全方位的服务（从刷底漆到抛光打磨）是做涂料生意的必要条件。为此，TOTO 向奥绮斯摩提供有关光触媒的知识产权与技术，同时也通过利用奥绮斯摩在涂料领域的技术力量与知识和经验，找到了一条涂料事业的崭新出路。

这样，两者利益达成一致，2000 年 9 月，成立了 TOTO 与奥绮斯摩的合资公司 Japan Hydrotect Coatings CO., LTD（JHCC）。此时，该公司的注册资金 3000 万日元的一半以上是由 TOTO 出资，而人员则由奥绮斯摩和 TOTO 各自派遣 4~5 人开始的。奥绮斯摩信任 TOTO 的品牌影响力，对外也完全交由 TOTO 主导，全面认可了 TOTO 的领导。

该涂料事业经过 3 年左右步入正轨，目前更名为"TOTO 奥绮斯摩涂层株式会社"。此后还开展了在玻璃上的光触媒涂层业务，目前，还有可能全面展开对墙壁、窗户、水池等超亲水性的光触媒涂层业务。该案例显示了一个通过运用业务领域以外的知识产权，与其他公司建立合作关系，从而成功开辟新天地的故事❶。也可以将其称为运用知识产权进行战略性合作的成功案例。在这个案例中，TOTO 与关西涂料和日本涂料之间没有找到合作的突破口，是因为这些涂料专业公司也在光触媒的研究以及替代自洁涂料的技术上进行了一定的开发，对于 TOTO 的知识产权并没有到非要不可的地步，加之 TOTO 的品牌对于两家公司来讲也没有太大的价值，所以也没有如奥绮斯摩与 TOTO 那样的合作基础。

TOTO 在与奥绮斯摩合作前，也对各种领域的光触媒事业开展了专利许可。通过在各个行业对于光触媒技术的接受，也可以说是成功地引发了创新。即便是收取了一定的专利使用费，但其金额对 TOTO 规模的公司而言，并不足以成为其创新的收益回报。此时，成立与奥绮斯摩的合资公司，通过在该组织集中技术等经营资源，经过知识产权的许可实施独占式的知识产权管理，可以说是使创新真正地实现了收益。

■ **中国市场中的战略性合作**

摩托车事业：本田、中国海南新大洲摩托车、铃木、雅马哈、新大洲本田摩托

在选择战略性合作伙伴时，很多案例显示企业最终会选择一个完全在意料之外的合作对象。比如与原本是竞争对手之间的合作，就是为了支配市场，战

---

❶ 渡部俊也编著（2009）「日本弁理士会—東京大学、ビジネスコンサル弁理士育成のための共同研究事業—知財専門職向けマネジメントケーススタディー開発—」ケース①「技術マーケティング」東京大学参照。

略性较高地对竞争进行选择的典型合作。此外，在知识产权方面，也有值得关注的案例，比如与即便诉诸法庭也无法打退的生产仿冒品的对手，最后建立战略联盟的案例。

2000年，本田决定与当时生产销售本田仿冒品的中国民营企业海南新大洲摩托车成立合资公司❶。当时的新闻媒体以及商业杂志对"本田与中国的仿制品制造商合资建厂"的信息进行了大篇幅的报道，其中分析到之前本田在中国摩托车行业的合资对象都为国有企业，而这次合资合作则是本田在中国摩托车领域战略的一次大胆转变❷。

据说本田曾苦恼于中国的仿冒品，曾经购买了各家仿冒品制造商的产品，进行分析后，区分出产品质量较好的制造商和产品完全不合格的制造商。中国海南新大洲摩托车不仅生产本田的仿冒产品，还生产铃木和雅马哈的仿冒产品，因此，本田认为中国海南新大洲是具有一定生产技术的制造商。此前，虽然也有不少生产质量较差的仿冒品制造商来向本田销售过零部件，其中也有一些厂家提出过合资意愿，但本田都未作为考虑的对象。1999年，当中国海南新大洲摩托车提出合资意愿时，本田开始认真考虑这一要求。

此时，本田为了获得低成本制造的方法以及新大洲所拥有的农村摩托车市场的销售网络，因此判断对于本田来说这也是一次有意义的合作。另外，新大洲也对此次合作寄予厚望。该公司的母公司是中国海南新大洲控股股份有限公司，1988年成立，1992年转变为股份公司，1994年在深圳证券交易所上市❸。当时向本田提出合资合作意愿的时候，尽管已经拥有独立生产60万台摩托车的生产能力，在考虑到企业未来的发展方向上，判断与本田的合作是非常重要的。一方面是因为当时还有几百家摩托车仿冒品制造商，它们也认识到如果新大洲未来不能在竞争中取胜，也就顶多会沦为地方的一个摩托车制造商。此外，当时中国正在准备加入世界贸易组织（WTO），签订了TRIPS，预见到按照此前靠生产仿冒品的方式会越来越难做。想必新大洲当初也曾经在"依靠自己的力量继续生产仿制品"，还是"与本田合作，建立知识产权的基础，获得品牌与技术的发展"的选择上徘徊过。相反，本田方面对新大洲的低成本制造，特别是对中国海南新大洲以农村为中心的销售网络给出了很高的评价。

在该合资合作中也曾经讨论过对于防止技术流出的对策，双方谈判的结果

---

❶ 出水力（2007）「中国におけるホンダの二輪生産とコピー車対策－大手コピーメーカーと合併の新大洲本田摩托有限公司の発足－」『大阪産業大学経営論集』第8巻第2号，pp. 27-51。

❷ 在2002年3月5日「日経産業新聞」晨刊17面记事"模造取り込み中国攻略"等，在报纸期刊上进行了报道。

❸ 资料来源：中国海南新大洲控股股份有限公司的主页（http://www.sundiro.com）。

第七章 运用知识产权的开放式组织结构

是，2001年9月在中国天津市成立新大洲本田摩托车有限公司。主持资本9956.9万美元，其中本田出资50%❶。这里，作为交换的经营资源，中国海南新大洲从本田获取品牌、专利技术以及商业秘密等知识产权，而本田则从中国海南新大洲处获得低成本制造的方法，以及农村的销售渠道等。即便在知识产权保护水平不高的环境中，也可以将知识产权作为经营资源进行有效利用，从而达成事业上的合作。

■ 从二元关系到网络关系的联盟

围绕智能电网的合作：英特尔、IBM、Cisco、Oracle、Ice Energy、Tendril、Power Tagging Technologies、Ecologic Analysis、Silver Spring Networks

之前所讲到的与知识产权相关的经营资源交换都是发生在两个对象间的二元关系（Dyad）。但是有时候，企业会跟多个企业建立合作关系。多重合作关系并不意味着有共同的目的，两个对象之间不具有某种共同点或关系（竞争或者合作）的时候，最多也只是多个独立的二元关系而已。但是，如果与这两者之间的合作有共同的目的，或者与两者之间存在有某种共同的关系的时候，这种合作就会叠加，从而不再单纯是二元关系，而是形成一种网络结构的关系❷。在这种发展中，有些时候企业会利用知识产权管理从而获得本公司所希望的网络定位。在美国的智能电网领域的新创企业中就可以找到这样的例子。

所谓智能电网（Smart Grid）是美国的电力事业最先提出的一套方案，主要是指根据信息技术，同时对电力供应方和需求方双方进行控制，配备最优功能的配送电网。在美国由于加利福尼亚州的电力危机以及纽约大停电，对配送电网的整改受到了全社会关注。2003年，美国能源部发表了关于配送电网近代化的报告《Grid 2030》。2007年12月，美国通过了大约1亿美元的有关"智能电网"的投资资金补助、事业项目预算等支出。2009年2月，奥巴马总统就职1个月之后，作为经济景气刺激政策《美国复苏与再投资法案》（*American Recovery and Reinvestment Act*，ARRA）的一部分，美国政府发布了有关"智能电网"相关领域大约110亿美元的支出计划。这也带来了美国通信与IT机器制造商之间所展开的智能网络的热潮❸。

智能电网集聚了大量关键技术，拥有首次实现的广范围的技术体系，因此

---

❶ 本田公司公告"中国で二輪車製造・販売の合弁会社を設立"2000年12月28日。
❷ GULATI R. Alliances and Networks [J]. Strategic Management Journal, 1998, 19 (4)：293-317.
❸ 蓮田宏博，Phil Keys（2009）「スマートグリッド」『日経エレクトロニクス』6月1日号。

根据标准化，需要多个企业的多个产品及系统群相互链接。实际上美国商务部以及国家标准技术研究院（NIST），在 2010 年 1 月发表的《美国国家标准技术研究院智能电网互操作标准框架和技术路线图（第 1 版）》中规定了 25 个框架以及追加的认为必要的 50 个框架。作为新创企业，这些框架中如果有本公司的关联技术和与本公司关系较好的企业的技术被采纳，是极其重要的。因此，企业间的合作也必不可少。

实际上，在智能电网领域也发布了许多企业合作。特别是经营资源较少的新创企业对合作的积极推进较为显著。软件体系的智能电网技术领域中，又不需要过多的设备投入，所以产生了很多的新创企业。特别是以硅谷为中心的加利福尼亚州，很多与能源相关的新技术或者关联企业受到了关注，也由此诞生了许多新创企业。2010 年，数亿美元的风险投资主要投向了智能电网的新兴企业。2010 年，与整体较低调的风险投资状态相比，在智能电网领域的投资金额却在增加❶。

这样的智能电网创业公司，既有像英特尔、IBM、Cisco、Oracle 等的巨型企业，也有很多是多个创业公司的联合体。图 7-2 用直线连接来表示 108 家智能电网创业企业之间的合作关系。可以看出，很多智能电网创业企业都与多个创业企业之间建立了合作关系。创业企业之间积极合作的理由之一就在于，在标准技术中，获得对本公司有利的地位。即便本公司的技术单独也有可能留在标准技术中，但如果与多个企业相关联，就更容易纳入标准技术之中。这样的智能电网创业企业，在最近申请了很多有关智能电网的专利。我们后续会提到，对于智能电网的创业企业来讲，掌握技术的标准必要专利会增加其对技术标准的影响，因此是非常重要的。图 7-3 表示的是智能电网的行业协会 GridWise Alliance 中所参加的 108 家创业企业的专利申请趋势，可以看出最近专利申请数量有增加的趋势。这种智能电网创业企业的专利或者该专利背后的知识产权以及技术是否在这些创业企业的战略中发挥作用呢？仔细观察这些创业企业后发现，它们并不是独占性地使用自家公司专利，而是提供给其他创业公司，或者与大型企业一起创建的战略联盟使用。关于这一数据所显示的结果，我们做以下分析。

---

❶ 参考 GTMResearch（2009）The Smart Grid in 2010，Greentech Media Company 制成。

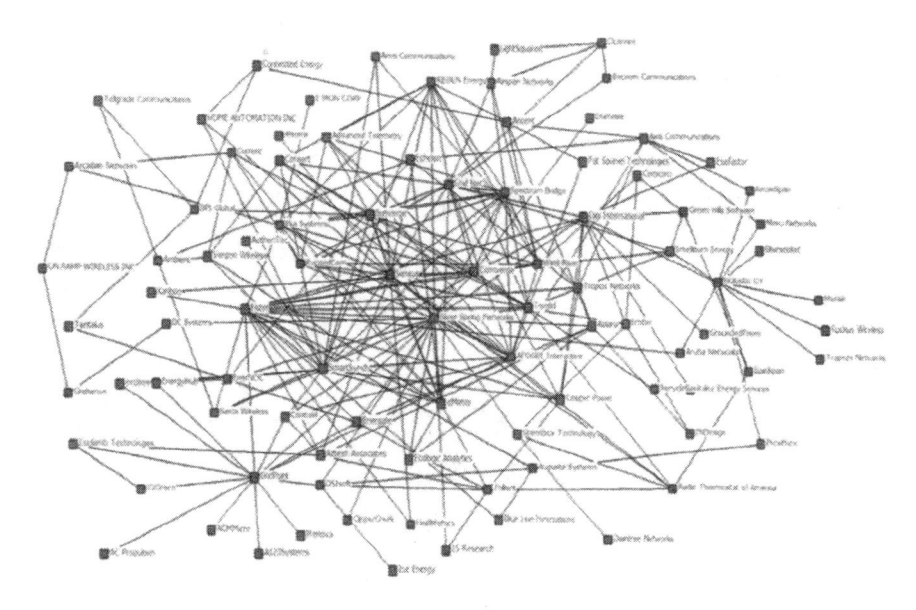

图 7-2 美国智能电网创业企业的联盟

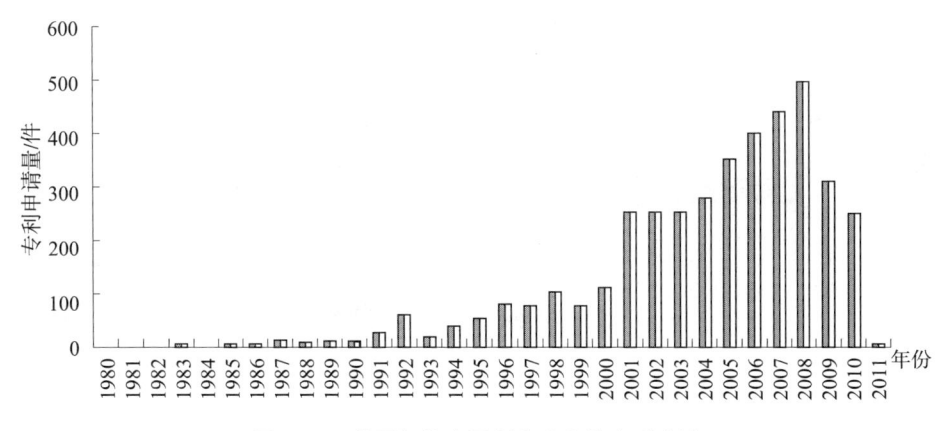

图 7-3 美国智能电网创业企业的专利申请

如何选择企业合作伙伴的研究是从资源依赖理论（Resource Dependence Theory）的观点开始展开的。Stuart（1998）[1] 提到半导体领域中的合作中，战略性合作的形成受到企业技术定位的影响，当所采纳的技术属于多个企业参加

---

[1] STUART T E. Network positions and propensities to collaborate: an investigation of strategic alliance formation in a high-technology industry [J]. Administrative Science Quarterly, 1998, 43 (3): 668-698.

的技术领域时，更容易与其他公司建立合作关系，同时采纳价值评估较高的技术也更容易与其他公司建立合作关系。这里，以108家智能电网领域的创业企业为对象，收集了合作信息、专利信息、企业基本信息以及企业所属的社会性网络信息等四类信息数据，以合作数量及合作中的网络定位（合作数 * 接近中心性❶）为被解释变量进行了回归分析。图7-4显示了合作数量作为被解释变量的回归分析。与合作数量具有显著相关关系的是专利数、同领域的技术开发、多个企业参加的技术领域中的技术开发活动，以及更加分散的精准领域的技术开发。此外，图7-5是加上网络定位后对被解释变量的回归分析结果。该回归分析结果显示，与合作数量稍微不同，尽管在相同技术领域以及分散技术的采纳上显示出明显的正相关关系，但是对其他的变量却没有显示出显著性。这一结果显示虽然申请更多的专利有利于推进合作，但是想在网络中占据优势位置时，拥有能够平衡地精准地进行技术开发能力的企业，对于其他创业企业而言是更理想的合作对象。

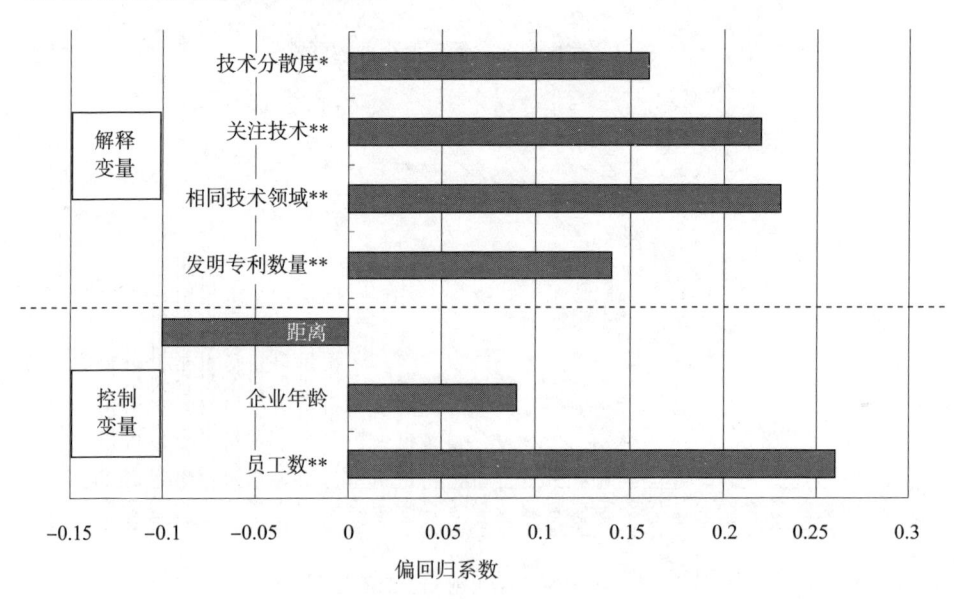

图7-4 发明专利与合作数量

注：有效率：* 5%，** 1%。

实际上，这种被认为在网络上占据优势地位的创业公司，作为网络资源回归值较高的创业公司，可以列举的如 Ice Energy、Tendril、Power Tagging Technologies、Ecologic Analysis、Silver Spring Networks 等未来预期值很高的企业。

---

❶ 接近中心性是指关于"多大程度上位于网络的交集处"的变量。

第七章 运用知识产权的开放式组织结构

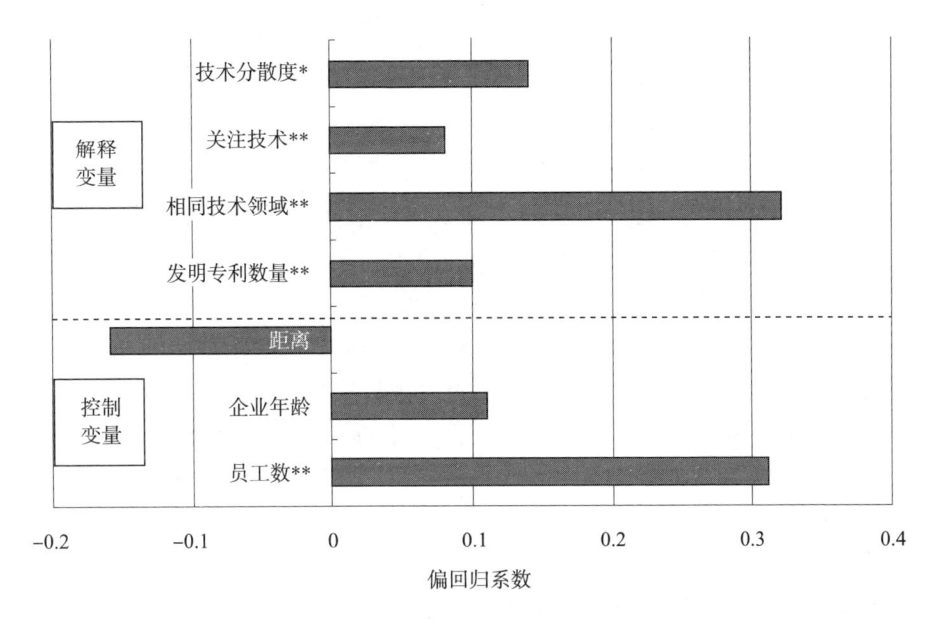

	变量	系数
解释变量	技术分散度*	
	关注技术**	
	相同技术领域**	
	发明专利数量**	
控制变量	距离	
	企业年龄	
	员工数**	

图7-5 发明专利与网络定位

注：有效率：*5%，**1%。

可以认为这些企业利用知识产权管理，在网络中占据了优势位置。

在该分析中，进一步调查企业的专利申请、公开以及合作的时间序列，就会发现这些企业并不是在专利公开时引起关注而开展合作的，而是在专利申请前后就开始了合作，因此可以认为在专利公开之前，这些企业就开始交换技术信息，相互进行技术评估，并逐渐开展合作。但根据目前的数据还不能进行判断，专利申请（而非商业秘密）会为企业间合作带来怎样的影响。在智能电网这样的领域中，专利权作为一种排他权，对于事业竞争力到底能够带来什么样的影响可能会引发一些思考。但是，如上所述，在技术标准越重要的行业，持有标准必要专利就显得越重要。因此，美国的智能电网创业公司利用持有的专利形成一定的战略合作关系，通过占据优势的网络定位，从而更加有利于技术标准的获得。（分析8）

二、运用知识产权的开放性组织间关系 - I 研发联盟

在战略性合作中运用知识产权的案例之中，那些试图利用知识产权施加影响的企业，一般会个别地制订专利许可计划或者联盟计划，并单独敲定协议。即便是对同一个知识产权的利用，在不同的组织合作中的谈判与签约也会分别

— 183 —

创新人员的知识产权管理

进行。因为最近采用的是在多个组织中，基于同一合约或者条款，知识产权被同时利用（或者相互利用）的方式。在这样的框架中，所实施的开放式的知识产权管理对开放性创新的实现作出了贡献。

这里合作对象有两种情况，一种是特定的多个组织，另一种则是不特定的多个组织。后面我们还会详细叙述有关不特定的多个组织作为合作对象的情况，在特定的多个组织所参与的项目中的组织间关系，从整体上看，该合作在拥有交换某种经营资源的功能时，观察每个组织之间的关系，会发现产生了一种类似企业联盟的效果。但是，由于约束成员整体的联盟规则是统一的，对于成员企业来讲，在对外交涉过程中，也可以观察到其对联盟的管理主体以及其他的参与成员施加影响的过程，从而试图设置对于本企业更有利的规则体系。关于这样的例子，我们首先介绍研发联盟的知识产权管理。

■ 研发联盟中的知识产权管理[1]

Fraunhofer – Gesellschaft、TNO

在研发联盟中，国家或地方自治机构会提供一定的研究经费以及管理法人。然后，以管理法人为中心与各个参与的成员组织签订委托协议，从而针对多个企业的共同研究课题开展研发活动。在研发项目的推进过程中，那些拥有基本概念和技术种子的大学或企业的研究人员往往被任命为项目领导，除此之外，很多还设置了运营和管理该联盟的管理法人。在联盟中，所遵循的目标、参加条件、分工以及对知识产权的处理等，都需要依据所有参与组织成员认可的规则来决定。这时候，也有很多联盟是包含了每个组织所负责的细分后的研究项目的研发联盟。有时候这些子项目的主体也会与联盟的管理法人单独签订委托协议。这些参与组织成员的共同研究合同，再加上研发联盟的规则体系，与组织之间的合约同时存在，并形成了对组织间合约的一种补充（图 7 – 6）。

组织在参加这种研发联盟的时候所要求的管理，可以被看作是一种开放式的知识产权管理。参加这种研发联盟的组织，通常应该持有一些能够期待对该研发联盟的成果作出某些贡献的经营资源。如基础的知识产权或者隐性知识、研究能力、有关市场的知识等，由于该组织所持有某项资源能够为联盟的共同目的作出贡献，因此才会邀请该组织加入某个联盟。这也有可能是研发人才，或者重要的合作企业，或者也有可能与管理者有良好人际关系。因为自己也要提供一定的资源，所以为了更有利地获得研发联盟的研发成果，会努力对研发

---

[1] 渡部俊也（2010）「戦略的アライアンスとしてみた研究開発コンソーシアムにおける組織間関係」『日本知財学会誌』第 7 巻第 2 号，pp. 35 – 44。

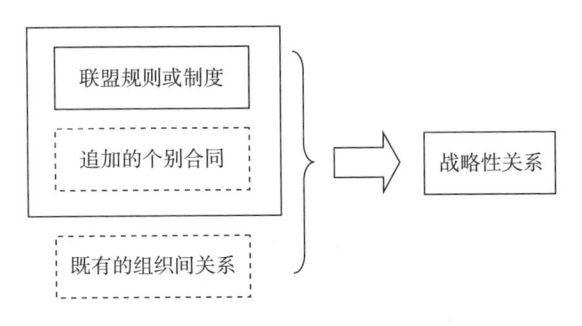

图 7-6　影响参加联盟的组织之间关系的因素

联盟的规则或者体制等按照对自身有利的方向进行引导。反之，其组织成员所提供的经营资源是否合适，也会从其他的成员那里获得评价。如果仅仅是单纯的资金和市场等资源，那么其他成员选择接受该组织的资源以及依赖该组织的可能性就会降低。因此，在研发联盟中，比较重视组织成员所拥有的知识产权以及特定的研发能力等从市场上不能获得的经营资源。同时，公司也需要判断自己公司提供的经营资源与研发联盟成功时所获得的经营资源相比，是否对本公司有利，最后决定是否参加该研发联盟。

在这一点上，对于成员组织来说，对"损益的考量"与对两个组织间的关系考量是相同的。但是对研发联盟不同的是，规定组织间关系的合同不是由两者之间随意决定的，而是依据在联盟设立时所决定的方针，在征得联盟全体成员同意的条件下所制定共同的规则所决定的。这一共同的规则对每个成员组织之间的关系都会产生影响。如果参加成员之间还有一些补充协议，那么也会对这些协议产生影响。此外，在特定的成员组织之间，有时候可能已经存在有一定的商业交易活动，也存在有相互制约的关系。那么就会在这种关系之上，对两者间的战略性关系进行规定。比如，研发成功的时候，持有必要专利的组织，利用其他组织的研发能力所产生的知识产权，会期待该知识产权与只依靠自己研发时相比质量更为优良。通过让其他公司利用自己公司知识产权的时候，哪怕只多一点，也希望其他公司能够创造出更高价值的知识产权。

这样的研发联盟有各种各样的形式。欧美经常会有一些以公立机构为中心的项目。如比利时的公立研究机构 IMEC[1]，制作研究方案募集，并聚集赞成该方案的企业成立联盟，有时会根据需要要求企业免费许可 IMEC 的知识产权。但关于之前在研发过程中所获得研究成果的知识产权，由企业单独持有、

---

[1] 日本的半导体制造商中，尔必达（ELPIDA）、松下等公司与 IMEC 进行了共同研究。

或者与 IMEC 共有，以保证企业对研究成果的实施权❶。在欧洲，根据各国的法律制度，成立了以产业振兴为己任的公司组织，与企业形成联盟进行运营的例子❷，如德国的 Fraunhofer – Gesellschaft❸、荷兰的 TNO（Toegepast Natuurwetenschappelijk Onde rzoek）等。在日本，在很多企业和大学参加的为实现技术商业化的研发项目中，通常是以管理法人为中心展开的。这时，在签订合同时，对成员组织之间的研究成果的处理，特别是背景专利（Background）和前景专利（Foreground）的处理就会成为焦点。也就是说，在实施研究成果的时候，研发联盟的组织成员已经持有了一些预计将会使用到的专利。这种时候，好不容易参加联盟并取得成功的研发成果，可能因为没有获得背景专利的许可，不能实施。因此，联盟一般会规定，对于联盟成员，在研究成果商业化时需要认可其持有的背景专利许可，或者说至少能够对这一事项进行交涉等。作为联盟的成员企业有可能希望能够无偿地使用这些背景专利，但是如果联盟进行这种规定，拥有背景专利的企业就可能会因此考虑"我所获得的利益太少"，而拒绝参加联盟。因此，拥有背景专利的企业通常会对联盟的规定以及运营产生较大的影响。这些企业通过利用自己公司的背景专利，希望能够通过其他公司的加入，以产生更优质的知识产权为目的与其他公司进行谈判交涉。

此外，研发联盟可以通过约定参加成员共同拥有作为研究成果的前景专利，从而相互确保实施权。但是在最近的研发联盟中，还包含相互有市场竞争关系的企业、属于上下游的供应链的关联企业，以及大学等不实施专利的公立研究机构，所以很多时候不能够用一份合同来约定所有的事项。可以认为在图 7 - 6 属于对已经存在的组织间关系的制约过大的情况。因此，如果过于扩大处理个别企业研发成果的自由度，那么就会阻碍信息的共享，结果每家企业带回各自的研究成果，这时候，就变成了各自持有一些具有相互抵触关系或者相互利用关系的专利，这样并不利于对联盟整体成果的利用。作为合约签订中心的管理法人，需要时刻考虑到联盟整体的成果，不要让成员丧失当初参加联盟时的动机，平衡各方利益，探索规则制定的方式。

为此，规则需要全方位地考虑到"是否反映了企业规模和立场的差异"

---

❶ RYCKAERT V, BROECK K V. IMEC Industrial Affiliation Program (IIAP) as IPR model to set up nanotechnology research and patenting [J]. World Patent Information, 2008, 30 (2): 101 – 105.

❷ 这些在日本跟公立研究机构具有相近的性质，但从法律上讲是企业组织，其运营是由日本的公益法人或者独立行政法人进行，在财务方面的自由度较高。

❸ 大崎壽, ロレンツ・グランラツ, 渡部俊也 (2001)「フラウンホーファーゲゼルシャフトの研究—技術移転とスピンオフベンチャー創業に関する調査と日本における同種組織の設置案検討—」研究・技術計画学会第 16 回年次学術大会講演要旨集, pp. 428 – 431.

第七章　运用知识产权的开放式组织结构

"是否分别设定发明者所属机构与其他机构在研发成果商业化中的待遇条件""是否以发明优先来决定知识产权的归属问题""从企业获取利润的时候应该如何分配""如何处理大学的不实施补偿""如何处理在集团以外的第三方的许可费用""联盟的决策过程""独占权是否只赋予原材料制造商""应该怎样决定信息共享的程度及其结构"等问题。

其结果，即便获得所有成员的同意，联盟在统一的规则下运行，但是刚开始的时候，研发活动的外部环境时常会发生变化，这些变化对于不同的企业而言，其立场也是不相同的，所以过了一段时间后，对于某些企业而言可能情况更如其所期待的方向发展，而对于另外一些企业而言，有可能从中获得的利益会减少。这些变化，使最初所决定的规则可能成为为某些特定的企业所牟利的内容。这就会使那些产生损失的企业降低参加联盟的意愿，从而使整个联盟的绩效降低。此外，还有一些意料之外的研究成果出现，根据预先没有考虑到的成果分配条件，可能一些特定的组织因此获利，或者因此产生损失。根据这样的环境变化，认为参加联盟没有利益之后，很多企业就会退出，这样的利害关系时刻有可能发生。如果这种情况进一步恶化，途中脱离联盟的成员出现，那么在保密等方面的处理就会变得非常复杂。

从联盟整体运营的立场来看，必须要时刻应对外部环境的变化，从而尽可能使参加成员的利益一致，并维持其参加的意愿。此外，这些研发联盟还存在有由民间资本所主导的情况和由国家经费主导的情况，后者是具有政策目的的，还有可能受到政策环境变化的影响。

■ 研发联盟中的战略性关系与知识产权管理

包括产学合作在内，管理多个企业参与的研发联盟是比较复杂的。在这种联盟中，那么为了提高全体的绩效，使成员更加容易地实现各自的目的，其管理的要点又是什么呢？关于这一点，日本特许厅进行了委托调查（问卷调查）❶。该调查表分发给了1244个组织，其回收率大约为20%，回答者中大学和企业各占一半。在问卷中，对于运营得比较顺利的联盟和不太顺利的联盟咨询了相同的问题。

首先，关于是抱以什么样的目的参与研发联盟这一问题，在原问卷表上，

---

❶　平成21年度（2009年）特許庁産業財産権制度問題調査報告書「研究開発コンソーシアムにおける発明の創造・保護・活用の在り方に関する調査研究報告書」，2010年3月，（財）比較法研究中心调查（调查期间为2009年11月8日至2010年1月8日，本书原作者作为有识委员参加了问卷表的制作。）

将多个目的又拆分成了 17 个项目。关于这一点，根据 Gary Hamel and Yves Dos (1998)❶ 的量表，对战略性的合作目的分类为，①cospecialization：特定的经营资源、技术与知识的结合；②co-option：与潜在的竞争对手或者补充产品和服务的提供者的合作；③学习与内化：隐性知识等技能的学习以及内化。在本问卷中分为了特定经营资源的获取、战略性定位的获取、学习及人才培养三大类。此外，在国家项目或者接受公立经费资助的项目中，由于往往以获取资助为其主要目的，所以另外增加了研究经费的获取目的。

在分别收集大学和企业的调查结果后，针对四类目的，相比而言大学拥有多个目的，而企业的目的较为单一。也就是说，企业参加研发联盟的目的比较明确。另外，有 50% 以上的企业选择的首要目的是特定经营资源的获取，其次是研究经费的获取，以及学习和人才培养。而大学在研究经费的获取与特定经营资源的获得上所占比例几乎相同，此外，战略性定位所出现的频率较高。此处的战略性定位更明确地说明大学遵循了重视产学合作的方针。大学的结果还显示了学习和人才培养的目的，其中也包含了对学生教育的目的。如果大学和企业，以及企业和企业之间的目的以及利益关系一致，研发联盟比较稳定。

将进行得比较顺利的研发联盟中的成果（目标完成度）作为被解释变量所进行的多重回归分析的结果显示，将与目标完成度正相关的因素提取出来进行总结后，为联盟目标的达成具有正面影响的是"目标是否明确""联盟的合同设计是否完善""领导力以及秘密信息的交流等，是否有应对变化的能力"三个因素。可能有意见会认为"目的是否明确"对于绩效的完成具有影响，这是不言而喻的，但是在大学等公立研究机构所参与的基础研究方向的项目中，研究项目本身的目的就经常不容易确定。这种情况下，大学研究人员更倾向于依据自身的研究兴趣或关注点进行研究，所以对于想获得特定经营资源的成员来说，他们并不希望看到不确定的研究方向。"联盟的合同设计是否完善"为显著的正相关关系，表示的是针对背景专利和前景专利等信息，如果能在组织内部充分讨论并建立完善的信息共享机制，可以对组织绩效产生正面的影响。值得注意的是，如果联盟的运营方针没有获得参与成员的同意，则会对成员的绩效带来负面影响，因此需要事前进行缜密的设计。

此外，以往的一般大型项目中，项目领导的领导力非常重要，这与"领导力以及秘密信息的交流等，是否有应对变化的能力"相关联。因为具有领导力可以更好地让联盟在开始运营后灵活地应对一些变化。对这些变化的应对

---

❶ Gary Hamel and Yves Dos (1998). *Alliance Advantage：The Art of Creating Value Through Partnering*, Harvard Business Press.

第七章 运用知识产权的开放式组织结构

能力，也可以为绩效作出贡献。在这一点上，与参加联盟的其他组织和人员的密切联系、信息交换等，与有利于目标达成的领导力之间是一种互补的关系，在提高其领导力的同时，也能提高其应对能力。

我们希望看到的是参加联盟的成员企业对是否能够通过对联盟的管理实现这些目标点进行充分分析和判断，并将实现本公司目标及战略的条件，植入共同的规则和方针中，在提高联盟整体绩效的同时，能够完成自己公司的战略性目标。这正是伴随创新战略开放化所诞生的开放式的知识产权管理的类型之一。（分析9）

三、运用知识产权的开放性组织间关系 – II 专利池

这是一种在特定的多个组织所参加的项目中所进行的知识产权管理，与研发联盟有着同样的特性，比如将知识产权纳入到一个平台中进行统一管理。最典型的例子就是专利池。很早以前，当某个专利产品上有多个专利权人的时候，就出现了专利池。这也是最近在技术标准发展后，通过对专利技术的组合所频繁使用的一种体系。在这里，我们首先讨论一下技术标准中的专利池的知识产权管理。

■ 技术标准与知识产权

自有技术的标准化：爱立信、诺基亚、Forgent Networks、Vtel、Compression Labs、Rambus

所谓标准化（Standardization）是指将自由放任后会呈现多样化、复杂化、无次序化的事情进行少数化、简单化和秩序化的行动。这里所谓标准（Standards）[1] 就是如干电池5号、7号等人为的一种规定。如果是被指定型号的电池，无论任何厂家都可以使用，其尺寸和品质也是统一的，谁都可以简单地更换电池，非常的方便。这样的互换性是标准化的第一个基本功能。标准的另一方面也会影响企业的竞争优势。比如，以信息通信及电气行业为中心，从产品的互换性观点来看，将自己公司技术纳入标准中极其重要。近年来，对技术标准的重要性不断提高，其背景在于网络发展后，伴随产品市场国际化，为了保证产品间的互换性所必然导致的。企业在产品推入市场之前，会以公开或者非公开的方式，决定产品之间接点的技术规格。这种标准化后的产品，一旦

---

[1] 这时的 Standards 的语源来自古法语的 estandard。本来意思是指在战场上为了整合军队势力在其场地作为明确示意的旗子，由此派生出了现在的"标准、规则"含义。

为市场所接受，就会产生锁定效果：产品就不会轻易被其他公司产品所替代，也容易维护与顾客之间的关系，由此得以较为稳定的市场发展❶。手机电话的第二代 GSM 方式，从 20 世纪 80 年代后半期开始到 20 世纪 90 年代的前半期建立了技术标准，一直到 2006 年还持续地在世界范围内使用。主导这一标准化的是爱立信和诺基亚等欧洲企业，此后，在手机终端市场及其关联市场上，这些企业也占领了较高的市场份额。这样，在信息通信及电机行业中，企业会利用标准化扩大市场，如果其中自己公司的技术能够成为技术标准，则能够在市场上占据较为优势的地位❷。

技术标准一般分为法定标准（De jure standard）、论坛标准（Forum Standard）、事实标准（De fact standard）三大类。De jure 在法语中的意思是"依据法律，在法律之上的正式的"，是指通过公立机构明文公开的过程所制定的标准。此外，论坛标准是指以对标准感兴趣的企业集聚在一起所形成的协会组织为中心所制定的标准，虽然不是对公的，但在标准制定时也经过了类似法定的程序。特别是最近在制作前沿技术领域中的技术标准时，常会用到这一方法。De fact 在法语中是事实上的意思，实际上也就是国际市场所采用的世界标准，是指那些虽然没有法律依据，但是通过市场竞争淘汰所自然胜出的标准。

另外，这些标准的指定条件也分为三大类。第一类是通过强制性法律法规作为义务必须实施的内容。这种标准常见于发展中国家。比如中国的许多国家标准就是强制性标准，遵循这些标准是企业和公民的法定义务❸。第二类是单独标准，也就是跟事实标准相类似的类型。没有任何所谓相互协商的过程，一般是指一些特定公司的产品在市场上占垄断地位的情况。第三类标准形成的过程，是通过某种协商达成统一意见，最后形成的所谓的协议标准❹。

上述的分类中，法定标准、论坛标准以及事实标准，如果其制定过程是经过了某种协商过程后所达成的，就属于协议标准。因为在统一意见达成的过程中、标准的管理上，以及被认可的战略性路径中会产生相同的特征，所以在考虑标准化管理时，这种分类是有其特定意义的。这里达成统一意见的规则与上述研发联盟的规则相类似，需要在拥有不同经营资源的组织之间，解决"如何制定共同规则"，"在怎样的共同规则中达成自己公司的目的"，以及"怎样

---

❶ C. Shapiro and H. R. Varian（1999）. *Information Rules*，Harvard Business School Press（千元倖生監訳，宮本喜一訳，『ネットワーク経済の法則』IDC ジャパン）.

❷ BEKKERS R，DUYSTERS G，VERSPAGEN B. Intellectual property rights, strategic technology agreementsand market structure：the case of GSM［J］. Research Policy，2002，31（7）：1141－1161.

❸ 即便是国家标准，包括日本在内的很多国家也并非强制性标准，而是任意标准。

❹ 新宅純二郎，江藤学（2008）『コンセンサス標準戦略』日本経済新聞出版社.

第七章　运用知识产权的开放式组织结构

才能使其他的参加成员能够认可"等课题。

这样的协议标准中，也包含有国际机构标准、国家标准和行业标准❶。其中，从现代企业提高国际竞争力的观点上看，国际机构相关的标准最受关注。有关国际标准的组织，著名的有 1947 年为了促进标准化运动的发展由 18 个国家所成立的国际标准组织（International Standard Organization，ISO），现在其成员方已经达到 150 多个；还有 1906 年所成立的电气电子工学技术领域的国际电子技术委员会（International Electrotechnical Commission，IEC）；1865 年在巴黎所成立的国际电信联合会（International Telecommunication Union，ITU）等。在这些组织中，在其整体技术（或者标准）管理委员会下设有专门讨论各个行业领域标准的专业委员会（TC）、分科委员会（SC），以及作业团队（WG）等。这些组织中的标准决策过程，大概都比较类似，比如 ISO 中，首先是由这些对 TC/SC 的成员提出国际标准体系的方案，然后这些 TC/SC 指定由专家组成的 WG 进行研讨，然后在将 WG 所出示的结果在 TC/SC 上进行进一步探讨。在这一阶段确定实质的国际标准的内容。此后，对于 ISO 的所有加盟方公开征集意见，国际标准体系方案最终通过成员的正式投票成为正式的国际标准体系。这一过程大约需要 3 年时间。为了主导国际标准，在其他国家之前对国际标准的提议，以及在投票期间的伙伴关系的建立等都非常重要。另外，据说充分发挥国际理事与国际理事长等的话语权也非常重要。

这样的国际标准比以往更受重视，其背景在于 1995 年生效的 WTO/TBT 协议中，对各国"在制定和修改强制性体系和适应性的评估手册的时候，原则上是以 ISO、IEC 等国际标准体系为基础的"，同样，也不应该忽略"在政府采购协议中，参照国际标准体系制定其采购标准是政府的义务"❷。由此，这些国际标准在国内市场上也得以应用，这是瞄准到加入 WTO 后的中国也是一个巨大的市场所专门制定的制度。

在这种体制中，各种力量都在努力将自己公司或者自己国家的技术纳入国际标准中去。而且，并不是技术成熟后才进行标准化尝试，而是在研发初期就

---

❶ 公正取引委员会（2003）「技術標準と競争政策に関する研究報告書」中，将没有预先设定的标准之间竞争的开放式的会议定义为论坛（Forum），将存在预先设定的标准之间竞争的封闭式的会议定义为联盟（Consortium）。

❷ WTO/TBT 协定（有关贸易的技术性障碍的协定）第 2 条第 4 项以及附录 3 中"针对加盟国在需要强制/任意标准的情况，如果相关国际标准已经存在或者即将完成的时候，将该国际标准或者其关联部分作为强制/任意标准的基础。"

开始战略性预期国际标准的获得，尝试对研发活动与标准化的一体化推进❶。

由此，受到关注的技术标准在其实施的时候是否拥有专利权往往就成了问题。准备实施标准技术的企业，如果没有获得必要的专利许可，那么即便制定了标准，事实上也不能发挥其标准的作用。这一问题在很早以前就讨论过，1970年国际标准化机构中讨论了标准与专利权之间的关系应该如何处理，但是没有具体的对策办法。但是，后来却出现了当初参与制定技术标准的成员，故意没有明确其对标准技术专利的持有情况，也不参加此后的专利池，当技术标准一旦确定后，就对使用该技术的企业实施专利权的敲竹杠（hold–up）事件。由此，标准与专利的关系加倍受到关注。在早期发生敲竹杠问题的事件中，2006年11月达成和解的 Forgent Networks 公司的 JPEG（Joint Photographic Experts Group）的案例。这一事件的概要是，在口头上承认参加标准化活动的成员可以免费获得 JPEG 相关专利许可，Forgent Networks 公司的子公司 Vtel 公司则从 Compression 公司处购买了美国第 4698672 号专利，2007 年 7 月要求利用 JPEG 标准的公司支付专利许可费。由于专利的有效性以及必要性成为其主要论点，最后多家公司还是支付了许可费用❷。

这样为了应对包括专利权在内的技术标准制定的过程，国际标准化机构制定了专利政策。每个机构所制定政策之上，ISO、IEC、ITU 等国际标准机构中，还制定了共同的专利政策❸。共同的专利政策包括以下的项目：①即便包含有自己的专利在内，必须要在无过度限制的条件之下利用标准；②在标准开发初期，要求公开专利权信息（提出专利权申明书）；③信息公开中包括是否在（a）无偿（RF 条件）或者（b）合理且无差别的条件（Reasonable and Non–Discriminatory，所谓的 RAND 条件）下对实施许可进行谈判，或者（c）明示对上述（a）或者（b）任何一个具有异议。这时候（c），通常为标准中并不包含依赖该专利的规定，或者 ISO、IEC、ITU 的方针为不干预该专利权的实施许可谈判等情况。

国际标准中的专利使用许可的选择与共同政策相同，一般从 RF（Royalty Free，无偿）、RAND（Reasonable and Non–Discriminatory，合理无差别条件）以及拒绝这三个条件中进行选择。但是 RF 并不是一个独立的选择项，有些机构（如 GEN、GENELEC、ETSI）也将其包含在 RAND 中进行解释。另外，也

---

❶ 比如日本在其研发领域中比较领先的光触媒领域中设立了 ISO/TC206（精细化陶瓷）/WG37（光触媒评估方法）标准，由日本依次对国际标准化进行了提案。

❷ 経済産業省基準認証ユニット「標準化実務入門（試作版）」2010 年 7 月。

❸ 2006 年 6 月共通专利政策，2007 年 3 月共通实施指南。

第七章 运用知识产权的开放式组织结构

有例外独立解释 RF 选项的机构（如 W3C）。申明书中所提到的专利虽然在每个机构中的表达方式不同，但基本上都是在利用标准时的必要专利。提出标准必要专利宣言时有两种方法，一是针对每个标准所提出的标准必要专利许可宣言的方法，二是针对整个标准体系提出的关联专利许可宣言的方法（总体宣言）（ITU 等）。在总体宣言时，有时候个别与体系相异的宣言内容也会得到认可。

图 7-7 表示的是在 IEC 提出的专利申明书的数量变化。该图显示，在进入 2002 年之后，专利申明书的数量急速增加。现在的国际标准与专利有着不可分割的关系，在主要的国际标准机构中，都专门制定了专利政策来应对这一问题。本来仅靠专利政策是不能够完全解决敲竹杠问题的。如果没有参加标准化活动的外部企业，也不可能提交专利申明书。再加上还有一些企业在标准化活动的中途参加讨论，后来又退出，此后行使权利的情况，如 Rambus 公司的案例。此外，在共同政策中对 RAND 条件的解释也有问题。RAND 与产品成本、价格的关系应该如何处理，当制造商与研发企业是否为同一企业、是否即便是开出高额的许可费用（实际上为拒绝许可的或者商业实施上比较困难），也应该承认其 RAND 条件等问题上都还需要进一步探讨。

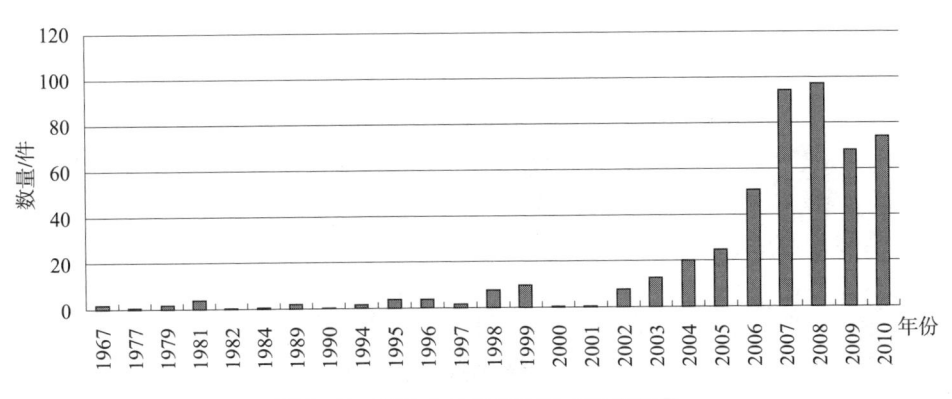

图 7-7　IEC 中的专利申明书提出数量

无论如何，在现阶段，技术标准与知识产权是密不可分的。但是即便如此，问题是现在还是有一些企业相关人员并没有认识到包括专利在内的技术标准的重要性[1]。技术标准本来的功能是基于对协调"保护消费者的利益"和"普及产品技术"之间的公益性目的的考虑，因此本来就没有预先考虑到与专

---

[1] 平成 20 年度日本经济产业省委托项目（2009）「先端技术分野における技术开发と标准化の关系・问题に关する调查　报告书」的图 5-3「特许を含む标准が作成できることの认知」中，标准负责人的 50% 都不知晓。

利的关系，以及在商业活动上的损益等。但是由于可以通过巧妙地利用国际标准，快速进行全球性的业务拓展，所以技术标准也被积极利用，在扩大市场、增加收益等战略性目标的实现上有效地发挥了作用。现在，有效地参与技术标准的制定，成为与企业利益息息相关的重要议题。其中重要的手段就是知识产权管理。以往标准化活动与知识产权管理是没有直接联系的，但最近，知识产权与标准化在管理上建立了密切的关系。我们将在此后的内容中继续对知识产权管理进行介绍。

■ 技术标准中的专利池管理

缝纫机的专利池：Singer、Grover、Baker、Wheeler、Wilson

技术标准与知识产权的关系中，企业的立场分为三种，第一种是同一企业既持有标准必要专利，又在利用标准技术的情况；第二种是虽然持有标准必要专利，但其不利用标准技术的情况；第三种是不持有标准必要专利，但需要利用标准技术的情况。这三种企业立场对知识产权许可费的态度完全不同。如果企业处于许可知识产权的立场，肯定是希望获得更高的许可费。另外，从利用标准技术生产制造产品的企业的立场考虑，也一定是许可费越低越好。此外，从双方的立场考虑，根据许可条件，可以想象大概也就是持中庸态度吧。

标准必要专利的专利权人只有一家公司的时候，该专利权人是具有主动权的。在后述的内容中会提到，虽然也有将其专利技术标准化后无偿地提供许可的例子，但一般是通过许可扩大自己公司的相关产品的市场，提前获得收益。如果不能够期待这样的效果，那么该专利权人在计划标准化的时候，就应该会最大限度地收取专利使用费。但是，实际上现在技术标准化时，通常有多个标准必要专利的专利权人，也有很多例子甚至有好几十个标准必要专利的专利权人。然后，这些标准必要专利的数量也有可能达到好几千个。在这样的例子中，为了接受每个专利的许可，必须要和所有的专利权人进行谈判。但是，仅仅为了获得几十家专利权人的同意，就要花费相当大的人力与时间成本，所以这肯定不是一个现实的方法。在这一点上，最近经常利用的是技术标准中的必要专利的专利池。所谓专利池，是指对于某个技术拥有专利权的多个权利人，将所持有的专利或者专利许可权限集中到某一个组织之中，通过该组织，进入这些专利池中的成员从中获得必要的专利的体制❶（图7-8）。通过这样的组织许可的权利中，除了专利权之外，还包含有著作权等。

---

❶「知的財産の利用に関する独占禁止法上の指針」公正交易委员会平成19年（2007年）9月28日，平成22年（2010年）1月1日修改版中明示其定义。

第七章　运用知识产权的开放式组织结构

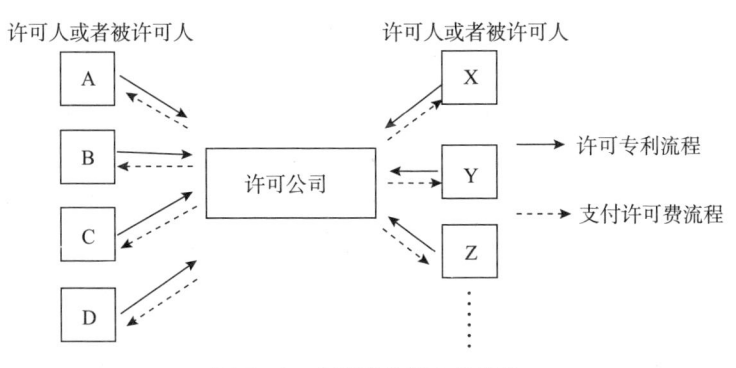

许可人或者被许可人　　　　　　许可人或者被许可人

```
    A                    X
    B      许可公司       Y  →  许可专利流程
    C                    Z  ⇢  支付许可费流程
    D
```

图 7-8　专利池的基本机构❶

这样的专利池中所集合的许可，针对多个权利人的单个专利，不需要单独地进行谈判，只需要与一个主体进行谈判就可以了。也就是所谓的一站式许可。在一对一的谈判中，为了降低许可费用需要缜密地判断被许可方对许可方的专利有没有抵触。但是，专利池是由第三方选择的技术的标准必要专利，所以，可以省略上述缜密判断的过程。利用专利池的话，一般被许可方都可以获得较低的许可费用。所以通过利用专利池，可以降低被许可方的交易成本，每个专利权人也可以避免由于单个设定许可费造成的许可费用过高的问题❷。比如遵循某个技术标准的产品市场中，5家许可方都对该产品收取产品价格总额5%的许可费用，那么被许可方就必须支付25%的许可费。在这种许可费水平上，市场的参与者会变少，而且到底该产品市场是否还能够成立都会成为问题。但是5家许可方都进入专利池中，一起对被许可方要求一个合理的许可费用，那么就可以避免上述问题。所以在专利池成立的时候，是否能够很好平衡许可方与被许可方之间的利益关系，显得非常重要。

在这样的专利池中，实际上也有混入无效专利的情况。在标准技术选择必要专利时，会判断标准技术与这些专利是不是抵触，但一般不会判断专利的有效性。在这种体制中，就无法避免无效专利的混入。但是，也有观点认为即便混入了一部分无效专利，由于许可费的比例不会发生改变，所以实际上也不会产生问题❸。

---

❶ 有关专利池的各种运营形态，可以参照土井教之，新海哲也，田中悟，林秀弥（2008）「パテントプールと競争政策—実態の展望と課題—」KG-SANKEN Discussion Paper, No. 2。

❷ SHAPIRO C. Navigating the patent thicket: cross licenses, patent pools, and standard-setting [J]. Innovation Policy & the Economy, 2001, 1: 119-150.

❸ 加藤恒（2006）『パテントプール概説—技術標準と知的財産問題の解決策を中心として—』発明協会。

IP 创新人员的知识产权管理

这种运用于技术标准中的专利池❶,最初据说是1856年成立的一个有关缝纫机的专利池。当时专利市场非常混乱,所以为了避免在缝纫机行业中频繁发生诉讼,Singer公司❷接受其律师的提议,在相互起诉专利侵权的5家缝纫机公司之间(Singer、Grover、Baker、Wheeler、Wilson)通过协商的方式,成立了专利池,据说这也是历史上第一个专利池。Singer公司通过这个专利池也顺利地使自己公司的业务得到了良好的发展❸。

■ DVD 的专利池

围绕 DVD 规格的竞争:索尼、飞利浦、东芝、松下、日立、先锋、汤姆森、Warner、MCA 唱片、三菱电机、惠普、日本 Bicter、LG 电子、IBM、夏普、三洋、三星电子、SISVEL、Via Licensing

可记录式和可覆写式的 DVD 装置在世界的市场大约为 23780 万台❹,DVD 光盘和播放器合计大概是 10753 万台(2008 年)❺。可记录式 DVD±R 的市场大约为 686800 万张,而可覆写式 DVD-RAM/DVD±RW 的市场大约为 55200 万张,非常巨大。2009 年,日本企业在 DVD 光盘的世界份额高达 66.3%,可以认为是具有国际性竞争力的一个产品。关于 DVD(Digital Versatile Disc)产品的规格,具有播放功能的有 DVD-ROM 和 DVD-Video 两种,刻录型 DVD 的规格则有 DVD-RAM、DVD-R、DVD-RW、DVD+R、DVD+RW 五种类型。这些在驱动器和光盘等产品上市之前,1995~2001 年,企业联盟和协会论坛就对其进行了规格的制定。此后,通过快速通道制度,向 ECMA(欧洲计算机制造联合会)和 ISO(国际标准组织)进行申请,成为现在的国际标准。

截至 1995 年,索尼、飞利浦所提倡的 MMCD 规格,和东芝、松下等〔日

---

❶ 专利池不仅仅用于技术标准,最近也经常使用于医药品领域。如根据以下葛兰素史克公司在 2009 年 3 月的新闻公告:"GSK 将获得授权的 500 件专利和 300 件以上的专利申请(大约关联 80 个专利组)放入专利池,为他人开发其未顾及的疾患治疗药品作贡献。GSK 出台了他人在检索这些专利时,第三人还可以同时申请检索有关 GKS 医药品相关知识产权以及信息的制度,为研究人员未能顾及的热带病的新药研制作贡献。"此外,2011 年 10 月开始运营的 WIPO 研究联盟(Research Consortium)虽然没有使用"专利池"这一名称,其根据 WHO 的清单对未顾及的热带病以及结核、痢疾,在公开数据库中提供相关的知识产权、信息以及资源,对这些疾病的研究机构,通过联盟,保证对其免除所许可的知识产权用于研发或者在发展中国家销售的许可费,其功能与专利池相类似(www.wipoReSearch.org)。

❷ 1851 年列察克·梅里瑟·胜家(Isaac Merritt Singer)获得了与现在几乎相同构造的第一号实用缝纫机专利,并成立了胜家(Singer)公司。

❸ Ruth Brandon(1996). *Singer and the Sewing Machine: A Capitalist Romance*, Kodansha America, Inc.

❹ JEITA(2009)「記憶装置に関する調査報告書」(6月)。

❺ JEITA(2009)「AV 主要品目世界需要動向— 2013 年までの世界需要展望—」(3月)。

立、先锋、汤姆森、Warner、MCA 唱片（现在更名为环球音乐）]所提倡的 SD 规格相互对立，1995 年 9 月两大阵营同意统一规格。此后，日本、美国和欧洲 10 家公司（日立、松下、三菱电机、飞利浦、先锋、索尼、汤姆森、Warner、东芝、日本 Bicter）所组成的"DVD 联盟"进行了产品规格的制定，1996 年 8 月完成了播放用 DVD（DVD - RAM 和 DVD - Video）的规格制定。1997 年，DVD 联盟改组为更加开放的组织——"DVD 论坛"，此后逐步制定了刻录型 DVD 的 DVD - RAM（1997 年 6 月）、DVD - R（1997 年 9 月）、DVD - RW（2002 年 2 月）的规格。在 DVD - RAM 规格制定后不久，以索尼、飞利浦、惠普为中心的集团独自发表了刻录型的 DVD + RW 规格。此外，该集团还在 2001 年 5 月发表了 DVD + R 规格。

为了实施这些联盟成员所持有的 DVD 规格的必要专利，最初准备是打包许可的。但是汤姆森在 1996 年后半年决定了单独许可的方针。同年 8 月，飞利浦和索尼对共同许可进行了发表。1997 年 4 月，先锋加入了飞利浦和索尼的共同许可中。在 3 家公司所成立的共同许可项目中，被称之为 DVD 3C 专利池，飞利浦成为窗口公司。另外，东芝、日立、松下、三菱电机、日本 Bicter、Warner 则在 1997 年 10 月也达成共同许可的合意，由此形成了 DVD 6C 专利池，其中东芝公司的子公司作为其窗口管理公司。其结果是，现在实施这些专利需要跟 DVD 3C 专利池、DVD 6C 专利池以及汤姆森进行签约。

DVD 3C 与 DVD 6C 在对必要专利对标准是否必要时的判断上，主要委托给第三方专家执行，所以 1998 年和 1999 年分别收到美国司法局（Department of Justice）未违反反垄断法的商务信函。此后，LG 在 2003 年 7 月加入了 DVD 3C，而 IBM 于 2002 年 6 月，夏普和三洋于 2005 年 4 月，以及三星电子于 2006 年 11 月加入了 DVD 6C。

专利池的总收入基本上根据每个成员的必要专利数量，分配给许可方[1]。比如，在专利池中的必要专利数大概占整体比例 10% 的企业，那么就收到该专利池许可收入的 10% 收益。

这种专利池与以往的一件件利用专利不同，是将多个专利权集中起来打包利用，所以当一件产品有多个技术，或者一个技术体系上有多个专利权时，专利池不失为一种现实的处理方式。这里还探讨了标准技术以外的专利利用情况。比如，在生命科学领域的探索工具的专利，以合理的费用进行许可，可以普及对数据库的利用，所以有意见指出有必要运用如专利池或者联盟等，通过

---

[1] 加藤恒（2006）『パテントプール概説—技術標準と知的財産問題の解決策を中心として—』発明協会。

将知识产权共同财产化提高对知识产权价值的运用❶。此外，在材料技术的产学合作研究中，有时也采纳专利池体制❷。

如果集聚一些强势企业，恶意利用专利池，有可能会产生业务上的垄断现象。历史上，也常出现过专利池实际上有违反反垄断法的风险。比如美国玻璃容器市场上以占92%份额的美国玻璃容器制造联盟（The Glass Container Association of America）的专利池为代表，多个专利池都与反垄断法关联。在日本，阻碍老虎机新规企业加入的日本游戏机特许运营联盟，也收到了日本公正交易委员会的排除劝告❸。一般在实施非独占式专利许可的时候，根据情况可能会违反反垄断法，因此也会探讨技术标准中的必要专利的专利池是否具有合法性。有关日本对于反垄断法的行为范围，1999年公正交易委员会公布了《关于专利及商业秘密许可合同的反垄断法的指导意见》，提出在满足一定条件的范围内，可以运行专利池。

这样专利池运营体制到底是否违反反垄断法，不仅仅对日本，对世界各国来说都是不清楚的。因此，通常情况下，针对每个国家的反垄断部门，需要确认该专利池的体制是否阻碍了竞争。这种时候的要点在于，将专利池的对象限制在标准必要专利范围上；由独立的专家对其必要性进行判断；许可条件是无差别的；许可条件对此后的创新研发活动没有阻碍等❹。在对知识产权集中利用进行管理的时候，考虑这些问题是非常必要的。

许可方可以通过自己所提供的标准必要专利的数量，获得相应许可收入。专利池的总收入基本上也是根据标准必要专利的数量来进行分配的。为此，企业为了更多获得标准必要专利的授权，往往会对专利进行分案申请。另外，最优秀的技术不一定会被采纳到标准中，因此主导标准化的伙伴关系维护也很重要。

如此，最近专利池与许多国际标准开始关联起来。表7-1中显示的是最近的一些主要专利池。这样的专利池运营，可以聚集主要的专利权人，在出现

---

❶ 在平成22年（2010年）2月22日综合科学技术会议知识产权专门调查会特许厅的提交资料中，其中谈及了涉及生命科学领域的专利池（http://www8.cao.go.jp/cstp/tyousakai/ip/haihu38/siryo5-1.pdf）。

❷ 有关薄膜制造技术的产学合作项目中，曾经有例子尝试了专利池。虽然成功地形成了专利池，但最终其规模并没有发展起来。可以从日本知识产权协会产学合作室中获得该信息（http://www.jipa.or.jp/katsudou/project/sangaku/torikumi/torikumi01.html）。

❸ 平成9年（1997年）（劝）第5号，违反（日本）反垄断法第3条。

❹ 平松幸男（2007）「技術標準に含まれる特許の問題に関する考察」『知的財産専門研究』第2号，pp.105-115。滝川敏明（2003）「パテントプールとライセンス拒絶に対する競争政策」第9章。後藤晃・長岡貞男編『知的財産制度とイノベーション』東京大学出版会。和久井理子（2002）「技術標準化，パテントプールと独禁法」『法学雑誌』第49巻第3号，pp.435-488．等。

第七章　运用知识产权的开放式组织结构

纠纷的时候，也有可能需要去提起专利侵权诉讼。当然，对拥有各种交易关系的单个公司来说，有可能想尽量避免这种情况。考虑到这点，为了调整多个利害关系人的利益，最近在专利权人之外设立其他的专利池管理法人的例子在增加，有时候第三方更加适合来决定专利池规则。从这一背景中，Audio MPEG规格、DVB–Tguige、WSS·ATSS规格的专利池所针对专利池进行知识产权管理的专业公司如 SISVEL❶、Via Licensing❷ 等也开始出现了。

表7–1　主要的专利池❸

管理公司	主要管理的专利池
MPEG LA	MPEG–2、MPEG–2 Systems、MPEG–4 Visual、IEEE1394、DVB–T、AVC/H.264、VC–1、ATSC
株式会社东芝	DVD 6C
飞利浦	DVD 3C
Via Licensing	Digital Radio Mondiale、IEEE802.11、DVB–MHP、MPEG–2 ACC、MPEG–4 Audio、NFC、TV–anytime、UHF RFID、OCAP/tru2way
3G Licensing Ltd	W–CDMA
Sisvel S.P.A	MPEG AUDO、TOP teletext、DVB–T（从 MPEG LA LLC 移交管理）、WSS、ATSS、RFID、DVB–H、CDMA200 等的管理（LTE、Wi–Fi802、11n 等正在准备中）
Sipro Lab Telecom	G.729、G.723.1、2nd Generation Wireless
Uldage 株式会社	有关数码放映的 ARIB 规格

■ 对 DVD 专利池中标准必要专利的管理❹

积极获得标准必要专利的企业：三星、LG、三洋、汤姆森、飞利浦、IBM、夏普、索尼、东芝、JVC、NTT、三菱电机、先锋、松下、日立

为了制造实际装载有上一节所提到 DVD 规格的 DVD 产品，必须要跟 DVD

---

❶ SISVEL Group（http://www.sisvel.jp/aboutus/group.html）在1982年作为意大利的大型电视机制造商的合资公司成立。其创始人 Roberto Dini 与当时的电视机制造商意黛喜（Indesit）公司的几位同事一起，为了获得电视相关的专利组合并进行管理成立了 Sisvel 公司。

❷ Dolby Laboratories（NYSE：DLB）的子公司。

❸ 根据各团体公开资料，主页（2011年10月）所得。

❹ K. Wajima, A. Inuzuka, and T. Watanabe（2010）Empirical Study on Essential Patents in DVD and MPEG Standards Patent Pool, IAMOT 2010 Proc., 19th International Conference for Management of Technology, 2010, Cairo, Egypt 以及和島功樹（2010）「企業の技術探索と協調的行動が必須特許の獲得に与える影響の検証—DVD·MPEG 標準パテントプールを対象とした実証研究—」東京大学工学系研究科技術経営戦略学専攻修士論文（指導教官：渡部俊也）。

3C 和 DVD 6C，以及汤姆森公司签订许可协议。高品质的数码摄像机及音响等通用的符号化规格是 MPEG-2 ❶，图 7-9 就是将加有该规格的 DVD 产品，从各种公开资料❷与公开的许可费用比例中收集数据，试着对专利池的许可费进行计算。2008 年大概是 78 亿美元，如果这些都支付了，那么对于这些企业来讲是一笔相当高的金额。

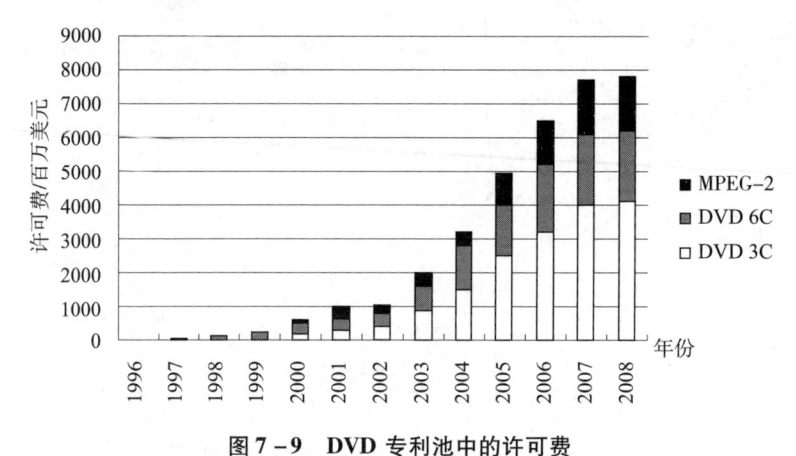

图 7-9　DVD 专利池中的许可费

这样，那些准备实施标准技术的企业，只有尽可能地持有多个标准必要专利，增加许可收入，同时减少许可费用的支出，才能够提高标准化产品的市场竞争力。持有多个标准必要专利的好处在于，当标准化产品的市场扩大，进入壁垒变低从而竞争加剧、产品价格下滑的时候也能够发挥作用。因为，产品价格下滑的同时，相对产品价格的许可费用的比例升高，成本上扬成为最主要的原因。比如同样制造标准化产品的企业，如果企业持有标准必要专利，可以根据自己公司标准必要专利的数量获取许可费用，而没有持有标准必要专利的企业则需要不断支付专利许可费用，从而两者在成本竞争力上就会出现差异。许可收入基本是根据持有的标准必要专利的数量来获取的，所以，如何更多地获取标准必要专利则成为这些企业的课题。

---

❶ MPEG-2 是高品质数码录像机及音响的通用符号化规格，数码放映、DVD-Video 都是其运用的例子。

❷ 富士总研（Fuji Chimera Research Institute, Inc.）（2001、2003、2004、2005）"存储器的相关市场调查总览"（2006、2007、2008）"存储器相关市场总调查"（1998、1999、2000、2001、2002、2003、2004、2005、2006、2007、2008）"世界范围内电子工业市场总调查"。

第七章 运用知识产权的开放式组织结构

为了更多地获得标准必要专利，企业往往会运用"分案申请制度"❶❷。运用分案申请制度，可以从某个专利中派生出新的专利申请，也就是实质上增加专利的数量。企业为了实施某项标准技术并为此申请了必要的专利，然后通过分案申请增加专利数量。有分析结果显示采用了分案申请制度的标准必要专利申请，较其他标准必要专利而言，专利质量会更低❸。另外，应该进行怎样的研发才能与被技术标准采纳的原专利之间产生关联性，也是一个值得深思的问题。在专利管理之前的研发阶段，明确如何获得标准必要专利，深化有关标准必要专利获得过程的相关知识是非常有用的，在竞争战略上也很重要。

图 7-10 表示的是根据标准必要专利的申请年限的推移，其中对原专利申请与分案申请分类进行了统计。这是包含 DVD 3C 和 DVD 6C 专利池中的标准必要专利的申请年限的推移。原专利都是 1988~2001 年所申请的，2002 年之后就再没有出现申请了。而分案专利在 1996 年之后急速增长起来。作为 DVD 标准化的背景，有关 DVD 规格的技术开发是在 1990 年之后才正式开始的，1995~2001 年制定了标准。因此，研发成果的原专利，主要分布在 1988~2001 年，标准制定的 2002 年之后，就再没有原专利申请了。另外，1996 年制定了播放型 DVD 规格，分案专利则从 1996 年前后开始。在 MPEG-2 和 MPEG-4 Visual 中也观察到了同样的趋势❹。此外，还可以看出在标准制定过程中，必要的原专利的申请量比标准确定前申请数量更多。由此，还可以知道，技术标准实施中所需要的"必要技术"的开发，在标准化之前并没有结束，而是与标准化作业同时进行的。

也就是说，必要技术的开发与标准化作业是并行推进，标准化作业结束后或者标准制定完成后，专利权人会对自己公司所持有的必要技术进行分案申请，从而增加必要技术的专利数量。特别是在标准化的中间阶段，必要技术开发的活动最为旺盛。这是因为，在标准化早期阶段，到底什么样的技术会被采纳为标准还不确定，此后随着标准化的进展，技术方向也逐渐明确，于是企业开始在这个领域集中进行研发活动，到标准化后期阶段，技术开发的空间也基本上很小了。

---

❶ S. Nagaoka, T. Shimbo, and N. Tsukada (2006). *The Structure and the Evolution of Essential Patents for Standards: Lessons from Three IT Standards*, IIR Working Paper, WP#06-08.

❷ 分案申请制度是日本专利法中的一项制度（专利法第 44 条 1 项），在美国同样的制度由继续申请构成、一部分继续申请和分案申请构成。基本上，这些是指将包含有 2 个以上的发明的专利申请的一部分，重新申请一个或者两个专利。分案申请虽然与原申请是不同的新的专利申请，但只要其权利要求的范围没有超过原申请所记载的内容，其申请日也会以原专利申请的申请日为准。

❸ N. Tsukada (2008). *On Quality of Patent and Application Behavior Related to Patent Pool*, Institute of Intellectual Property.

❹ MPEG-4 Visual 的必要专利中，包含有 MPEG-2 的必要专利，图 7-10 反映了这一情况。

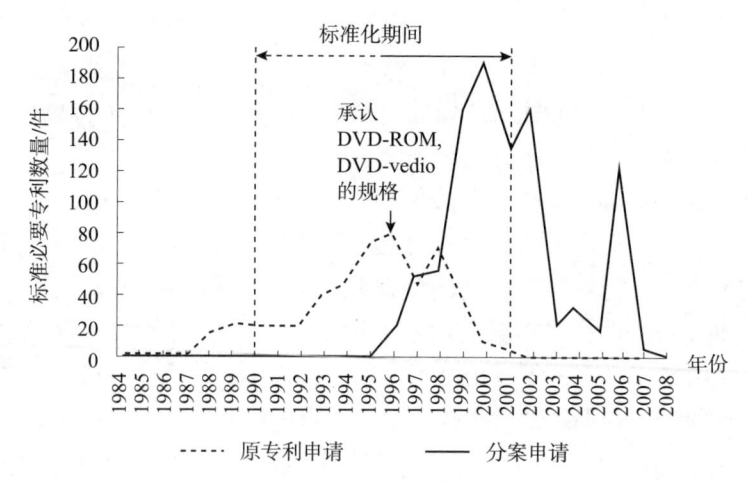

图 7-10   DVD 3C、DVD 6C 专利池的日本必要专利申请年限的推移❶

有关 DVD 的技术开发，有着各种的技术开发倾向，比如有试图开发那些自己公司和其他公司都没有尝试过的全新技术的领先型研发的企业；以自己公司所持有专利为中心进行改良型开发的企业（局部探索方法）；或者一边观察其他公司的技术，并将其融入自己公司的企业（远方探索方法）等。每家公司的技术开发倾向，反映在对其专利的先行文献的引用上，因此我们对此进行了分析。即以 DVD、MPEG-2、MPEG-4 规格的日本的标准必要专利（对应各种规格的，包含在专利池中的，包括分案专利在内 1654 件标准必要专利的数据）为分析对象，对没有引用任何先行文献的情况（领先开发的方法），引用自己公司必要专利的情况（局部探索方法），以及引用其他公司非必要专利的情况（远方探索方法）进行了分类收集，此外还收集了与其他公司共同申请的情况，统计企业每年的数据，通过面板回归（Panel Regression）分析后，来考察与所获得的标准必要专利数量之间的关系❷。其结果是，以领先开发的方法、局部探索的方法、远方探索的方法，在共同申请倾向较高的企业中，其获得的标准必要专利的数量更多。详细内容可以文末的参考附录分析 10 为准。

为了说明每个企业具有怎样的探索倾向，我们对专利申请的数据进行了因子分析，将引用其他公司文献的变量中能够看到特征的因子作为远方探索的程度；将引用自己公司文献的变量中能够看到特征的因子作为局部探索的程度；

---

❶ 原申请的申请年，在作为主张优先权的专利中，是最早的专利申请日。分案申请则不是其追溯日，而是其提交日。

❷ 这里的技术性探索分为局部探索（Local Search）、远方探索（Beyond Local Search）以及领先开发（Pioneering Approach）。

针对每个企业计算该企业专利在两种程度上的平均值，图7-11中表示的是标准必要专利持有数量最多的15家企业。在图7-11中能够清晰地看到，日本企业与韩国企业在获得标准必要专利的手法上不同。松下和日立等日本企业的研发特征更加倾向于在领先技术与自己公司技术的基础上进行改良，从而获得标准必要专利。而三星和LG等韩国公司的研发活动则主要基于对其他公司技术的改良，由此获得标准必要专利。

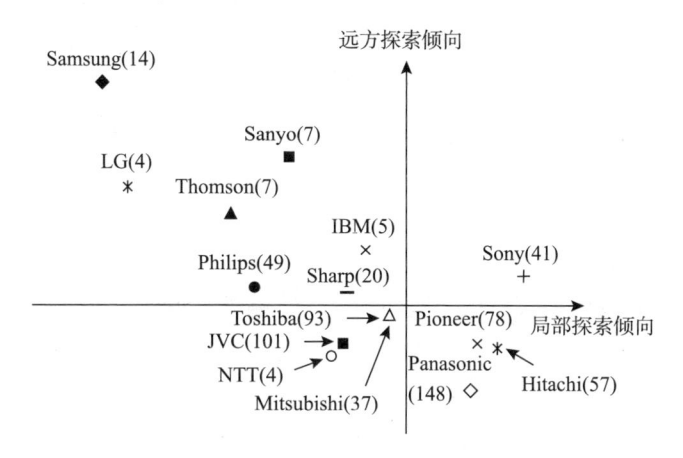

图7-11 每个企业的研发动向

实际上，日本和韩国企业在这些标准必要专利申请的时机上也有很大差异，韩国企业倾向于在标准制定之前集中申请专利。标准技术的制定过程中，经常有企业要求公开标准变更请求（Change Request），引导自己公司专利成为标准必要专利。在这种变更请求之前，将提议的标准技术或者变更了规格的技术申请专利，可以大量增加专利池中的专利数量。为此，在背后配备有相当数量的开发团队和知识产权团队，有时候必须在一个晚上完成全部的必要技术的提议，或者专利申请❶。研发部门为了应对这些需求，往往需要准备相当的团队阵容和必要的组织体制。在这种标准制定的过程之中，通过最大限度的努力，将自己公司专利纳入到标准必要专利中，在临近决定标准体系的时候，才对成为标准必要专利的种子进行集中申请。这样的专利，往往只是对细枝末节的一些改良技术，具有可替代性，因此作为技术垄断的专利，其实并没有太重要的地位。但是，如果成为专利池当中的标准必要专利，通常意义上所提到的专利价值就不太重要了，而怎样让更多的专利成为标准必要专利则显得更为重要。在这个意义上，我们也可以看到，专利池中与标准必要专利相关联的研发

---

❶ 根据对构成专利池的专业企业的访谈所得。

活动以及知识产权管理,与以往所进行的独占式的知识产权管理是完全不同的❶。

2007 年,笔者向时任三星公司负责知识产权法务的副总经理 Kim Young Kyun(金泳均)提出了"怎么评价三星的知识产权"的问题,他极其简洁地回答"以是否能够成为技术标准中的标准必要专利进行判断"是具有象征意义的。而此后,2011 年,三星继任的知识产权负责人在叙述公司在专利申请时候的目的时,则体现出多元化。不管怎样,三星在 2000 年之后很长一段时间,为了技术标准对知识产权管理实施了特别的管理,这一点值得我们关注。

■ 标准化组织与知识产权管理

半导体领域的创业企业:Rambus、Chromatic Research、Epigram、Matrix Semiconductor

围绕内存的诉讼:日立、三星电子、冲电气、NEC、Infineon Technologies、Micron Technologies、Hynix

Rambus 公司是半导体领域中的 IP 供应商。其创业者中的一位是曾为美国伊利诺伊大学副教授的 Michael Farmwald。当时,他有了一个有关高速存储器的新创意,于是与斯坦福大学的 Mark Horowitz 教授一起推进了研发,最后创立了 Rambus 公司❷。此后,Michael Farmwald 还先后创建了 Chromatic Research 公司(1993 年)、Epigram 公司(1996 年)、Matrix Semicoductor 公司(1997 年)等,在硅谷成为一位最为活跃的创业家之一,并为大家所熟知。作为大学衍生企业的 Rambus 属于研发型企业,因此从创业初期开始就一直非常重视专利。现在,Rambus 在全世界所持有的专利大概为 1200 件,还与很多企业签订了专利许可协议。Rambus 在 JEDEC ❸中制定 SDRAM(Synchronous Dynamic Random Access Memory)标准体系的时候,没有明示与这些标准相关联的专利申请,此后行使专利权,因而引发了一系列的专利纠纷。从中可以看出 Rambus 在技术标准化过程的间隙中,对挑战性知识产权战略性运用的尝试。

---

❶ 根据特许第一委员会(2011)「標準化特許の効果の出願・権利化戦略についての一考察」『知財管理』第 61 卷第 12 号,pp. 1815 – 1832,有关标准化特许,2/3 的企业会有组织地进行专利申请以获得权利。其中,为了及早得以申请,如利用美国的假定申请制度等,企业常会使用一些在日常专利申请中不会使用的独特管理方法。

❷ 『Nikkei Electronics』2001 年 5 月 7 日。

❸ JEDEC(Joint Electron Device Engineering Council)是属于 Electronic Industries Alliance(EIA)的机构,主要是为了进行半导体技术的标准化,在 1958 年创立。

第七章 运用知识产权的开放式组织结构

Rambus 在 1990 年 4 月获得了有关 DRAM 的基本专利❶（898 号专利），此后还获得了 30 件以上的关联专利。Rambus 在 1991 年之后，从嘉宾正式成为 JEDEC 的会员。当时 JEDEC 中的 JC42.3 委员会（存储器标准委员会）中对包含 RAM 在内的标准化问题进行了总结。另外，JEDEC 与 EIA 发表了共同的专利政策，也就是说委员会标准化活动中，其成员有义务公开有关标准方案中的涉及的已经授权的专利信息，以及申请中的专利信息。

Rambus 在参加内存标准委员会时，采纳了 KEDEC 和 SDRAM 的相关标准，1993 年 6 月对此进行了发表。1996 年 6 月 Rambus 从 JEDEC 退出。同年 12 月，JEDEC 开始制定 DDR – SDRAM（Double – Date – Rate Synchronous Dynamic Random Access Memory，DRAM 体系的一种）标准，2000 年采纳了该标准。在决定了该标准化之后，Rambus 的几个与 898 号专利相关的潜水艇专利获得授权。

2000 年前后，Rambus 就对 DARM 制造商行使了 SDRAM、DDR – SDRAM 的专利权利，并要求其支付专利许可费。实际上，在正式加入 JEDEC 的 Rambus，正在开发独立规格的高速 RDRAM（Rambus DRAM），1992 年的时候，该产品具备了在此之前的 DRAM 的 10 倍左右的功能，因此备受关注。Rambus 在 2000 年前后，是希望 RDRAM 成为事实标准的，但是其用户英特尔公司在制造方面的延后问题以及成本问题等，使市场导入晚了一步。另外，当时与其相竞争的低成本的 DDR – SDRAM 在量产上获得了成功，因此 Rambus 担心自己的 RDRAM 会落后。针对这种情况，可以认为 Rambus 对 DDR – SDRAM 行使专利权，是想通过获得其许可费用，增加其成本，从而推迟 DDR – SDRAM 占领市场的进程❷。

关于这次诉讼，日立、三星电子、冲电气、NEC 等都支付了许可费，而 Infineon Technologies、Micron Technologies 以及 Hynix（韩国）拒绝支付。2000 年 8 月 8 日，Rambus 针对 Infineon Technologies 公司，以侵犯 Rambus 所持有的 SDRAM 以及 DDR – SDRAM 的 898 号关联专利为由，向美国弗吉尼亚州东部联邦地方法院提起了专利侵权诉讼。2000 年 9 月，Infineon 针对该诉讼进行了反诉，主张 "Rambus 违反 JEDEC 的专利政策，没有公开关联专利以及专利申请的信息，欺骗 JEDEC 的行为属于违法行为"。另外，2001 年，Micron 以及 Hynix 公司向美国联邦交易委员会进行举报，主张 Rambus 的行为违反反垄断法。为此，2002 年 6 月 19 日，美国联邦交易委员会以 Rambus 违反美国联邦交易

---

❶ 美国专利申请号 US07/510898。
❷ 藤野仁三，江藤学编著（2009）『標準化ビジネス』白桃書房。

委员会法第 5 条规定，在 SDRAM 的设计和制作的必要技术市场上，进行了不正当的垄断行为，或者认为有使用不正当竞争手段的嫌疑，进行了调查，同月 24 日，向行政法法官❶提起了诉讼。

但是，行政法法官在 2004 年 2 月 17 日，认为缺乏充分的证据证明美国联邦交易委员会方的诉状中所主张的违法行为，驳回了诉讼请求。EIA/JEDEC 的专利政策是鼓励早期自主公开相关的标准必要专利，因此 Rambus 并没有违反这一政策。

关于 Rambus 与 Infineon 之间的纠纷，在 2005 年 3 月 21 日，两家公司最终达成和解协议。其内容是，Rambus 将公司专利许可给 Infineon 公司的存储器产品上使用，Infineon 公司从 2005～2007 年每季度支付 485 万美元的许可费用，2007 年之后，Rambus 与特定的其他 DRAM 制造商进行许可的时候，Infineon 则继续支付每个季度的许可费用，许可费用的累计金额以 1 亿美元为上限。

与法院的纠纷不同，2006 年 7 月 31 日，美国联邦交易委员会一致认为 Rambus 在 DRAM 市场上，以不正当的行为占领市场，并对此宣布了审议结果。针对美国联邦交易委员会的行政决定，2007 年 4 月 4 日，Rambus 不服其最终决定，向哥伦比亚特别区巡回法院提起了行政诉讼。2008 年 4 月 22 日，哥伦比亚特别区巡回法院认为美国联邦交易委员会所主张的 Rambus 违反反垄断法，使用不正当手段垄断市场的主张没有相应的证据支撑，撤销了该诉讼。美国联邦交易委员会不服这一结果，进行了上诉，2009 年 2 月 23 日，法院又驳回了该上诉。

Rambus 的尝试，与标准化组织的专利政策之间的关系中，是否为诚实的行动，虽然也有批判也发生了诉讼，从知识产权战略的观点看，可以看作是 Rambus 公司为了推广对自己公司有利的技术标准，最大限度地利用持有知识产权所进行的挑战性尝试。将知识产权作为事业核心的创业企业来讲，这也是一种合理的战略。

■ 数字移动电话系统中，高通的知识产权管理❷

围绕数码方式标准化的竞争：高通、Flarion Technologies、Arigo‐network、NTT Dokomo

世界上的手机体系以车载电话为分界线，在 1990 年后使用者范围急速扩

---

❶ 行政法法官（Administrative Law Judge）是联邦政府根据《1946 年行政程序法令》(*Administrative Procedure Act of 1946*) 所规定对行政机构进行审查的独立法官。

❷ 『標準化実務入門テキスト（試作版）』经济产业省。

第七章　运用知识产权的开放式组织结构

大，技术系统本身也发生了巨大的变化。其中最大的变化在于从模拟调频方式到数字调频方式的转变。1990年之前，世界上各国的手机所采用的是原有的模拟调频方式。1990年之后，开始转为数字化，并进一步推进了国际标准化。最先开始数字化的是欧洲。1982年，欧洲电气通信主管政府部门会议（CEPT）中，设置了欧洲全域可以使用的数字汽车或移动电话的研讨部门——数字移动通信专门组（Group Special Mobile，GSM），并多次举办了数字移动电话系统的竞赛。1987年，从多个提案中选择了爱立信所提出的技术体系。

在日本，模拟调频方式普及以前，以NTT为中心进行了数字化技术的研究。但是，日美贸易摩擦后的协议过程中，日本政府决定采纳与美国标准TIA（TDMA制式）相同的方式。由此所诞生的PDC（Personal Digital Cellular）在1991年成为日本国内的标准体系。虽然PDC制式与TIA标准相似，但由于设定的是日本特有的频率间隔和语音符号速度等，因此更接近于一个独立的体系。此后，一直到在后面将提到的认可美国CDMA制式之前，在日本的手机电话爆发式的普及过程中，所有的企业一直使用的是PDC制式❶。

美国比欧洲稍晚一些，在1989年采纳了通信工业会（TIA）所提议的TDMA（Time Division Multiple Access）作为数字化方式的标准方案。但是，在决定TIA标准的1989年的前一年，提出相比而言容量更大的CDMA（Code Division Multiple Access）的高通公司也备受关注。由于当时在CDMA制式上还有许多课题没有解决，评估认为当时的状态下商业化还比较困难。但此后，1990年高通公司在纽约成功举办了产品展示会，开始提供CDMA制式上所使用的芯片，并实现了手机生产，由此1993年7月CDMA制式成为第二个TIA标准（TIA体系IS-95，商品名：CDMAOne）。1995年，世界第一个CDMA制式服务开始提供给中国香港使用，此后，在美国、韩国、加拿大、墨西哥、以色列和委内瑞拉普及起来。

在1985年，从大学教授转变为创业企业家的Irwin Jacobs博士创建了高通公司。Jacobs在1959~1966年是麻省理工学院（MIT）电气工学的副教授；1966~1972年，为加利福尼亚大学圣迭戈分校的计算机科学以及工程学教授，是数码通信领域的专家。也就是说，现在的高通公司，最初是作为大学衍生企业所发展的。高通公司在成立之后，最初积极地进行了专利申请，但不仅仅只限于通过本公司的研发获得专利，还通过收购有能力的企业获得专利，从而充实了公司自身的专利储备。高通公司在2006年收购了Flarion Technologies，其

---

❶ 此后，日本开发了独立的手机网络服务i-mode，由于是只针对国内服务，所以随着日本手机市场的饱和其发展也遭受挫折。

目的是获得 OFDMA（Orthogonal Frequency Division Multiple Access）的专利。高通在和 Flarion 合并协议的规定中，宣布如果 Flarion 达成目标，高通将为之追加支付 20500 万美元❶。此后，2006 年以相同的目的收购了 MIMO（Multiple Input Multiple Output）技术非常优越的 Airgo–networks 公司。结果，2007 年高通在全世界所授权的专利以及申请中的专利超过 35000 件（授权专利为 11000 件左右），美国国内的授权专利以及申请中的专利超过 6800 件（授权专利为 2400 件）。此后高通向在第三代手机标准化的进程中，通过对专利组合的利用所进行的战略性知识产权管理引起了关注。

日美欧开发上述数字通信方式的结果是，最后形成了高通的 CDMAOne、欧洲的 GSM 制式以及日本 PDC 制式。此后在高速数据通信的移动电话"第三代"中，继续将其标准化，在实现世界任何地方都可以利用手机通话的同时，高速数据通信、音像动画的收发信等将多媒体通信作为其目标。为此，在 ITU–R 开始了第三代的手机标准化❷。

其中，NTT 经历了被世界标准所淘汰的 PDC 制式的失败，开始与诺基亚、爱立信等欧洲的移动电话制造商合作，共同开发 W–CDMA（Wideband Code Division Multiple Access）。欧洲的主要企业也通过这种方式进行了合流。但是 W–CDMA 与 CDMAOne 没有互换性，即便将第三代技术统一成 W–CDMA，那些导入以高通的 CDMA 制式为基础的技术的企业也需要更换设备。为此，高通主张将 CDMA 制式与互换性较高的 CDMA2000 作为第三代手机的标准技术，将 W–CDMA 与 CDMA2000 进行一体化。从技术上讲，由于 W–CDMA 与 CDMA2000 的共同点很多，并不是不可能一体化，但是实际上并没有达成统一意见。其背景在于 CDMA2000 的前提是要使用 GPS，而 GPS 是被美国的军事卫星所使用的，所以这一点最后被否决了❸。

针对这种情况，高通提出如果不能一体化，那么就不许可高通的有关 CDMA 专利。高通不仅是 CDMA2000，也是 W–CDMA 最有力的标准必要专利的专利权人。图 7–12 显示的是 W–CDMA 中必要专利的份额。其中，高通持有的份额超过 40%。假如高通在 RAND 条件下拒绝提供专利，依据 ITU 的专利政策，W–CDMA 也不会被认可。

---

❶ 2006 年 4 月 5 日高通公司新闻稿。

❷ IMT–2000（International Mobile Telecommunication 2000）中，国际电器通信联盟（ITU）以 2000 年标准制定为目标推进了标准化进程。

❸ 山内雪路（2000）『ディジタル移動通信方式—基本技術から IMT–2000 まで—』東京電機大学出版局。

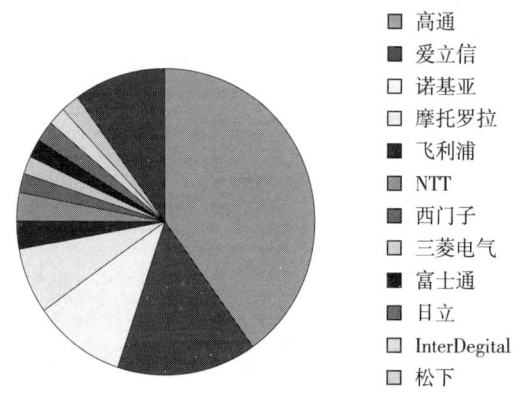

第七章　运用知识产权的开放式组织结构

图例：
- 高通
- 爱立信
- 诺基亚
- 摩托罗拉
- 飞利浦
- NTT
- 西门子
- 三菱电气
- 富士通
- 日立
- InterDegital
- 松下

图 7–12　W–CDMA 必要专利的市场份额❶

另外，W–CDMA 的阵营成员中，爱立信也拥有 W–CDMA 和 CDMA2000 的专利。为此，该公司与高通公司进行对抗，如果 CDMA 与 CDMA2000 都不能成为国际标准，那么该公司所拥有的专利也不能提供给高通。结果，这一纷争通过打包式的交叉许可得以解决，第三代手机的规格并没有实现一体化。1999 年所公布的标准体系除了 W–CDMA、CDMA2000 之外还加了 3 个，最后为 5 个。其中，认为不可能纳入标准体系的 TD–CDMA 和 UTRA–TDD/TD–SCDMA 等技术也被纳入了标准之中❷。最终在 W–CDMA、CDMA2000 的市场份额之争中，接受低价产品的 GSM 阵营由于向 W–CDMA 制式的转移较慢，CDMA2000 最后占了上风。

拥有 W–CDMA 与 CDMA2000 双方的标准必要专利的高通，结果控制了两个标准制式的市场。关于 CDMA2000，高通将对终端使用者提供芯片和基本软件作为其业务领域。同时，通过 W–CDMA 制式的普及也能够获得许可费用。高通公司将自己公司的知识产权植入到两个开放领域的标准技术之中，从而成功实现了对第三代手机市场的控制❸。

---

❶　David J. Goodman and Robert A. Myers (2005). *3G Cellular Standards and Patents*, Proceedings of 2005 IEEE Wireless Communications and Networking Conference, pp. 415–420.

❷　TD–SCDMA 是中国作为国内标准在西门子的协助下所开发的。中国利用 W–CDMA 和 CDMA2000 的对立，从而国际标准中包含有多个标准的情况，成功地使国内独立的标准成为国际标准。

❸　关于高通公司，被提起反垄断法和不正当竞争的诉讼并不少。2005 年 10 月针对高通公司的 W–CDMA 中高额许可费，违反欧共体条约（EU 条约）第 82 条"一个或者多个的企业，如果滥用对共同市场或者对共同市场的实质性部分的支配性地位，只要对成员国之间的交易造成影响，将作为与共同市场不能两立之举应予以禁止"，诺基亚、爱立信、得州仪器、博通、松下移动通信、NEC 六家主要的通信公司向欧洲委员会提起了诉讼。韩国也以不正当竞争起诉了高通公司。2006 年 11 月 10 日，日本公正交易委员会发布了反垄断法第 47 条命令。美国国际贸易委员会（ITC）2007 年 6 月发布命令，高通公司对博通公司的专利构成侵权，禁止进口使用 WCDMA 高通芯片的手机。

2011年，智能手机市场的良好势头更加提高了高通公司的收益，1~3月的纯利润达到99900万美元，与上一年同期的77400万美元相比增加了22500万美元，同时销售额比前一年增加了46%，达到了388000万美元❶。由于智能手机市场的扩大，搭载安卓系统的终端设备的77%，大概有57种机型采用了高通公司的第三代技术，因此其许可费收入也得以大幅增加。另外，由于收入的大半部分来自于CDMA相关专利的许可费用，高通通过提高许可费，从被许可方所制造的终端设备的高性能化所带来的平均销售价格提升中，进一步增加了收入。从这种意义上讲，高通在巧妙地对是否将标准技术这一开放领域的许可纳入到标准体系中的选择上，与独占领域中的专利许可实际上是相同的。

■ 形成封闭知识产权领域的知识产权管理

围绕黑匣子领域技术的竞争：英特尔、AMD、NVidia、McAfee

与高通或者Rambus这样IP供应商的性质比较强的商业模式不同，对于从手机终端或者DVD等产品制造销售中不能获利的企业来说，将自己公司的专利纳入标准必要专利中，可能使其他公司通过低价条件接触到自己公司有竞争力的技术，所以对这些企业来说不一定是有利的结果。对于这些企业来讲，更重要的是不将真正核心的技术放入标准中，而是将其放入黑匣子中，在标准的框架外进行利用，然后随着产品市场的标准化不断扩大，同时维持黑匣子领域技术的竞争优势，由此扩大收益❷。

2011年，世界上最大规模的半导体制造商英特尔公司，其核心业务为半导体产品的开发、制造与销售，其主要的销售对象是PC制造商及其零部件供应商。英特尔制造过电脑的母版及其关联产品。1995年发表了母版的ATX规格（Advanced Technology Extended）❸，在将MPU以黑匣子的状态进行保护的同时，也对外部接口进行了标准化，通过维持黑匣子，MPU的价格也在ATX体系化之后稳定推行，最后实现了英特尔显著的成长与收益。英特尔将之后电脑的母版及其关联产品的制造技术提供给中国台湾企业，而自己公司则对MPU的制造销售进行了强化。其结果是，在计算机领域开始了水平分工❹。

---

❶ 根据2011年4月20日彭博（Bloomberg）资讯报道。

❷ 小川紘一（2009）『国際標準化と事業戦略—日本型イノベーションとしての標準化ビジネスモデル—』白桃書房。

❸ 根据英特尔公司个人电脑的结构标准。

❹ 立本博文（2007）「PCのバス・アーキテクチャの変遷とプラットフォームリーダの変化について」『赤門マネジメント・レビュー』第6巻第7号，pp. 287-296。

第七章　运用知识产权的开放式组织结构

英特尔是在这样的技术供应、大学合作等开放式创新战略下成长起来的企业。此外，英特尔的基本方针是对先进的半导体进行研发，通过研发经费的大量投入获取专利，并对其开发成果中重要的核心技术进行保护。为此，该公司所获得专利的数量较多，2010年被授权1652项专利。英特尔将获得的专利主要用于MPU遇到纠纷的时候。2009年11月，竞争对手AMD对英特尔提起了专利侵权诉讼，最终，英特尔支付一定的和解费用，同时两者还签订了交叉许可协议。同样，与之相竞争的Nvidia公司侵犯了英特尔所持有的芯片专利，英特尔向Nvidia提起诉讼，这个也在2011年1月通过交叉许可和解。本来，英特尔在企业平台完成前的20世纪90年代开始，就不仅仅对专利，对微码、商标等也提起过诉讼，在知识产权战略的实施上也采取比较强硬的态度❶。

2010年的年报中，英特尔就提到"致力于产品开发中必要的技术开发与专利申请，但并非要备齐产品所必要的所有专利"，显示了其从外部导入知识产权的方针。实际上2011年2月，收购了大型McAfee Software Band的McAfee公司。其目的在于在对信息安全技术需求增大的背景下，希望能够对McAfee公司所持有的安全相关的专利进行运用。这样对英特尔来说，可以看出其从许可导出与许可导入两个方面，在开放领域、秘密领域以及获取知识产权形式权利领域三大领域中进行平衡和管理。这样的管理还可以在GSM规格的手机电话战略中看到❷。

在该公司的商业活动普及中不断利用国际标准等组织外部的结构与知识（包含在标准中的其他公司技术），将自己公司没有公开的技术和知识产权化的技术进行组合，从而确保收益，这也是遵循开放式创新战略的知识产权管理非常典型的例子。

四、运用知识产权的开放性组织间关系 – Ⅲ软件的知识产权管理

本节之前，我们论述了企业以专利为中心的开放式知识产权管理尝试。另外，构筑更为开放的组织关系，甚至是构筑与多个不特定的社区关联的知识产权管理也渐渐发展起来。这一知识产权管理的新动向，是在20世纪80年代之后的有关计算机软件知识产权中的管理中，对产生的新的商业潮流的回应。我

---

❶ 西嶋修，冨澤治（2011）「競争優位の確立に向けた知的財産権戦略—新しい知的財産権評価の枠組みの提案—」『映像情報メディア学会誌』第65巻第4号，pp. 540–549。

❷ 新宅純二朗，江藤学（2008）『コンセンサス標準』日本経済新聞出版社。

们先看看软件的知识产权管理进行了怎样的尝试。

■ 软件的知识产权管理

有关逆向工程的诉讼：IBM、日立、富士通、Columbia Data Products

本书目前为止的讨论主要以技术关联的知识产权为中心，即以专利为中心，再加上商业秘密和外观设计等。此外，软件程序还受到专利法的保护，同时也受到著作权法的保护❶。这时候的专利权是保护程序的计算方法，而著作权则是保护程序的表达方式❷。关于程序整体，由于其大部分主要利用著作权依据无手续主义❸的权利自动获取制度进行保护，所以有关著作权的管理就非常重要。

著作权❹与19世纪所建立起来的专利权制度一样，是一个比较古老的制度，最初并不是用于对技术的保护，而是为了促进文化发展❺。专利法以产业发展为目的，经济性财产重视法律稳定性，因此要求严格依据制度进行约束，而著作权法具有对较长保护期间的需求、权利发生标准的模糊性、侵权标准的模糊性、强力的人格权保护等特征❻。与专利法相比，特别在细节部分的差异较大。为此，特别是企业在对软件技术知识产权管理中面对著作权运用的时候，就需要考虑著作权所特有的一些问题。本来将软件放入文化发展的制度下进行保护就是难以理解的。著作权法的历史，也可以说是著作保护范围扩展的历史，照片、电影等新兴的著作权随着历史的发展，也依次进入其保护范围。但是软件为什么会进入到著作权的保护范围，关于这一点，即便是看一些法律上的解释，也会让人觉得有些不可思议。

在软件作为硬件附属品的时代，没有太多探讨对软件的保护。这是因为硬

---

❶ 此外，根据情况，还适用于不正当竞争防止法、商标法、不法行为等。

❷ "发明或实用新型审查标准第Ⅶ部 特定技术领域的审查标准第一章计算机或软件相关发明"，软件作为发明专利进行保护时，其构成要件为"在计算机读取软件后，通过与硬件资源联动等具体手段，根据使用目的的实现信息演算或者加工，并由根据使用目的的特有的信息处理装置（机械）或者其他的动作方法所构成"。

❸ 在日本，著作权在创作或者发表的时间点上自动产生，并不需要履行一定的手续。《伯尼尔公约》遵循无手续主义。

❹ 1476年英国最初的印刷业者诞生的时候，王室担心政治和宗教的影响，用授予排他性印刷权的方式来代替对著作物的义务检查。1709年，英国首先将对著作者的权利保护进行了制度化。保护期间为14年，更新延长也为14年，以此为条件将9本复制品委托图书馆进行保管。

❺ 著作权法第1条："本法，规定了有关著作物以及演出、录音、广播以及有线广播的作者的权利以及邻接权，旨在关注这些文化产品的公正利用的同时，保护著作者的权利，以期促进文化的发展"。

❻ 中山信弘（2007）『著作権法』有斐閣。

第七章 运用知识产权的开放式组织结构

件产品的互换性较低，几乎没有软件本身的流通。但是，IBM 的系统 360 ❶ 之后，硬件产品的互换性提高了，软件自身也有了其独立的价值，为此源代码也被隐藏起来。同时也开始探讨应该如何实施对软件的法律保护。1972 年，在当时的日本通产省的软件法律保护调查委员会的中间报告中，就提出了具有注册制度、形式审查主义、公开程序概要书、仲裁或者调停制度、较短的保护期间等特征的独特保护方案。此外，1973 年，在日本文化厅著作权审议小委员会上也对著作权的保护提出了方案。但该方案与前述日本通产省的方案意见是相对立的❷。其中，1982 年，围绕 IBM 交换机❸软件，发生了日立/IBM 事件和富士通/IBM 事件，引起了社会的关注。

当时，IBM 担心日本制造商的交换机市场扩大，为了让基本操作系统（Operating System，OS）更难破解，在提供 OS 功能上，用嵌入机器型软件固件（Firmware）取代了磁带。如果要破解固件，则需要数年的时间，但是日本的交换机制造商在这一预想之前就进行了开发。这时，IBM 以通过不正当手段准备获取新开发的 OS 技术信息为由起诉了日立公司，结果是日立公司支付了一定的赔偿金，并且 IBM 还获得了对日立是否使用 IBM 技术信息的产品检查权。同时，IBM 也起诉富士通对其 OS 系统的不正当复制❹。如前所述，在当时 1981 年还没有确定对软件的著作权保护，通产省在 1983 年刚开始进入计算机程序权保护法的立法程序，同时又在探讨著作权的保护。从这个意义上讲，IBM 所主张的法律依据不能说是齐备的，结果 1985 年日本修改了著作权法，明确了对软件的著作权法保护。现在，TRIPS 第 10 条第 1 款中也规定了程序受到著作权的保护。

在这样的经历之下，现在是以著作权为中心实施对软件进行保护，但由于著作权的权利产生是无手续主义，在对专利权等的知识产权管理中重要的申请环节在这里却不需要❺。相反，可以想象刚才所提到的著作权特征：较长的保

---

❶ IBM 在 1964 年 4 月发表了大型机系列。该系列的 OS 是统一的，主机为最初开发的通用机型，其程序可以在该系列的所有机型上启动。此次成功开发，使在计算机领域后发的 IBM 有了凌驾其他公司的竞争力。

❷ 1975 年日本特许厅的"有关计算机程序的审查程序"明确了计算机软件与硬件一体化从而授予专利权。

❸ 可以运行 IBM 电脑所开发的应用软件和系统软件的大型机。

❹ 有关富士通/IBM 事件，描述了秘密谈判与诉讼的相关内容的资料可以参考伊集院丈（2007）『雲を摑め—富士通/IBM 秘密交渉—』（日本経済新聞出版社）及伊集院丈（2008）『雲の果てに—秘録富士通/IBM 訴訟—』（日本経済新聞出版社）。

❺ 但是，在诉讼中举证的简易性、保护期限的明确化以及交易的顺畅化等目的，根据有关程序著作登记的特例的相关法律，出台了由文化厅长官指定的"指定登记机关"进行登记的制度。

护期限、权利发生标准的模糊性、侵权标准的模糊性，加之与专利制度相差较大的其他特征等成了产生纠纷的起因，因此，进行技术开发的时候需要进行很多预防性的法律布局。比如，需要留意通过破解市场上销售的软件的运作来分析产品结构，从而实施逆向工程（Reverse Engineering）调查其源代码。从法律上讲分解工业产品，或者破解它的内部运作，从而获得其设计思想的逆向工程是完全没有问题的。但是，软件的逆向工程中，复制或者转换格式，有可能会成为未经过著作权人许可的复制❶。

另外，侵犯著作权法的复制权/改编权的要件是，即便与原著作的结果是相同或者相类似的，只要不是依据原著而是独自创作的内容，那么就不会涉及侵权❷。为此，在同一家企业内，存在有从对破解他人程序中抽取创意的团队，与依据自己创意进行编程的团队进行分类管理的方法。只要完全遵循这一方法，就可以证明没有"依据"原著。IBM 的交换机在开发初期，合法生产功能相等程序的企业也对 BIOS（Basic Input/Output System）进行了逆向工程开发。Columbia Data Products 利用区别管理两个群体的方法，在 1982 年最早开发了 IBM 的 PC 交换机。这样的开发方式被称为洁净室设计（Clean Room Design）❸。创新过程中，逆向工程本身被认为是必要的。但是这种思路在著作权制度的前提下，有可能行不通。因此也可以说，在小风险下，进行必要的开发也是一种自然的尝试。但是，从法律的观点上看，是否认可在同一个企业内部所进行的两种行为是完全独立的，对这一点持怀疑态度的意见较多❹。此外，还有人提出了禁止逆向工程是否与反垄断法相抵触的问题❺。

著作权中，对创作者所进行的管理也与专利权不相同。由于专利权人限定为自然人，因此，即便是职务发明，随着权利的转让也可以产生对价的请求权，而著作权中的职务著作权是发生在法人身上的。这样，在没有申请和审查制度下，对组织内部所产生的无数著作权在商业目的上的运用来讲无疑是一个方便的制度，因此，类似关于专利在职务发明中所出现的应该支付怎样的相应报酬等强制性规定的烦恼也比较少。另外，与发明相同，当大学的研究人员在

---

❶ 参照判例：マイクロソフト対秀和システムトレーディング事件判決。昭和 57 年（1982 年）（ワ）第 14001 号著作権侵害差し止め請求事件。

❷ 音乐著作"ワン・レイニー・ナイト・イン・トーキョー"是否是依据其他的著作品创作所争议时间"ワンレイニーナイトイントーキョー事件"。最高裁判決昭和 53 年（1978 年）9 月 7 日。

❸ DAVIDSON S J. Reverse engineering and the development of compatible and competitive products under United States Law [J]. Santa Computer & High Tech. l. j, 1989, 399-434.

❹ 中山信弘（1986）『ソフトウェアの法的保護』有斐閣。

❺ （独）情報処理推進機構セキュリティセンター（2004）「情報システム等の脆弱性情報の取り扱いに関する研究会報告書」。

第七章　运用知识产权的开放式组织结构

转移程序著作物时，如果与发明一样将著作权归属于机构，从制度上就不再存在职务著作权所适用的支付相应报酬的义务。大学、公立研究机构考虑到这一点，将研究成果的程序等作品的著作权归属于个人，但以商业化为目的的研究资助或者共同研究等所获得研究成果，通常要求机构对此进行转让，同时关于对创作者支付一定金额的补偿，则参照职务发明制度进行应用。

■ 免费软件运动与开源软件

软件的许可协议中具有约束消费者行为的功能，根据其条款规定，无论是个体还是商业活动都不允许超出许可的内容，在无许可的前提下，禁止对软件进行复制或者不正当的发布等行为。但是作为开源软件（Open Source Software，OSS），其特征在于促进软件用户对软件开发的贡献，这些开发成果又依赖于其他用户对开发的贡献行为。

开源软件产生的经过中，其产生的契机是免费软件运动，这个运动是将计算机软件作为人类共有的财产，为了实现自由地对其进行制作、发布、改编等所产生的一个社会性运动。理查德·斯通曼（Richard Matthew Stallman）是创立这一运动的一位程序员。斯通曼在1971年进入哈佛大学，后又成为麻省理工研究AI的程序员。1974年获得物理学的学位，虽然进入了麻省理工的研究生院，但在那儿最后没有获得硕士学位。其间，一直在从事程序员工作，为了真正推进免费软件运动，1985年公开发表了GNU（The GNU Manifesto）宣言，同年10月创建了非营利机构免费软件财团（Free Software Foundation，FSF），开始了GNU项目的运作。GNU提出"Gnu is not Unix"[1]，反对强化软件管理的UNIX，是以对软件的自由利用为目的所建立的。他从麻省理工离职，也是因为麻省理工规定员工的程序著作权归麻省理工所有，以及对其他的管理强化的反抗[2]。但是，应该关注的是，虽然这个GNU项目中规定了保障软件自由的条款，但是，并不排除软件的商业利用。

在实现自由软件的过程中，他制作了GNU GPL（General Public License）。为了实现自由软件，不仅仅是将软件公开在公共领域中，还需要建立禁止软件的利用者对软件改良后的管理和约束的体制。GNU GPL想通过许可协议的方式实现这一目的。在GNU GPL v3的日语版[3]中，记载了这样一段文字"为了

---

[1] 在GNU宣言中表达为"GNU, which stands for Gnu's Not Unix, is the name for the complete Unix-compatible software system which I am writing so that I can give it away free to everyone who can use it"。

[2] William Sam (2002). *Free as in Freedom：Richard Stallman's Crusade for Free Software*, O'Reilly Media.

[3] 2007年6月29日FSF所发表的GNU GPL v3是由（独立法人）情报处理推进机构所公开的。

保护你的权利，有必要防止其他人提出否定、放弃你上述权利的要求。为此，如果发布或者改编软件复制品，你将承担一定的责任。这是尊重他人自由的责任。比如，发布了适用本许可书的程序复制品，无论是无偿还是有偿，你将向该复制品的收受人传承你所获得的同样的自由。你和他（她）们都要收受源代码，或者保证此后必须获取源代码。然后，你必须要向他们明示该许可书的条款，让他（她）们知道这些权利"，从中也能够看出其目的。在保持著作权的同时，包括二次创作在内，不妨碍对作品的利用/再发布/改编，当违反的时候，则依据著作权行使其权利。这个方案对著作权制度的利用，不是对用户的限制，而是为了不对用户造成限制所想出来的，可以说具有划时代的意义。这种想法相对著作权（Copyright）而言，被称之为著佐权（Copyleft）。

依据这样的许可，使一种新的开发过程，即不特定的多个个体参与软件开发成为可能。利用 GNU GPL 功能成功的案例是 Linux Operating System 的开发。Linux 的开发由当时是芬兰赫尔辛基大学学生的 Linus Benedict Torvalds 在 1991 年所开始的。进行了一定的开发之后，Torvalds 在其邮件上公开了 Linux，以 GPL 之下只要保证源代码的公开为条件就可以利用。实际上，Linux 中也大量利用了 GNU 项目的成果。

Torvalds 在关于自身为什么从事这样的活动时说到，是由于个人的兴趣所致[1]。参与形成社区并促进开源软件开发进展的大多参加者的原动力，与其说是如斯通曼那样的思想背景以及基于对社会贡献的考虑，不如说是"没有自己希望使用的软件，自己一个人开发太累。但开源软件可以实现，而且还可以从中学习到很多知识"等基于个人利益目的的诱因更多一些[2]。1997 年，一直在观察和分析 Torvalds 的开发经过和成功经验的 Eric Raymond，将以往的软件开发称为寺院模式，将使用 OSS 的成功社区软件开发称为集市模式，也使 OSS 的开发模式得到了普及认知[3]。

此外，这种开放式的软件开发模式，也存在有各种问题：比如有时候可能混入第三方的知识产权，并无意中使用了这些知识产权；由多人参加的研发成果，最后要判断发明和创作的知识产权归属就比较困难；此外，各种各样的对违反许可行为的处理比较困难，同时由于这些问题最后还有可能产生知识产权

---

[1] リーナス・トーバルズ，デビッド・ダイヤモンド，風見潤訳（2001）『それがぼくには楽しかったから』小学館．

[2] LAKHANI K R, HIPPEL E V. How open source software works: "free" user-to-user assistance [J]. Research Policy, 2000, 32 (6): 923-943.

[3] エリック・スティーブン・レイモンド，山形浩生訳『伽藍とバザール―オープンソース・ソフトLinuxマニフェストー』光人社．

第七章　运用知识产权的开放式组织结构

流失和损害赔偿等。对于使用企业来讲，让其认识到虽然是开放的，但也有一定风险，在对社区利用方法的考虑上，还是存有一定的问题。

不管怎样，通过这样的许可体制，明确对用户社区的利用制度，对创新战略也带来了巨大影响。要求企业外部的顾客和合作方一起共同拥有和创造在企业所利用的知识❶。在这一点上，此前也有过类似让用户参与知识产权创造的需求。但在与知识产权的关系上最难的课题是，对从各种各样的立场的社区成员所贡献的技术的处理。开源软件的许可可以说解决了这一问题。Linux 虽说利用了 GNU GPL，与其他的 OSS 有些许不同，可以分为 Mozilla Public License（MPL）型和 Berkeley Software Distribution（BSD）型两种类型❷。现在开源软件的许可大约在 50 种以上❸。各个开发人员公开其源代码，从世界上抱有同样课题的工程师处获知源代码的缺陷以及对最佳性能的要求，形成开发社区，最后缩短了开发时间，降低了成本，但这些许可在这一点上是共通的。这些新类型的创新活动，相对以往的 Eric Von Hippel 等收取自己投资回报（Private Investment Model）的独占式模型，被称之为非独占公益性投资的集中行动模式（Collective Action Model）❹。的确正如这些案例所示，开源软件与创新是相关联的。只是其活动自身却不能被称之为商业活动。但是，这种 OSS 衍生出许多小规模的商业，然后与 OSS 所共存的大规模的商业也被衍生出来。下一部分将说明如何利用 OSS 衍生出商业。

■ 利用开源软件的商业模式

OSS 利用企业：微软、Netscape Communications、IBM、Google

以免费软件运动为契机，由个人兴趣社区开始的 OSS，现在发展了数以百万计的项目。虽然 OSS 看起来在商业上运用比较困难，但很多美国企业都在其商业中利用了 Linux。即便没有成果要求，我们观察了那些从社区获得支持

---

❶ C. K. Prahalad and V. Ramaswamy (2004). *The Future of Competition*, Harvard Business School Press（有賀裕子訳（2004）『価値創造の未来へ』ランダムハウス講談社）.

❷ 前田博史，貞苅昌史，仲西秀基（2007）「オープンソースソフトウェアに潜む法的リストの低減に向けた取り組み」『Unisys Technology Review』第 94 号 Nov., pp. 132 – 146。

❸ Open Source Initiative (OSI) 主页。

❹ "Open Source Software and the 'Private – Collective' Innovation Model: Issues for Organization Science," MIT Sloan School Working Paper, 4739 – 094/30/2009 中，说明"Private investment" model assume that innovation will be supported by private investment and that private returns can be appropriated from such investments (Demsetz, 1967). The Second Major model for inducing innovation is termed the collective action model. This model applies to the provision of public goods, where a public good is defined by its non – excludability and non – rivalry.

的多个企业，也会反过来去支持社区❶。此外根据日本在 2007～2009 年对 IT 企业的一项调查❷显示，现在利用 OSS 的企业大概占全体的 70%，由此知道日本也有很多企业在利用 OSS。这些企业所进行的 OSS 的第一个商业活动，是通过完善 OSS 开发社区功能，对软件的收集、发布和咨询、以 OSS 为基础所进行的委托开发、运行支持以及保修等业务。也就是所谓的 OSS 社区周边的派生商业模式❸。

其中，Mozilla 财团的 OSS 化中就诞生了浏览器软件 Firefox 和邮件软件 Thunderbird 等。本来 Mozilla 财团曾经销售过与微软 IE 浏览器相对抗的浏览器 Netscape Navigator，而 Netscape Communications 则是从与微软的对抗战略中，开源软件化后所设立的组织。这样，开始在开源软件化周边出现了各种商业。

此外，在该公司的创新战略转换中，与 IBM 的 Linux 相关联，是具有象征意义的。可以考虑的是，对于 IBM 而言，通过在公司所有的系统上装载 Linux，将 Linux 作为平台，IBM 可以成为商业领头羊，同时还可以由此降低微软产品的地位。除此之外，利用 Linux 后的开发费用为 IBM 自有方式的 1/5。以这样的利好为背景，IBM 在 2001 年向 Linux 商业投资了 10 亿美元，开放了 Linux 的核心专利；此外，还将 500 件专利放入到开源专利中。这样，Firefox 和 IBM 不再是已有的 OSS 社区的派生商业，而是成为与 OSS 社区共生的一种崭新的商业模式。

这种规模不断壮大的 OSS 关联商业，在多种多样的 OSS 编入商业活动的时候，需要理解并管理复杂的许可。根据对日本 IT 企业的问卷调查，利用 OSS 的问题点在于"许可复杂难以把握"这一点通常会占第一条。从企业的规模来看，调查结果的大致显示，大型企业中，由于许可比较复杂，有可能错误操作导致诉讼等风险，因此被当作问题；而中小型企业中，公司内部能把握许可的人才不足，对许可的处理自身都非常困难。从这一调查结果也可以看出，从日本企业中难以诞生出如 GNU GPL 那样的为了创造知识产权的价值对许可合约的管理进行颠覆式革新的创意。

此前，微软由于在利用 Linux 上出现了卷入他人权利之争的风险，对于开源软件反复进行了批判。其中，还说出了 Linux 是对知识产权的践踏之类的

---

❶ HENKEL J. Selective revealing in open innovation processes: the case of embedded Linux [J]. Research Policy, 2006, 35 (7): 953-969.

❷ みずほ情報総研 (2010)「第3回我が国のOSS活用ITソリューション市場の現状と将来展望に関する調査」。

❸ 竹田昌弘 (2005)「オープンソース・ソフトウェアとビジネスとの関係に関する考察」『立命館経営学』第44巻第3号, pp.49-66。

第七章　运用知识产权的开放式组织结构

话。在这里所说的知识产权是将知识产权仅仅理解为在技术垄断中的独占式的知识产权。从新创公司开始，微软的 OS 成为一个事实标准，微软通过技术垄断引导了美国的创新，但后来，著作权保护的软件程序得以强化。时代在变迁，Linux 以及与 Linux 共生的 IBM 领先进行了开放式创新，并且逐渐被社会所认可和接纳，现在支持它们的商业模式方向的知识产权制度也在不断发生变化。事实上，IBM 的董事长 Samuel J. Palmisano 在 2004 年所总结的政策提议 Innovate America 中，就出现了这种变化的一些兆头。Innovate America 中提到了创新是美国的成长之源，需要对美国的知识产权制度环境进行建设。执笔该报告的是 National Innovation Initiative 的副会长查尔斯·埃文斯（Charles Evans），他在演讲中❶提到"即便是现在也有很多企业对以往的 IP 思路具有较强的执念。我认为这不是道理上的问题。一方面，现在出现了一种被称之为开放式创新的情况。这种创新，是在普通人所说的传统的 IP 体制外成长起来的。因此，在美国围绕着这一问题进行讨论时，大家都很紧张。到底是开放好还是不开放好？有各种各样的探讨。为此，需要在这里开启对话，知识产权是一个非常宽广的领域，必须要全部涵括起来体现其内容的丰富性，但说起来容易做起来难"。据此可以认为在 2004 年美国对于两种知识产权的创新方式有了一些微妙的对抗。今后，这样的开放式创新的知识产权管理将继续为创新作出贡献，当然也继续接受是否能为社会所认可的评价。

2011 年，有可能受到对开放式知识产权的社会性接纳的影响，OSS 谷歌的安卓系统受到极大关注。为了对抗苹果垂直统合型商业模式中的智能手机，无偿地提供安卓系统供公众利用，其采用的是经由智能手机终端扩展其网络上的商业份额的战略。安卓作为免费软件被谷歌所提供，但上述 FSF 的斯通曼所提到的"Andriod contains Linux，but not GNU；thus，Andriod and GNU/Linux are mostly different"，对其性质也产生了疑问❷。最近从安卓的用户处也反映，当初安卓的方针开始变质，有可能对用户产生制约。这些变化，可能是为了维持最近被专利诉讼缠身的安卓的经营所引起的，也可能是在暗示着开放式知识产权管理是否已经到了一个发展瓶颈。今后，谷歌的知识产权战略是定位在开放上还是独占上，值得我们继续予以关注。

云计算的普及降低了 OSS 许可效力，还有可能降低对创新的贡献。云

---

❶ 「日本企業のイノベーション戦略と知的財産—米国パルミサーノレポート，仏ベファレポートと日本の進路 – 」中 Charles C. Evans 的演讲，东京大学·东北大学共同举办研讨会，平成 18 年（2006 年）2 月 27 日。

❷ Richard Stallman（2011）. *Is Android Really Free Software*? The Guardian，Published Monday 19 September.

环境中，如果软件只能在少数巨大的服务器上才能运行，那么就不会有计算机之间的复制和公布。所谓的不能妨碍"作品的利用、再分配、改编"的 OSS 许可可能就会变得没有意义。其结果，在云计算的世界里，技术独占有可能又会成为知识产权管理的主流。支撑云计算知识产权管理的创新，是否能够为社会所接受和认可，也会对开放或者封闭的知识产权管理趋势带来影响。

五、运用知识产权的开放性组织间关系 – Ⅳ知识产权共享空间

Commons 是指公地。追溯历史，很早所提及的"公地悲剧"中，只要牧草地是共同的，那么每个牧羊人就会让自己的羊在那里吃更多的草，结果把草吃光，这块草地也就荒废了[1]。针对道路堵塞、公共海岸公园的杂乱等现象，为了避免这些地方被荒废，就需要有人出来支付一定成本维持秩序。其道理就在于如果没有这么一个主体，这些土地就有可能被荒废掉。这种"公地悲剧"可以通过停止共有和对资源的私有化得以解决。在20世纪90年代，美国和日本实现了通过公共财产民营化的方向的政策思路，刺激了经济的发展。将公共财产进行民营化。日本铁路、电话通信、邮政服务等逐步民营化，是在民间竞争中提高其效率的策略。以往，将国有财产让民间部门在一定条件下进行占有，可以最大限度地提高其动机。

这种思路也被运用到知识产权政策上。前述的拜杜法案也是将国有的专利交给民间机构，由此大学和公立机构将以往的公共领域中公开的知识产权进行私有化，从而进行有效的技术转移，实现了产业振兴。日本也是在 2000 年前后实施了该政策。通过提高对主体技术占有的可能性，从而使其提高投资技术以及商业化的动机。如上所述，美国的大学技术很多是独占许可给经营资源匮乏的中小型创业企业所实施的，若非独占，技术专有的可能性就较低，因此会降低风险投资的动机。从这个意义上考虑，解除公地悲剧的政策，在知识产权上也是一个合理的政策。

■ 反公地悲剧

从另一个方面讲，受专利保护的技术与道路和公园不同，具有可以让无限多的消费者同时消费的特性，即说具有非竞争性（nonrivalness）。也就是说，无论多少的利用者使用该技术，技术本身不会因此而减少，所以本来也应该比

---

[1] G. Hardin (1968). *The Tragedy of Commons*, *Science*, Vol. 162, pp. 1243–1248.

较不容易发生公地悲剧。特别是大学所产生的技术，研究人员通常都会对其进行发表。虽然如此，只有当早期的大学技术转移中的管理人员精通许可管理时，大家才开始接受将这些技术作为知识产权保护会有助于技术实际运用的观点。美国的大学技术转移中的先驱者雷米尔斯所进行的转基因专利许可中，通过对许可申请期限的设定，反而排除了无法使使用者链接重要技术的不利影响，还利用了此后其对促进技术开发的动机，加快了被许可企业的签约，这可以看作是利用知识产权制度，将本来具有非竞争性特征的知识进行私有化后的效果。

但是，只要技术具有非竞争性，多数企业实施该技术后可以进入获利的巨大市场，那么即便技术的专有可能较低，被运用的可能性还是比较高。在实现技术后，如果仍然没有太大的投资必要，有可能就会出现众多的使用者。这种状态下，可以想象当单个技术通过知识产权私有化时，反而变得难以利用了。

由此，知识的私有化会产生新的悲剧，即"反公地悲剧"❶，其在 1997 年前后被提起。美国政府公立资金所开发的生物领域的研究成果，以前谁都可以自由利用，但是在 1980 年的拜杜法案颁布后，上游的基础研究也开始私有化，现在中间相互关联了多个权利人，反而阻碍了这一技术的运用❷。这不仅仅是在生物领域，对一个产品而言，其研发、生产、销售等环节中与多个专利相关联，容易形成"专利丛林"（Patent Thicket）的问题。可以说交叉许可、专利池等是用于解除这种"专利绊脚石"的开放式创新的手段之一❸。

■ Lawrence Lessig 的知识产权共享空间

在这一点上，在完全不同的环境下所发展起来的网络则用其他的方式为开放式创新做贡献。哈佛大学的法学教授 Lawrence Lessig 谈道："网络的本质是方便资源的共享。它不仅仅根据某种规范所形成，还通过具体的技术设计思想所形成。网络可以看作是创新的共享空间。"❹ 从他与免费软件财团的关联就可以知道，Lessig 支持之前所介绍的免费软件运动，发现了著佐权（Copyleft）

---

❶ HELLER M A. The Tragedy of the Anticommons [J]. Harvard Law Review, 1997, 111: 621 – 688.

❷ HELLER M A, EISENBERG R S. Can Patents Deter Innovation?: The Anticommons in Biomedical Research [J]. Science, 1998, 280: 622 – 688.

❸ Carl Shapiro (2001) *Navigating the Patent Thicket*: *Cross License*, *Patent Pools*, *and Standard - Setting*, Adam B, Jaffe et al., *Innovation Policy and the Economy*, I, Cambridge: MIT Press, pp. 119 – 150.

❹ ローレン・スレッシグ，山形浩生訳（2002）『コモンズ—ネット上の所有権強化は技術革新を殺す—』翔泳社.

功能的 GPL 许可是站在促进创新的立场上的。此外，他还提到，网络是共享空间，有必要维持下去，不希望看到这些共享空间被商业模式专利等通过法律或者技术手段所限制。

共享空间这一概念此后在各种领域中开始运用。Lessig 本人于 2001 年成立国际非营利组织创造共享空间（Creative Commons），该组织提供创造共享空间的许可（Creative Commons License）。CC 许可的目标是在网络时代普及新的著作权规则。各种各样的作品的作者，可以利用 CC 许可简单地对"只要遵守这个规则，可以自由使用我的作品"进行意思表达，从而在保护自己著作权的同时，也可以让作品自由地流通，而接受方在许可条件内，可以二次发布或者改编等。

■ 专利共享平台

对持续性开发的专利的处理：IBM、诺基亚、必能宝（Pitney Bowes）、索尼、博世（BOSCH）、杜邦（DuPont）、施乐（Xerox）、理光、大成建设

这样，以软件和著作权的世界为中心所展开的开源软件以及共享空间等被看作是开发式的知识产权管理，这种管理在其他的知识产权领域也在逐步展开。专利共享平台❶这一结构被作为在专利领域中的衍生结构。其中具有代表性的案例是 IBM、诺基亚以及必能宝一起所成立的环保专利共享空间，这是一个为了运用共有资产，开放对环境保护有贡献的专利的会议组织，其主持了 WBCSD（The World Business Council for Sustainable Development，为持续性开发的世界经济人会议）。同年 9 月，新加入 BOSCH、Dupont、Xerox 等公司。2009 年则新加入了理光和大成建设❷。

有关环保专利共享平台的功能的研究目前还不多。绢川（2008）对 IBM 在其中所公开的专利特征进行了分析，结论是出于防御目的无偿地公开自己公司的相关专利❸。但是，仔细看这一环保专利共享平台的条款，可以注意到另外一些方面。环保专利共享平台所公开的专利是通过权利人对不行使专利权的宣告而执行的。但是，这里有几件值得注意的事情：①自己公司的战略上的重要专利，是没有必要开放的；②与环境破坏相关联的实施，宣告不行使专利权是不适用的；③如果有其他公司对开放专利的权利人提起诉讼，专利权人可以

---

❶ 参照 WBCSD 的主页，IBM 的主页上也公开了此后参加的企业。

❷ IBM 新闻稿（2009 年 3 月 23 日）。

❸ 绢川真哉（2008）「オープンイノベーションと研究成果の無償公開」富士通総研研究レポート，No. 312，3 月。

第七章　运用知识产权的开放式组织结构

终止不行使专利权的宣告，这一共享平台的成立要满足以上的前提。也就是说，针对上述第③条，利用开放专利进行开发，获得改良专利时，开放专利的权利人如果想在自己公司产品上使用该改良专利，可以拒绝许可并行使专利权，即可以理解为其开放专利也可以行使权利。那么通过这种结构，专利开放者可以比较容易地利用开放专利的改良专利。

这种专利共享平台的实现，事实上是一种不使用专利权中的停止侵权请求权的态度。这一制度被称为 License of Right（LOR），专利权人或者专利申请人，对于所持有的专利权，通过承诺不拒绝对第三者的许可，从而降低专利的维持费用。该制度从英国、德国等国家开始传入[1]，可以促进未利用专利的利用、激活专利流通等，法国也于 2005 年开始运用该制度[2]。日本此前就讨论过对该制度的引入，其是为了回避在促进开放式创新和技术标准化中的敲竹杠问题，以及降低大学等非实施组织的专利权维持费用等问题。但是很多用户对这些目的并不关心，所以在各国的制度导入中事实上还是比较困难的。日本实际上也进行了探讨，但多数都是持否定意见，所以也没有再讨论下去[3]。

虽然专利共享平台的框架结构是任意的，但由于各国专利权人的参与，我们也从中看到了对国界的跨越。著佐权（Copyleft）就是这样的，虽然在各国都有专利制度和著作权制度，但其效果就在于在跨越国界后还能起作用，也可以说是具有划时代意义的。在这里所说的知识产权管理，是在挑战知识产权制度下难以实现的全球化问题。

如上所述，如果我们理解专利共享平台在我们发现的结构中发挥了作用，那么也可以认为属于从对知识产权的二元利用到网络的战略性合作、研究联盟的知识产权管理、专利池，发展到跨越国界针对不特定的多个对象的知识产权管理扩大范围中的一个例子。对这一管理方式的评价，还是取决于专利共享平台是否能够发挥作用，是否能够形成如软件那样的开发社区等。

---

[1] 有意见指出意大利、英国、希腊、西班牙、新西兰、新加坡、南非共和国也有类似制度存在。（财）知的财产研究所（2009）『産業財産権に係る料金施策の在り方に関する調査研究報告書』p. 74）

[2] 瀬川友史，小林徹，渡部俊也（2000）「英・独におけるライセンス・オブ・ライト制度の利用実態と我が国への示唆」日本知財学会第 8 回年次学術研究発表会予稿集。

[3] 内田衡純，中野かおり（2011）「知的財産を取り巻く課題への対処—特許法などの一部を改正する法律案及び不正競争防止法の一部を改正する法律案 -」経済産業委員会調査室『立法と調査』第 315 号（参議院事務局企画調整室編集・発行），pp. 34 - 39。

第八章
实现多元创新收益化的
知识产权管理

■ 开放式知识产权管理的实践

图 8-1 归纳了从独占式创新到开放式创新的变化中知识产权管理的各种事例。

模式	I	II	III	IV	V	VI
目的	确保实施权	技术垄断	许可	联盟	半开放式合作	开放
开放的程度	中立	独占	←――――――――→			开放
类型	—	—	直接		网络	共同体
变化	交叉许可	—	直接许可	联盟	联盟的叠加，专利池，研究开发联盟	著佐权（Copyleft），共享
模式图（黑色代表权利人，灰色是代表可能会受到非排他性关系建构影响的对方）	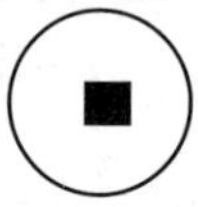	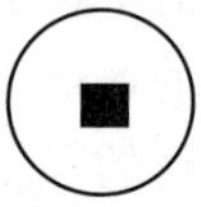	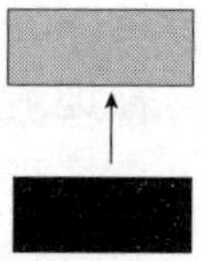	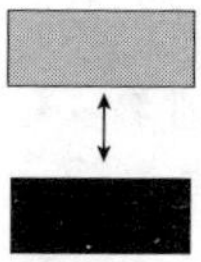	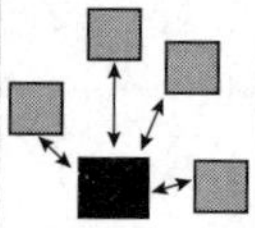	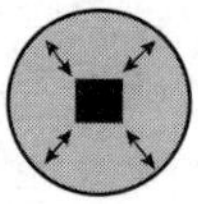
案例	中小企业，后发的参与者	制药公司·日亚化学的蓝色LED事业的初期，全球利基领头中小企业	大学技术转移/TOTO的光触媒许可事业	高新技术创业企业与大企业的合作，光触媒涂料的合资企业，本田与中国企业的合作	智网创业企业联盟，意见统一的标准，研发联盟	GPL，许可，环保专利共享

图 8-1 独占式到开放式创新之间的各种知识产权管理

模式 I 是为了保证本公司自由开展事业的知识产权管理。在控制知识产权法律风险上进行最小范围的管理。这种模式的最终目的并不是对其他公司产生影响，而是为了确保事业运营的自由度（Freedom of Operation），将本公司受

第八章　实现多元创新收益化的知识产权管理

其他公司影响的可能性控制在最小范围内。除了研发新创等企业，只要是由自身实施产品和服务的企业，无一例外务必会实施的一种知识产权管理模式。如企业不得不进行的交叉许可等也位于这一模式之下。

模式Ⅱ为威尼斯专利法的恩惠，即实现技术垄断的模式。如本书的案例所介绍到的医药品和蓝色发光二极管的例子，以及一部分中小企业在控制利兹市场时，通过对包含商业秘密在内的知识产权进行管理的情况。传统的产品创新、过程创新可以通过这一模式促成，并在企业收益化上发挥作用。通常这种模式下所进行的知识产权管理并没有明确区分创新诱发阶段和收益化阶段。其目的在于由企业自身进行技术垄断，并在企业内部进行普及从而引发创新，同时实现高利润。

模式Ⅲ的最典型例子为直接许可等方式的知识产权管理，即将本公司的知识产权提供给其他公司使用并获取对价的模式。由于本公司的技术被广泛许可，由此技术受到社会的接纳和认可，从而使创新更容易出成果。但是，仅仅依靠这个是否能够获得收益，还需要根据受知识产权保护的产品在生产销售中是否具有垄断性的竞争力来判断。有时，这一类型的模式为了获取利润，相关的知识产权产品的市场份额越小反而越好。如 Rambus、高通、ARM 公司等，因为这些企业跟其产品的生产销售相比，更重要的领域是提供知识产权，并通过这一模式获利。被称为专利流氓的企业为非专利实施人（Non‑Practicing Entities）时，通过联盟或者交叉许可等，形成即便不实施知识产权，也可以获得收益的结构。

与此相对应，模式Ⅳ是将知识产权作为交易对象的一部分开展战略性合作，并利用知识产权与其他公司建立具有相互影响关系的知识产权管理模式。这里并不单单指为了保证相互的实施自由而进行交叉许可，还包括除知识产权以外的其他经营资源交换，以及战略性要素的交叉许可等。

目前至此，基本上都是单个企业使用知识产权使其作用于对手（二元关系）。但是如模式Ⅲ和模式Ⅳ中，由于专利许可或者特定组织间的关系重叠，为了获得多元的网络，其结果是使知识产权管理朝更为开放的方向发展。

朝开放的方向更进一步，便形成模式Ⅴ。这种模式可以使用知识产权对多个对象产生影响。但是，在这个阶段中，知识产权管理的对象主要限于美国智能电网的网络中所包含的联盟、共享平台和专利池的参与者或者是其利用者等成员。在此基础之上，面对更多更不特定的对象的就是开源软件和知识产权共享平台。

这些模式所考虑的知识产权管理模式的要点都各有千秋。比如，以专利申请管理为例，在模式Ⅰ中，只需要对公司自身所实施的范围内的技术进行权利化即可，而在模式Ⅱ中则需要申请牵制其他公司的替代技术。在模式Ⅲ之后更需要以其他公司实施为前提建立专利申请战略。这些知识产权管理实现的手段也各不相同。从只要专利申请就足够的水平（模式Ⅰ和模式Ⅱ）到通过合约实现目的的情况（模式Ⅲ和模式Ⅳ），然后通过共同标准和规定所实现的目的的情况（模式Ⅴ），以及对不特定的多数对象进行公开宣告的情况（模式Ⅵ）等，多种多样。商业秘密管理的必要性，以及公开是否有效也根据模式的不同而不同。

这样，知识产权管理存在从独占到开放的各种模式，对应这些知识产权管理模式的实现手段、知识产权申请方向、职务发明的处理、权利的行使、知识产权质量的要求等各具特色[1]。

■ 开放式知识产权管理的本质

作为开放式的知识产权管理，利用知识产权从二元关系到网络化的战略合作，我们经常看到的是研发联盟的知识产权管理、专利池、OSS（开源软件）的许可、知识产权共享平台。这些组织结构无一例外都是试图利用组织所拥有的知识产权，与组织外部的多个组织包括知识产权在内的经营资源进行整合而设计的。在战略性合作中的知识产权管理，通过对企业自身的知识产权与对手企业经营资源相互交换而成立。这不仅对双方，甚至对网络合作上的优势定位也有一定的好处。此外，通过提供背景专利获得一定经营资源的知识产权共享平台，以及不能够涵盖所有的标准必要专利的单个企业，可以将自身专利放到专利池中，与其他公司的专利进行结合一并签订许可协议，由此实施标准专利，这样通过对公司自身专利的提供，将可以同时利用自己公司专利与其他公司专利。同时，不管是开源许可还是专利共享平台，都可以利用对开放专利进行改良的专利。在此之上，如英特尔公司就通过对中国台湾制造商提供本公司专利扩大了的电脑市场，维持并扩大了英特尔公司的被独占性知识产权所保护的 MPU 销售利润，通过对本公司的一部分知识产权的提供，从而促进了自己其他知识产权的利用。也就是说，通过上述构造，达成对以下四个特征的共识：①含有自身的知识产权能够被外部组织所利用的要素；②以组织外部多个组织利用为前提的研发活动所产生的新知识，并期望这些知识作为知识产权得以确权；③具备多个组织所产生的新知识相互结合的知识产权能够在组织内部

---

[1] 渡部俊也（2010）「協創と協働のための知財マネジメント—オープンな知財マネジメントモデルの機能と特徴—」IAM Discussion Paper Series #017，http：//www.iam.dpc.u-tokyo.ac.jp/workingpapers/index.html。

第八章　实现多元创新收益化的知识产权管理

进行利用的条件；④新的知识产权在自身或者组织内部拓展，并期待再次产生新的知识产权（导入型），或者促进组织外部利用之外的知识产权利用。

　　这些特征总结出来就是图8-2。图中用箭头表示的一连串的流向，是在知识产权的相关合约中所规定的。这种开放式知识产权管理模式的发展，如本书所介绍的Linux和共享平台等所看到的，在著作权领域，管理对象扩大和发展为不特定的多个社区的过程中，其中发达的知识产权管理给予了巨大的影响。也就是说，专利联盟是将通过战略合作、专利池等发达的知识产权管理，与最近快速发展的软件和著作权等相关的知识产权管理进行了结合。

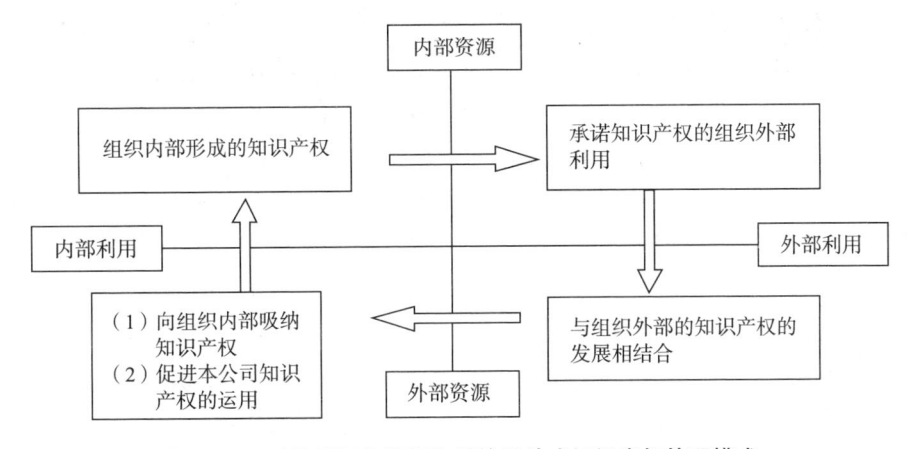

图8-2　对外部组织发挥作用的开放式知识产权管理模式

　　这里应该注意的是，这些结构虽然具有开放性特征，但并不是指放弃知识产权本来所拥有的效力❶，即放弃停止侵权请求权、赔偿损失请求权等。即便是开源软件的GNU，免费软件财团仍然拥有其著作权。根据这种著作权的效力，就不能允许自由软件基金会（Free Software Foundation，FSF）所考虑的"非自由行动"，所谓开放也是在以知识产权效力为背景下的"开放"，这一点是不变的。

　　相反，支撑开放式知识产权管理功能的恰恰是知识产权所拥有的停止侵权请求权等效力，即便看上去是与独占性的技术垄断完全相反的，也应该意识到那仅仅只是威尼斯专利法没有预想到的知识产权的一种使用方法而已。假设

---

　　❶ 在专利的效力中，专利权人对发明专利可以拥有独占式实施权（积极效力），以及排除他人实施的权利（消极效力）。后者规定认可了权利人的停止侵权请求权或者废除请求权。参照中山信弘（2000）『工業所有権法（上）特許法（第二版増補版）』（弘文堂）。

"允许知识产权独占的制度本身是错误的,应该取缔所有的知识产权制度"❶的主张能够实现,那么开放式知识产权管理同样也具有让一切都消失的性质。本书所述的现在的知识产权管理由保密、公开和知识产权申请三要素组成。如果不能期待通过知识产权申请或者公开信息获得知识产权保护,那么自然就会选择技术保密的方向。在这里,自然不会产生开放式的知识产权管理。

但是,从 OSS 的事例可以看出,开放式知识产权管理即便可以与创新相结合,但是否能够商业化还是未知数。企业如果利用开放式知识产权管理获得收益,那么为了获得更大收益就需要与商业模式相结合。也就是说,即便开放式知识产权管理是诱发创新的有效手段,但并不是与创新成果收益化的手段直接相关的。为了实现创新成果收益化还需要加入其他管理方法。众所周知,本来创新企业是否能够获得利润回报就是另外一个问题。D. Teece 提出往往拥有优质知识资产的企业不能获得利润回报,而拥有知识资产和补充性经营资源的所有人则会获得一定经济利益,同样,开放式知识产权管理即便成为产生创新的工具,其大部分情况也仅限于此,而并没有成为收益化工具。为了实现收益化,与开放式知识产权管理对象形成互补关系,就需要与此前的独占式知识产权管理结合起来❷。

在本书中几个地方提到的 IBM 公司本来是实施独占式知识产权管理的代表性企业,为了提高其商业价值,极大地改变了其利用知识产权的模式❸。从20 世纪 90 年代之前的独占式创新,到 2000 年之后变为合作创新,如已经讨论过的,其专利的利用方法从利用企业自身专利的独占权、通过交叉许可接触其他公司专利、运用知识产权获得专利许可费,转换为以扩大商业为目的的知识产权运营。开放的考虑方式并不是要做志愿者,而是通过这样的手段,激活企业自身事业领域以及产品中可以利用的技术开发,借助平台力量实现低成本目标,由此培养市场,实际还是为此后的独占式创新打好基础。也就是说,更接近于将知识产权理解为对公司未来的一种投资。IBM 转换为这种战略思路的背景是,作为 20 世纪 80 年代世界最大的半导体制造商,自己公司所生产的半导体只提供给自己公司所生产的电脑使用,曾经采用的是从光盘驱动到打印机都

---

❶ Michele Boldrin and David Levine (2008). *Against Intellectual Monopoly*, Cambridge University Press 等。

❷ TEECE D J. Profiting from technological innovation: Implications for integration, collaboration, licensing and public policy [J]. Research Policy, 1986, 15 (6): 285 – 305.

❸ IBM 新闻稿 (http://www - 06. ibm. com/press/jp/index. wss), IBM 的对外公告,Building a New IP Marketplace (http: //domino. research. ibm. com/comm/www _ innovate. nsf/images/gio – jp $ FILE/building _a_new_ip_marketplace – report. pdf)。

第八章 实现多元创新收益化的知识产权管理

是由自己公司生产的典型的垂直统合的模式,而这一模式由于随着电脑普及不能再通用,为此进行了整个经营模式的改革。1992 年,IBM 的经营业绩成了美国企业历史上最大的红字。此后,IBM 开始脱离独占式商业模式,朝着零部件的外部销售和外部调配方向转换。但是,同时应该注意的是独占式知识产权管理在核心领域上还是与以往一样。即便是采取了开放式知识产权管理,但核心技术采取的是独占式知识产权管理,也就是说,技术垄断的知识产权管理仍然存在。

采用开放式知识产权战略的企业无一例外都坚持保有独占式知识产权管理的区域。倾向于服务创新的 IBM 在 2006 年 10 月向亚马逊提起专利侵权诉讼,认为亚马逊在电商交易的重要专利上侵权。英特尔也在核心商业领域 MPU 上,发起过专利侵权诉讼。高通公司则选择利用了"跨两个技术标准的自有标准必要专利,只在其中一个技术标准中使用"。技术标准有关的事项通常是以开放式专利管理为前提的。但是,到底利不利用标准的判断,则包含了对独占式知识产权管理的考虑。即便采用开放式知识产权管理的企业,在核心技术领域也通常采用包含诉讼在内的独占式知识产权管理方式。

这样,为了实施各个企业整体的创新战略以及创新收益化的商业模式,对独占式和开放式知识产权管理进行了复杂的组合,并区分使用。表 8-1 是模式Ⅲ之后具有开放性要素的知识产权管理,与模式Ⅰ以及模式Ⅱ(中立和独占式的知识产权管理)分成两类,通过对本书所观察到的企业和组织的多个案例整理所得。没有采用开放式知识产权管理的企业并不少,仅仅由自己公司生产知识产权的产品,通常也只实施模式Ⅰ的知识产权管理(相反,如果自己公司没有将知识产权进行产品化,也不会有采取模式Ⅰ的意识)。另外,仅仅只是采用开放式知识产权管理的组织,如 GNU 项目中的 GPL 许可,环境知识产权共享平台的 WBCSD 等的例子其实并不多。这些组织是否实现了创新,或者说即便有可能对创新的实现作出了贡献,但由于没有帮助实现创新的收益化,因此并不能称其为商业。通过知识产权管理获取收益,一定需要在某些环节融入独占性要素。

结果,将利用知识产权效力的开放式知识产权管理,与在核心技术领域为技术独占服务的独占式知识产权管理进行组合后,才能够获得创新收益。这种时候,独占式知识产权管理的方法,不仅仅是行使知识产权的权利,同时也经常选择技术机密、商业秘密等黑匣子的方式进行保护。各个企业的商业模式中,这样两个不同的知识产权管理在适当的临界线上进行适当的组合,由此开放式知识产权管理才开始与创新相结合,其创新通过另外的(或者是一系列的)独占式知识产权管理与商业结合,才将创新与竞争力关联起来,并实现

表 8-1　各种组织事业中的知识产权管理种类

	TFCO青森及其他,全球利基领先的中小企业	医药品制造商	日亚化学	本田(中国摩托车事业)	TOTO(光触媒事业)	英特尔	WBCSD	GNU项目	专利强盗	Rambus高通	IBM
中立独占	I、II	II	I、II	II	I、II	II			II	II	I、II
开放		III	III、IV	IV	III	IV	V	V		III、V	III、IV、V、VI

其收益化。我们用图 8-3 反映这样的一种关系。

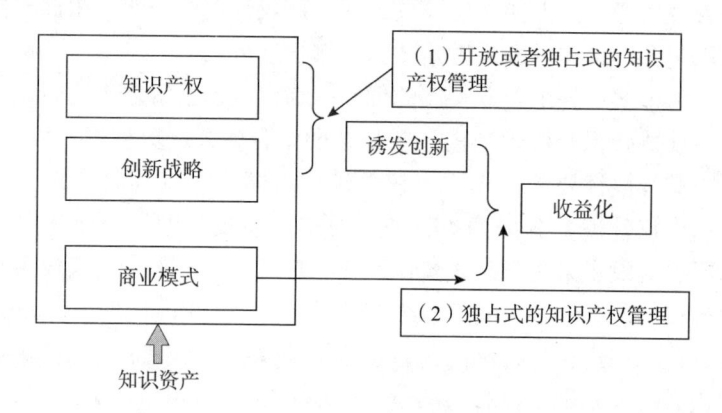

图 8-3　与知识资产收益化相结合的模式

这里作为组织所拥有的资产,包括知识产权、创新战略以及商业模式在内的所有知识资产。还包括狭义的知识产权、人脉性资产以及人才等知识资产。其中,创新者(Innovator)❶所承担的创新战略就是计划并实施引导创新。但是知识产权管理领域的创新战略,特别是使用开放式知识产权管理时,创新活动不一定能够落地到商业活动上并且获得收益。换句话说,有很多创新者如理查德·斯托曼一样,本来就对收益并不关心。但是,多数组织还是在尝试着创新的收益化。这里,创业者(Entrepreneur)则担任了将商业模式与知识产权

---

❶ 这里不管是否能够实现商业化,而是指创新计划实施本身。

第八章 实现多元创新收益化的知识产权管理

管理相结合，使创新成果落地实现收益化的使命。

这里的创新者与创业者在美国的新创企业中，很多时候创业者也兼任经营者，特别在创业初期。此外，像 IBM 一样拥有统合、计划及实施全球性知识产权管理结构的企业中，看上去这两者的功能也是统合的。在日本，仅仅实施独占式知识产权管理的企业中，也没有明确划分两者功能的意识，自然也是同样的人员和组织在实施知识产权管理。但是在利用开放式知识产权管理并且拥有一定规模的企业中，不仅仅是知识产权部门，公司高层、运营、研发等部门也会分别来承担这两个功能。为了创造出创新成果并使其落地实现收益，需要组织高度统合这两个功能，但由于日本企业通常在靠近研发和生产现场的地方配置知识产权管理，因此这两个功能也没有能很好地进行统合。

■ 知识产权管理对多种创新战略的适应

图 8-1 叙述了实践开放式创新应该如何进行知识产权管理。在本书中反复提到，组织所拥有的知识产权并不能单独发挥作用，将其与组织的创新战略以及整合的商业模式相结合才能够转换为组织的竞争力，从而实现组织的收益化。因此，组织的知识产权管理方式，是依据企业的创新战略而制定的。此前的知识产权管理，主要通过提高项目或者过程创新的模仿难度，从而增加竞争对手加入的壁垒。但是，从前文所列举的开放式知识产权管理的案例可以看出，随着现代企业创新战略的多样化，所实施的知识产权战略也呈现出多样化的特征。作为多样化创新战略，在开放式创新以外，在新兴国家兴起的由使用者引导的用户创新、希望将此渗入发达国家的反向创新、重视外观设计的设计激发艺术创新（Design Inspire Art Innovation）等，逐渐开始多元化发展。此外，最近出现的服务创新也受到了关注。

在实施各种各样的创新战略的时候，应该注重知识产权管理。但是，这些并不是独立存在的，包含有许多相异因素的叠加。例如本书所提到的开放式知识产权管理，与组织外部的知识产权交易兴盛的开放式创新一样，消费者特别是前沿的消费者有时候会成为消费者创新的知识产权创造受托人，我们可以在 OSS 以知识产权管理为中心的开放式知识产权管理中所提到的几个管理模式上观察到。

迈克尔·波特（Michael Porter）所提出的"企业从本国市场上获得大多的国际竞争力的源泉"[1]，即企业通过所根据的本国市场竞争创造出企业竞争优势的源泉并制造出优质的产品。反向创新本来是指与之相反方向的创新战

---

[1] マイケル・E・ポーター，土岐坤他訳（1992）『国の競争優位』ダイヤモンド社。

略。要实施这种创新战略，第一重要的是对新兴国家的知识产权制度进行充分理解，并准确无误地办理各项手续。比如，日本与中国、美国的职务发明制度都各不相同，因此，如果发明产生在不同的国家，那么就需要准备不同的操作机制和合约。这一要素在其他对创新战略的知识产权管理对策中是没有的。

也就是说，适应不同创新战略的知识产权管理内容，即便有部分重叠，也有一些独立的选项。企业需要根据自身需求的情况，探讨、选择并实施与创新战略相适应的知识产权管理方法。

与知识产权管理顺应各个企业的创新战略相同，国家的知识产权战略也需要顺应国家的创新战略。比如，在印度的草根创新就作为国家创新策略中的一个核心内容。在贫富差距巨大的印度，非常重视针对贫困者的研发活动以及推进由贫困者主导的草根创新活动，同时在企业进行技术革新时，也高度重视提高已有知识的运用能力❶。为此，2000 年印度政府所设立的国立创新财团（National Innovation Foundation）提供了 1 万件由农户或者手工艺者的草根水平创新的技术，以及有关传统知识和经验的数据库❷。在印度比较重视的知识产权政策是传统知识的保护制度❸❹，可以说这也是为了将包含传统知识在内的草根水平的创新转化为实际收入，为此所设计出来的与印度国情相适应的一种知识产权制度。为了开展全球化的知识产权管理，需要把各个地区所实施的知识产权管理与国家创新战略进行整合。为此，我们应该选择实施的知识产权管理，正如开放式知识产权管理一样，即便实现了创新，也不一定能实现商业化。无论在哪个国家、怎样的制度环境下，仍然需要与以技术垄断为目的的独占式知识产权管理进行组合。

本书的开始部分提到了企业的知识产权与收益并未挂钩的问题。在现在包含有开放因素的知识产权管理中，如果不对本书所叙述的多个参数进行控制，

---

❶ Mark A. Dutz 編，村上美智子訳（2008）『転換を迫られるインドのイノベーション政策—持続的成長のための課題』一灯舎。

❷ 对印度的草根创新有影响的舆论人士是 Indian Institute of Management 的 M. P. Gupta 教授。他成立了启发并发掘草根创新的组织 Honey Bee Networks，并构建了草根创新的数据库 The Honey Bee Database。参考文献为 M. P. Gupta (1997). *The Honey Bee Network*: *Linking - knowledge - rich Grassroots Innovations*, InDevelopment, Vol. 40, pp. 36 - 40 等。

❸ 2006 年 5 月 31 日，为了在专利申请中导入对生物资源以及相关传统知识的来源/原产地，基于实现信息的同意（PIC）证据，以及利益分配的证据的开示义务，印度和巴西提交了 TRIPS 修改文本。

❹ 「各国/地域における伝統的知識の保護制度に関する調査研究報告書」（社）日本国際知的財産保護協会，平成 21 年（2009 年）3 月。

第八章 实现多元创新收益化的知识产权管理

就不能实现收益。但是，还是有不少企业成功实现了收益。在这里，需要组织有能够实施恰当的知识产权管理，并将自身的创新与收益相结合起来的能力。其结果就归结到能够实施该知识产权管理的创新者与创业者身上，除了他们之外，没有其他主体能够将知识产权与收益以及竞争力结合起来。

第九章
创新性先进知识产权管理：
从挑战的轨迹中学习

本书观察了对知识产权使用者的管理，明确了其特征，目的就在于解析知识产权管理的内涵，使创新出成果。为此，本书尝试了各种方法——数理统计分析、案例分析来揭开它的面纱。现代的知识产权制度，无论是专利制度，还是著作权制度都有着悠久的历史，中世纪被称为像甲胄和刀剑一样的防护武器。从19世纪到20世纪前半期，贝尔、爱迪生以及日本的丰田佐吉使用了与中世纪没有太大区别的"武器"，成功开启了新事业。但是，20世纪的后半期，如本书所观察到的，企业实践中的知识产权管理开始大幅度多元化。现代的知识产权使用者极其多元地使用旧制度，使创新出成果，更是将这些成果与收益关联起来。

■ 高不确定性技术的知识产权管理

与威尼斯时代一样，用知识产权来垄断技术的知识产权管理在现代的医药品领域以及全球顶级利基市场的中小型企业身上仍然能够看到。但是，貌似单纯的技术垄断，还可以看见如日亚化学工业的事例，不仅仅只是想在现有领域中实现技术垄断，还企图进军下游产品市场。更有甚者，如以前高校的高不确定性技术是不能够成为发明专利保护的，Nils Reimers通过尝试对这类技术的知识产权保护开展了商业活动，哈佛大学和Venter博士又挑战了生物专利，现在，此类高不确定性技术的大部分都能够作为发明专利保护的对象。其结果是，现在的医药品制造商，在仅有万分之一的可能性进行产品化的高不确定性阶段就开始申请专利。此外，要求对上游的检索工具进行知识产权保护的美国生物风投、尝试运用商业模式专利的Priceline公司的Jay Walker等不断涌现。从上游的技术垄断到下游的商业模式，各种尝试方兴未艾。

我们渴望像这样能够创造、运用知识产权的组织里的高水平的知识产权管理。在高不确定性的技术被创造的瞬间，组织能够立即参与，沿着整个知识信息的流向，为管理和运用该技术，去考究知识产权管理的手段，在研发现场配置知识产权专业人员，从技术的高不确定性的阶段开始，在促进发明的制度和结构上琢磨下功夫。通过在研发现场配置知识产权管理人员，加之专利许可人员、法务人员等专业人士，由此提高整体的组织管理能力。

■ 开放性创新战略的兴起

创新战略的多样化浪潮扑面而来，特别是开放性创新战略极大地改变了知识产权管理的世界。至此，知识产权不再仅仅以专利和技术的独占为目的，而成为协同创新和合作的一部分。以知识产权为本的战略性协作也不仅为了获得必要的经营资源，更是为了获取与多个企业协作的网络平台，如智能电网风投、加入WTO前的知识产权保护水平较低的中国以及成功运用包含知识产权在内的经营资源进行战略合作的本田等，都先后通过多样化的许可灵活运用知识产权。此后，技术标准中包含专利技术、对标准必要专利的专利池进行管理等，三星等企业采取了与以往的知识产权管理完全不同的"标准技术的专利管理"。接下来就出现了围绕技术标准的专利池，巧妙地展开知识产权管理的美国高通、Rambus等公司。以半导体行业的水平分工为契机，出现了一种被称为IP供应商的业态，与此同时也出现了几家专门从事有关标准技术的知识产权许可企业。

在逐步开放化的知识产权环境中，知识产权许可也成为"开放性创新的一部分"。不只是实施许可，转让许可也非常活跃，知识产权许可的商业化愈加蓬勃。其中，还出现了被称为"专利流氓"（Patent Troll）的新型企业。从知识产权流通市场的中介商，到预防专利流氓的事业组织，开始出现有关知识产权流通领域的相关事业。此外，还出现了专利防御信托基金等为企业代行知识产权投资组合的相关企业。知识产权流通市场不仅出现在欧美，在中国也悄然出现。知识产权流通行业进入了世界性的发展期。

■ 互联网的发展所带来的变化

由于互联网的迅猛发展，软件协作开发变得更加容易，同时世界范围内兴起了自由软件运动。理查德·斯托曼（Richard Matthew Stallman）在著作权制度中，为了实现软件的自由共享与利用的著佐权（Copyleft），创建了GPL协议。这一划时代的协议许可促进了OSS（运营支撑系统）的发展，实现了创新成果落地，但将其与实际的商业联系起来的是网景（Netscape Communications Corporation）、IBM以及谷歌等企业。它们所发现的是，从商业的角度观察，知识产权共享平台本来是用于解决反公地悲剧而诞生的，但依据其所创建的研发人员社区却拥有巨大的商业化的可能性。伴随这样的社区所形成的开放性组织结构，如知识产权共享平台等，也可以扩展到其他的知识产权领域中去。

这些知识产权管理的影响力，很多已经跨越了国界。所谓知识产权管理，很大程度上是遵循所在国的知识产权制度从而进行管理，但企业以创新性联想为武器进行运作开发的知识产权管理，能够跨越国界发挥其作用。我们还看到，在美国，这种挑战性的知识产权管理，可以说已经影响到法律制度。由雷米尔斯的管理所诞生的拜杜法案，虽然挑战了基因专利，也使一部分染色体的相关技术获得了专利保护。这些可以说被看成对国家或者世界的创新所作的贡献，并且被社会认可和接纳，最后作为制度被固化。然后，目前越来越多的人认可开放式的知识产权管理可以带来技术创新，同时，人们也看到了由此所产生的制度变革。2009年8月，就任美国专利商标局局长的就是率领IBM开放式知识产权管理的大卫·卡波斯（David Kappos）。2011年，美国决定将专利法由发明优先主义改为申请优先主义，可以说是大卫·卡波斯在任期间的象征性事件。

关于这些尝试，通过将横轴设为开放性，竖轴设为对象技术的确定性的四个象限，就能够理解其特征。图9-1的左下方的区域为从威尼斯时代开始就进行的知识产权管理，即给予成熟技术以垄断性保护。左上的区域是对企业的基础技术、大学技术或者染色体本身以及研究方法等不确定性较高的技术的垄断性保护的知识产权管理。现在，大学的TLO、医药品制造商、高科技的新创企业等都在实施此类的知识产权管理。右下的区域相对应的是创业企业拥有的

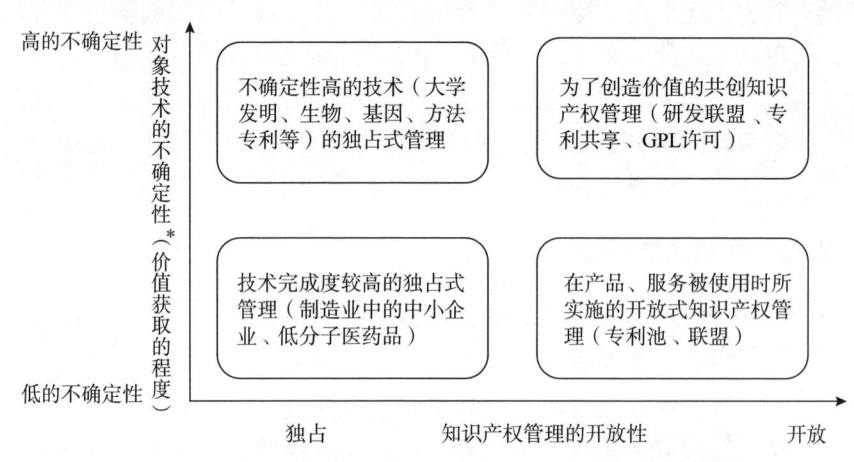

图9-1 传统的知识产权管理与新的知识产权管理的开拓领域

*交易进行时的不确定性。

第九章 创新性先进知识产权管理：从挑战的轨迹中学习

成熟技术的专利许可、拥有成熟技术的企业间的联盟以及标准技术的专利池等。可以说成是在开放式创新中，对价值获取相近的领域作出贡献的知识产权管理。然后，右上的区域相对应的是研发联盟的知识产权管理或者开源软件、专利共享平台等。在这个领域中实施知识产权管理的企业应该意识到，与独自研发相比，这种共享平台式研发效率更高、成本更低。

由此，知识产权管理领域的扩大，可以说是本书所介绍的尝试各种知识产权管理的创新人员挑战的成果。

■ **创新人员与创业者的知识产权管理**

从威尼斯时代开始持续的以独占性技术垄断为目的的知识产权管理，好像与开放式知识产权管理是完全不同的方向。但这种反方向的挑战，其中任何一个都是由创新所引发的。这些知识产权管理与创新相结合，得到了社会的认可和接纳，同时也影响着制度的变革，反之亦然。在本书中介绍到的各种尝试中，所谓"专利流氓"的企业运作方式虽然作为商业模式来讲是"不错"的，但这不是创新所需要的商业模式。如果不能够实际证实其与创新的关系，不能够获得社会的认可，即便这种方式不违法，但其存在也只能是对社会的负面影响，没有任何意义。

如图8-3所示，知识产权管理的作用主要在于计划技术创新并予以实施，以及计划技术创新的收益并予以实施。其中前者是创新的作用，后者是创业者的作用。创新者与创业者在知识产权方面的两个功能与作用，在独占性的知识产权管理中，实际上是重复的。但是，在开放式知识产权管理中，必须要区别对待技术创新和技术创新的收益化，前者由创新者主导，而后者则由创业者来主导完成。本书事例中所介绍的前沿知识产权用户，其中大部分是该两者中的其中一种，并非两方面都能实现。大部分的创新者都希望商业能够成功，而大部分的创业者也渴望技术创新。但是，至少从知识产权管理的角度来看，如表8-1所示，这两者并非总是相伴相随。

■ **日本的知识产权管理课题**

这些前沿的知识产权用户，以前大部分是美国的企业或者在美国活动的个人。有关日本的知识产权管理案例，是威尼斯时代以来的知识产权管理与高度融合的技术相适应的企业案例，日本企业在这方面的确取得了巨大的成功。最近，如第六章第四部分中所述的日本知财协会所主导的 WIPO Green 的案例，日本企业对全球化开放式的战略选择的尝试也在逐渐增加。但是，可以肯定的是，开放式知识产权管理在日本没有大范围的出现，这也是造成日本企业竞争力低下的其中一个重要原因。其结局是，尽管进入知识社会，知识产权部门根据自我的知识产权管理，还是不能够为企业的竞争力与收益作出贡献。其他，有些企业即便是搭上其他企业的开放式知识产权管理模式的便车，但自身仍然没有对创新性知识产权管理产生主导性❶。这些事情也在影响着日本知识产权制度。经常有评价说日本制度是权利人难以利用的制度。我们认为，这是因为日本的企业与大学等组织没有挑战性地对独创的知识产权管理进行尝试所导致的。也就是说，最终知识产权是为了创新者而存在的。美国前沿的知识产权用户大多是新创人员或者大学研究人员，这并不是偶然。美国大学的新创企业中，与谷歌的 Street View Services 例子一样，很多是对现存制度的挑战❷。创业家精神中所赋有的"利用变化的创新者"❸，使其最大限度地去利用知识产权制度的历史，产生了大量的创新，推动了商业模式的成功。在制度中融入创新者能利用的选择，这不正是美国知识产权制度的核心所在吗？

相反，只要没有创新人员成为日本的知识产权制度的前沿使用者，那么日本的知识产权制度也只能停滞不前。今后，新的创新者如何使用知识产权进行革新，将决定知识产权制度的未来。并不是说，日本完全没有产生创新者的可能性，但是，本书中所述的挑战性尝试，可能会打破一切旧体制中的秩序，并使其成为敌人❹。即便有一些具有挑战性的日本知识产权用户，要战胜这些问题，其难度也是可想而知的。但是如本书中所介绍的一样，仍然有很多企业和组织将知识产权与创新结合起来，并为商业作出贡献。

在本书开始的时候提到了知识产权经理谈到关于知识产权是否对企业有用的烦恼时，如上所述我们明确了并不是"知识产权没有起作用"，而是"没有用好知识产权"，没有建立起相应的创新战略和商业模式。其结果是，创新人

---

❶ 实际上，在经济泡沫破灭后的日本产业，1995 年的海外生产量超过了出口量，出口量在进入 2000 年后急速增加，由于在出口方面是针对东亚的产业输出，尽管失去了耐久消费品的市场，但由于新兴国家市场的扩大，分工结构中也实现了产业输出的增长（新宅純二郎（2010）「グローバリゼーションにおける日本企業のものづくり戦略」『NIRA 制作レビュー』第 47 号 7 月，pp. 4 – 6.）。从日本的产业整体来看待这一构图，可以说与英特尔的海外开放式创新相类似。这不是每个企业战略性对策的结果，而是日本产业的特点所导致的一个结果。这里讨论的是各企业是否能够计划、管理并实现这样的结果。

❷ 三宅伸悟（2011）『Googleの脳みそ』日本経済新聞出版社。

❸ P. E. ドラッカー、上田淳生訳『イノベーションと企業家精神』ダイヤモンド社。

❹ 引用了马基雅维利的君主论："创新是与所有的旧体制为敌，只能够勉强获得一些在新体制下得以繁荣的群体的不太关心的支持。他们的支持之所以是不太关心的，一部分原因是有些惶恐，还有一部分原因是对创新人员整体的不信任度较高，对那些只是通过经验为试验证实的新事物本身是不信任的。"讨论了人们对于网络创新上的反映。本书讨论的是知识产权制度的变革中应该能够得以繁荣的创新人员，所以也可以运用同样的比喻。

第九章 创新性先进知识产权管理：从挑战的轨迹中学习

员并不考虑如何在未来生活，而只是想如过去一样被滋养着，在这里，让知识产权发挥作用的创新人员没有足够的挑战❶。

日本的知识产权制度也期待创新者，制度也应该顺势而为。知识产权只有在能够利用变化，拥有创业家精神的人手里才能开始创新，并使其产生收益。然后，需要企业的知识产权部门又从知识产权的立场，为了对新的创新作出贡献，自己作为创新者继续前行。这里并没有明确划分管理知识产权的部门，而是希望知识产权部门自己去寻求并发挥向往变化利用变化的作用。

---

❶ P. E. ドラッカーに『イノベーションと企业家精神』（ダイヤモンド社）中提道，受到"昨日吃饱而明日使其饥肠辘辘的诱惑"，因此创新的成功需要特别努力。

附 录
主要的分析概要

分析 1　关于大学知识产权管理与企业共同研究的问卷调查以及专利数据分析[1]

娇鹏、渡部俊也

日本的 86 所国立大学中,在 2007 年从事自然科学、工学领域研究的研究人员分别从属于 69 所大学,我们分析了 2005~2007 年三年期间的共同研究数据。通过文部科学省的问卷调查,对上述数据进行了收集,为了观察大学所规定的产学合作以及与知识产权相关政策的影响,了解了每个大学具体制定了什么样的政策以及政策的数量等信息。在大学所制定的政策中,有一些不同的特征。如有一些政策是针对职务发明制度以及试验研究方法专利等与知识产权相关的项目,或者有一些则是规定与产学合作的一般性的促进方针有关的政策。通过 t 检测在两大类的变量中对共同研究产生影响的变量进行抽取,然后用于后续分析。后续分析中,与知识产权相关的政策制度(IP Policy)以及产学合作相关的政策制度(General Collaboration Policy)对大企业与中小企业的共同研究的影响进行了多重回归分析。附表 1 为 2005 年与大企业的共同研究,附表 2 是与中小企业的共同研究,附表 3 与附表 4 是 2006 年分别与大企业、中小企业的研究数据,附表 5 与附表 6 则是 2007 年分别与大企业、中小企业的研究数据。

---

[1] 娇鹏,渡部俊也(2008)「国立大学の共同研究と受託研究に対する知的財産管理の影響」日本知財学会第 6 回年次学術研究発表会予稿集,pp. 640 - 643。T. Watanabe and T. Jiao (2008). Effect of Patent Management on Contract Researches of Universities in Japan, International Association of Management of Technology (IAMOT), CD Proceedings, Dubai International Convention and Exhibition Centre on April 6th - 10th。

T. Watanabe and J. Peng (2009). The Influence of University's IP Management on Industry – funded Collaborative Research after Privatization of Japanese National University:FY2005 - 2007, The Fourth European Conference on Management of Technology, Sep. 7th - 8th, Glasgow, Scotland.

附录　主要的分析概要

附表1　2005年关于与大企业共同研究件数的分析

变量	解释变量			
大学的规模	0.337 **	0.335 **	0.333 **	0.342 **
单独专利申请	0.639 **	0.630 **	0.632 **	0.643 **
咨询件数	-0.14			
产学合作政策	0.021	0.021		
知识产权政策	0.04	0.042	0.048	
调整后的决定系数 R^2	0.856	0.856	0.856	0.854

注：N=69，$^*p<0.05$，$^{**}p<0.01$。

附表2　2005年关于与中小企业共同研究件数的分析

变量	解释变量			
大学的规模	0.22	0.245 **	0.246 **	0.362 **
单独专利申请	0.068			
咨询件数	0.143	0.179	0.179	
产学合作政策	0.055	0.059		
知识产权政策	0.271 *	0.278 *	0.278 **	0.292 **
调整后的决定系数 R^2	0.256	0.266	0.274	0.266

注：N=69，$^*p<0.05$，$^{**}p<0.01$。

附表3　2006年关于与大企业共同研究件数的分析

变量	解释变量		
大学的规模	0.484 **	0.486 **	0.479 **
单独专利申请	0.366 **	0.367 **	0.405 **
咨询件数	0.138	0.138	0.134
产学合作政策	0.055	0.058	
知识产权政策	0.012		
调整后的决定系数 R^2	0.826	0.815	0.815

注：N=69，$^*p<0.05$，$^{**}p<0.01$。

附表4　2006年关于与中小企业共同研究件数的分析

变量	解释变量			
大学的规模	0.379 *	0.383 *	0.517 **	0.480 **
单独专利申请	0.047	0.03	-0.058	

续表

变量	解释变量			
咨询件数	0.039	0.041		
产学合作政策	-0.026			
知识产权政策	0.361**	0.358*	0.330**	0.313**
调整后的决定系数 R^2	0.36	0.369	0.379	0.387

注：N=69，*p<0.05，**p<0.01。

附表5　2007年关于与大企业共同研究件数的分析

变量	解释变量	
大学的规模	0.451**	0.450**
单独专利申请	0.373**	0.369**
咨询件数	0.145*	0.147*
产学合作政策	0.107	0.105
知识产权政策	-0.009	
调整后的决定系数 R^2	0.851	0.851

注：N=69，*p<0.05，**p<0.01。

附表6　2007年关于与中小企业共同研究件数的分析

变量	解释变量			
大学的规模	0.409**	0.411**	0.479**	0.521**
单独专利申请	0.05			
咨询件数	0.13	0.13		
产学合作政策	0.127	0.128	0.163	
知识产权政策	0.216	0.217	0.192	0.248**
调整后的决定系数 R^2	0.429	0.438	0.436	0.425

注：N=69，*p<0.05，**p<0.01。

由获得的与知识产权相关的政策制度（IP Policy）以及产学合作相关的政策制度（General Collaboration Policy）对共同研究产生的影响中可以得到其偏相关系数的变化。大企业的分析结果中，除了大学规模（教师数量）外，只有知识产权资源的丰富程度（单独专利申请数量）是显著的，有关知识产权管理的变量与共同研究的数量之间的关系没有呈现出显著性。另外，有关中小企业的分析结果，除了大学规模（教师数量）外，反而只有知识产权管理的变量与共同研究的数量之间是显著的。3年的数据都显示代表知识产权管理的变量（知识产权相关的政策和制度的数量）与大企业的共同研究没有显著的相关关系,但是与中小企业的共同研究则有显著正相关关系。

从这一结果可以看出,与大企业的共同研究数量的增加是来自于大学知识产权管理以外的因素。在将与大企业的共同研究数量作为因变量的回归分析中,通观3年数据,每年都显示与知识产权资源的丰富程度(单独专利申请数量)的关系是显著的,此外的变量除了大学规模(教师数量)外,有关产学合作的柔韧性(兼职咨询的数量)也呈现相对比较显著的关系。从这些结果显示大企业的产学合作值得关注,可以想象这些大企业在知识产权资源丰富的大学中,主动提出共同研究的邀请,从而使产学共同研究盛行起来。也就是说,这一效果不是由大学方的贡献所导致的。

另外,与中小企业的共同研究中,除了大学规模(教师数量)外,呈显著关系的只有知识产权相关政策与制度的数量,所以可以知道知识产权管理的充实在对中小企业的共同研究中起到了积极的推动作用。

本来,大企业就具有信息探索能力,可以掌握在哪个地方、哪所大学正在进行本公司的关联研究等信息,即便不需要大学出手,企业也可以根据其需要开展共同研究。同时,研究经费也比中小企业更充足一些。重视产学合作的政策以及受到其效果的启发,大企业积极推进了自己公司所需要的共同研发活动。这时候,以设置允许教师兼职做咨询师等政策制度为代表,对待产学合作更灵活的大学,对于大企业来讲更容易进行共同研究。但是,对大企业来讲,研究成果的处理,共同申请专利的不实施补偿代价等知识产权管理,不一定都是受欢迎的。这一点可以想象,大学知识产权管理的充实程度与大企业共同研究的"难以操作程度"也是相关联的。另外,由于中小企业缺乏大企业那样的信息探索能力,在达成共同研究方面,来自大学的主动接触就更为重要。而且,中小企业与大企业相比,能够提供给大学的研究经费并不充足。关于这一点,从重视知识产权的方针上看,初期的共同研究经费虽然少,但在期待研究成果的未来的知识产权许可费方面,大学的知识产权相关人员以及 TLO 可以从事市场化运作。这一点可以认为是大学与中小企业共同研究数量增长的原因。

分析2 设计创作组织对外观设计绩效的影响[1]
岩下杰、渡部俊也

为了获得设计创作活动中的相关信息,使用了有关手机的外观设计专利数

---

[1] 渡部俊也,岩下杰(2010)「デザイン創作者の多様性と協働頻度がデザインに及ばす影響—意匠公報を用いた実証分析—」渡部研究室主持的创新的知识产权管理公开课程,霞が籍ナレッジスクエア,3月5日。

据。选择手机的理由是，企业强烈认识到外观差异化的因素，而且手机领域是一个设计创作活动比较旺盛的领域。具体从日本专利数据服务公司那里下载了2000年1月到2009年所发行的外观设计公告的数据。从这些数据中抽出了日本外观设计专利分类H743、H7725以及日本旧的外观设计专利分类H330的数据。从出现频率以及手机市场占有率的排序，选择了其中最高的9家企业作为研究对象。虽然其中也包括有集团公司和其子公司的外观设计专利数据，将这些与其母公司的外观设计专利数据进行了统合。然后用特许厅的IPDL完善了参考文献信息和创作人的地址信息等。最后将一部分外观设计专利以及相关的数据取出后，确定了1153件分析对象。作为解释变量制作了以下变量。

Intradivisional Knowledge Diversity：同一产品中有可能涉及多个外观设计，如果在这一产品上有多个设计人员互动的经验，那么就会对产品增加相应多样的见解。这里，将团队中有关手机的互动经验人数作为Intradivisional Knowledge Diversity的代理变量。

Interdivisional Knowledge Diversity：2000年至2009年的外观设计公告上的所有外观设计专利数据中，抽取出每个外观设计专利的截止申请日的包含有各个外观设计创作者的外观设计专利数量，将这个外观设计专利数量用N来代表。抽取的外观设计数据上所记载的日本外观设计分类占外观设计专利的比例用P_i来代表，这样，Interdivisional Knowledge Diversity（IDKD）就可以用以下公式进行定义：

$$IDKD = 1 - HHI = 1 - \sum_i^n P_i^2$$

Extraorganization Knowledge：从外观设计专利设计人的地址上，判断该设计人是不是自由设计人，然后据此对Extraorganization Knowledge用（1，0）进行定义。

Communication：团队成员i在创作外观设计之前所创作的手机外观设计专利数量用K_i来表示，i与团队成员j共同创作的手机外观设计专利的次数则由K_{ij}表示，团队人数用n表示。这时，Communication变量用以下公式进行定义：

$$Communication = \frac{2}{2n(n-1)} \sum_i^n \sum_j^n \frac{k_{ij}}{k_i}$$

将团队规模、成员在职期间的变动系数、平均在职期间、国际的多样性、企业仿真作为控制变量。关于表示外观设计绩效的变量，有外观设计后向引用（Backward Citation，BC）、公司的前向自引（Self Forward Citation，SFC），如果前向引用中有自己公司和其他公司，则用Innovation Design进行表示。该变量与外观设计的排名相关度较高，因此将其作为外观设计绩效的代理变量是恰当的。通过 logistic 回归分析，分析对各个变量产生的影响。附表 7 是其分析结果。表中的数字表示的是倍率。从 Interdivisional 以及 Intradivisional 等显著的正相关关系可以看出，闭门造车的设计活动难以实现创新性创作，而对自由创作者的起用以及在部门内外部的适当经验，可以为创新性外观设计作出贡献。

附表 7 手机电话外观设计绩效的回归分析

变量	创意外观设计	
	模型 1	模型 2
Interdivisional		1.546***
Intradivisional		0.761***
Extraorganizational		2.116*
创作人员数	0.827**	0.778**
Tenure	0.987***	0.980***
在职期间的变动系数	1.562	1.496
国籍仿真	2.190	1.230
创作人员仿真	0.757	0.926
Firm Dummy	included	Included
常数	0.00***	0.00***
Cox – Snell R^2	0.043	0.061

注：N = 1153，*$p < 0.1$，**$p < 0.05$，***$p < 0.01$。

分析 3　大学衍生企业周边网络对绩效的影响效果[1]
平井裕理、渡部俊也

本文使用经济产业省的共同研究中所进行的问卷调查（东京大学，经济产业省，2011）的数据进行了分析。在 2008 年度末时正在进行商业活动的大学衍生企业 1809 家企业中，抽出已获得邮件通信地址的 1352 家大学衍生企业，以电子邮件的方式向这些企业发送了问卷。回答时间从 2010 年 3 ~ 5 月，一共收到 205 家企业的回复。回收率为 15.2%。

作为绩效变量，运用的是正式员工数对数作为生存指标、销售额对数作为财务业绩指标，并对其进行了标准化后相加的变量（表示为"正式员工数 + 销售额"）。

解释变量，首先针对大学衍生企业的实质性管理/运营者提出了"为了获

---

[1] Yuri Hirai, Toshiya Watanabe, and Atsushi Inuzuka (2011). "Empirical Analysis of the Effect of Japanese University Spinoffs' Social Networks on Their Performance," 2011 Proceeding of Picmet' 11: Technology Management in The Energy – Smart World.

得有关贵公司经营的知识,请列举5位您所依赖的公司外部的最重要人物(顾问)"的问题。回答者在进一步回答中勾选是否相识,从而获得了顾问之间是否认识的信息。

这时,非冗长性(Nonredundancy)用以下的公式进行计算:

Nonredundancy = (Potential Ties − Actual Ties) /Number of Advisors;

Potential Ties 是理论上存在的顾问之间的纽带总数,也就是说 $n(n-1)/2$(这里的 n 代表了顾问的人数)(取 0 ~ 10 的值);

Actual Ties 是实际顾问之间存在的纽带数量(取 0 ~ 10 的值);

Number of advisors 是回答者所提到的顾问数量(取 0 ~ 10 的值)。

比如,回答者举了5位顾问,Number of Advisors 就是5,Potential Ties 为 $5(5-1)/2 = 10$。回答者所提到的5位顾问之间存在三个纽带的时候,Nonredundancy 为 $(10-3)/5 = 1.4$。这样,Nonredundancy 就取 0 ~ 2 的值,值低的时候表示较低的非冗长性,而较高的时候表示较高的非冗长性。

关于商业上纽带的强度,针对回答者提出了"顾问与您之间的工作上的关系有多紧密"的问题。回答选项中将"相互保持一定距离,仅仅只是知识交换的联系,非常远的关系"作为1,"事实上与在同一公司一起工作一样,非常紧密的关系"为7,为七级评分法,取用其平均值。

私交上纽带的强度,针对回答者提出了"顾问与您之间,在工作以外的私人时间内会联系和见面吗"的问题。回答选项中"经常有"为1,"完全没有"为5,为五级评分法,取其平均值。

附表8表示的是,当被解释变量为"正式员工数+销售额"的时候,进行多重回归分析的结果。Nonredundancy 与正式员工数+销售额 $p < 0.01$,或者 $p < 0.05$,为显著正相关关系。商业上纽带的强度以及私交上纽带的强度,只有在去除之间的相互作用的项目后的效果的模型中,虽然对被解释变量没有显著影响,但商业上纽带的强度×私交上纽带的强度,与正式员工数+销售额 $p < 0.01$ 呈显著的正相关关系。

附表8 关于对社会网络绩效(正式员工数量+销售额)的影响的重回归分析的结果

非冗长性	0.605**	0.638***
商业纽带的强度		0.072
私交纽带的强度		0.024
商业纽带的强度×私交纽带的强度		0.334*
企业形态	−0.723	−0.743
企业年数	0.254***	0.262***

续表

生物仿真	0.309	0.284
IT 仿真	0.628	0.602
最终产品仿真	-0.613	-0.572
零部件/中间产品仿真	-0.233	-0.190
服务/咨询仿真	-0.271	-0.113
事业阶段	0.310***	0.257**
销售目标	-0.882**	-1.054***
VC 总投资额	0.002***	0.002***
意识决定责任人创业经验	0.454	0.377
顾问人数	-0.337**	-0.382**
R^2 乘	0.656	0.679
调整后的 R^2 乘	0.575	0.581
N	69	69

注：*** $p<0.01$，** $p<0.05$，* $p<0.1$。

该结果显示，在大学衍生企业中，为了获得有关公司经营的建议，与公司外部网络中的非冗长性越高，其业绩越好。也就是说，企业通过拥有的分散性网络，能够与多位顾问进行链接，最后达成信息的多样化。反之，如果是顾问之间相互有关联的网络中，由于其拥有同一的信息源，所以信息被重复提供。这样，拥有分散性网络的创业企业能够获得大量的多样信息，可以从多个互相隔离的群体中获得信息，将这些信息和建议进行融合，从而获得创新性的想法与思路。

此外，本分析对于纽带的强度，只分析了其在商业和私交上的强度对于业绩的影响，没有分析相互作用的关系。商业上纽带的强度会深化顾问对大学衍生企业的观察，在提供细致的高品质的知识上，是非常重要的，但只是工作上的频繁交流，不一定会建构起基于善意的信赖和情感上关联的支持性关系。

相反，私交上的纽带强度，会加深与顾问之间的信任关系，促进顾问提供有益的信息和知识，但仅凭此，由于顾问无法获得大学衍生企业的专业知识和商业上的详细信息，所以有可能无法提供有效的建议。由此，大学衍生企业为了获得经营中的建议，在公司外部网络中，重要的不是与某个顾问仅建立商业上的纽带，或者仅建立私人关系上的纽带，而是在商业和私人关系两方面都要平衡纽带的强度。

分析4　专利有效性的推定[1]

渡部俊也、永田健太郎

2000年1月1日到2006年12月31日期间东京高等法院作出的行政诉讼判决中，收集了以专利异议申请和无效审查为原审的共计710件案例。然后利用日本特许厅提供的专利电子图书馆（IPDL），收集了与样本数据相对应的专利申请资料以及与申请过程有关的数据。具体地说，通过行政诉讼中有效性有争议的专利号码，查找并收集了该专利的权利要求范围和专利说明书等资料数据，以及授权之前显示该专利申请接收到拒绝理由通知的次数以及提出意见书的次数等内容的申请过程数据。关于这些数据，通过把法院的有效或无效结论作为因变量进行回归分析，从而得到附表9。

有趣的是，其结果显示与 Effects 也就是说效果文字（比如可能、有用等）的出现次数、Kind_IPC（技术分类数）、Priority（主张优先权的次数），以及 Inter_ref.（外国专利文献的引用数）为显著的正相关关系。另外，与 Nonpat_ref（非专利文献引用数）呈显著的负相关关系。这也可以解释为日本特许厅在外国文献服务能力上的局限性。

另外这一回归推算中，尝试将本文中说明过的商用专利评分（Patent Result公司）也作为其中的独立变量。这一评分仍然是依据专利说明书以及审查经过等信息的定量指标所算出的，与实际企业的知识产权价值评估作了对比，与企业所评估的价值具有对应性关系。在这个意义上，考虑到也可以用作为代替专利价值的特征，所以将评分作为了变量。有意思的是，在该变量放入后的回归分析中，专利评分相对于专利的质量，有显著的负相关关系。也就是意味着专利的价值与专利的质量两者含有相反的要素。

附表9　专利有效性的推算（逻辑回归分析）

	模型（Model）	1	2	3	4	5	6
因变量（Dependent Variables）	效果文字（Effect）	0.008**	0.007*	0.009**		0.007*	0.007*
	技术分类的数量（Kind_IPC）	-0.153	-0.157*	-0.140		-0.158*	-0.111
	主张优先权的次数（Priority）	0.628***	0.618***	0.741***	0.734***	0.657***	0.624***

---

[1] K. Nagata, M. Shima, N. Ono, T. Kuboyama, and T. Watanabe (2008). Empirical Analysis of Japan Patent Quality, International Association of Management of Technology, CD Proceedings, Dubai International Convention and Exhibition Centre On April 6th – 10th.

续表

	模型（Model）	1	2	3	4	5	6
因变量 (Dependent Variables)	外国专利文献的引用次数（Inter_ref）	0.361*	0.353	0.378*	0.436**	0.355*	0.339*
	非专利文献引用数（Nonpat_ref）	-0.778**	-0.781**	-0.713*	-0.802**	-0.730*	-0.738*
	分案申请数（Division）	-0.491*	-0.411	-0.334	-0.388		
	驳回次数（Rejection）	0.104	0.104	0.050	0.092		
	修改书的提出次数（Amendment）	0.019	0.016	0.047	0.016		
	面试审查的次数（Interview）	0.029	0.000	0.056	0.017		
	阅览请求的次数（Inspection）	0.015	0.013	0.023	0.011		
	先行引用（Forward citation）	-0.007		-0.007			
	专利得分（Patent score）			-0.032**			
控制变量 (Control Variables)	A	-0.130	-0.089	-0.179	-0.063	-0.106	
	B	-0.130	-0.081	-0.100	-0.132	-0.055	
	C	-0.473	-0.453	-0.497	-0.575	-0.419	
	D	-0.421	-0.349	-0.486	-0.501	-0.315	
	E	-1.098**	-1.049**	-1.069**	-1.035**	-1.008**	
	F	-0.702	-.651.238	-0.485	-0.614	-0.657	
	G	-0.573	-.545.130	-0.552	-0.573	-0.525	
	Issue argued W	1.261***	1.244***	1.159***	1.174***	1.324***	
常量（Const）		-1.406	-1.467	0.680	-1.530	-1.332	-1.572
Negelkerke R^2		0.117	0.115	0.131	0.103	0.107	0.061

注：*** $p<0.01$，** $p<0.05$，* $p<0.1$。

分析5　专利的质量与价值之间的关系[1]
渡部俊也、永田健太郎

为了更详细分析专利质量跟专利价值之间的关系，除去二值变量后对主变量进行了主成分分析，再用这个结果再度进行了回归推算。根据主成分分析的结果，如附表10所示的6个抽出成分。成分1可以解释为说明书详细并且利用优先权制度的内容充实的申请，这种申请很容易通过审查，因而将其称为"优等生"的申请模式；成分2为注重引用外国专利文献但说明书内容平庸的申请，这种申请的审查期间较长而且有可能出现各种问题，因而将其称为接受"慎重审查"的申请模式；成分3的专利说明书内容匮乏，但权利请求的记载文字不多的申请，这种申请由于在挑战宽广的权利范围，因而称为"挑战性"申请模式；成分4为专利说明书的内容单薄，但有很多参考文献，而且调查充实，权利要求的范围也稍显精简的申请，因而称为"调查充实（但内容单薄）"的申请模式；成分5为引用文献不多，但权利要求精简的申请，称为"精简权利要求"的申请模式；成分6为引用很少，也几乎没有利用优先权制度，也许当初很可能不是很重要的申请，称为"贫弱"的申请模式。

附表10　关于专利说明书以及审查过程信息的特征主成分分析

	成分					
	1	2	3	4	5	6
申请时的权利要求数量	0.714	0.038	-0.086	-0.241	-0.159	0.306
授权时的从属权利要求数量	0.797	0.150	-0.037	-0.145	-0.120	0.181
权利要求范围的数量（授权时）	0.600	0.086	-0.029	-0.279	-0.207	0.245
权利要求1的字数	0.233	0.176	-0.083	0.283	0.705	-0.038
在先技术的文字数	0.275	0.126	0.799	-0.166	0.155	-0.081
说明书整体占比	0.313	0.056	-0.805	0.246	0.009	-0.143
申请到授权的天数	-0.386	0.896	-0.087	-0.140	-0.027	0.130
申请到提出实质审查请求的天数	-0.317	0.804	-0.166	-0.268	-0.219	-0.230
审查时间	-0.203	0.344	0.130	0.212	0.354	0.700
说明书页数	0.580	0.264	-0.263	0.116	0.225	-0.120

---

[1]　渡部俊也（2009）「特許の質の評価」『情報管理』第52巻第5巻，pp. 304 – 307。渡部俊也（2009）講演，公开座谈会以及提案"イノベーションにおける競争と協調―次世代の特許制度を考える―"中的部分，「イノベーション戦略の変遷と知的財産制度」东京大学政策蓝图研究中心，京都大学共同举办。T. Watanabe（2009）"Change of Innovation Strategy and Patent System" in Symposium on National Innovation System Competition and Cooperation: The Patent System in Next Generation, at Kyoto University, Japan, July, 11.

续表

	成分					
	1	2	3	4	5	6
审查员引用外文专利文献数	0.172	0.263	0.183	0.663	-0.245	-0.166
审查员引用非专利文献数	0.056	0.130	0.239	0.625	-0.457	0.192
申请人在说明书中记载的外文专利文献数	0.299	0.308	0.338	-0.067	0.120	-0.445
主张优先权数量	0.609	0.132	0.175	0.109	0.030	-0.155

注：因子提取方法：主成分分析。

附表11表示的是这些主成分与专利质量的回归分析以及专利评分之间的相关系数。这里可以从中获得的解释性信息是：①通过充分调查，说明书也详细的"优等生"专利申请的价值与质量都会产生正面影响；②"贫弱"且当初被认为是不重要的专利申请，当然价值和质量都会产生负面影响；③内容平凡审查官慎重审查的专利的"慎重审查"模式，权利人慎重缩小权利范围的"精简权利要求"模式，对专利的质量虽然有贡献，但对于专利价值来讲是负面的影响；④挑战性的权利要求获得授权的专利"挑战"模式，对专利的价值有贡献但对专利的质量没有贡献。

附表11 提取成分与专利有效性以及专利价值的关系

	成分					
	1	2	3	4	5	6
IP评分	0.231**	-0.114**	0.088*	0.065	-0.084*	-0.120**
有效性	0.448**	0.163**	0.036	0.048	0.168**	-0.189**

注：** $p<0.05$，* $p<0.1$。

分析6 关于大学技术转移组织（TLO）的技术转移收入的组织因素分析[1]

渡部俊也 等

2003年针对日本国内所有的40个TLO组织发放了问卷调查表，从40个

---

[1] S. Yoneyama, D. Senoo, and T. Watanabe (2010) "Marketing of Technological Knowledge: An Empirical Analysis of Licensing Activities of University TLOs in Japan", *International Journal of Technology Marketing*, Vol. 5, No. 2, pp. 127-144. 另外，T. Watanabe, S. Yoneyama, D. Senoo, and M. Fukushima (2006) "Different Models of University Industry Technology Transfer", *International Association of Management of Technology*, CD Proceedings, Tsinghua University, School of Economics and Management at Tsinghua University, Beijing, China, May 22-26. 等。

组织处获得回答。这个时间点还是国立大学法人化改革之前，TLO 主要管理大学研究者的个人归属专利。但是即便说权利归属于个人，大学研究人员并没有对专利进行管理，TLO 作为代理人从专利申请开始介入进行了管理。从这个意义上讲，相当于现在的知识产权本部。

分析所用的数据是问卷调查中的 53 个项目、160 个变量，将每年度许可收入作为业绩指标。在这一问卷调查数据之上，加上一些基本数据进行了分析。附表 12 是将市场的重视度、业务时间的平衡、对被许可者的个人网络、早期的目标决策、为技术可视化所做的努力作为解释变量，将大学规模和 TLO 营业期间作为控制变量进行回归分析的结果。其中显示，对于大学技术转移机构来说，能够平衡地进行市场、法务、战略性分析这些活动（Balance of Allocating Time，这种时候为平衡破坏所增加的变量，是显著的负相关关系），会对整体的许可费收入带来效果。本文中所显示的业务平衡中，尽管相比法律业务以及对对手企业的分析而言，对市场分析等市场活动更为重要，但其中每一个要素都是必要的，如果没有实现平衡，绩效就比较低。

附表 12 影响大学技术转移机构绩效的组织性因素

	模型	1	2	3	4	5	6
解释变量	重视市场（Emphasis on Marketing）	-1.26	-1.28	-1.31	-1.30	-1.26	-1.14
	业务时间平衡（Balance of allocating time）	-1.72*	-1.80*	-1.78*	-1.97*	-1.65	-1.83*
	与研究人员的网络（Personal network for licensee）	-1.51	-1.57	-1.63	-1.15	-1.13	-1.19
	早期目标的确定（Targeting in early stage）	0.14			-0.32	0.84	
	可视化活动（Activity for visualizing）	0.72	0.77		0.31	1.24	1.52
控制变量	大学规模	2.11**	2.33**	2.76***	3.63***		
	TLO 的年龄	1.74*	1.80**	1.66		3.35***	3.30***
	常数	0.52	0.57	1.21	1.19	0.08	0.17
	调整后的决定系数 R^2	0.41	0.43	0.44	0.36	0.33	0.34

注：*** $p<0.01$，** $p<0.05$，* $p<0.1$。

另外，这种时候，要进行怎样的市场活动才会有效？关于这一点，这个分析并没有明示，对技术可视化的努力的多重回归分析中显示虽然不是显著的，但呈现出正相关的关系，所以技术可视化等努力可能是有效的。

分析 7　中国专利许可的分析❶
渡部俊也、李圣浩

有关中国专利许可，将 2009 年在中国国家知识产权局备案的许可协议、权利的种类（发明专利、实用新型、外观设计）以及许可方的性质（个人、大学、中国企业、外国企业），根据申请年份，独占许可、排他许可、普通许可比例的变化程度，求其平均值差，这时通过平均值为 X^2 检测（有关权利的种类与许可的性质的交叉和），另外通过了 t 检测（附表 13）。

附表 13　中国专利许可合约条件与申请年、权利种类、许可方之间的关系

申请年	类型			许可方			
	发明许可	实用新型	外观设计	个人	大学	中国企业	外国企业
独占许可	2.2**	-0.10**	0.09**	-0.01*	0.07**	0.04**	0.01*	-0.72**
排他许可	0.1	0.32**	-0.78**	0.37*	-0.75**	0.22**	0.50**	-5.53**
普通许可	-2.7**	0.76**	-3.43**	-0.02**	-2.17**	-2.46**	-0.70**	0.94**

注：**$p<0.05$，*$p<0.1$。

比如，申请年这一列在独占许可这一行中所记载的 2.2 这个值，是指通过独占许可交易所获得专利的申请要早 2.2 年。另外，Types of Patent 的 Exclusive 的值为 -0.1，是指通过独占许可所交易的专利中，发明专利的频率为 0.87，减去发明专利以外的外观设计以及实用新型的频率（0.96），再除以 0.87 所得的值。以下的所记载的各个项目都是通过同样的计算所得到的值进行检测后所得到的结果（具有显著性）。

总的来说，越是最近的申请，独占许可（1% 显著性）比例越高；越是过去的申请，普通许可（1% 显著性）的比例越高。此外，有关权利的种类，独占许可中，实用新型较多（1% 显著性），普通许可的发明专利更多（1% 显著性），排他性许可中则外观设计专利更多（5% 显著性），发明专利（1% 显著性）的比例更多。另外，有关许可方是个人性质还是企业性质，独占许可中个人与大学的比例较高（1% 显著性），排他许可中大学与中国企业的比例较高（1% 的显著性），普通许可中外国企业的比率较高（1% 显著性）。

根据中国的许可数据逐渐明确，2009 年开始独占许可急速增长，是受到

---

❶　渡部俊也、李聖浩（2011）「中国の専利ライセンス契約の分析」日本知財学会第 9 回年次学術大会予稿集。

高新科技企业认定政策的强烈影响，这一影响较显著地体现在个人归属的实用新型专利的交易上。没有受到这一影响的排他许可主要是因为大学与中国企业的发明专利与外观设计专利的交易，而同样没有受到影响的普通许可主要是因为外国企业的发明专利交易。

本文中显示的中国专利许可增长的 90% 都是独占许可。而且，独占许可中，由个人和大学申请的实用新型占比较大。这是政策性诱导的结果，属于高新科技企业认定制度的适用对象。在进行独占许可的时候，实际上伴随着怎样的技术转移、这个技术是否实际上被运用等通过这一分析无法得知。但是，不能作为高新科技企业认定的对象的其他许可（普通许可、排他性许可），实际上更有可能是伴随技术转移和权利实施的许可。其中，外资企业申请的普通许可中，比较旧的发明专利的许可比例较高，中国企业与中国大学的参与则不多。关于排他性许可中国企业与大学的发明专利的许可比例较高，实际上伴随技术专利的可能性较高，即便如此，从总体上看其比例也还是比较小的。

分析 8　智能电网创业公司的专利与联盟[1]
郑贤锦、渡部俊也

这一分析所使用的数据包括合作信息、专利信息、企业基本信息以及企业所属的社会性网络四类信息数据。战略性合作的信息，是通过登录 108 家创业企业的主页，收集的主页上所记载合作者的信息。此外，从各个企业的新闻公告中抽取其合作信息。专利信息是参考汤森•路透的汤森创新（知识产权/有关商业数据的数据库），获取了参与美国智能电网的 108 家公司的 4542 件专利数据。

用回归分析将创业企业间的合作数量的对数 LogAlliance VT 作为被解释变量。这是可以被看作创业企业间的合作频率的变量。如前所述，技术与合作的关系应为在经营资源较少的创业公司上是显著的，从合作者中除去拥有数百个合作关系的巨型企业，如 IBM、GE、摩托罗拉等，只计算了员工数量在 1000 人以下的企业。针对网络资源的分析，主要评价与网络中心性（Centrality）的合作评率。表示网络资源的变量（Closeness Alliance VT），是用合作频率和中心接近性相乘来定义的。

以下作为解释变量的是专利的数量（Patent Num）、专利的被引用次数（Cited Num）、是否为同一技术领域（Same Layer）等变量，这些变量是从汤森创新所下载的专利信息中，对每家公司逐个抽出 US 分类，去除 US 分类的

---

[1] Xianjin Zheng and Toshiya Watanabe（2011）. *Strategic Alliances Between Smart Grid Startups*，日本知财学会第 9 回年次学術予稿集。

下级分类的分类号，然后计算其和所得到的。将分类号所代表的技术领域作为该企业的业务技术领域。参照合作者的技术领域，如果是同一个分类号，就可以认为是在同一领域进行技术开发，SameLayer 的值为 1。此外，如果与合作者不是同一领域，SameLayer 值为 0。有多个企业进行的技术领域（分类号 370）中，通过对 108 家创业企业从事的技术领域进行统计后，其结果显示频率最高的技术领域为分类号 370 的技术领域。也就是说，分类号 370 的技术领域是创业企业最多参与的领域。如果，企业参与了分类号 370 的技术领域，那么 Class370 的值为 1。如果没有参与，Class370 的值为 0。创业企业的技术集中度（HITee）：C_i 代表第 i 号分类的比例（第 i 号的分类占该企业分类总数的比例）。N 代表分类的数量数。

$$HITec = \sum_{i=1}^{n} C_i^2$$

将员工数量的对数（LogEmployee）、公司的年龄对数（LogAge），以及地理上的平均距离（DistanceAVG）作为控制变量。

结果如附表 14 所示。模型 1 是只加入了控制变量后基本模型的结果，以这个模型的适应度作为基准。模型 2 是加入了控制变量与专利数量的结果，模型 3 是加入了控制变量与专利的被引用次数的结果，模型 4 是加入了控制变量与相同技术领域中是否进行技术开发的相关变量的结果，模型 5 是加入了控制变量与参与分类号 370 技术领域的企业相关变量的结果，模型 6 是加入了控制变量与技术集中度的结果。模型 7 是加入了控制变量与除了专利被引用次数后其他所有解释变量的结果。模型 8 是加入了除控制变量与专利数量以外的所有解释变量的结果。每个模型调整后的决定系数，针对模型 1 的 0.166，模型 2 到模型 8 分别为 0.208、0.191、0.251、0.227、0.189、0.324、0.316，可以看出其解释力增强了。

附表 14　将合作数量作为解释变量时的回归分析

解释变量	模型 1	模型 2	模型 3	模型 4	模型 5	模型 6	模型 7	模型 8
专利数（Patent Num）		0.235**					0.146"	
被引数（Cited Num）			0.187*					0.111
同技术领域（Same Layer）				0.314**			0.23**	0.224**
关注领域（Class370）					0.261**		0.219**	0.236**

续表

解释变量	模型1	模型2	模型3	模型4	模型5	模型6	模型7	模型8
技术集中度（HITec）						-0.173*	-0.158*	-0.167*
员工数（LogEmployee）	0.371**	0.317**	0.353**	0.292**	0.326**	0.382**	0.253**	0.275**
企业年龄（LogAge）	0.119	0.073	0.071	0.108	0.137	0.114	0.092	0.093
平均距离（DistanceAVG）	-0.066	-0.057	-0.068	-0.109	-0.071	-0.07	-0.1	-0.106
N	108	108	108	108	108	108	108	108
R^2	0.189	0.237	0.221	0.279	0.256	0.219	0.368	0.361
调查后的决定系数	0.166	0.208	0.191	0.251	0.227	0.189	0.324	0.316

注：** $p<1\%$，* $p<5\%$，" $p<10\%$。

从这一结果中，显示模型2和模型7中，专利数（Paten Num）与合作频率为显著的正相关关系。另外，还显示模型4、7、8中，相同领域的技术开发（Same Layer）与合作频率呈显著关系。模型5、7、8中，多数企业所参与的领域的技术开发（Class370）与合作频率为显著的正向相关关系。模型3中，专利的被引数与合作频率为显著的正相关关系。此外，在模型6、7、8中，技术集中度与合作频率为显著的负相关关系。也就是说，技术集中度越小，合作频率越高。

其次，为了验证技术要素对网络资源所带来的影响使用了同样的回归分析。这里的网络资源使用了网络中心接近性与合作数量相乘的变量。结果如附表15所示。模型1为基本模型，是只加入控制变量后的结果。将这个模型适应度作为基准。模型2是加入控制变量与专利数相关的变量的情况，模型3是加入控制变量与专利被引用次数的相关变量的情况，模型4是加入控制变量与统一技术领域相关变量的情况，模型5是加入370分类的情况，模型6是加入技术集中度的情况。由于专利数量与专利的被引用次数具有强相关，没有同时加入在解释变量中。模型7是将专利被引用次数除开后，加入其他所有的变量的结果。模型8是将专利数量除开后，加入其他所有变量的结果。

附表15 将网络作为解释变量时的回归分析

解释变量	模型1	模型2	模型3	模型4	模型5	模型6	模型7	模型8
专利数 (Patent Num)		0.186*					0.104	
被引数 (Cited Num)			0.139					0.05
同技术领域 (Same Layer)				0.359**			0.313**	0.314**
关注领域 (Class370)					0.318		0.082	0.094
技术集中度 (HITec)						-0.178*	-0.144"	-0.155"
员工数 (LogEmployee)	0.416**	0.373**	0.403**	0.326**	0.392**	0.427**	0.309**	0.326**
企业年龄 (LogAge)	0.132	0.306	0.096	0.12	0.142	0.126	0.101	0.11
平均距离 (DistanceAVG)	-0.075	-0.068	-0.076	-0.125	-0.078	-0.944	-0.119	-0.124
N	108	108	108	108	108	108	108	108
R^2	0.237	0.268	0.255	0.355	0.256	0.267	0.393	0.386
调查后的 决定系数	0.215	0.239	0.226	0.33	0.227	0.238	0.315	0.343

注：** $p<1\%$，* $p<5\%$，" $p<10\%$。

调整各个模型的决定系数为，针对模型1的0.215，模型2~模型6为0.239，0.226，0.330，0.227，0.238，数据的适用性较好。即，各种情况下，与只有控制变量作为解释变量的模型相比，加上任何一个变量的模型更具有解释力。在模型7与模型8中，加入其他变量后的解释力最强。而模型2中，专利数量与社会性网络资源呈显著的正相关关系。也就是说，拥有许多专利的企业，能够有更多可以利用的网络资源，所以建构合作关系的可能性也更高。模型4、7、8显示，合作企业是否为同一技术领域与网络资源呈现出显著的正相关关系。也就是说，从同一技术领域进行技术开发的企业合作中，可以获得更多网络资源。但是模型4、6、8显示，是否为受关注技术领域与网络资源之间的相关性较小。模型3、8显示，专利的被引用次数与网络资源的相关性也较小。但模型6、7、8显示，技术集中度与网络资源为显著的负相关关系。也即说，通过对某个特定领域的技术开发，与分散进行技术开发的企业合作，可以更多地利用网络资源。总结所得到的启示为：①有较多专利申请的企业，可以运用的资源就较多，建构网络的可能性就更高；②进行同一领域的技术开发的企业所能够利用的资源越多，建构网络的可能性越高；③进行分散性技术领域中的技术开发的企业所能够利用的资源越多，建构网络的可能性越高。

分析 9　有关研发联盟的分析❶

渡部俊也

本分析是依据日本特许厅所实施的研发联盟的相关问卷调查❷进行的。问卷调查表分发给 1244 个组织，回收率大概是 20%，回答者中大学和企业各占一半。在问卷中，对于运营得比较顺利的联盟和进行得不太顺利的联盟咨询了相同的问题。针对成功案例 83 件，对其目的达成的程度（Performance）与主要变量之间进行了多重回归分析。加入的控制变量为 10 年期间参加的联盟数量（Number of Participated Consortium），以及联盟的规模（Size of Consortium）。其结果如附表 16 所示。

附表 16　有关研发联盟绩效的回归分析

解释变量	模型 1	模型 2
联盟经验值（Number of Participated Consortium）	0.13	0.15
联盟规模（Size of Consortium）	-0.18*	-0.16*
联系的数量（Number of Ties）	0.14	0.10
明确的目标（Clear Goal）	0.21**	0.20**
从开始的加入规则（Essential Rules Fixed from the Beginning）	0.17*	0.20**
从开始的联盟政策（Policy of Consortium Fixed from the Beginning）	-0.31***	-0.30***
领导力（Leadership）	0.26***	0.26***
沟通的益处（Close of Communication）	0.27*	0.24*
基础科学领域（Fundamental Research Area）	-0.24*	-0.24*
项目启动发生后的规则（Rules Fixed after Launching Project）	-0.13	
常数	0.00	0.00
R^2	0.29	0.28

注：因变量：研发联盟目的达成的程度

*** $p<1\%$，** $p<5\%$，* $p<10\%$

其结果显示，研发联盟的目标明确（Clear Goal，5%），具备必要的参加

---

❶ 渡部俊也（2010）「戦略的アライアンスとしてみた研究開発コンソーシアムにおける組織間関係」『日本知財学会誌』第 7 巻第 2 号，pp. 35-44。

❷ 平成 21 年度特許庁産業財産権制度問題調査研究報告書（2010）「研究開発コンソーシアムにおける発明の創造・保護・活用の在り方に関する調査報告書」（財）比較法研究センター，pp. 43-67。

规程（Essential Rules Fixed from the Beginning, 10%），并且具有领导力（Leadership, 1%）等为联盟的重要因素。另外，联盟成员之间的良好交流（Communication）为10%，呈显著性。这一良好的沟通与领导力为互补性关系，其中一个功能提高，就会提高绩效。

此外，运营方针不是为个别研发活动或者事业化所设定的，而是最初做的整体设计的联盟（Policy of Consortium Fixed from the Beginning, 1%），以及以基础研究为目的参加的情况（Fundamental Research Area, 10%），显示其目的更难以达成。

分析10　关于DVD专利池的分析[1]
和岛功树、渡部俊也

以关于DVD、MPEG-2、MPEG-4规格的专利池中包括日本必要专利数（DVD 3C：240件；DVD 6C：1173件；MPEG-2：116件；MPEG-4 Visual：54件）的分案专利1654件标准必要专利数据为研究对象进行了分析。对后方引用文献中，用Cit_Self-Ess来代替自己公司而且是标准必要专利的引用数量，用Cit_Other-nonESS来代替他人公司非标准必要技术的后方引用数量，当后方引用数量为0的时候，用No-Cit_Dummy为1来进行表示。Cit_Self-Ess用来表示对自己公司技术的改良为主的研发倾向，而Cit_Other-nonESS则是对其他公司而且非必要专利的后方引用数，主要是基于对其他公司的技术进行改良的研发方针。然后，后方引用数量为0的时候，用No-Cit_Dummy为1来进行表示，意味着是谁都没有进行的领先式的研发倾向。关于控制变量，从专利申请日到请求审查以月为单位进行计算的"Request Period"、优先权主张的基础申请数量、申请时的页数、申请时的权利请求的数量，主题代码数分别用Priorities、pages、Claims、Theme codes来表示。另外，发明者数量为Inventors，共同申请人为两人以上的时候，用Collabo-Dummy为1来表示，专利的阅览次数为Access Times来表示，DVD技术与MPEG技术的区别用DVD Dummy来表示。控制变量为技术分类代替号（每个专利的主题代码的第一行作为技术分类），申请年替代号，企业替代号（持有标准必要专利中，抽样选择的专利申请中有多个专利申请的Canon、Fujitsu、Hitachi、IBM、JVC、LG、Mitsubishi、NTT、Panasonic、Philips、Pioneer、Samsung、Sanyo、Sharp、Sony、

---

[1] K. Wajima, A. Inuzuka and T. Watanabe (2010) DK "Empirical Study on Essential in DVD and MPEG Standards Patent Pools", IAMOT 2010 Proc., 19th International Conference for Management of Technology, March 2010, Cairo, Egypt.

Thomson、Toshiba)。

　　回归模型的被解释变量为 2 值变量，进行了 Logistic 回归分析。附表 17 为其分析结果。其结果显示，自己公司技术、其他公司技术、标准必要专利技术、非标准必要专利技术的任何组合中，进行基于现有技术的开发，所得到的发明成为标准必要发明的可能性较低。从这一结果可以得知，针对标准必要专利，不应该寄希望于现有技术，应该寄希望于领先性发明。不管怎样，从专利的单元进行分析，可以得到通过对新技术的挑战从而实现创新的启示。

　　另外，对企业的分析结果却有些许不同。附表 18 表示的是其分析结果。这里制作了排名前 20 家企业×申请年的面板数据并对此进行了分析。时间为 1990~2000 年这段时间，因此 20 家公司×11 年的 220 个观察点，为本分析中的样本数。被解释变量为企业（i）为年（t）所获得的必要专利数用 Essential Pat_it 表示。另外，关于解释变量，企业所进行的领先性方法作为代理变量，领先性专利数的比例用 Pioneer Pat Share_it 来表示，基于自己公司的研发倾向的代理变量用 A-Cit_Self_Ess_it 来表示；此外，基于其他公司技术的研发倾向的代理变量用 A-Cit_Other_nonEss_it 来表示。通过以上的计算明确的是，企业层面的领先性方法倾向用企业某一年的申请领先性专利的占比来表示。另外，A-Cit_Self_Ess_it 所表示的倾向为企业某年的非领先性专利中对自己公司标准必要专利的引用的平均数。A-Cit_Other-nonEss_it 所表示的倾向同样为非领先性专利中对其他公司标准必要专利的引用的平均数。此外，企业的某年中与其他公司的共同申请，除去当年的专利申请后的值，用 Joint Pat Share_it 表示，作为代表与其他公司的互动行动的代理变量。

　　控制变量，是否为外资企业的变量上导入了 Foreign Dummy_i。Foreign Dummy_i 中，企业 i 为外资企业的用 1，日系企业为 0。每个企业的固定效果，导入了 Essential Pat 1989，表示在 1989 年的时间点上，企业累计的标准必要专利的持有数量。此外，导入 Fixed Effect Dummy，如果 Essential Pat 1989_i 在 1 以上，就取 1 值的 dummy Vairable，此外，导入 1990~1999 年的申请年的 Dummy。以此为主，面板数据分析期间中，根据标准化开始和终止的获取标准必要专利的可能期间作为控制变量。

　　这一分析结果如附表 18 所示，与 Pioneer Pat Share、A-Cit_Self_Ess_it、A-Cit_Other-nonEss_it、Joint Pat Share_it，任意一个都是显著的正相关关系。从这一结果中得知，三种类型的研发倾向，与标准必要专利的获得都存在有显著的正相关关系。此外，与其他公司的互动，也与标准必要专利的获得有显著的正相关关系。

附表 17　DVD 专利池必要专利的回归分析

逻辑回归分析	模型 1 - 1 Coeff.	S. E.	模型 1 - 2 Coeff.	S. E.	模型 1 - 3 Coeff.	S. E.	模型 1 - 4 Coeff.	S. E.
审查请求时间（Request Period）	-0.026***	(0.003)	-0.024***	(0.003)	-0.025***	(0.003)	-0.013***	(0.002)
主张优先权（Priorities）	0.285***	(0.075)	0.262***	(0.080)	0.260***	(0.080)	0.226***	(0.069)
页数（Pages）	0.010***	(0.003)	0.006**	(0.003)	0.005*	(0.003)	0.007***	(0.003)
权利要求数（Claims）	0.009*	(0.005)	0.016***	(0.005)	0.016***	(0.005)	0.005	(0.005)
主题代码（Theme Code）	0.091***	(0.034)	0.086**	(0.037)	0.092**	(0.037)	0.094***	(0.033)
发明人数（Inventors）	0.141***	(0.031)	0.160***	(0.035)	0.163***	(0.034)	0.207***	(0.030)
申请人（Applicants）	0.106	(0.451)	0.134	(0.464)	0.194	(0.462)	-0.397	(0.288)
共同申请人（Collabo - Dummy）	1.274*	(0.682)	1.211*	(0.714)	1.172	(0.716)		
阅读次数（Access Times）	0.186***	(0.038)	0.185***	(0.036)	0.188***	(0.037)	0.167***	(0.033)
Cit_Self - Ess（Local Search）			-0.657***	(0.154)	-0.542***	(0.154)	-0.232	(0.144)
Cit_Self - nonESS			-1.193***	(0.108)	-1.047***	(0.112)	-1.162***	(0.110)
Cit_Other - Ess			-0.430***	(0.114)	-0.366***	(0.113)	-0.446***	(0.106)
Cit_Other - nonESS（Beyond Local Search）			-0.217***	(0.030)	-0.160***	(0.032)	-0.155***	(0.030)
No - Cit Dummy（Pioneering Approach）					0.706***	(0.172)	0.508	(0.153)
DVD Dummy	-0.390***	(0.146)	-0.467***	(0.156)	-0.448***	(0.157)	-0.022	(0.137)
技术领域（Technology Area）	3Dummies		3Dummies		3Dummies		3Dummies	
Company	17Dummies		17Dummies		17Dummies			
申请年（Application Year）	19Dummies		19Dummies		19Dummies		19Dummies	
Constant	-4.059***	(0.566)	-2.715***	(0.596)	-3.142***	(0.606)	-1.046**	(0.426)
Cox - Snell R^2	0.242		0.303		0.307		0.219	
Nagellerle R^2	0.376		0.471		0.477		0.340	
N（Patent Application）	3207		3207		3207		3207	

注：因变量：Essential Dummy；

*** $p<0.01$，** $p<0.05$，* $p<0.1$。

附表 18 以企业为单位的回归分析结果

NegativeBinomial Generalized Estimated Equation	Model 4-1 Coeff.	S.E.	Model 4-2 One-year period Coeff.	S.E.	Model 4-3 Two-year period Coeff.	S.E.	Model 4-4 Three-year period Coeff.	S.E.
Pioneer Pat Share_it-1			1.704**	(0.779)	2.228**	(0.928)	2.672**	(1.251)
A-Cit_Self-Ess_it-1			1.108**	(0.503)	1.911***	(0.709)	2.193***	(0.742)
A-Cit_Self-nonESS_it-1			-0.966***	(0.326)	-1.238**	(0.522)	-1.142*	(0.607)
A-Cit_Other-Ess_it-1			0.233*	(0.137)	-0.090	(0.283)	-0.371	(0.378)
A-Cit_Other-nonESS_it-1			0.210***	(0.060)	0.285**	(0.123)	0.285*	(0.158)
Joint Pat Share_it-1			2.982**	(1.416)	5.219***	(1.930)	4.274**	(2.197)
Knowledge Stock_it-1	0.002**	(0.001)	0.003***	(0.001)	0.003***	(0.001)	0.002***	(0.001)
Foreign Dummy_i	-0.122	(0.439)	-0.174	(0.422)	-0.196	(0.479)	-0.179	(0.497)
Essential Pat 1989_i	0.336***	(0.054)	0.304***	(0.054)	0.288***	(0.049)	0.293***	(0.048)
Fixed Effect Dummy_i	-1.449*	(0.788)	-1.185*	(0.713)	-1.017	(0.653)	-1.033	(0.638)
Application Year	10Dummies		10Dummies		10Dummies		10Dummies	
Constant	-0.978*	(0.567)	-2.595***	(0.712)	-2.582***	(0.761)	-2.582***	(0.761)
Deviance	278.4		250.5		236.6		242.0	
N (20Firms*11years)	195		195		195		195	

注：因变量：Essential Pat_it；
* $p<0.1$，** $p<0.05$，*** $p<0.01$。

在标准必要专利获得的目的下，领先性研发的倾向、自己公司技术的改良倾向以及其他公司技术的改良倾向三个方向，在企业层面上都是有效的。但是，每个公司的具体倾向上有较大差异。为了弄清楚各个公司研发倾向的差异，使用运用回归分析的连续变量进行了因子分析。其结果如附表 19 所示，抽出了固定值在 1 以上的因子（主成分分析后，进行了因子分析）。

附表 19　因子分析结果

	Factor 1	Factor 2	Factor 3	Factor 4	Factor 5
Request Period	-0.198	-0.064	0.146	-0.173	0.732
Priorities	0.753	0.021	-0.053	-0.025	-0.121
Pages	0.766	-0.068	0.033	-0.013	0.127
Claims	0.784	0.159	0.032	0.016	-0.043
Theme Codes	0.238	-0.042	-0.138	0.111	0.428
Inventors	0.407	-0.122	0.247	0.381	0.256
Applicants	-0.060	-0.016	0.117	0.782	0.108
Access Times	0.025	0.019	-0.207	0.589	-0.250
Cit_Self – Ess	0.092	-0.414	0.572	-0.064	-0.419
Cit_Self – nonESS	-0.016	0.183	0.735	0.013	0.078
Cit_Other – Ess	0.035	0.784	-0.047	-0.038	-0.099
Cit_Other – nonESS	0.055	0.602	0.403	0.009	0.005

注：N = 3207 专利申请。

其中，主要关注了引用变量两个比较突出的因子——Factor 2 和 Factor 3。Factor 2 的特点是 Cit_Other – Ess 与 Cit_Other – nonEss，表示的是发明的源泉是基于其他公司之上的。Factor 3 的特点是 A – Cit_Self_Ess_it，A – Cit_Other – nonEss_it 的值较高，说明发明的源泉来自于自己公司的技术。因此，Factor 2 为远方探索，Factor 3 为局部探索。这些变量是按照每个专利来赋予的，然后计算出企业的平均值。横轴为局部探索的维度，竖轴为远方探索的维度，对标准必要专利的前 15 家企业进行了图示化（本书第七章图 7 – 11），从而进一步明确了解了日本企业与韩国企业在研发方向方面的差异。

结　语

如前所述，本书是笔者以近 10 年间断续完成的知识产权管理研究以及丰富的实务经验为基础编写而成。在研究方面，笔者在多项科学技术研究资金项目中与下述各位老师的共同研究成果也是本书的重要组成部分。他们包括，米山茂美老师（武藏大学）、福嶋路老师（东北大学）、竹田阳子老师（横滨国立大学）、妹尾大老师（东京工业大学）以及东京大学知识资产经营统筹赞助讲座的犬塚笃老师（冈山大学）。在此，对他们表示衷心感谢。同时，特别是本书后半部分开放式知识产权管理的相关内容，有不少灵感均来自知识资产经营统筹赞助讲座。在此，对参加该讲座的新宅纯二郎老师、元桥一之老师、罗伯特·克乃拉老师、各务茂夫老师、妹尾坚一郎老师、小川紘一老师、中野刚治老师、立本博文老师表示感谢。

跟工学系技术经营战略学专业的研究生平井裕理同学、永田健太郎同学、娇鹏同学、和岛功树同学、岩下杰同学、郑晓博同学、郑贤锦同学、李圣浩同学等共同完成的研究也是本书的重要理论基础。同时，作为研究室以及政策研究中心研修生的小野奈穗子同学、古谷真帆同学、小林徹同学、濑川友史同学、大野一生同学、塚越雅信同学，跟他们的讨论和研究也是本书写作的参考之一。同时，关于专利质量的研究，受到了 IBM 东京基础研究所（包括现东京大学的鹿岛久嗣老师）以及 IBM 知识产权部的上野刚史部长等的大力支持。关于专利价值的研究，引用了跟 Patent Result 的大崎敏郎先生的共同研究成果。

本书除了实证分析，还采用了很多来自对企业采访以及研讨的事例。在此，对在百忙之中接受采访以及参加讨论的本田、日产汽车、富士通研究所、NEC、日亚化学工业、TEFCO 青森等企业表示忠心的感谢。同时，来自日本知财协会以及日本经济团体联合的知识产权相关人员也对本书提出了各种讨论和参考意见。关于知识产权管理的案例，本书参考了跟日本专利代理人协会的共同研究项目的研究成果。对此同样表示感谢。

在实务方面，除了借鉴笔者曾经在企业研发以及知识产权战略管理上的工

结　语

作经验之外，东京大学研发共同体中与知识产权相关的运营管理，以及大学各部门与知识产权管理相关的丰富经验是本书的实务基础。同时，来自材料系的开发人员和科研人员的基础研究和技术开发经验，以及他们丰富的专利申请经验，均对本书与技术相关的管理观念产生了积极影响。在此，感谢他们让笔者在写作过程中学到了很多东西。

关于专利制度以及产业政策和科学技术学术政策，参考了大量来自专利局、经济产业省、文部科学省的相关人员，以及来自审议会和委员会的诸多专家学者的讨论意见。同时，日本知财学会的研究活动也间接地为本书提供了许多帮助。对学会办公室以及理事会的老师们表示衷心感谢。

同时，对给本书的出版以大力支持的以白桃书房大矢荣一郎经理、平千枝子女士为代表的众多人士表示由衷的谢意。

正如书名所显示的一样，本书的目的在于提议从创新人员的角度对知识产权管理进行重新思考。最近10年，有关创新和知识产权制度关系的讨论被广泛展开。因此，知识产权制度如何改变才能有效促进创新，这一问题也顺理成章地成为议论的焦点。而本书叙述的很多对新型知识产权管理的挑战及其成果却说明了一个相反的现象，即知识产权领域的创新人员才是改变制度的原动力。

受世界金融危机、东日本大地震以及欧洲金融危机等的影响，日本的产业发展蒙上了一层阴影。这个时候，从经济状况整体来看应该可以说没有什么乐观的机会吧。但是，创新的思考方法告诉我们，不管经济状况整体多么糟糕，机会其实就潜藏在其自身变化之中。而且在今后不断加速发展的知识社会中，为了促进创新，本书所述的知识产权管理所发挥的作用将越来越大。由创新人员来进行知识产权管理的时代今后还将继续，对其多样性的发展，我们将进一步保持关注。到时，我们祝愿能看到更多日本企业的创新姿态，以此，作为本书的结语。

渡部俊也

索 引[*]

词汇索引

日文索引

あ行

アンチコモンズの悲劇，反公地悲剧，298
アントレプレナー，创业者，312，322
依拠，依据，288
イノベーションのジレンマ，创新的窘境，97
イノベーター，革新者，311，322
医薬品のライフサイクル・マネジメント，医药品的生命圈・管理，137
医療方法の特許，医疗方法专利，139
インカムアプローチ，收益法，108
インターフェアランス，抵触申请，87
インテグラル・アーキテクチャー，统合型设计结构，194
インテグラル型，统合型，184
営業秘密（ノウハウ），商业秘密，35
営業秘密の漏えい，商业秘密泄漏，36
エコパテントコモンズ，环保专利共享平台，300
オープンイノベーション，开放式创新，12，169，313
オープンソースソフトウェア，开源软件，289
オープンな知財マネジメント，开放性知识产权管理，163，311
オリンパス職務発明事件，奥林巴斯职务发明事件，83

か行

改正欧州特許条約，新欧洲专利条约，56
改正職務発明制度，新职务发明制度，84
カーブアウト，分拆，187
仮出願制度，临时申请制度，45，54
関係性資産，关联性资产，101
技術移転機関，技术转移机构，200，209
技術間距離，技术间距离，105
技術的価値，技术的价值，108
技術の公開，技术公开，23
技術の公開や開示のタイミング，技术公开的时机，32
技術の不確実性，技术的不确定性，20，21
技術のリポジショニング，技术的再定位，95
技術流出の防止，技术流失的防止，35
期待理論，期待理论，78

---

[*] 为方便读者查阅原文，本索引给出了相应词条的译文，具体格式为：原文，译文，原文页码，特此说明。——编辑注

索 引

機能的なクレーム，功能性权利要求，43
吸収能力，吸收能力，70，177，179
キルビー最高裁判決，Kilby 最高法院判決，158
クリエイティブ・コモンズ，创造共享空间，299
クリーンルーム設計，洁净室设计，288
経験財，经验财，25
経済的価値，经济价值，108
ゲートキューパー，把关人，74
研究開発コンソシアム，研发联盟，247
研究ノート，研究笔记，85
公開，公开，29
構造的空隙，构造性空隙，75，102
後発医薬品，后发医药品，137
合理的かつ被差別的条件，合理且无差别的条件，259
国際優先権制度，国际优先权制度，44
国内優先権制度，国内优先权制度，44
コストアプローチ，成本法，108
コピーレフト，著佐权，291
コモンズの悲劇，公地悲剧，297
コンセンサス（合意）標準，协议标准，257

さ 行

裁判外紛争手続，裁判外争端解决程序，155
サプマリン特許，潜水艇专利，228
サポート要件，支持要件，43
産学技術移転機関，产学技术转移机关，90
産業活力再生特別措置法（1990年施行2003年改正），产业活力再生特别措置法（1999年实行，2003年修改），198
参入障壁，参与壁垒，126
試験的使用の例外，试验性使用的例外，147
資源ベース理論，资源基础理论，234
自主創新，自主创新，222
実施の自由，运营自由，303
自由発明，自由发明，80
冗長性，冗长性，102
植物特許，植物专利，141
職務著作，职务著作，289
職務発明，职务发明，79
職務発明制度，职务发明制度，79
新規性喪失の例外規定，新颖性丧失的例外，54
信頼財，信赖财，25
スポークモデル，发散性开发模式，51
生産財，生产财，24
世界貿易機関，世界贸易机构，240
先使用権，先使用权，35
先使用権制度，先使用权制度，43
専売特許条例，专卖专利条例，119
専利法，专利法，217
戦略的提携，战略性合作，233
相当の対価，相应对价，80，83

た 行

第一国出願義務，第一国申请义务，57
探索財，探索财，24
知財駆け込み寺，知识产权避风港，136
知財出願・権利化，知识产权申请・权利化，29
知財ブローカー，知识产权经纪人，226
知財ライセンス，知识产权许可，171
知識のスピルオーバー，知识溢出，73
知的財産高等裁判所設置，知识产权高等法院的设置，157
知的資産，知识资产，99
中国のWTOへの加盟，中国加入WTO，240

中国の特許法，中国的专利法，217
著作権，著作权，285
通常実施権の実施許諾，许可使用普通实施权，173
抵触審査手続き，抵触审查程序，87
ディスカバリー，证据开示制度，155
デジュール標準，法定标准，256
デファクト標準，事实标准，256
デューク大学事件，杜克大学事件，145
伝統的知識の保護制度，传统知识保护制度，314
動機づけ（モチベーション），动机，77
動物特許，动物专利，141
独占禁止法，垄断法，266，288
独占実施補償，独占实施补偿，49
特定侵害訴訟，特定侵权诉讼，89
特許期間延長制度，专利期间延长制度，138
特許信託，专利信托，213
特許・ノウハウライセンス契約に関する独占禁止法上の指針，关于专利・商业秘密许可合同的反垄断法的指导意见，267
特許の質，专利质量，110
特許の非実施事業者，专利的非实施方，230
特許の藪，专利绊脚石，299
特許法30条，专利法第30条，54
特許法35条，专利法第35条，79
特許法69条，专利法第69条，146
特許法73条，专利法第73条，48
特許法条約，专利法条约，55
特許法第104条の3，专利法第104条之3，158
特許（パテント）マップ，专利地图，104
特許流通アドバイザー制度，专利流通顾问制度，216
特許流通データベース，专利流通数据库，216
共喰い，侵蚀，96
トランスジェニックマウス，转基因鼠，141
図利加害目的，盈利加害目的，40

な行

内発的動機づけ，内发性动机，78
2010年問題，2010年问题，2
日本版バイ・ドール法，日本版的拜杜法案，199
ノウハウ管理，商业秘密管理，86
ノウハウライセンス，商业秘密许可，172

は行

ハイテク企業認定管理弁法制定，高新企业认定管理办法制定，222
バイ・ドール法，美国拜杜法案，148，198，206
破壊的イノベーション，破坏性创新，96
バックグランド特許，背景专利，250
発明者主義，发明人主义，79
発明報奨制度，发明奖励制度，84
パテントオークション，专利，213
パテント・トロール，专利强盗，197，202，212，227
パテントプール，专利池，254
パテント・ポートフォリオ・マネジャー，专利统筹经理人，92
パテントマップ，专利地图，125
パテントリンケージ，专利药品链接制度，138
ハーバードマウス，哈佛鼠，141
浜松医科大学事件，滨松医科大学事件，146
パラメータークレーム，数值限定权利

索　引

要求，43
ビジネスモデル特許，商业模式专利，150
必須特許，必要专利，266
秘匿，保密，29
ヒトゲノム，人类遗传基因，142
ヒトゲノム計画，人类基因工程，143
非特許文献，非专利文献，112
フォアグラウンド特許，前景专利，250
フォーラム・ショッピング，选择最有利管辖法院，156
フォーラム標準，论坛标准，256
不実施の補償，不实施的补偿，49
不正競争防止法，反不正当竞争法，37，39
ブラックボックス化，黑箱子化，38
プロプラエタリーな知財マネジメント，独占式知识产权管理，117，310
分割出願制度，分案申请制度，270
ベニスの特許制度，威尼斯的专利制度，117
ベニスの特許法，威尼斯专利法，17
ペーパーライセンス，书面许可，175
弁理士制度，专利代理人制度，89
防衛的パテントアグリゲーター，防御性专利的收集者，213
防衛特許，防御专利，203
防衛特許的な観点，防御性专利的观点，186
法的価値，法的价值，108
方法特許，方法专利，144
ホーソン実験，霍森实验，77
ポラロイド対コダック特許訴訟，Polaroid 与 Kodak 之间的专利侵权诉讼，154
ホールドアップ問題，敲竹杠问题，258

ま行

埋没技術，埋没技术，95

マーケットアップローチ，市场法，108
マズローの欲求段階説，马斯洛的需求层次论，77
未来のシナリオ，未来情景，9
未利用技術，未利用技术，95
未利用特許，未使用专利，186，197
無形資産，无形资产，99
無方式主義，无手续主义，285
モジュラー・アーキテクチャー，组合型设计结构，194
モジュール的，组合型的，181
模倣品対策，假冒商品対策，130

ら行

ライセンス・オブ・ライト，License of Right，301
ランニングロイヤリティ，运行费，175
利益相反，利益冲突，179
リサーチツール，研究工具，145
リーチスルーライセンス，延展性专利许可协议，145
リバースエンジニアリング，反向工程，29，287
ロイヤリティ料率，使用费率，176

英文索引

A

absorptive capacity，吸收能力，70，177，179
ADR，裁判外争端解决程序，155

B

Bayh Dole Act，拜杠法案，198

C

cannibalization，侵蚀效应，96
carve out，创业，187
CDMA（Code Division Multiple Access），码分多址，278

clean room design,洁净宝设计,288
Coleman のネットワーク,科勒曼(人名)的社交网络,103
conflict of interest,利益冲突,179
copyleft,著佐权,291

D

de fact standard,事实标准,256
de jure standard,法定标准,256
discovery,证据开示制度,155

E

entrepreneur,创业者,312
EPC2000,2000 年版《欧洲专利公约》,56
external advice network,外部意见关系网,102

F

Forum Shopping,竞择法院,156
forum standard,论坛标准,256
freedom of operation,运营自由,303

G

gatekeeper,把关人,74
generic drug,后发医药品,139
GNU GPL(General Public License),通用公关授权,290

H

Human Genome Project,人类基因工程,143

I

Innovate America,创新美国,295
innovator,创新者,311
interference,抵制,87
Invention Capital,发明资本,213

L

License of Right(LOR),当然许可,301
Lotka の法则,罗持卡(人名)法则,69

N

Non – Practicing Entity(NPE),非专利实施主体,230

O

Open Source Software(OSS),开源软件,289

P

Patent Linkage,专利链接制度,138
Patent Quality Index(PQI スコア),专利质量指数,113
patent thicket,专利丛林,299
patent troll,专利流氓,228
PCT 出願,国际专利申请,45
PLT 条约,专利法条约,55
proprietary,独占式,117

R

RAND(Reasonable and Non – Discriminatory),合理且无差别条件,259
reach – through,延展性,145
redundancy,冗长性,102
research tools,研究工具,145
resource based view,资源基础理论,234
reverse engineering,反向工程,287
RF(Royalty Free),无偿,259

S

Scenarios for the future,未来情景,9
SECI モデル,SECI 知识转化模型,76
State Street Bank 事件,美国道富银行事件,151
structural holes,构造性空隙,102

T

Technology Licensing Organization(TLO),技术转移机构,90,201,209

W

WIPO Green(Green Technology Package Platform),世界知识产权组织绿色技术在线交易平台,215
World Trade Organization,世界贸易组织,240

人名・公司名索引

日文索引

あ行

アカシアリサーチ, Acasia Research, 225, 229

アグロブ・ブフタール, Agrob Buchtal, 180, 182

朝日ラバー, 朝日橡胶, 184

アステラス製薬, 阿斯特拉斯 (astellas) 制药, 2, 95, 98

アストラゼネカ, Astrazeneca, 95, 97

アップル, 苹果 (Apple), 2, 154, 188, 190, 226

アボット, Abbott, 52, 191

アマゾンドットコム, 亚马逊, 150

アーム, ARM, 188, 189

イノセンティブ, Innocentive, 214

インサイト, Incyte, 141, 142

インテル, 英特尔, 165, 167, 282, 283

インテレクチュアル・ベンチャーズ, Intellectual Ventures, 211

ウォーカー, スコット (Walker, Jay Scott), Jay Scott Walker, 150

エイコーン・コンピュータ, Acorn Computers, 188, 190

エーザイ, 艾塞 (Eisai), 2

エジソン, トーマス (Edison, Thomas Alva), 托马斯・爱迪生 (Thomas Alva Edison), 119, 228

エリクソン, 爱立信, 186, 225, 255

オキツモ, 奥绮斯摩 (Okitsumo), 233

沖電気, 沖电气, 274, 276

オスラム, 奥斯拉姆, 184, 185

か行

カリフォルニア大学, 加利福利亚大学, 206

嘉陵工業, 嘉陵工业, 130, 131

キャノン, 佳能, 57, 91, 117, 120, 177

京セラ, 京瓷, 186

クアルコム, 高通, 186, 188, 189, 277-279

グーグル, 谷歌, 106, 293, 296

クリー, 科锐, 126, 184, 185

コーエン, スタンレー (Cohen, Stanley N.), 206

コカコーラ, 可口可乐, 34

コダック, 柯达, 153-155

コドン・デバイス, Codon Device, 191

五洋本田摩托, 五洋本田摩托, 130, 131

コロンビア, Columbia, 285

さ行

サムスン, 三星电子, 1, 93, 184, 203, 225, 226, 233, 236, 264, 266, 268, 273, 274, 276

沢井製薬, 泽井制药, 137, 139

サンゴバン, 圣戈班 (Saint-Gobain), 180, 181

三洋, 三洋, 264, 266, 268

ジェネンテック, Genentech, 206, 207

シズベル, SISVEL, 264, 268

シチズン, 西铁城, 177, 178, 184

篠田プラズマ, 篠田等离子, 79, 82

島精機, 岛精机, 117, 120, 133, 134

ジャストシステム, JustSystem, 157, 159

ジャパン・ハイドロテクト・コーティングス, Japan Hydrotect Coatings, 238

シャープ, 夏普, 264, 266, 268

上海易初摩托車, 上海易初摩托车, 130, 131

新大洲本田摩托，新大洲本田摩托，
　239，241
シンガー，Singer，261，264
新光電気工業，新光电气工业，120，123
スズキ，铃木，239
スタンフォード大学，斯坦福大学，206
スタンフォード大学 OTL，斯坦福大学
　OTL，206
ストールマン，リチャード（Stallman，
　Richard Matthew），289
住友商事，住友商事，126，129
3M，3M，77，78
セイコー，精工，177，178
ゼネラル・エレクトリック，General Electric，141
セレラ・ジェノミクス，Celera
　Genomics，141
ゼロックス，Xerox，57，153，300
ソーセイグループ，Sosei 集団，95，98
ソニー，索尼，2，126，129，225，233，
　236，264，265，269，300

た行

大成建設，大成建设，300
武田薬品，武田药品，2，91
中国技術交易所，中国技术交易所，223
テキサスインスツルメント，得州仪器仪
　表公司，188
データ・プロダクツ，Data Products，285
テフコ青森，TEFCO 青森，133，135
デューク大学，杜克大学，144
デュポン，Du Pont，91，141，142，300
テラセンス，Therasence，52，191
デル，戴尔，150-153
東工大，东工大，203
東芝，东芝，30，31，233，236，264，
　265，269

東和薬品，东和药品，137，139
トーバルス，リーナス（Torvalds，Linus
　Benedict），291
トムソン，汤姆森，264，265，268

な行

ナインシグマ，Ninesigma，214
中村修二，中村修二，79
日亜化学工業，日亚化学工业，34，38，
　79，81，85，117，120，126，127，184
日産自動車，日产汽车，95，97
ニプロ，尼普洛，191
日本板ガラス，日本板硝子，64
日本ガイシ，日本碍子，120，122
日本ビクター，日本 Bicter，264，265
ネットスケープコミュニケーションズ，
　Netscape Communications，293
ノキア，诺基亚，1，255，300
ノーテル，北电（Nortel）226

は行

バイエル，Bayer 制药公司，40，45
パイオニア，先锋，264，265，269
海南新大洲摩托車，海南新大洲摩托
　车，239
ハイペリオン・キャタリシス・インター
　ナショナル，Hyperion Catalysis International，26，28
パナソニック，松下（Panasonic），68，
　126，129，269，273
浜松医科大学，滨松医科大学，144
パルミサーノ，サミュエル（Palmisano
　Samuel J.），295
日立，日立，95，97，177，233，264，
　265，269，274，276，285
日立・LG 連合（Hitachi-LG Data Storage：
　HLDS），236

索　引

日立化成工業，日立化成工业，120，122
ピツニーボウズ，Pitney Bowes，300
ヒューレット・パッカード，惠普，191，264，265
フィリップス，飞利浦，264，265，268
富士通，富士通，79，285
富士通ゼネラル，富士通 General，186，187
富士フィルム，富士胶卷，233，235
プライスライン社，Priceline 公司，150
フラウンホーファーゲゼルシャフト，Fraunhofer-Gesellschaft，247，249
フラリオンテクノロジー，Flariontechnologies，277，279
ブリジストン，Bridgestone，99
プリンス自動車，Prince 汽车公司，18
ブローバ，宝路华，177，178
米国国立衛生研究所（NIH），美国国立卫生研究所（NIH），144
ヘラー，エフライム（Heller, Ephraim），191
ベル，グラハム（Bell, Alexander Graham），格拉汉姆・贝尔（Alexander Graham Bell），119
ベルクロ，维克罗，123
ペルセウスプロテオミクス，Perseus Proteomics，233，235
ベンダー，グレイグ（Venter, Graig），Graig Venter，143
ボイヤー，ハーバード（Boyer, Herbert W.），206
ボッシュ，博世（BOSCH），300
ポラロイド，Polaroid，153，155
ポランニー，マイケル（Polanyi, Michael），迈克尔・波兰尼（Michael Polanyi），62
ホンダ，本田，131，239

ま行

マイクロソフト，微软，2，150，225，293
松下，松下，157，159，264，265
マディー，ジョン（Madey, John），John Muddy 教授，144
三菱自動車，三菱汽车，95，97
三菱電機，三菱电机，264，265，269
ミラーワールドズテクノロジー，Mirror World Technology，153
モトローラ，摩托罗拉，106
モトローラモビリティ，摩托罗拉移动，225

や行

山中伸弥，山中伸弥，40
ヤマハ，雅马哈，239

ら行

ライマース，ニルス（Reimaers, Nils），Nils Reimaers，63，206
洛陽北方易初摩托車，洛阳北方易初摩托车，130，131
ラムバス，Rambus，188，189，255，274
リコー，理光（RICOH），300
リサーチ・イン・モーション，Research In Motion，2
レッシグ，ローレンス（Lessing, Lawrence），299
レメルソン，ジェローム（Lemelson, Jerome），Lemelson Jerome，58，228

わ行

ワーナー，Warner，264，265

英文索引

A

Abbott，52，136，191

Acasia Research Cooperation, 229
Acorn Computers, 190
Agrob Buchtal, 182
Airgo – networks, 277, 279
Alloy Ventures, 191, 192
AMD, 282, 283
AntiCancer, 144, 146
Apple, 153, 190, 226
ARM, 189
AT&T, 68, 153

B

Baker, 261, 264

C

Canon, 93
Chromatic Research, 274, 275
Cisco, 241, 242
Compression Labs, 255, 259
Cree, 129, 185
CTEX, 227

D

Dell, 152
Deutsche Steinzeug Cremer & Breuer (DSCB), 180, 182
Dupont, 142

E

Eastman Kodak, 154
Ecologic Analysis, 241, 246
EMC, 226
Ephraim Heller and Company (EHC 社), 50, 52, 191, 192
Epigram, 274, 275
Ericsson, 226

F

Fairfield Resources, 226, 227
Flagship Ventures, 191 – 193
Flariontechnologies, 279
Fluid Innovation, 225, 226
Forgent Networks, 255, 258
Fraunhofer – Gesellschaft, 249
FreePatentAuction.com, 225, 226

G

Genentech, Inc., 207
General Electoric, 141
GM, 91
Google, 296
Grover, 261, 264

H

Hitachi – LG Data Storage (HLDS), 236
Housey Pharmaceuticals, 144 – 146
HP, 93, 191
HTC, 1
Hynix, 274, 276

I

IBM, 2, 92, 93, 171, 172, 188, 190, 241, 242, 265, 266, 268, 285, 286, 293, 294, 300, 310, 319
Ice Energy, 241, 246
Incyte Pharmaceutical, 142
Infineon Technologies, 274, 276
Intel, 93, 167, 241, 242
Intellectual Ventures (IV 社), 211, 213
IPAuction.com, 225, 226

J

JVC, 269

L

LG（Electronics）（LG 電子），93，233，264
Lite – on technology，225，227
LumiLeds，184，185

M

Matrix Semiconductor，274，275
Mcafee，282，284
MCAレコード，264，265
Micron Technologies，274，276
Microsoft，93，226
Mirror Worlds Technologies，154
Motorola Mobility，226

N

NEC，18，274，276
NTT，121，269
NTTドコモ，278，280
Nvidia，282，283

O

OceanTomo，226，227
Opto Tech，184，185
Oracle，241，242
OSRAM，185

P

P&G，214，215
Panasonic，93
Polaroid，155
Power Tagging Technologies，241，246
PPG，180，181

Q

Qualcom，187，189

R

Rumbus，189
RIM，226

S

Saint Gobain，181
Samsung，93
SEMITEC，30，33
Signature Financial Group，150
Silver Spring Networks，241，246
Singer，264
SISVEL，268
Sony，93，226
State Street Bank，156

T

Taiwan Semiconductor Manufacturing Company （TSMC），188，189
Teudril，241，246
Texas Instruments（TI），189
Therasence，52，191
Toegepast Natuurwetenschappelijk Onderzeok （TNO），247，249
Toshiba Samsung Storage Technology Cooperation（TSST），236
Toshiba，93
TOTO，61，99，100，120，123，180，233，237
TOTOオキツモコーティングス，TOTO 奥奇斯莫涂层株式会社，238
TOTOフロンティアリサーチ，TOTO Frontier Research，180，181

U

United Micro – electronics Corporation（UMC），188，189

V

Velcro, 123
Via Licensing, 264, 268
VLSI Technology (VLSIテクノロジー), 188, 190
Vtel, 255, 259

W

Wheeler, 261, 264
Wilson, 261, 264
WIPO Green, 214, 215

图索引

图1-1	主要国专利局专利申请数量的变化	6
图1-2	A、B两家大型制造业公司单个研发项目的专利申请对相关业务的影响程度	8
图1-3	多样化的创新战略实例	10
图2-1	碳纳米管的晶体结构	14
图2-2	电动汽车Tama	15
图2-3	技术/知识产权作为经济财的特征	19
图2-4	知识产权管理的三要素	21
图2-5	技术公开对专利申请的促进效果	24
图2-6	专利和商业秘密，更重视哪一个	26
图2-7	技术秘密泄露的经历	27
图2-8	企业所感受到的技术流失风险（可多项选择）	28
图2-9	研究成果和3种保护的组合	31
图2-10	研究开发计划和专利制度的协调	34
图2-11	iPS细胞的专利申请和学术论文	35
图2-12	各种技术开发和产品化的模式	39
图3-1	光激发超亲水性反应	48
图3-2	面向各种用途的某技术向量轨迹	50
图3-3	A公司研发部门的专利申请所反映的Lotka法则（$Y = C/X^n$）	52
图3-4	对设计效果产生影响的设计组织	54
图3-5	两个网络结构的特征	56
图3-6	国内外市场上销售的研究笔记	64
图3-7	日本企业的专利活用状况（2008）	71
图4-1	技术间距离的概念	79
图4-2	各行业2000年的时价总额平均专利件数和其后股价上升比（TOPIX比）之间的Speanman/顺位相关系数	80
图4-3	从研究人员的期待值计算出各技术领域的研发风险特征	82
图4-4	专利质量的概念	83
图4-5	专利代理事务所的专利质量和专利授予率	85

图 4-6	专利申请和审查模式对专利价值和质量的影响	86
图 5-1	专利的利用关系	93
图 5-2	光触媒专利战略图	95
图 5-3	日亚化学工业的专利申请	97
图 5-4	商业模式相关发明专利申请数的变化	114
图 6-1	Chesbrough 的开放式创新的模型图	124
图 6-2	各种许可费的设定	130
图 6-3	运行费的预付金	131
图 6-4	汽车制造商与电机制造商的主要技术之间的距离的变化	146
图 6-5	大学知识产权管理与技术转移功能的社会还原的定量评价	149
图 6-6	TLO 业务中的市场占比	156
图 6-7	专利许可合同数量的变化（1998~2010 年）	163
图 6-8	被许可专利的种类细分（1998~2010）	164
图 6-9	2010 年许可合约的分类	165
图 6-10	中国技术交易所的技术交易电子显示屏	167
图 6-11	专利转让件数的推移（除继承等情况）	169
图 7-1	2007 年 DVD 驱动生产量的世界市场份额比例	176
图 7-2	美国智能电网创业企业的联盟	181
图 7-3	美国智能电网创业企业的专利申请	181
图 7-4	发明专利与合作数量	182
图 7-5	发明专利与网络定位	183
图 7-6	影响参加联盟的组织之间关系的因素	185
图 7-7	IEC 中的专利申明书提出数量	193
图 7-8	专利池的基本机构	195
图 7-9	DVD 专利池中的许可费	200
图 7-10	DVD 3C、DVD 6C 专利池的日本必要专利申请年限的推移	202
图 7-11	每个企业的研发动向	203
图 7-12	W-CDMA 必要专利的市场份额	209
图 8-1	独占式到开放式创新之间的各种知识产权管理	224
图 8-2	对外部组织发挥作用的开放式知识产权管理模式	227
图 8-3	与知识资产收益化相结合的模式	230
图 9-1	传统的知识产权管理与新的知识产权管理的开拓领域	236

表索引

表2-1	各国有关学术论文申请的现状	43
表5-1	在以创造性为焦点的不服无效决定的行政诉讼中专利权人的胜诉率	120
表5-2	在以创造性为焦点的不服有效决定的行政诉讼中专利权人的胜诉率	120
表6-1	Chesbrough的开放式商业模式的诊断	125~126
表6-2	TOTO的海洁特技术的主要许可协议	135
表6-3	2008年"专利实施许可合同备案"的公开部分范例	162
表7-1	主要的专利池	199
表8-1	各种组织事业中的知识产权管理种类	230
附表1	2005年关于与大企业共同研究件数的分析	241
附表2	2005年关于与中小企业共同研究件数的分析	241
附表3	2006年关于与大企业共同研究件数的分析	241
附表4	2006年关于与中小企业共同研究件数的分析	241~242
附表5	2007年关于与大企业共同研究件数的分析	242
附表6	2007年关于与中小企业共同研究件数的分析	242
附表7	手机电话外观设计绩效的回归分析	245
附表8	关于对社会网络绩效（正式员工数量+销售额）的影响的重回归分析的结果	246~247
附表9	专利有效性的推算（逻辑回归分析）	248~249
附表10	关于专利说明书以及审查过程信息的特征主成分分析	250~251
附表11	提取成分与专利有效性以及专利价值的关系	251
附表12	影响大学技术转移机构绩效的组织性因素	252
附表13	中国专利许可合约条件与申请年、权利种类、许可方之间的关系	253
附表14	将合作数量作为解释变量时的回归分析	255~256
附表15	将网络作为解释变量时的回归分析	257
附表16	有关研发联盟绩效的回归分析	258
附表17	DVD专利池必要专利的回归分析	261
附表18	以企业为单位的回归分析结果	262
附表19	因子分析结果	263